K-IFRS
회계원리

●───── 김용식 ─────●

박영사

회계원리를 출간하면서 가장 고민했던 부분은 생활 속에서 회계가 얼마나 유용하게 활용되는지를 나타낼 수 있는지였다. 즉, 복식부기 회계를 왜 배워야 하는지, 국제회계 기준의 도입이 어떤 영향을 미치는지를 이해하는 것이 필요하다. 본서의 특징은 그간의 경험을 바탕으로 회계와 실생활의 연계성을 이해하도록 했다.

먼저 본서를 구성하면서 회계원리를 시작하는 학생들에게 반드시 필요한 부분을 벗어난 중급회계나 고급회계에서 다룰 내용은 제외하였다. 회계가 어렵다는 섣부른 판단으로 중도에 그만두는 일이 없도록 하기 위해 내린 결정이다.

또한 각 chapter의 도입부에는 해당 주제와 관련된 '이야기가 있는 회계 세상'을 수록했다. 발생주의 회계가 시작된 이야기도 있고, IMF 외환위기의 격랑 속에 우리나라 기업들의 이야기도 있다. '이야기가 있는 회계 세상'으로 chapter를 시작함으로써 회계라는 과목이 오랜 역사의 일부분이라는 것을 깨달을 수 있다.

본문의 내용적인 면에서 기업활동과 회계의 연계성을 갖추었다. 서비스기업인 (주)한걸음, 상품매매기업인 (주)두발로, 그리고 제조기업인 (주)씽모터가 책 전체에 예제를 통해서 등장한다. 상품을 구입하고, 제품을 판매하고, 돈을 빌려 주고, 돈을 돌려 받는 등의 모든 회계거래가 세 개의 기업을 통해서 이루어진다. 이 기업들이 수익을 창출하고 그 수익을 창출한 결과가 포괄손익계산서에 어떻게 보고되는지, 그리고 자본을 조달하고 자산을 구입한 결과가 재무상태표에 어떻게 보고되는지, 이러한 모든 기업활동을 통해서 회계순환과정을 이해할 수 있다.

다음으로 그동안 회계학을 강의하면서 학생들에게 받아 왔던 질문들에 대한 해설을 담았다. 예를 들면, 여러 원가결정방법 중에서 선입선출법과 평균법은 사용가능하지만 후입선출법은 왜 사용할 수 없는지, 그리고 같은 기타포괄손익인식(FVOCI)금융자산임에도 채권과 주식을 왜 서로 다르게 회계처리하는지 등에 대해서 자세히 설명하였다. 이러한 해설을 통해서 학생들이 '왜 후입선출법을 사용할 수 없는가?', '왜 채권과 주식의 회계처리가 다른가?'에 대한 궁금증을 해결하면서 국제회계기준의 제정방향도 알 수 있다.

또한 많은 예제를 통해 각 chapter의 내용을 이해하는 데 도움을 주었다. 예제에 대한 해설을 서술식으로 기술하여 쉽게 이해하고, 많은 그림과 도표를 이용하여 시각적으로도 이해를 돕고자 했다. chapter가 끝나면 서술식과 객관식 문제 및 종합문제를 배치하여 각 chapter에서 학습한 내용을 스스로 체크할 수 있다.

각 chapter를 마무리하면서 현재 또는 과거 당시에 회계적으로 이슈가 되었던 신문기사를 수록하여 학습한 내용이 현실에서 얼마나 중요한 문제인가를 인식하도록 했다. 그리고 신문기사에 대한 토론 주제를 제안하여 학습한 내용을 바탕으로 해당 신문기사의 회계적 이슈와 관련해 발표할 수 있다.

마지막으로 우리나라가 국제회계기준을 도입한 경위를 자세하게 다루었다. 국가적 회계 신인도를 높이고자 국제회계기준을 도입한 배경을 이해하는 것도 회계를 공부하는 데 도움이 될 것이다. 또한 회계 최강국임을 자부하는 미국 등 국가에서 국제회계기준을 어디까지 인정하고 있는지, 언제 도입할 예정인지에 대해서 자세히 소개했다. 국제회계기준이라고 하면 세계 모든 국가에서 도입하여 사용할 것이라고 생각하기 쉽다. 하지만 각 나라의 실정에 맞추어 도입하거나 일부만 도입하여 사용하고 있는 실정이다. 이를 통해 국제회계기준의 현재 위상을 파악할 수 있다.

본서를 통해서 회계원리를 공부하며 유용한 회계의 의미를 찾아가길 바란다.

2022년 2월 낙산 아래에서

저자 씀

차 례

Part 1

회계정보와 회계순환과정

Part 2

재무제표 요소의 회계정보

Part **3**

회계정보의 활용

CHAPTER **13. 현금흐름표**

CHAPTER **14. 재무제표분석**

본 QR코드를 스캔하면 객관식 문제와
종합문제 해답을 확인할 수 있습니다.

Part 1

회계정보와 회계순환과정

CHAPTER 1 ◯ **회계의 의의**

1 회계란 무엇인가?

2 재무정보의 질적특성

3 재무제표

4 주식회사와 외부감사제도

5 국제회계기준(IFRS)

"

이야기가 있는 회계 세상

회계(accounting)란 무엇인가? 회계가 정말 중요한 것인가? 우리는 자주 이러한 질문을 하게 된다. 회계는 숫자이다. 그러나 단순한 숫자가 아니라 기업의 다양한 활동내역을 알려주는 정보(information)이다.

회계를 '경영의 언어(language of business)'라고 한다. 그 이유는 기업이 그들의 경영성과를 다양한 이해관계자들에게 회계라는 도구를 통해서 보고(communicating)하기 때문이다. 중세시대의 베네치아 상인들 역시 회계를 통해서 자산, 부채 및 자본 금액을 확인하고, 무역활동을 통해서 얼마를 벌었는지 확인한 후 반코(은행)에 이자를 지급하고 투자자에게 배당을 지급했다. 현대 사회에서 다양한 종류의 기업들이 존재하며, 회계라는 도구를 통해서 투자자와 은행뿐만 아니라 수많은 이해관계자들에게 기업의 활동내역을 제공하게 된다. 따라서 회계는 기업과 기업의 다양한 이해관계자들을 연결해주는 정보이다. 단순한 정보가 아니라 이해관계자들이 그들의 의사결정을 할 때 도움을 주는 유용한 정보이다.

1. 회계란 무엇인가?

1.1 회계의 의의

회계(會計, accounting)란 특정 경제실체(기업단위)와 관련하여 발생한 경제적 사건을 식별(identifying), 기록(recording)하여 이해관계자들에게 보고(communicating)하는 과정을 말한다.

식별(identifying)한다는 것은 인식(recognition)한다는 것을 의미한다. 즉, 기업의 여러 활동 중에서 회계처리 대상이 되는 경제적 사건인지 여부를 판단하는 것이다. 예를 들어, 판매할 상품을 구입하여 입고하는 것은 회계처리 대상이지만, 위탁판매하기 위해 수탁자에게 상품을 출고하는 것은 회계처리 대상이 아니다.

기록(recording)한다는 것은 장부에 분개(分介, journal entry) 또는 회계처리한다는 것을 의미한다. 앞으로 다음 장부터 배울 내용이지만, 식별된 경제적 사건의 금액과 회계계정을 차변과 대변으로 나누어 장부에 회계처리한다. 예를 들어, 현금 ₩1,000,000을 지급하고 토지를 구입했다고 가정하자. 자산의 증가는 차변에 기록하고, 자산의 감소는 대변에 기록한다. 따라서 토지라는 자산의 증가는 차변에 기록하고, 현금이라는 자산의 감소는 대변에 기록한다. 이와 같은 내용을 장부에 다음과 같이 회계처리할 것이고, 이것이 기록한 것이다.

(차변) 토　　　지	1,000,000	(대변) 현　　　금	1,000,000

보고(communicating)한다는 것은 산출된 회계정보를 제공한다는 것을 의미한다. 회계를 '경영의 언어' 또는 '기업의 언어'라고 이야기한다. 언어가 사람과 사람을 연결해주는 역할을 하는 것처럼 회계는 기업의 경영성과를 투자자나 채권자 등 다양한 이해관계자들에게 알려주는 역할을 한다.

투자자나 채권자는 기업이 제공한 회계정보를 입수하여 그 기업이 발행하는 주식을 살 것인지, 또는 그 기업에게 돈을 빌려줄 것인지 등의 의사결정을 할 것이다. 한편 자금을 필요로 하는 기업은 자금을 원활하게 조달하기 위해서 투자자나 채권자를 포함한

다양한 이해관계자들이 필요로 하는 회계정보를 제공할 것이다. 경영자는 기업에 경제적 자원을 제공해 준 이해관계자들을 대신하여 기업을 효율적으로 경영하고 그 성과를 성실히 보고해야 하는 책임을 지는데, 이를 수탁책임(stewardship)이라고 한다.

　이와 같이 회계는 특정 기업에 대해서 관심을 갖고 있는 이해관계자들이 경제적 의사결정을 하는 데 유용한 회계정보를 제공하는 것을 기본적인 목적으로 한다. 즉, 이해관계자들이 경제적 의사결정을 할 때 필요로 하는 정보를 제공해야 한다는 것이다. 의사결정에 있어서의 유용성을 강조한다는 점에서 현대회계는 수탁책임의 이행만을 중시하던 전통적인 회계와는 비교된다.

　이 밖에도 현대회계와 전통적 회계 간에는 많은 차이점들이 있다. 전통적 회계는 투자자와 채권자 등 전통적 이해관계자들이 주요 정보이용자인 반면에, 현대회계의 주요 정보이용자의 범위는 상당히 넓다. 투자자와 채권자 등 전통적 이해관계자뿐만 아니라 환경단체, 지역사회, 소비자, 공급자 등 다양한 이해관계자의 회계정보 요구가 점점 증가하고 있다. 또한 전통적 회계는 공급자 위주의 정보제공을 지향하지만 현대회계는 수요자 위주의 정보제공을 지향한다. 감사보고서에 포함된 주석사항을 통하여 다양한 기업 내부 정보를 전달하는 이유는 수요자의 다양한 정보 요구를 충족시켜주기 위한 것이다. 현대회계와 전통적 회계의 차이를 요약하면 다음 〈표 1-1〉과 같다.

표 1-1 현대회계와 전통적 회계의 차이

	현대회계	전통적 회계
주요 정보이용자	전통적 이해관계자 및 지역사회, 소비자 등	투자자, 채권자 등 전통적 이해관계자
책임	유용한 회계정보 제공 강조	수탁책임 강조
지향	정보수요자 위주	정보공급자 위주

　또한 회계는 부기(簿記, bookkeeping)와 구별된다. 부기란 발생한 거래들을 일정한 규칙에 따라 장부에 기록하는 단순한 과정일 뿐이다. 그러나 회계는 거래를 장부에 기록하는 것뿐만 아니라, 회계정보이용자들이 의사결정을 하는 데 있어서 도움을 받을 수 있도록 유용한 정보를 제공하는 역할을 한다는 점에서 부기와 차이가 있다.

1.2 회계정보이용자

회계정보이용자란 회계정보를 필요로 하고 이를 이용하여 의사결정을 하는 사람들을 말한다. 회계정보이용자를 기업을 중심으로 내부이해관계자와 외부이해관계자로 나눌수 있다.

대표적인 내부이해관계자에는 기업의 경영자가 있다. 경영자는 기업활동과 관련된 계획, 통제 및 평가의 모든 과정에서 회계정보를 필요로 한다. 저렴한 원가로 생산할 수 있는지, 자금조달은 원활한지, 공장부지는 어느 지역이 타당한지, 경쟁기업보다 월등한 수준의 제품을 만들 수 있는지 등 치열한 경쟁 속에서 기업이 지속적으로 성장가능하도록 끊임없이 의사결정을 하는 과정에서 회계정보를 이용한다.

가장 대표적인 외부이해관계자는 투자자(주주)와 채권자라고 할 수 있다. 투자자는 특정 기업의 주식을 매입할 것인지, 만약 주식을 이미 보유하고 있다면 이를 계속 보유해야 하는지,아니면 팔아야 하는지, 미래에 그 기업으로부터 배당금을 얼마나 받을 수 있는지 등에 관심을 가질 것이다. 한편 채권자는 특정 기업에 자금을 대여해줄 것인지, 대여해준다면 원금과 이자를 제때에 받을 수 있을지 등에 관심을 가질 것이다. 외부이해관계자 역시 이러한 다양한 의사결정 과정에서 회계정보를 이용한다.

전통적 이해관계자인 투자자와 채권자 이외에도 앞서 설명한 현대회계에서 중요하게 평가받는 이해관계자 중에 지역사회, 소비자, 공급자 등이 있다. 지역사회는 기업이 제공하는 회계정보를 이용하여 지역사회에 공헌하도록 유도할 수 있다. 소비자는 기업이 제공하는 회계정보를 이용하여 소비자가 지불하는 제품 또는 서비스 가격의 적정성 여부를 판단할 수 있다. 공급자 역시 기업이 제공하는 회계정보를 이용하여 공급가격의 협상수단으로 이용할 수 있다.

1.3 관리회계와 재무회계

대표적인 내부이해관계자인 경영자는 기업경영에 실제로 이용할 수 있는 상세한 정보를 요구한다. 또한 필요한 정보를 수시로 제한 없이 이용하며 경영자에게 전달되는 회계정보는 일정한 규칙이나 형식을 필요로 하지 않는다. 이와 같이 경영자가 경영활동에 필요로 하는 정보를 산출하고 분석하는 것을 주요 목적으로 하는 회계 분야를 관리회계(managerial accounting)라고 한다.

반면에 외부이해관계자는 다양한 집단으로 구성되어 있고 요구하는 정보도 매우 다양하다. 그런데 기업이 이들의 다양한 요구를 개별적으로 모두 충족시켜주기는 거의 불가능하다. 따라서 다수의 일반 정보이용자를 대상으로 공통의 정보 요구를 충족시켜주기 위한 일반목적의 재무제표(財務諸表, financial statements)를 제공하며, 이러한 재무제표를 작성하는 것을 주요 목적으로 하는 회계 분야를 재무회계(financial accounting)라고 한다.

재무회계와 관리회계의 특징과 차이점을 정리하면 다음 〈표 1-2〉와 같다.

표 1-2 재무회계와 관리회계의 특징과 차이점

구분	재무회계	관리회계
정보이용자	외부이해관계자	내부이해관계자
회계기준의 적용	회계기준을 적용함	회계기준을 적용하거나 적용하지 않을 수 있음
형식	재무제표 형식	일정한 형식 없음
외부감사 강제성	일정 규모 이상의 주식회사는 외부감사를 받은 재무제표를 공시해야 함	내부보고 목적으로 외부감사 받지 않아도 됨
정보의 주요 속성	신뢰성 또는 표현충실성	목적적합성

2. 재무정보의 질적특성

재무보고서는 특정 기업의 경제적 자원(자산), 특정 기업에 대한 청구권(부채와 자본) 그리고 그 자원 및 청구권에 변동을 일으키는 거래(수익과 비용)와 그 밖의 사건 및 상황의 영향에 대한 정보를 제공한다.

유용한 재무정보의 질적특성(qualitative characteristics of useful financial information)은 재무보고서에 포함된 재무정보에 근거하여 특정 기업에 대한 의사결정을 할 때 현재 및 잠재적 투자자 또는 채권자에게 가장 유용할 것으로 보이는 정보의 유형을 식별하도록 하는 것이다. 유용한 재무정보의 질적특성은 재무제표에서 제공하는 재무정보에도 적용된다. 재무정보의 보고에는 원가(原價, cost)가 소요되므로 해당 정보 보고의 효익이 그 원가를 정당화한다는 것이 중요하다. 이러한 점에서 원가는 포괄적 제약요인(pervasive constraint)이다.

2.1 근본적 질적특성

근본적 질적특성(fundamental qualitative characteristics)은 목적적합성과 표현충실성이다.

(1) 목적적합성(relevance)

목적적합한 재무정보는 정보이용자들의 의사결정에 차이가 나도록 할 수 있다. 재무정보에 예측가치, 확인가치 또는 이 둘 모두가 있다면 그 재무정보는 의사결정에 차이가 나도록 할 수 있다.

예측가치(predictive value)란 정보이용자들이 미래 결과를 예측하기 위해 사용하는 절차의 투입요소로 재무정보가 사용될 수 있다면, 그 재무정보는 예측가치가 있는 것이다. 확인가치(confirmatory value)란 재무정보가 과거 평가에 대한 피드백을 제공한다면(과거 평가를 확인하거나 변경시킨다면), 그 재무정보는 확인가치가 있는 것이다.

재무정보의 예측가치와 확인가치는 상호 연관되어 있다. 예측가치를 갖는 정보는 확인가치도 갖는 경우가 많다. 예를 들어, 미래 연도 수익의 예측 근거로 사용될 수 있는 당해 연도 수익 정보를 과거에 행한 당해 연도 수익 예측치와 비교할 수 있다. 그 비교 결과는 이용자가 그 과거 예측에 사용한 절차를 수정하고 개선하는 데 도움을 줄 수 있다.

중요성(materiality)은 특정 보고기업에 대한 재무정보를 제공하는 일반목적 재무보고서에 정보를 누락하거나 잘못 기재하거나 불분명하게 하여, 이를 기초로 내리는 주요 이용자들의 의사결정에 영향을 줄 것으로 합리적으로 예상할 수 있다면 그 정보는 중요한 것이다. 즉, 중요성은 개별 기업 재무보고서 관점에서 해당 정보와 관련된 항목의 성격이나 규모 또는 이 둘 다에 근거하여 해당 기업에 특유한 측면의 목적적합성을 의미한다. 따라서 회계기준위원회는 중요성에 대한 획일적인 계량 임계치를 정하거나 특정한 상황에서 무엇이 중요한 것인지를 미리 결정할 수 없다.

(2) 표현충실성(faithful representation)

재무보고서는 경제적 현상을 글과 숫자로 나타내는 것이다. 재무정보가 유용하기 위해서는 목적적합한 현상을 표현하는 것뿐만 아니라 나타내고자 하는 현상의 실질을 충실하게 표현해야 한다. 완벽한 표현충실성을 위해서는 서술은 완전하고, 중립적이며, 오류가 없어야 할 것이다.

완전한 서술(complete depiction)은 필요한 기술과 설명을 포함하여 정보이용자가 서술되는 현상을 이해하는 데 필요한 모든 정보를 포함하는 것이다. **중립적 서술(neutral depiction)**은 재무정보의 선택이나 표시에 편의(bias)가 없는 것이다. 정보이용자들이 재무정보를 유리하게 또는 불리하게 받아들일 가능성을 높이기 위해 편파적이 되거나, 편중되거나, 강조되거나, 경시되거나 그 밖의 방식으로 조작되지 않아야 한다. **오류가 없는 서술(depiction free from error)**은 현상의 기술에 오류나 누락이 없고, 정보를 생산하는 데 사용되는 절차의 선택과 적용 시 절차상 오류가 없음을 의미한다. 예를 들어, 관측가능하지 않은 가격이나 가격의 추정치는 정확한지 또는 부정확한지 결정할 수 없다. 그러나 추정치로서 금액을 명확하고 정확하게 기술하고, 추정 절차의 성격과 한계를 설명하고, 그 추정치를 도출하기 위한 적절한 절차를 선택하고 적용하는 데 오류가 없다면 그 추정치의 표현은 충실하다고 할 수 있다.

2.2. 보강적 질적특성

보강적 질적특성(enhancing qualitative characteristics)은 목적적합성과 나타내고자 하는 바를 충실하게 표현하는 것 모두를 충족하는 정보의 유용성을 보강시키는 질적특성으로서, 비교가능성, 검증가능성, 적시성 및 이해가능성이 있다. 어떤 두 가지 방법이 모두 특정 현상에 대하여 동일하게 목적적합한 정보이고 동일하게 충실한 표현을 제공하는 것이라면 보강적 질적특성은 두 가지 방법 중에 어느 방법을 그 현상의 서술에 사용해야 할지를 결정하는 데 도움을 줄 수 있다.

(1) 비교가능성

비교가능성(comparability)은 정보이용자들이 항목 간의 유사점과 차이점을 식별하고 이해할 수 있게 하는 질적특성이다. 특정 기업에 대한 정보는 다른 기업에 대한 유사한 정보 및 해당 기업에 대한 다른 기간이나 다른 일자의 유사한 정보와 비교될 수 있다면 더욱 유용하다. 다른 질적특성과 달리 비교가능성은 단 하나의 항목에 관련된 것이 아니라 비교하려면 최소한 두 항목이 필요하다.

일관성(consistency)은 비교가능성과 관련되어 있지만 동일한 개념은 아니다. 일관성은 어떤 기업 내에서 기간 간 또는 같은 기간 동안에 기업 간, 동일한 항목에 대해 동일한 방법을 적용하는 것을 말한다. 비교가능성은 목표이고 일관성은 그 목표를 달성하는 데 도움을 준다. 또한 비교가능성은 **통일성**(uniformity)이 아니다. 정보가 비교가능하기 위해서는 비슷한 것은 비슷하게 보여야 하고 다른 것은 다르게 보여야 하기 때문이다.

(2) 검증가능성

검증가능성(verifiability)은 합리적인 판단력이 있고 독립적인 서로 다른 관찰자가 어떤 서술이 표현충실성에 있어, 비록 반드시 완전히 의견이 일치하지는 않더라도, 합의에 이를 수 있다는 것을 의미한다. 검증은 직접 또는 간접으로 이루어질 수 있다. 직접 검증은 현금을 세는 것과 같이 직접적인 관찰을 통하여 금액이나 그 밖의 표현을 검증하는 것을 의미한다. 간접 검증은 모형, 공식 또는 그 밖의 기법에의 투입요소를 확인하고 같은 방법(예: 재고자산의 선입선출법 등)을 사용하여 그 결과를 재계산하는 것을 의미한다.

(3) 적시성

적시성(timeliness)은 의사결정에 영향을 미칠 수 있도록 의사결정자가 정보를 제때에 이용가능하게 하는 것을 의미한다. 일반적으로 정보는 오래될수록 유용성이 낮아지지만, 추세를 식별하고 평가할 필요가 있는 경우에 일부 정보는 보고기간 말 후에도 상당 기간 동안 적시성이 있을 수 있다.

(4) 이해가능성

이해가능성(understandability)은 정보를 명확하고 간결하게 분류하고, 특징지으며, 표시하게 하여 정보를 이해가능하게 하는 것이다. 재무보고서의 정보를 더 이해하기 쉽게 하기 위해서 본질적으로 복잡하고 이해하기 쉽지 않은 일부 현상에 대한 정보를 제외하는 것은 곤란하다. 그러면 재무보고서의 정보를 더 쉽게 이해하게 할 수 있을지는 모르지만 그 보고서는 불완전하여 잠재적으로 오도할 수 있기 때문이다.

재무보고서는 사업활동과 경제활동에 대해 합리적인 지식이 있고, 부지런히 정보를 검토하고 분석하는 정보이용자들을 위해 작성된다. 때로는 박식하고 부지런한 정보이용자들도 복잡한 경제적 현상에 대한 정보를 이해하기 위해 전문가의 도움을 받는 것이 필요할 수 있다.

재무정보의 질적특성을 도식화하면 다음 〈그림 1-1〉과 같다.

□ 그림 1-1 재무정보의 질적특성

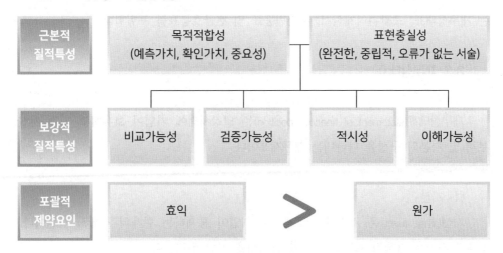

3. 재무제표

3.1 일반적으로 인정된 회계원칙

재무제표를 작성하는 목적은 광범위한 정보이용자의 경제적 의사결정에 유용한 기업의 재무상태, 성과와 재무상태변동에 관한 정보를 제공하는 것이다. 따라서 외부이해관계자에게 제공되는 회계정보인 재무제표는 일정한 규칙 또는 지침을 따라서 한다. 재무제표를 작성하고 공시하는 데 있어서 지켜야 할 지침을 일반적으로 인정된 회계원칙 (GAAP: Generally Accepted Accounting Principles)이라고 한다.

「국제회계기준」(IFRS: International Financial Reporting Standards)을 우리나라의 일반적으로 인정된 회계원칙으로 도입하기로 결정하고, 2007년 말에 한국회계기준원이 국제회계기준을 한글로 번역한 「한국채택국제회계기준」(K-IFRS)을 제정·공표하였다.

우리나라 상장기업 등은 2011년부터 의무적으로 한국채택국제회계기준을 적용하기 시작하였다. 한편 한국채택국제회계기준을 적용하지 않는 기업은 한국회계기준원이 제정한 「일반기업회계기준」을 적용하도록 하였다. 따라서 현재 우리나라의 일반적으로 인정된 회계원칙은 상장기업 등이 적용하는 「한국채택국제회계기준」과 그 이외의 기업이 적용하는 「일반기업회계기준」으로 이원화되어 있다.

기업의 이해관계자들의 회계정보 요구를 충족시켜 주기 위해서 작성되는 재무제표는 재무상태표, 포괄손익계산서, 자본변동표 및 현금흐름표를 포함한다.

3.2 재무상태표

재무상태표(statement of financial position)는 일정시점에 기업이 보유하고 있는 자산, 부채 및 자본의 구성을 나타내는 재무제표이다.

(1) 자산

자산(資産, asset)은 과거사건의 결과로 기업이 통제하는 현재의 경제적 자원이다.[1] 경제적 자원은 경제적 효익을 창출할 잠재력을 지닌 권리이다.

• 권리

경제적 효익을 창출할 잠재력을 지닌 권리(right)는 다음을 포함하여 다양한 형태를 갖는다. 기업의 권리가 반드시 다른 당사자의 의무와 연계되어야 하는 것은 아니다. 특정 자산을 사용하거나 효익을 얻을 수 있는 권리는 다른 당사자의 의무와 관계가 없을 수도 있다.

① 다른 당사자의 의무에 해당하는 권리로서, 예를 들면 다음과 같다.
  ㉠ 현금을 수취할 권리
  ㉡ 재화나 용역을 제공받을 권리
  ㉢ 유리한 조건으로 다른 당사자와 경제적 자원을 교환할 권리(유리한 조건으로 경제적 자원을 구매하는 선도계약 또는 경제적 자원을 구매하는 옵션 포함)
  ㉣ 불확실한 특정 미래사건이 발생하면 다른 당사자가 경제적 효익을 이전하기로 한 의무로 인해 효익을 얻을 권리

---

1 종전 개념체계에서 자산을 '미래 경제적 효익이 기업에 유입될 것으로 기대되는 자원'으로 정의하였다. 이 정의는 실무에서 경제적 자원과 그로 인한 경제적 효익의 유입을 구별하기 어렵게 하였고, 기대라는 용어를 확률임계치로 해석하는 문제를 일으켰다(BC4.3). 현행 개념체계에서 자산은 경제적 자원 자체이지, 경제적 자원이 창출할 수 있는 경제적 효익의 궁극적인 유입이 아님을 분명하게 강조하였으며, 후술할 부채도 경제적 자원을 이전해야 하는 의무이지, 경제적 효익의 궁극적 유출이 아님을 명확히 하였다(BC4.7).

② 다른 당사자의 의무에 해당하지 않는 권리로서, 예를 들면 다음과 같다.
　㉠ 유형자산 또는 재고자산과 같은 물리적 대상에 대한 권리(예: 물리적 대상을 사용할 권리 또는 리스제공자산의 잔존가치에서 효익을 얻을 권리 등)
　㉡ 지적재산 사용권

　많은 권리들은 계약, 법률 또는 이와 유사한 수단에 의해 성립된다. 예를 들어, 기업은 특정 물리적 대상을 소유하거나 리스함으로써 권리를 획득할 수 있고, 채무상품이나 지분상품을 소유하거나 등록된 특허권을 소유함으로써 권리를 획득할 수 있다.

　기업의 모든 권리가 그 기업의 자산이 되는 것은 아니다. 권리가 기업의 자산이 되기 위해서는, 해당 권리가 그 기업을 위해서 다른 모든 당사자들이 이용가능한 경제적 효익을 초과하는 경제적 효익을 창출할 잠재력이 있고, 그 기업에 의해 통제되어야 한다. 예를 들어, 유의적인 원가를 들이지 않고 모든 당사자들이 이용가능한 권리를 보유하더라도 일반적으로 그것은 기업의 자산이 아니다. 그러한 권리의 예로는 토지 위의 도로에 대한 공공권리 또는 공공의 영역(public domain)에 속하는 노하우와 같은 공공재에 접근할 수 있는 권리가 있다.

　기업은 기업 스스로부터 경제적 효익을 획득하는 권리를 가질 수 없다. 예를 들면, 기업이 발행한 후 재매입하여 보유하는 자기주식은 기업의 경제적 자원이 아니다. 또한 보고기업이 둘 이상의 법적 실체를 포함하는 경우, 그 법적 실체들 중 하나가 발행하고 다른 하나가 보유하고 있는 채무상품이나 지분상품은 그 보고기업의 경제적 자원이 아니다.

　원칙적으로 기업의 권리 각각은 별도의 자산이다. 그러나 회계목적상, 관련되어 있는 여러 권리가 자산인 단일 **회계단위**(unit of account)[2]로 취급되는 경우가 많다. 예를 들어, 물리적 대상에 대한 법적 소유권은 대상을 사용할 권리, 대상에 대한 권리를 판매할 권리, 대상에 대한 권리를 담보로 제공할 권리를 포함한 여러 가지 권리를 부여해 줄 수 있다. 많은 경우에 물리적 대상에 대한 법적 소유권에서 발생하는 **권리의 집합**(set of rights)은 단일자산으로 회계처리한다. 개념적으로 경제적 자원은 물리적 대상이 아니라 권리의 집합이다. 그럼에도 불구하고, 권리의 집합을 물리적 대상으로 기술하는 것이 때로는 그 권리의 집합을 가장 간결하고 이해하기 쉬운 방식으로 충실하게 표현하는 방법이 된다.

2　회계단위(unit of account)는 인식기준과 측정개념이 적용되는 권리나 권리의 집합, 의무나 의무의 집합 또는 권리와 의무의 집합을 말한다. 예를 들어, 자산을 인식할 때 하나의 권리가 회계단위가 될 수 있고, 두 가지 이상 권리의 집합이 회계단위가 될 수도 있다.

• 경제적 효익을 창출할 잠재력

경제적 자원은 경제적 효익을 창출할 잠재력(potential)을 지닌 권리이다. 잠재력이 있기 위해 권리가 경제적 효익을 창출할 것이라고 확신하거나 그 가능성이 높아야 하는 것은 아니다. 권리가 이미 존재하고, 적어도 하나의 상황에서 그 기업을 위해 다른 모든 당사자들에게 이용가능한 경제적 효익을 초과하는 경제적 효익을 창출할 수 있으면 된다. 경제적 효익을 창출할 가능성이 낮더라도 권리가 경제적 자원의 정의를 충족할 수 있다면 자산이 될 수 있다.

경제적 자원은 기업에게 다음 중 하나 이상을 할 수 있는 자격이나 권한을 부여하여 경제적 효익을 창출할 수 있다.

---

① 계약상 현금흐름 또는 다른 경제적 자원의 수취
② 다른 당사자와 유리한 조건으로 경제적 자원을 교환
③ 예를 들어, 다음과 같은 방식으로 현금유입의 창출 또는 현금유출의 회피
   ㉠ 경제적 자원을 재화의 생산이나 용역의 제공을 위해 개별적으로 또는 다른 경제적 자원과 함께 사용
   ㉡ 경제적 자원을 다른 경제적 자원의 가치를 증가시키기 위해 사용
   ㉢ 경제적 자원을 다른 당사자에게 리스 제공
④ 경제적 자원을 판매하여 현금 또는 다른 경제적 자원을 수취
⑤ 경제적 자원을 이전하여 부채를 상환

경제적 자원의 가치가 미래 경제적 효익을 창출할 현재의 잠재력에서 도출되지만, 경제적 자원은 그 잠재력을 포함한 현재의 권리이며 그 권리가 창출할 수 있는 미래 경제적 효익이 아니다. 예를 들어, 매입한 옵션은 미래의 어떤 시점에 옵션을 행사하여 경제적 효익을 창출할 잠재력에서 그 가치가 도출된다. 그러나 경제적 자원은 현재의 권리이며, 그 권리는 미래의 어떤 시점에 옵션을 행사할 수 있다는 것이다. 경제적 자원은 옵션 행사시 보유자가 받게 될 미래 경제적 효익이 아니다.

지출의 발생과 자산의 취득은 밀접하게 관련되어 있으나 양자가 반드시 일치하는 것은 아니다. 따라서 기업이 지출한 경우 이는 미래 경제적 효익을 추구하였다는 증거는 될 수는 있지만 자산을 취득했다는 확정적인 증거는 될 수 없다. 마찬가지로 관련된 지출이 없더라도 특정 항목이 자산의 정의를 충족하는 것을 배제하지 않는다. 예를 들어,

자산은 정부가 기업에게 무상으로 부여한 권리 또는 기업이 다른 당사자로부터 증여받은 권리를 포함할 수 있다.

- 통제

통제(control)는 경제적 자원을 기업에 결부시킨다. 통제의 존재 여부를 평가하는 것은 기업이 회계처리할 경제적 자원을 식별하는 데 도움이 된다. 예를 들어, 기업은 부동산 전체의 소유권에서 발생하는 권리를 통제하지 않고, 부동산 지분에 비례하여 통제할 수 있다. 그러한 경우에 기업의 자산은 통제하고 있는 부동산의 지분이며, 통제하지 않는 부동산 전체의 소유권에서 발생하는 권리는 아니다.

기업은 경제적 자원의 사용을 지시(direct)하고 그로부터 유입될 수 있는 경제적 효익을 얻을 수 있는 현재의 능력이 있다면 그 경제적 자원을 통제한다. 통제에는 다른 당사자가 경제적 자원의 사용을 지시하고 이로부터 유입될 수 있는 경제적 효익을 얻지 못하게 하는 현재의 능력을 포함한다. 따라서 일방의 당사자가 경제적 자원을 통제하면 다른 당사자는 그 자원을 통제하지 못한다.

일반적으로 경제적 자원의 통제는 법적 권리(legal rights)를 행사할 수 있는 능력에서 비롯된다. 그러나 통제는 경제적 자원의 사용을 지시하고 이로부터 유입될 수 있는 효익을 얻을 수 있는 현재의 능력이 기업에게만 있도록 할 수 있는 경우에도 발생할 수 있다. 즉, 법적 권리를 행사할 수 있는 능력이 없더라도 경제적 자원을 통제할 수 있다. 예를 들어, 기업은 공공의 영역(public domain)에 속하지 않는 노하우에 접근할 수 있고, 그 노하우를 지킬 수 있는 현재능력이 있다면, 그 노하우가 등록된 특허에 의해 보호받지 못하더라도 노하우를 사용할 권리를 통제할 수 있다.

(2) 부채

부채(負債, liability)는 과거사건의 결과로 기업이 경제적 자원을 이전해야 하는 현재의무이다.[3]

- 의무

의무(obligation)란 기업이 회피할 수 있는 실제 능력이 없는 책무나 책임을 말한다. 의

---

3 자산과 마찬가지로 종전 개념체계에서 부채를 '기업이 가진 경제적 효익이 있는 자원의 유출을 통해 그 이행이 미래에 예상되는 의무'로 정의하였다.

무는 항상 다른 당사자에게 이행해야 한다. 한 당사자가 경제적 자원을 이전해야 하는 의무가 있는 경우에 다른 당사자는 그 경제적 자원을 수취할 권리가 있다. 그러나 한 당사자가 부채를 인식하고 이를 특정 금액으로 측정해야 한다는 요구사항이 다른 당사자가 자산을 인식하거나 동일한 금액으로 측정해야 한다는 것을 의미하지는 않는다. 예를 들어, 한 당사자의 부채와 이에 상응하는 다른 당사자의 자산에 대해 서로 인식기준이나 측정 요구사항이 표현하고자 하는 것을 가장 충실히 표현하고 가장 목적적합한 정보를 선택하기 위한 결정이라면 특정 회계기준은 그러한 서로 다른 기준이나 요구사항을 포함할 수 있다.

많은 의무가 계약, 법률 또는 이와 유사한 수단에 의해 성립되며 당사자가 채무자에게 법적으로 집행할 수 있도록 한다. 그러나 기업이 실무 관행, 공개한 경영방침, 특정 성명(서)과 상충되는 방식으로 행동할 실제 능력이 없는 경우에 기업의 그러한 실무 관행, 경영방침이나 성명(서)에서 의무가 발생할 수도 있다. 그러한 상황에서 발생하는 의무는 '의제의무(constructive obligation)'라고 한다.

일부 상황에서 경제적 자원을 이전하는 기업의 책무나 책임은 기업 스스로 취할 수 있는 미래의 특정 행동을 조건으로 발생한다. 그러한 미래의 특정 행동에는 특정 사업을 운영하는 것, 미래의 특정 시점에 특정 시장에서 영업하는 것 또는 계약의 특정 옵션을 행사하는 것을 포함한다. 이러한 상황에서 기업은 그러한 행동을 회피할 수 있는 실제 능력이 없다면 의무가 있다. 기업이 그 기업을 청산하거나 거래를 중단하는 것으로만 이전을 회피할 수 있고 그 이외는 이전을 회피할 수 없다면 기업의 재무제표가 계속기업 기준으로 작성되는 것이 적절하다는 결론은 그러한 이전을 회피할 수 있는 실제 능력이 없다는 결론을 내포하고 있다.

기업이 경제적 자원의 이전을 회피할 수 있는 실제 능력이 있는지를 평가하는 데 사용되는 요소는 기업의 책무나 책임의 성격에 따라 달라질 수 있다. 예를 들어, 이전을 회피할 수 있도록 취하는 행동이 이전하는 것보다 유의적으로 더 불리한 경제적 결과를 가져온다면 기업은 이전을 회피할 수 있는 실제 능력이 없을 수 있다. 그러나 이전하고자 하는 의도나 높은 이전가능성은 기업이 이전을 회피할 수 있는 실제 능력이 없다고 결론을 내릴 충분한 이유가 되지 않는다.

• 경제적 자원의 이전

의무에는 기업이 경제적 자원을 다른 당사자에게 이전하도록 요구받게 될 잠재력(potential)이 있어야 한다. 그러한 잠재력이 존재하기 위해서는 기업이 경제적 자원의 이전을 요구받을 것이 확실하거나 그 가능성이 높아야 하는 것은 아니다. 예를 들어, 불확실한 특정 미래사건이 발생할 경우에만 이전이 요구될 수도 있다. 의무가 이미 존재하고 적어도 하나의 상황에서 기업이 경제적 자원을 이전하도록 요구되기만 하면 된다. 경제적 자원의 이전가능성이 낮더라도 의무가 부채의 정의를 충족할 수 있다. 경제적 자원을 이전해야 하는 의무는 다음의 예를 포함한다.

① 현금을 지급할 의무
② 재화를 인도하거나 용역을 제공할 의무
③ 불리한 조건으로 다른 당사자와 경제적 자원을 교환할 의무. 예를 들어, 이러한 의무는 현재 불리한 조건으로 경제적 자원을 판매하는 선도계약 또는 다른 당사자가 해당 기업으로부터 경제적 자원을 구입할 수 있는 옵션을 포함한다.
④ 불확실한 특정 미래사건이 발생할 경우 경제적 자원을 이전할 의무
⑤ 기업에게 경제적 자원을 이전하도록 요구하는 금융상품을 발행할 의무

• 과거사건으로 생긴 현재의무

현재의무는 다음 모두에 해당되는 경우에만 과거사건의 결과로 존재한다.

① 기업이 이미 경제적 효익을 얻었거나 조치를 취했고,
② 그 결과로 기업이 이전하지 않아도 되었을 경제적 자원을 이전해야 하거나 이전하게 될 수 있는 경우

기업이 얻은 경제적 효익으로 재화나 용역이 포함될 수 있다. 기업이 취한 조치(the action taken)로 특정 사업을 운영하거나 특정 시장에서 영업하는 것이 포함될 수 있다. 기업이 시간이 경과하면서 경제적 효익을 얻거나 조치를 취하는 경우에 현재의무는 그 기간 동안 누적될 수 있다.

미래의 특정 시점까지 경제적 자원의 이전이 집행될 수 없더라도 현재의무는 존재할 수 있다. 예를 들어, 계약에서 미래의 특정 시점까지는 지급을 요구하지 않더라도 현금을 지급해야 하는 계약상 부채가 현재 존재할 수 있다. 이와 유사하게 거래상대방이 미래의 특정 시점까지는 업무를 수행하도록 요구할 수 없더라도 기업에게는 미래의 특

정 시점에 업무를 수행해야 하는 계약상 의무가 현재 존재할 수 있다.

(3) 자본

자본(資本, equity)은 자산에서 부채를 차감한 후의 잔여지분(residual interest)이다. 자본청구권은 기업의 자산에서 모든 부채를 차감한 후의 잔여지분에 대한 청구권이다.

보통주 및 우선주와 같이 서로 다른 종류의 자본청구권은 보유자에게 서로 다른 권리, 예를 들어 다음 중 일부 또는 전부를 기업으로부터 받을 권리를 부여할 수 있다.

① 배당금
② 청산 시점에 전액을 청구하거나, 청산이 아닌 시점에 부분적인 금액을 청구하는 자본청구권을 이행하기 위한 대가
③ 그 밖의 자본청구권

법률, 규제 또는 그 밖의 요구사항이 자본금 또는 이익잉여금과 같은 자본의 특정 구성요소에 영향을 미치는 경우가 있다. 예를 들어, 그러한 요구사항 중 일부는 분배 가능한 특정 준비금이 충분한 경우에만 자본청구권 보유자에게 분배를 허용한다.

재무상태표의 기본 구조를 도식화하면 다음 〈그림 1-2〉와 같다.

━ 그림 1-2 **재무상태표의 기본 구조**

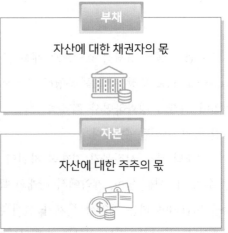

3.3 (포괄)손익계산서

(포괄)손익계산서(income statement)는 일정기간 동안 기업의 경영활동에 따른 재무적 성과, 즉 수익에서 비용을 차감한 당기순이익을 나타내는 재무제표이다.

(1) 수익

수익(收益, revenues)이란 정상영업활동을 통해서 증가한 기업의 순자산을 말한다. 수익이 발생하면서 그 대가로 현금을 수령하면 그만큼 기업의 자산은 증가한다. 자산의 증가뿐만 아니라 부채의 감소로도 수익이 발생한다. 부채의 감소로 수익이 발생하는 경우는 재화나 용역을 제공하기 전에 대금을 수취하면 선수금이라는 부채가 먼저 기록되는데, 향후 재화나 용역을 제공하면 부채가 감소하면서 수익이 발생하게 된다.

(2) 비용

비용(費用, expenses)이란 정상영업활동을 통해서 감소한 기업의 순자산을 말한다. 회계학적 관점에서 본다면 비용은 수익을 창출하는 과정에서 소비된 자산의 원가를 의미한다. 소비되지 않은 자산의 원가(예를 들어, 재고자산)는 자산에 속한다. 비용이 발생하면서 현금을 지급하면 그만큼 기업의 자산은 감소한다. 자산의 감소뿐만 아니라 부채의 증가로도 비용이 발생한다. 비용이 발생하였지만 즉시 그 대가를 지급하지 않는 경우에는 미지급비용이라는 부채가 증가하면서 비용이 발생하게 된다.

자본청구권 보유자로부터의 출자는 수익이 아니며, 자본청구권 보유자에 대한 분배는 비용이 아니다. 수익과 비용은 기업의 재무성과(financial performance)와 관련된 재무제표 요소이다. 재무제표이용자들은 기업의 재무상태와 재무성과에 대한 정보가 필요하다. 따라서 수익과 비용은 자산과 부채의 변동으로 정의되지만 수익과 비용에 대한 정보는 자산과 부채의 정보만큼 중요하다.

손익계산서의 기본 구조를 도식화하면 다음 〈그림 1-3〉과 같다.

━ 그림 1-3 **손익계산서의 기본 구조**

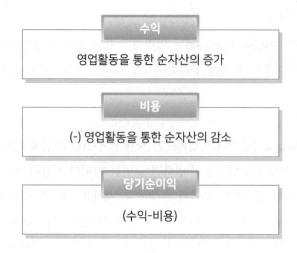

3.4 자본변동표

자본변동표(statement of changes in equity)는 일정기간 동안 자본의 변동내용을 상세히 보여주는 재무제표이다. 자본은 출자자로부터 납입된 자본금 및 영업활동으로 인해 발생하는 이익잉여금(retained earnings)을 포함한다. 따라서 자본변동표는 주주들과의 자본거래뿐만 아니라 영업활동의 결과인 당기순이익 또는 손실에 따른 변화도 반영된다.

자본변동표의 기본 구조를 도식화하면 다음 〈그림 1−4〉와 같다.

3.5 현금흐름표

현금흐름표(statement of cash flows)는 일정기간 동안 기업의 현금흐름 변동내용을 상세히 보여주는 재무제표이다. 현금흐름표는 영업활동, 투자활동 및 재무활동으로 구분하여 표시한다. 영업활동은 재화의 판매 또는 용역을 제공함으로써 발생하는 수익창출활동을 나타내고, 투자활동은 자산을 취득하거나 처분하는 활동을 나타낸다. 재무활동은 투자자나 채권자로부터 자금조달과 관련된 활동을 나타낸다.

현금흐름표의 기본 구조를 도식화하면 다음 〈그림 1−5〉와 같다.

═ 그림 1-4 **자본변동표의 기본 구조**

기초자본
기초 자본금 및 이익잉여금 등

자본의 변동
(±) 자본거래(유상증자 등)
(±) 영업활동(당기순이익 등)

기말자본
기말 자본금 및 이익잉여금 등

═ 그림 1-5 **현금흐름표의 기본 구조**

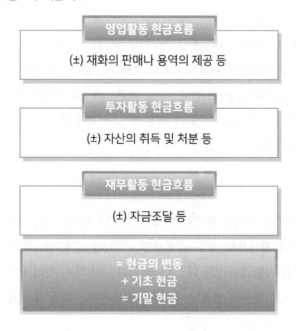

영업활동 현금흐름
(±) 재화의 판매나 용역의 제공 등

투자활동 현금흐름
(±) 자산의 취득 및 처분 등

재무활동 현금흐름
(±) 자금조달 등

= 현금의 변동
+ 기초 현금
= 기말 현금

4. 주식회사와 외부감사제도

4.1 주식회사

주식회사(株式會社, corporation)는 주식(stock)을 발행하여 설립한 회사이다. 주식을 소유한 자를 주주(stockholder)라고 한다. 주주는 주식회사의 최고의사결정기구인 주주총회에서 의결권을 행사함으로써 경영에 참여할 수 있다. 주주총회의 중요한 결의사항으로는 정관변경, 이사 및 감사의 선임, 재무제표의 승인 등이 있다. 주식회사에서 업무집행은 이사를 포함한 경영자가 담당하며, 업무절차의 신속을 기하기 위해서 주식회사의 발행예정 주식총수는 주주총회에서 결정하고, 그 범위 내에서 신주발행 등 중요한 의사결정은 이사회 결의에 의해 이루어진다.

주식회사의 주요 3가지 특징은 다음과 같다.

(1) 대규모 자금조달

주식회사는 일반 대중을 대상으로 투자자(주주)를 모집하여 대규모 자금조달을 한다. 대규모 자금조달이 가능한 이유는 주식의 양도가 비교적 자유롭기 때문이다. 이러한 특징을 시장성(marketability)이라고 한다. 특히 증권거래소에 상장된 주식회사는 주식시장에서 매우 쉽게 주식을 거래할 수 있기 때문에 일반 대중이 주식회사의 대규모 자금조달에 참여하는 데 용이하다.

(2) 유한책임

주식회사의 주주는 자신이 투자한 한도 내에서만 책임을 지는데 이를 유한책임이라고 한다. 즉, 회사의 재산으로 채무를 변제할 수 없는 경우에도 주주는 자신이 투자한 한도 이외의 책임을 부담하지 않는다. 유한책임과 대비되는 것이 무한책임이다. 무한책임은 회사의 재산으로 채무를 변제할 수 없는 경우에는 주주들이 연대하여 책임을 부담하는 것을 말한다.

(3) 소유와 경영의 분리

주식회사의 중요한 특징 중에 하나가 소유와 경영의 분리이다. 즉, 회사를 소유하고 있는 주주와 회사를 운영하는 경영자가 다르다. 주주는 자신의 부를 증대시키기 위해 전문 경영자를 고용하여 보수를 지급한다. 앞서 언급한 것처럼, 경영자는 주주를 대신하여 기업을 효율적으로 경영하고 그 성과를 성실히 보고할 책임이 있다. 그러나 주주 입장에서는 경영자의 재무보고가 성실한지에 대해 의구심을 가질 수밖에 없다. 따라서 외부감사제도가 필요한 것이다.

4.2 외부감사제도의 필요성

앞서 언급한 것처럼, 기업은 광범위한 정보이용자의 경제적 의사결정에 도움을 주기 위해서 재무제표를 작성하여 제공한다. 재무제표는 일반적으로 인정된 회계원칙(GAAP: Generally Accepted Accounting Principles)에 따라서 작성하여야 한다. 그런데 재무제표를 작성하고 보고할 의무가 있는 자는 기업의 경영자이다. 따라서 기업 외부에서 재무제표를 이용하는 외부이해관계자들은 재무제표의 신뢰성에 의문을 제기할 수 있다. 이러한 문제를 해결하기 위해서 고안된 감시장치가 **외부감사제도**(external auditing)이다.

외부감사의 감사실시는 투자자 또는 채권자와 해당기업과의 자유로운 계약에 의해서 이루어질 수도 있지만, 불특정 다수의 이해관계자를 보호하여야 한다는 사회적 당위성에 따라 대부분의 나라에서 법적으로 강제하고 있다. 우리나라에서는 「주식회사 등의 외부감사에 관한 법률」에 의하여, 일정 규모4의 주식회사는 독립된 외부의 감사인으로부터 회사에서 작성한 재무제표를 회계감사 받도록 하고 있다.

4.3 감사인과 감사의견

경영자가 작성하여 제공하는 재무제표에 대한 신뢰성을 담보하기 위해 해당 기업 및 경영자와 독립적인 위치에 있는 공인된 외부감사인으로부터 회계감사를 받도록 하고 있다.

---

4 외부감사의 대상: "직전 사업연도 말의 자산, 부채, 종업원 수 또는 매출액 등 대통령령으로 정하는 기준에 해당하는 회사"란 다음 각 호의 어느 하나에 해당하는 회사를 말한다.
1. 직전 사업연도 말의 자산총액이 500억원 이상인 회사
2. 직전 사업연도의 매출액이 500억원 이상인 회사
3. 다음 각 목의 사항 중 2개 이상에 해당하는 회사
   가. 직전 사업연도 말의 자산총액이 120억원 이상
   나. 직전 사업연도 말의 부채총액이 70억원 이상
   다. 직전 사업연도의 매출액이 100억원 이상
   라. 직전 사업연도 말의 종업원이 100명 이상

회계감사 업무를 하는 공인된 외부감사인은 공인회계사(CPA: Certified Public Accountants) 자격을 가져야 한다. 공인회계사는 경영자가 작성한 재무제표가 일반적으로 인정된 회계원칙에 따라 적정하게 작성되었는지를 독립적으로 감사하여 전문가로서의 의견을 표명한다.

감사의견은 공인회계사가 회계감사를 실시한 후 재무제표의 적정성에 대한 의견표명이다. 감사의견은 재무제표가 적정하게 작성되었을 때 표명하는 적정의견과 그렇지 않게 작성되었을 때 표명하는 비적정의견(한정의견, 부적정의견, 의견거절)으로 구분된다.

「감사기준서」에 따른 비적정의견을 판단하는 기준은 다음 〈표 1-3〉과 같다.

─ 표 1-3 비적정 감사의견 종류와 판단기준

감사의견의 변형을 초래한 사항의 성격	해당 사항이 재무제표에 미치거나 미칠 수 있는 영향의 전반성에 대한 감사인의 판단	
	중요하지만 전반적이지 아니한 경우	중요하며 동시에 전반적인 경우
재무제표가 중요하게 왜곡 표시된 경우 (감사인과 경영자간 의견불일치)	한정의견	부적정의견
충분하고 적합한 감사증거를 입수할 수 없는 경우 (감사범위제한)	한정의견	의견거절

감사범위제한이란 감사계약조건이나 감사당시의 상황에 의해 회계감사기준에 따라 감사를 실시하지 못하여 충분하고 적합한 감사증거를 수집할 수 없었던 경우를 말한다.

감사인과 경영자간 의견불일치란 일반적으로 회계처리기준 위배를 의미한다. 감사인의 판단기준은 일반적으로 인정된 회계원칙이기 때문에 재무제표에 대한 경영자의 주장이 감사인의 판단과 일치하지 않는다는 것은 감사인의 판단기준인 일반적으로 인정된 회계원칙의 위배를 의미한다.

참고로 감사보고서에 기술된 적정의견, 한정의견 및 의견거절의 사례는 다음과 같다.

사례 1 · 적정의견

독립된 감사인의 감사보고서

××××주식회사
주주 및 이사회 귀중

감사의견

우리는 ××××주식회사와 그 종속기업들(이하 "연결회사")의 연결재무제표를 감사하였습니다. 동 연결재무제표는 2020년 12월 31일 현재의 연결재무상태표, 동일로 종료되는 보고기간의 연결손익계산서, 연결포괄손익계산서, 연결자본변동표 및 연결현금흐름표 그리고 유의적 회계정책의 요약을 포함한 연결재무제표의 주석으로 구성되어 있습니다.

우리의 의견으로는 별첨된 연결회사의 연결재무제표는 연결회사의 2020년 12월 31일 현재의 연결재무상태, 동일로 종료되는 보고기간의 재무성과 및 현금흐름을 한국채택국제회계기준에 따라 중요성의 관점에서 **공정하게** 표시하고 있습니다.

감사의견근거

우리는 대한민국의 회계감사기준에 따라 감사를 수행하였습니다. 이 기준에 따른 우리의 책임은 이 감사보고서의 연결재무제표감사에 대한 감사인의 책임 단락에 기술되어 있습니다. 우리는 연결재무제표감사와 관련된 대한민국의 윤리적 요구사항에 따라 연결회사로부터 독립적이며, 그러한 요구사항에 따른 기타의 윤리적 책임을 이행하였습니다. 우리가 입수한 감사증거가 감사의견을 위한 근거로서 충분하고 적합하다고 우리는 믿습니다.

이 감사보고서의 근거가 된 감사를 실시한 업무수행이사는 공인회계사 ×××입니다.

서울시 ××구 ××로
×× 회 계 법 인
대 표 이 사   ×××

20×1년   ×월   ××일

사례 2 · 한정의견

독립된 감사인의 감사보고서

×××× 주식회사
주주 및 이사회 귀중

한정의견

우리는 ××××(주)(이하 '회사')와 그 종속기업(이하 '연결회사')의 연결재무제표를 감사하였습니다. 해당 연결재무제표는 2020년 12월 31일 현재의 연결재무상태표, 동일로 종료되는 보고기간의 연결포괄손익계산서, 연결자본변동표, 연결현금흐름표 그리고 유의적인 회계정책의 요약을 포함한 연결재무제표의 주석으로 구성되어 있습니다.

우리의 의견으로는 별첨된 연결회사의 연결재무제표는 이 감사보고서의 한정의견근거 단락에 기술된 사항이 미칠 수 있는 영향을 제외하고는 연결회사의 2020년 12월 31일 현재의 연결재무상태와 동일로 종료되는 보고기간의 연결재무성과 및 연결현금흐름을 한국채택국제회계기준에 따라 중요성의 관점에서 공정하게 표시하고 있습니다.

한정의견근거

우리는 2020년 12월 31일 현재 재고자산의 적정성 및 특수관계자거래의 실재성 및 타당성 등에 대하여 충분하고 적합한 감사증거를 입수할 수 없었습니다. 동 사항에 대한 감사범위의 제한 때문에 회계감사기준에서 요구하는 감사절차를 수행할 수 없었으며, 그 결과 관련 연결재무제표 금액의 수정이 필요한지 여부를 결정할 수 없었습니다.

우리는 대한민국의 회계감사기준에 따라 감사를 수행하였습니다. 이 기준에 따른 우리의 책임은 이 감사보고서의 연결재무제표감사에 대한 감사인의 책임 단락에 기술되어 있습니다. 우리는 연결재무제표 감사와 관련된 대한민국의 윤리적 요구사항에 따라 회사로부터 독립적이며, 그러한 요구사항에 따른 기타의 윤리적 책임들을 이행하였습니다. 우리가 입수한 감사증거가 한정의견을 위한 근거로서 충분하고 적합하다고 우리는 믿습니다.

서울특별시 ××구 ××로
×× 회 계 법 인
대 표 이 사 ×××

20×1년 ×월 ××일

사례 3 · 의견거절

독립된 감사인의 감사보고서

×××× 주식회사
주주 및 이사회 귀중

의견거절

우리는 ×××× 주식회사와 그 종속기업(이하 "연결실체")의 연결재무제표에 대한 감사계약을 체결하였습니다. 해당 연결재무제표는 2020년 12월 31일 현재의 연결재무상태표, 동일로 종료되는 보고기간의 연결포괄손익계산서, 연결자본변동표, 연결현금흐름표 그리고 유의적인 회계정책의 요약을 포함한 연결재무제표의 주석으로 구성되어 있습니다.

우리는 별첨된 연결실체의 연결재무제표에 대하여 **의견을 표명하지 않습니다.** 우리는 이 감사보고서의 의견거절근거 단락에서 기술된 사항의 유의성 때문에 연결재무제표에 대한 감사의견의 근거를 제공하는 충분하고 적합한 감사증거를 입수할 수 없었습니다.

의견거절근거

연결실체의 연결재무제표는 연결실체가 계속기업으로서 존속한다는 가정을 전제로 작성되었으므로, 연결실체의 자산과 부채가 정상적인 사업활동과정을 통하여 회수되거나 상환될 수 있다는 가정하에 회계처리 되었습니다. 그러나 연결재무제표에 대한 주석 34에서 설명하고 있는 바와 같이, 연결실체는 보고기간 종료일 현재 449,389백만원 영업손실과 504,341백만원 당기순손실이 발생하였습니다. 또한, 연결실체의 유동부채가 유동자산보다 781,830백만원 초과하고 있으며, 총부채가 총자산을 88,122백만원 초과하고 있습니다.

연결실체는 2020년 12월 21일 서울회생법원에 채무자회생및파산에관한법률에 따른 회생절차 개시를 신청하였습니다. 연결실체는 서울회생법원으로부터 재산 보전처분 결정 및 포괄적 금지명령을 받았으며, 채권단과 잠재적 투자자와의 원활한 협의를 위한 ARS(Autonomous Restructuring Support) 프로그램 진행 중에 있습니다.

이러한 상황은 계속기업으로서 그 존속능력에 유의적 의문을 제기하고 있습니다. 연결실체가 계속기업으로서 존속할 지의 여부는 주석 34에서 설명하고 있는 부채상환과 기타 자금수요를 위해 필요한 자금조달 계획과 안정적인 경상이익 달성을 위한 재무 및 경영개선 계획의 최종결과에 따라 좌우되는 중요한 불확실성을 내포하고 있습니다. 그러나 우리는 이러한 불확실성의 최종결과로 발생될 수도 있는 자산과 부채 및 관련 손익항목에 대한 수정을 위해 이를 합리적으로 추정할 수 있는 감사증거를 확보할 수 없었습니다.

또한, 주석 11과 12에서 설명된 바와 같이, 상기에서 기술한 계속기업가정의 중요한 불확실성으로 인해 유·무형자산 1,149,028백만원 및 관련 손상차손 128,373백만원의 적정성 판단을 위한 충분하고 적합한 감사 증거를 확보하지 못하였습니다. 그 결과 동 금액의 수정이 필요한지 여부를 결정할 수 없었습니다.

20×1년 ×월 ××일

5. 국제회계기준(IFRS)

5.1 국제회계기준의 탄생

자본시장의 세계화 추세에 따라 전 세계적으로 단일회계기준으로 작성된 신뢰성 있는 재무정보의 요구가 증가되었다. 이러한 수요에 부응하기 위하여 국제적으로 통일된 고품질의 회계기준의 제정이라는 목표를 가지고 국제적 회계제정기구로 국제회계기준위원회(IASB: International Accounting Standards Board)의 전신인 IASC(International Accounting Standards Committee)가 설립되었다. 이때부터 국제회계기준(IFRS: International Financial Reporting Standards)의 전신인 국제회계기준서(IAS: International Accounting Standards)가 제정·공표되었다. 2021년 4월말 현재 전 세계 140여 개국이 국제회계기준을 수용 또는 수용할 예정이다.

국제회계기준위원회와 국제회계기준의 연혁은 다음 〈표 1-4〉와 같다.

─ 표 1-4 국제회계기준위원회와 국제회계기준의 연혁

연도	내용
1973년	• 10개 국가(미국, 영국, 호주, 캐나다. 프랑스, 독일, 일본, 멕시코, 네덜란드, 아일랜드)가 참여한 IASC 설립 • IAS 공표
1995년	• 유럽연합 집행위원회(EC: European Commission)에서 EU의 다국적기업에 IAS 사용 권고
2001년	• 국제증권관리위원회(IOSCO: International Organization of Securities Commissions)에서 전 세계 다국적기업에 IAS 사용 권고
2002년	• 국제회계기준 제정기구의 명칭을 IASC에서 IASB로 변경 • 국제회계기준의 명칭을 IAS에서 IFRS로 변경 • EC에서 EU 상장기업의 연결재무제표에 대해 2005년부터 IFRS 사용 의무화
2005년	• EU, 호주, 남아공 등 IFRS 도입
2009년	• G20 정상회의에서 각국의 정상들이 IFRS 사용에 합의
2011년	• 한국 IFRS 도입

출처: 금융감독원 회계포탈

5.2 국제회계기준의 특징

(1) 원칙중심의 기준체계(principle-based standards)

국제회계기준은 상세하고 구체적인 회계처리 방법을 제시하기보다는 특정 기업의 경제적 실질에 기초하여 합리적으로 회계처리할 수 있도록 회계처리의 기본원칙과 방법론을 제시한다. 이러한 이유는 전 세계적으로 기업의 활동이 복잡해짐에 따라 예측가능한 모든 활동에 대해 세부적인 규칙을 제시하는 것은 불가능하다. 또한 규칙을 해석하는 데 지나치게 집중하는 경우에 오히려 규제회피가 더욱 쉬워지는 문제가 발생하기도 한다. 따라서 국제회계기준은 회계처리의 적정성을 판단할 수 있는 충분한 원칙과 그 근거만을 제시하고 있다.

반면, 미국회계기준은 법률관계 및 계약의 내용에 따라 개별 사안에 대한 구체적인 회계처리 방법과 절차를 세밀하게 규정하고 있는데 이를 **규칙중심 기준체계(rule-based standards)**라고 한다.

(2) 연결재무제표 중심

국제회계기준은 종속회사가 있는 지배기업의 경우 연결재무제표를 주 재무제표로 작성·공시하도록 하고 있다. 이에 따라 사업보고서 등 모든 공시서류가 연결재무제표 중심으로 작성된다. 이러한 이유는 연결재무제표가 개별재무제표보다 이해관계자들이 의사결정을 할 때 더 많은 유용한 정보를 제공하기 때문이다.

(3) 공정가치 평가 중시

국제회계기준의 핵심내용은 자본시장의 투자자에게 기업의 재무상태 및 내재가치에 대한 의미 있는 투자정보를 제공하는 것이며, 이를 위해 국제회계기준은 금융자산·부채와 유·무형자산 및 투자부동산에까지 공정가치 측정을 의무화 또는 선택 적용할 수 있도록 하고 있다.

5.3 한국의 국제회계기준 도입

정부 주도로 기업회계기준을 제정해 오던 관행에서 2000년에 독립된 민간 회계기준 제정기구인 **한국회계기준원**을 설립하여 민간 주도의 「기업회계기준서」를 제정하게 되었다. 그때부터 2007년까지 한국회계기준원은 국제회계기준을 반영한 28개의 기준서를 제정하였다.

그럼에도 불구하고, EU, 호주, 캐나다 등 전 세계적인 회계기준 단일화 추세와 우리나라 회계기준이 국제회계기준과 달라 한국기업의 회계정보를 신뢰하지 못해 발생하는 코리아 디스카운트의 문제, 한국기업이 해외증시에 상장할 경우 해당 국가의 회계처리기준을 적용하여 재무제표를 재작성해야 하는 비용 부담 등의 이유로 국제회계기준을 도입하였다.

국제회계기준 도입 로드맵에 따라 2007년에 한국회계기준원은 국제회계기준을 한글로 번역하여 「한국채택국제회계기준」을 제정·공표하였다. 2009년에 한국채택국제회계기준의 조기도입을 허용하였고, 2011년부터 모든 상장기업은 한국채택국제회계기준을 의무적으로 도입하여 재무제표를 작성·공시하도록 하였다.

한국채택국제회계기준의 특징은 국제회계기준과 완전히 일치하지 않기 때문에 완전수용으로 인정받지 못하고 있다는 점이다. 한국회계기준원에서 확인한 2016년 1월 1일 현재 한국채택국제회계기준과 국제회계기준 간에 일치하지 않은 부분은 다음과 같다.

① 번역절차로 인한 IFRS 시행시기(조기적용)에 따른 차이
② IAS, IFRS와 관련한 독자적 K-IFRS 번호체계 부여
③ 이익잉여금처분계산서의 추가 공시(K-IFRS 1001. 한 138.1)
④ 영업손익의 추가 표시(K-IFRS 1001. 한138.2~한138.3)
⑤ 수주산업 공시 추가(K-IFRS 1011 한45.1~45.5, K-IFRS 2115 한21.1)

출처: 한국회계기준원

5.4 미국, 일본 및 중국의 국제회계기준 도입

미국, 일본 및 중국의 국제회계기준 도입 상황은 다음과 같다.

(1) 미국

2002년에 미국회계기준원(FASB: Financial Accounting Standards Board)과 IASB는 미국회계기준과 IFRS의 일치에 대한 약속을 발표하고(Norwalk Agreement) 공동으로 다양한 프로젝트를 진행하고 있다. 그 예로 사업결합회계, 연결재무제표회계, 공정가치 측정에 대한

일치된 회계기준을 발표하였다. 또한 앞서 언급한 것처럼, 2009년에 G20 정상회의에서 IFRS 사용에 합의함에 따라 미국증권거래위원회(SEC: Securities and Exchange Commission)는 자국 및 외국기업에게 IFRS의 자발적 적용을 허용하였다.

(2) 일본

일본은 2009년에 우리나라와 마찬가지로 IFRS 도입 로드맵을 발표하였으나 이 계획을 보류하고, 2015년에 자국 회계기준과 IFRS를 혼합한 수정국제기준(JMIS: Japan's Modified International Standards)을 제정하였다. 이로써, 일본기업은 일본회계기준, 미국회계기준, IFRS뿐만 아니라 JMIS를 선택하여 적용가능하다.

(3) 중국

중국은 2007년에 IASB와 협의를 통해 자국 회계기준에 일부 IFRS 원칙을 가미한 독자적인 기업회계기준(CAS: China Accounting Standards)을 제정하였다. 중국 내 거래소에 상장된 중국기업은 자국회계기준을 적용하고, 홍콩 거래소에 상장된 기업은 중국회계기준, IFRS뿐만 아니라 홍콩회계기준(HKFRS: Hong Kong Financial Reporting Standards)을 선택하여 적용가능하다.

국제회계기준 IFRS 도입 5년…"회계투명성 높이기엔 충분치 않아"

국제회계기준(IFRS) 도입 이후 5년간 성과를 분석한 결과 기대효과를 충분히 달성하지 못했다는 진단이 나왔다. 국제적 회계정합성 등 질적 측면에서 개선이 이루어진 반면, 회계투명성을 높이는 효과는 크지 않았다는 분석이다.

이한상 고려대 교수는 한국회계기준원이 6일 서울 명동 은행회관에서 연 'IFRS 도입 5년 성과와 과제' 세미나에서 주제발표를 통해 이같이 분석했다.

이 교수는 "IFRS가 도입됐지만 자본시장의 성숙도, 법 집행의 효율성, 기업문화 및 지배구조는 바뀌지 않았다"며 "당초 IFRS를 도입하며 기대한 코리아디스카운트 감소와 자본조달비용 감소 등의 효과가 가시적으로 나타나지 않고 있다"고 말했다. 회계투명성은 회계기준 이외에도 내부통제제도 등 기업지배구조, 회계감사, 감독의 집행강도 등에 따라 종합적으로 영향을 받기 때문에 IFRS 도입 전후 변화가 크지 않다는 분석이다.

회계업계는 2011년 IFRS를 도입할 당시 △국제적 정합성 달성 △회계정보 작성비용과 자금조달비용 감소 △원칙 중심 기준 도입에 따른 회계정보의 질 향상과 기업가치 제고 △대내외 신뢰도 향상에 따른 회계투명성 제고와 코리아디스카운트 해소 등을 기대효과로 꼽았다.

한국회계기준의 국제적인 정합성을 높이고 회계 품질이 향상되는 효과를 봤다는 평가가 많았다. 회계정보의 질 측면에서 이익의 미래 현금흐름 예측력, 발생액 및 비정상 발생액, 이익유연화 정도, 비교가능성 등에서 긍정적인 변화가 있었다는 분석이다.

또 IFRS 도입에 따른 실효성을 높이기 위해 규칙 중심 실무 관행을 바꾸고 수요자에게 맞는 회계교육을 시행해야 한다는 제안도 나왔다. 이 교수는 "여러 실증연구를 통해 기업 회계정보의 질이 일정 부분 오르고 해외 시장에서 재무제표의 유용성도 높아진 것으로 나왔다"고 했다. 하지만 "시장 참여자들은 이를 체감하지 못하고 있는 것으로 나타난 만큼 문제가 무엇인지 추가적인 검토가 필요하다"고 말했다.

(한국경제 2016년 12월 6일)

⊃ 토론 주제

IFRS 도입 이후에도 회계투명성이 개선되기 어려운 이유는 무엇 때문이라고 생각하는가?

☑ 연습문제

서술식 ✅

001 회계를 '경영의 언어'라고 하는 이유에 대해 서술하시오.

002 회계의 정의에 대해 서술하시오.

003 현대회계와 전통적 회계의 차이점에 대해 서술하시오.

004 회계정보이용자를 내부이해관계자와 외부이해관계자로 구분하여 서술하시오.

005 관리회계와 재무회계에 대해 서술하시오.

006 재무정보의 질적특성에 대해 서술하시오.

007 일반적으로 인정된 회계원칙에 대해 서술하시오.

008 자산의 정의에 대해 서술하시오.

009 부채의 정의에 대해 서술하시오.

010 자본의 정의에 대해 서술하시오.

011 수익과 비용에 대해 서술하시오.

012 자본변동표에 대해 서술하시오.

013 현금흐름표에 대해 서술하시오.

014 주식회사의 의의 및 특징에 대해 서술하시오.

015 외부감사제도의 필요성에 대해 서술하시오.

016 감사의견의 종류와 판단기준에 대해 서술하시오.

017 국제회계기준의 특징에 대해 서술하시오.

018 한국의 국제회계기준 도입 과정에 대해 서술하시오.

객관식 ✅

001 경영자가 기업의 경제적 자원을 제공해 준 이해관계자들을 대신하여 기업을 효율적으로 경영하고 그 성과를 성실히 보고하는 책임을 무엇이라고 하는가?

① 수탁책임   ② 회계책임

③ 경영책임   ④ 감사책임

002 회계정보이용자를 기업을 중심으로 내부이해관계자와 외부이해관계로 나눌 수 있다. 이때 외부이해관계자가 아닌 것은?

① 투자자   ② 경영자

③ 채권자   ④ 소비자

003 현대회계의 특징이 아닌 것은?

① 다양한 이해관계자가 주요 정보이용자

② 유용한 회계정보 제공 강조

③ 수탁책임 강조

④ 수요자 위주의 정보제공

004 재무회계의 특징이 아닌 것은?

① 회계기준을 적용함

② 재무제표 형식

③ 일정 규모 이상의 경우 외부감사를 강제함

④ 목적적합성만을 강조함

005 재무정보의 질적특성 중 목적적합성이 갖추어야 할 두 가지 가치는?

① 예측가치와 중립가치   ② 완전가치와 확인가치

③ 예측가치와 확인가치   ④ 완전가치와 중립가치

006 재무정보의 질적특성 중 표현충실성을 갖추기 위한 조건이 아닌 것은?

① 완전한 서술   ② 검증가능한 서술

③ 중립적 서술   ④ 오류가 없는 서술

007 재무정보를 제공하는 데 있어서 포괄적 제약요인은?

① 원가   ② 효익
③ 수익   ④ 자본

008 재무정보의 보강적 질적특성이 아닌 것은?

① 비교가능성   ② 통일성
③ 적시성   ④ 이해가능성

009 재무제표에 포함되지 않는 것은?

① 재무상태표
② 손익계산서
③ 이익잉여금처분계산서
④ 현금흐름표

010 현금흐름표에서 구분하여 표시하지 않는 활동은?

① 영업활동   ② 투자활동
③ 재무활동   ④ 관리활동

011 자산의 경제적 효익을 창출할 잠재력을 지닌 권리 중 다른 당사자의 의무에 해당하는 권리가 아닌 것은?

① 현금을 수취할 권리
② 재화나 용역을 제공받을 권리
③ 유형자산 또는 재고자산과 같은 물리적 대상에 대한 권리
④ 유리한 조건으로 다른 당사자와 경제적 자원을 교환할 권리

012 자산의 경제적 효익을 창출할 수 있는 자격이나 권한이 아닌 것은?

① 경제적 자원을 기업 스스로부터 경제적 효익을 획득하기 위해 사용
② 경제적 자원을 다른 당사자에게 리스 제공
③ 경제적 자원을 이용하여 부채를 상환
④ 경제적 자원을 다른 경제적 자원의 가치를 증가시키기 위해 사용

013 자산의 통제에 대한 설명으로 옳지 않은 것은?

① 통제의 존재 여부를 평가하는 것은 기업이 회계처리할 경제적 자원을 식별하는 데 도움이 된다.

② 일방의 당사자가 경제적 자원을 통제하더라도 다른 당사자는 그 자원을 통제할 수 있다.

③ 법적 권리를 행사할 수 있는 능력이 없더라도 경제적 자원을 통제할 수 있다.

④ 경제적 자원의 통제는 법적 권리를 행사할 수 있는 능력에서 비롯된다.

014 부채의 의무에 대한 설명으로 옳지 않은 것은?

① 한 당사자가 부채를 인식하고 이를 특정 금액으로 측정해야 한다는 요구사항이 다른 당사자가 자산을 인식하거나 동일한 금액으로 측정해야 한다는 것을 의미한다.

② 많은 의무가 계약, 법률 또는 이와 유사한 수단에 의해 성립되며 당사자가 채무자에게 법적으로 집행할 수 있도록 한다.

③ 일부 상황에서 경제적 자원을 이전하는 기업의 책무나 책임은 기업 스스로 취할 수 있는 미래의 특정 행동을 조건으로 발생한다.

④ 기업이 경제적 자원의 이전을 회피할 수 있는 실제 능력이 있는지를 평가하는 데 사용되는 요소는 기업의 책무나 책임의 성격에 따라 달라질 수 있다.

015 부채의 경제적 자원의 이전에 해당하지 않는 것은?

① 재화를 인도하거나 용역을 제공할 의무

② 계약상 현금흐름 또는 다른 경제적 자원의 수취

③ 불리한 조건으로 다른 당사자와 경제적 자원을 교환할 의무

④ 기업에게 경제적 자원을 이전하도록 요구하는 금융상품을 발행할 의무

016 부채의 과거사건으로 생긴 현재의무에 대한 설명으로 옳지 않은 것은?

① 기업이 시간이 경과하면서 경제적 효익을 얻거나 조치를 취하는 경우에 현재의무는 그 기간 동안 누적될 수 있다.

② 현재의무는 과거사건의 결과로 존재한다.

③ 미래의 특정 시점까지 경제적 자원의 이전이 집행될 수 없더라도 현재의무는 존재할 수 있다.

④ 거래상대방이 미래의 특정 시점까지는 업무를 수행하도록 요구할 수 없다면 기업에게는 미래의 특정 시점에 업무를 수행해야 하는 계약상 의무가 현재 존재할 수 없다.

017 자본청구권 보유자에게 서로 다르게 부여할 수 있는 권리가 아닌 것은?

① 주주총회 참석권

② 청산 시점에 전액을 청구하거나, 청산이 아닌 시점에 부분적인 금액을 청구하는 자본청구권을 이행하기 위한 대가

③ 그 밖의 자본청구권

④ 배당금

018 주식회사의 특징이 아닌 것은?

① 주식의 비시장성　　　　　　　② 대규모 자금조달

③ 유한책임　　　　　　　　　　　④ 소유와 경영의 분리

019 기업의 재무제표를 작성하고 보고할 의무가 있는 자는?

① 투자자　　　　　　　　　　　② 채권자

③ 경영자　　　　　　　　　　　④ 외부감사인

020 재무제표의 외부감사제도는 재무제표의 어떠한 문제를 해소하기 위한 것인가?

① 적시성　　　　　　　　　　　② 신뢰성

③ 독립성　　　　　　　　　　　④ 전문성

021 감사범위제한이 매우 중요한 경우 외부감사인이 제시할 수 있는 감사의견은?

① 적정의견　　　　　　　　　　② 한정의견

③ 의견거절　　　　　　　　　　④ 부적정의견

022 국제회계기준을 제정하는 국제기구는?

① IFRS　　　　　　　　　　　② KASB

③ FASB　　　　　　　　　　　④ IASB

023 국제회계기준의 특징이 아닌 것은?

① 원칙중심의 기준체계　　　　② 연결재무제표 중심

③ 규칙중심의 기준체계　　　　④ 공정가치 평가 중시

CHAPTER 2 ○ **회계등식의 원리**

┃**1** 회계거래

┃**2** 회계등식

┃**3** 현금기준과 발생기준

"

이야기가 있는 회계 세상

무역을 활발하게 하던 베네치아 상인들이 무역활동을 시작할 때 우선 '자기자금'을 준비한다. '자기자금'을 모두 소진하면 반코(은행)로부터 돈을 '차입'한다. 여기서 자기자금은 '자본(equity)'을 의미하고, 차입금은 '부채(liabilities)'를 말한다. 이렇게 조달한 자금으로 바다를 항해할 수 있는 배나 상품인 향신료 등 '자산(assets)'을 구입한다. 이렇게 해서 '자산=부채+자본'이라는 회계등식이 성립하게 된다.

베네치아 상인들은 향신료 등을 판매해서 돈을 벌게 된다. 이 중에서 일꾼에게 임금을 지급할 것이고, 반코에서 빌린 차입금에 대한 이자비용을 지급할 것이다. 향신료 등을 판매해서 벌어들인 돈에서 여러 비용을 차감하면 순이익(net income)이 발생하게 된다. 순이익 중에서 '자기자금'을 준비하기 위해 투자한 투자자들에게 배당금을 지급하게 된다. 순이익 중에서 배당금을 차감한 이익누계액을 '이익잉여금(retained earnings)'이라고 한다. 사업을 진행하는 중에도 '자산=부채+자본(자기자금+이익잉여금)'이라는 회계등식은 계속해서 성립하게 된다. 베네치아 상인들은 장부에 정확한 기록을 통해서 자신이 얼마나 벌었는지 분명히 확인할 수 있다. 이러한 기록 방법이 훗날 복식부기(double-entry bookkeeping)의 원조라고 할 수 있다.

1. 회계거래

1.1 회계거래의 의의

회계거래(accounting transactions)는 기업의 현재 재무상태(자산, 부채 및 자본 중의 하나 혹은 그 이상)에 변동을 가져오는 경제적 사건을 말한다. 그러나 모든 사건을 장부에 기록하는 것은 아니다. 기업에서 거래가 발생하였을 때 이를 회계장부에 기록해야 할 거래인지의 여부를 판단하기 위해서는 다음 두 가지 조건을 충족해야 한다.

① 그 거래로 인하여 기업의 재무상태에 변동을 가져와야 한다.
② 재무상태에 미치는 영향을 화폐금액으로 신뢰성 있게 측정가능해야 한다.

회계거래인지 여부를 판단하는 첫 번째 조건인 재무상태에 변동을 가져와야 한다는 것은 거래로 인하여 기업의 자산, 부채 및 자본 중의 하나 혹은 그 이상에 변화를 가져와야 한다는 것이다. 예를 들어, 베네치아 상인의 향신료를 가득 실은 배가 바다에 침몰했다면 베네치아 상인은 향신료와 배를 모두 잃게 된다. 즉, 자산에 변화를 가져오기 때문에 회계거래이다. 반면에 베네치아 상인이 인도의 향신료 판매자와 향신료 주문계약을 한 경우는 경제적 사건이지만 베네치아 상인의 재무상태에 변화를 주지 않기 때문에 회계거래가 아니다.

두 번째 조건인 신뢰성 있게 측정가능해야 한다는 것이 정확한 금액을 의미하는 것은 아니다. 정확한 금액은 아니더라도 합리적으로 추정(reasonable estimation)이 가능하다면 신뢰성 있게 측정가능하고 회계장부에 기록할 수 있다. 예를 들어, 앞으로 배우게 될 매출채권의 손실충당금, 재고자산의 평가충당금 등이 여기에 해당된다.

회계거래는 우리가 알고 있는 일반적 의미의 거래와 다소 차이가 있다. 회계거래와 일반거래의 차이를 정리하면 다음 〈표 2-1〉과 같다.

표 2-1 회계거래와 일반거래

회계거래	회계거래 = 일반거래	일반거래
화재, 분실, 도난, 파손, 감가상각, 손상차손, 자산가격의 하락 등	자산의 구입과 판매, 채권·채무의 발생과 소멸, 현금의 수입과 지출 등	주문, 약속, 계약, 위탁, 담보 제공 등으로 재무상태에 변화를 주지 않는 거래

1.2 회계거래의 인식

인식(recognition)이란 자산, 부채, 자본, 수익 또는 비용과 같은 재무제표 요소 중 하나의 정의를 충족하는 항목을 재무상태표나 포괄손익계산서[1]에 포함하기 위하여 포착하는 과정이다. 인식은 그러한 재무제표 중 하나에 어떤 항목을 명칭과 화폐금액으로 나타내고, 그 항목을 해당 재무제표의 하나 이상의 합계에 포함시키는 것과 관련된다. 자산, 부채 또는 자본이 재무상태표에 인식되는 금액을 '장부금액(carrying amount)'이라고 한다.

재무상태표와 포괄손익계산서는 재무정보를 비교가능하고 이해하기 쉽도록 구성한 구조화된 요약으로, 기업이 인식하는 자산, 부채, 자본, 수익 및 비용을 나타낸다. 이러한 요약의 구조상 중요한 특징은 재무제표에 인식하는 금액은 재무제표에 인식될 항목들이 연계되는 총계들과 소계들에 포함된다는 점이다.

인식에 따라 재무제표 요소, 재무상태표 및 포괄손익계산서가 다음 〈그림 2-1〉과 같이 연계된다.

〈그림 2-1〉에서 보는 것처럼, 보고기간의 자산과 부채의 변동, 즉 자본의 변동은 두 가지로 구분된다. 포괄손익계산서에 포함되는 수익과 비용, 즉 영업거래와 자본청구권 보유자로부터의 출자 및 자본 청구권 보유자에의 분배 즉, 자본거래를 구분하여 별개로 인식·보고한다.

---

1 개념체계에서는 '포괄손익계산서' 대신 '재무성과표(statement of financial performance)'라는 표현을 사용한다.

∸ 그림 2-1 **재무제표 요소들 간의 연계**

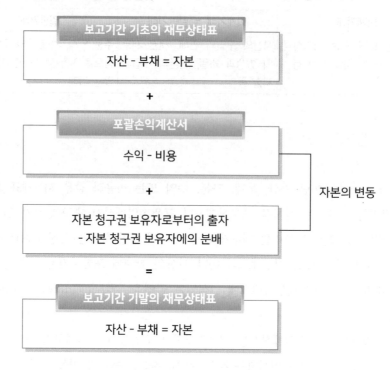

1.3 회계거래의 측정

재무제표에 인식된 요소들은 화폐단위로 수량화되어 있다. 이를 위해 측정기준 (measurement basis)을 선택해야 한다. 측정기준은 측정 대상 항목에 대해 식별된 속성 (예: 역사적 원가, 공정가치 또는 이행가치)이다. 자산이나 부채에 측정기준을 적용하면 해당 자산이나 부채, 관련 수익과 비용의 측정치가 산출된다. 유용한 재무정보의 질적특성과 원가제약을 고려함으로써 서로 다른 자산, 부채, 수익과 비용에 대해 서로 다른 측정기 준을 선택하는 결과가 발생할 수 있을 것이다.

한국채택국제회계기준에서는 측정기준으로 다음 〈그림 2−2〉와 같이 역사적 원가 와 현행가치를 제시하고, 현행가치를 다시 공정가치, 사용가치와 이행가치, 그리고 현행 원가로 구분하였다.

⌐ 그림 2-2 재무제표 요소의 측정기준

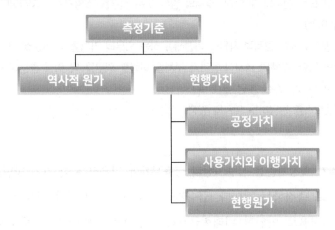

(1) 역사적 원가

역사적 원가(historical cost)는 자산의 취득 또는 창출에 발생한 원가의 가치로서, 자산을 취득 또는 창출하기 위하여 지급한 대가와 거래원가를 포함한다. 부채가 발생하거나 인수할 때의 역사적 원가는 발생시키거나 인수하면서 수취한 대가에서 거래원가를 차감한 가치이다. 역사적 원가 측정치는 적어도 부분적으로 자산, 부채 및 관련 수익과 비용을 발생시키는 거래나 그 밖의 사건의 가격에서 도출된 정보를 사용하여 자산, 부채 및 관련 수익과 비용에 관한 화폐적 정보를 제공한다. 현행가치와 달리 역사적 원가는 자산의 손상이나 손실부담에 따른 부채와 관련되는 변동을 제외하고는 가치의 변동을 반영하지 않는다.

자산의 역사적 원가는 다음의 상황을 나타내기 위하여 필요하다면 시간의 경과에 따라 갱신되어야 한다.

① 자산을 구성하는 경제적 자원의 일부 또는 전부의 소비(감가상각 또는 상각)
② 자산의 일부 또는 전부를 소멸시키면서 받는 대금
③ 자산의 역사적 원가의 일부 또는 전부를 더 이상 회수할 수 없게 하는 사건(손상)의 영향
④ 자산의 금융요소를 반영하는 이자의 발생

부채의 역사적 원가는 다음을 반영하기 위하여 필요하다면 시간의 경과에 따라 갱신되어야 한다.

① 부채의 일부 또는 전부의 이행(예: 부채의 일부 또는 전부를 소멸시키는 지급이나 재화를 인도
할 의무의 이행)
② 부채의 이행에 필요한 경제적 자원을 이전해야 하는 의무의 가치를 증가(손실 부담 한도까지)시
키는 사건의 영향. 부채의 역사적 원가가 부채를 이행할 의무를 더 이상 충분히 반영하지 못한
다면 그러한 부채는 손실 부담 부채이다.
③ 부채의 금융요소를 반영하는 이자의 발생

역사적 원가 측정기준을 금융자산과 금융부채에 적용하는 한 가지 방법은 상각후원가
(amortised cost)로 측정하는 것이다. 금융자산과 금융부채의 상각후원가는 최초 인식 시
점에 결정된 이자율로 할인한 미래현금흐름 추정치를 반영한다. 변동금리상품의 경우,
할인율은 변동금리의 변동을 반영하기 위해 갱신된다. 금융자산과 금융부채의 상각후원
가는 이자의 발생, 금융자산의 손상 및 수취 또는 지급과 같은 후속 변동을 반영하기 위
해 시간의 경과에 따라 갱신된다.

(2) 현행가치

현행가치(current value) 측정치는 측정일의 조건을 반영하기 위해 갱신된 정보를 사
용하여 자산, 부채 및 관련 수익과 비용의 화폐적 정보를 제공한다. 이러한 갱신에 따라
자산과 부채의 현행가치는 이전 측정일 이후의 변동, 즉 현행가치에 반영되는 현금흐름
과 그 밖의 요소의 추정치의 변동을 반영한다. 역사적 원가와는 달리, 자산이나 부채의
현행가치는 자산이나 부채를 발생시킨 거래나 그 밖의 사건의 가격으로부터 부분적으로
라도 도출되지 않는다. 즉, 현행가치와 취득 당시의 취득원가(거래원가 포함)는 별개의 측
정치라는 의미이다.

현행가치 측정기준은 공정가치, 사용가치와 이행가치, 그리고 현행원가로 구분된다.

① 공정가치

공정가치(fair value)는 측정일에 시장참여자 사이의 정상거래에서 자산을 매도할 때
받거나 부채를 이전할 때 지급하게 될 가격이다. 공정가치는 기업이 접근할 수 있는 시
장의 참여자 관점을 반영한다. 시장참여자가 경제적으로 최선의 행동을 한다면 자산이나
부채의 가격을 결정할 때 사용할 가정과 동일한 가정을 사용하여 그 자산이나 부채를

측정한다.

공정가치는 활성시장에서 관측되는 가격으로 직접 결정될 수 있다. 활성시장에서 관측할 수 없는 경우에 다음의 요인을 모두 반영하는 측정기법을 사용하여 간접적으로 결정된다.

① 미래현금흐름 추정치
② 측정 대상 자산이나 부채에 대한 미래현금흐름의 추정 금액이나 시기가 그 현금흐름에 내재된 불확실성으로 인해 변동할 가능성
③ 화폐의 시간가치
④ 현금흐름에 내재된 불확실성을 부담하는 것에 대한 가격(위험 할증 또는 위험 할인)
⑤ 그 밖의 요소(예: 상황에 따라 시장참여자들이 유동성을 고려한다면 그 유동성)

위에 ②와 ④에 언급된 요인에는 상대방이 기업에 대한 부채를 이행하지 못하거나 (신용위험), 기업이 자신의 부채를 이행하지 못할 가능성(자신의 신용위험)이 포함된다.

공정가치는 자산이나 부채를 발생시킨 거래나 그 밖의 사건의 가격으로부터 부분적이라도 도출되지 않기 때문에, 공정가치는 자산을 취득할 때 발생한 거래원가로 인해 증가하지 않으며, 부채를 발생시키거나 인수할 때 발생한 거래원가로 인해 감소하지 않는다. 또한 공정가치는 자산의 궁극적인 처분이나 부채의 이전 또는 결제에서 발생할 거래원가를 반영하지 않는다.

② 사용가치와 이행가치

사용가치(value in use)는 기업이 자산의 사용과 궁극적인 처분으로 얻을 것으로 기대하는 현금흐름 또는 그 밖의 경제적 효익의 현재가치이다. 이행가치(fulfillment value)는 기업이 부채를 이행할 때 이전해야 하는 현금이나 그 밖의 경제적 자원의 현재가치이다.

사용가치와 이행가치는 미래현금흐름에 기초하기 때문에 자산을 취득하거나 부채를 인수할 때 발생하는 거래원가는 포함하지 않는다. 그러나 사용가치와 이행가치에는 기업이 자산을 궁극적으로 처분하거나 부채를 이행할 때 발생할 것으로 기대되는 거래원가의 현재가치가 포함된다.

사용가치와 이행가치는 시장참여자의 가정보다는 기업 특유(entity-specific)의 가정

을 반영한다. 사용가치와 이행가치는 직접 관측될 수 없으며 현금흐름기준 측정기법으로 결정된다. 따라서 사용가치와 이행가치는 공정가치에서 기술한 것과 동일한 요소를 반영하여 현금흐름을 측정하지만 시장참여자의 관점보다는 기업 특유의 관점을 반영한다.

③ 현행원가

자산의 현행원가(current cost)는 측정일(measurement date) 현재 동등한 자산의 원가로서 측정일에 지급할 대가와 그 날에 발생할 거래원가를 포함한다. 부채의 현행원가는 측정일 현재 동등한 부채에 대해 수취할 수 있는 대가에서 그 날에 발생할 거래원가를 차감한다. 현행원가는 역사적 원가와 마찬가지로 유입가치(entry value)이다. 이는 기업이 자산을 취득하거나 부채를 발생시킬 시장에서의 가격을 반영한다. 이런 이유로, 현행원가는 유출가치인 공정가치, 사용가치 또는 이행가치와 다르다. 그러나 현행원가는 역사적 원가와 달리 측정일의 조건을 반영한다.

현행원가는 활성시장에서 가격을 관측하여 직접 결정할 수 없으며 다른 방법을 통해 간접적으로 결정해야 한다. 예를 들어, 새로운 자산에 대한 가격만을 이용할 수 있는 경우, 기업이 보유하여 사용하고 있는 자산의 현행원가는 자산의 현재 연령과 상태를 반영하기 위해 새로운 자산의 현재 가격을 조정하여 추정해야 할 수도 있다.

각 측정기준의 취득과 매각시 거래원가 반영 여부를 요약·정리하면 다음 〈표 2-2〉와 같다.

표 2-2 각 측정기준의 취득과 매각시 거래원가 반영 여부

측정기준(자산)			취득시 거래원가	매각시 거래원가
역사적 원가		유입가치	가산	해당사항 아님
현행가치	현행원가		가산(측정일)	해당사항 아님
	공정가치	유출가치	반영하지 않음	반영하지 않음
	사용가치		반영하지 않음	가산

2. 회계등식

2.1 회계등식의 의의

앞서 언급한 것처럼, 회계거래는 기업의 자산, 부채 및 자본의 변동에 영향을 미치는 경제적 거래이다. 부채와 자본은 각각 채권자와 투자자로부터 자본조달의 원천이며, 자산은 조달한 자본을 운용한 결과라고 하였다. 이러한 관계를 식으로 표시한 것을 '재무상태표 등식' 또는 일반적인 '회계등식(accounting equation)'이라고 한다.

$$자산 = 부채 + 자본$$

회계등식의 본질은 '등식'이다. 따라서 어떤 거래가 발생하더라도 회계등식의 왼편과 오른편에 동일하게 영향을 미치기 때문에 회계등식의 등호는 유지된다.

이 등식에서 알 수 있는 것은 기업의 자산은 그 기업의 경제적 자원이고 부채와 자본은 그 자원에 대한 청구권으로, 경제적 자원과 그 자원에 대한 청구권의 금액이 동일하다는 것이다. 또한 재무상태표를 자본의 흐름 관점에서 도식화하면 다음 〈그림 2-3〉과 같다.

= 그림 2-3 **자본의 원천과 운용 관점의 재무상태표**

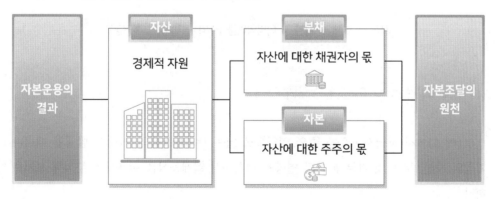

수익에서 비용을 차감한 금액을 당기순이익(net income)이라고 하고, 비용이 수익을 초과할 때는 당기순손실(net loss)이라고 한다. 따라서 다음의 등식을 '손익계산서 등식'이라고 한다.

수익 - 비용 = 당기순이익 또는 당기순손실

한국채택국제회계기준은 수익과 비용뿐만 아니라 기타포괄손익까지 반영된 포괄손익계산서를 작성하도록 요구하고 있다. 따라서 다음의 등식을 '포괄손익계산서 등식'이라고 한다.

수익 - 비용 ± 기타포괄손익 = 총포괄이익 또는 총포괄손실

1장에서 설명한 것처럼, 수익이 발생하면 자산이 증가하거나 부채가 감소하면서 자본이 증가한다. 반대로 비용이 발생하면 자산이 감소하거나 부채가 증가하면서 자본이 감소한다. 또한 배당금은 이익잉여금을 재원으로 주주들에게 지급된다. 따라서 재무상태표 등식과 손익계산서 등식을 결합하면 다음과 같은 '확장된 회계등식(expanded accounting equation)'이 성립된다.

자산 = 부채 + 자본 + 이익잉여금 (수익 - 비용 - 배당금)

2.2 회계등식을 이용한 거래의 분석

(예 1)에서 배달서비스를 주요 영업으로 하는 (주)한걸음의 거래가 발생할 때마다 기업의 자산, 부채 및 자본에 어떤 영향을 미치는지 회계등식을 이용하여 분석해 보기로 하자.

예 1 · 거래의 분석

㈜한걸음은 20×1년 12월 1일에 영업을 개시하였고, 20×1년 12월에 발생한 거래는 다음과 같다. ㈜한걸음의 결산일은 12월 31일이다.

거래	일자	발생 거래
[1]	12월 1일	액면금액이 ₩5,000인 보통주 120주를 발행하여 발행금액 ₩600,000을 현금으로 수령하였다.
[2]	12월 1일	은행에서 ₩300,000을 6개월간 연리 10%로 차입하였다.
[3]	12월 2일	사무실을 임차하면서 보증금 ₩100,000을 현금으로 지급하였다.
[4]	12월 3일	사무실에 대한 1년분 화재보험료 ₩24,000(월 보험료 ₩2,000)을 현금으로 지급하였다.
[5]	12월 5일	컴퓨터를 비롯한 사무용 비품 ₩300,000을 취득하면서 현금은 나중에 지급하기로 하였다.
[6]	12월 6일	사무용 소모품을 ₩70,000에 현금을 지급하고 구입하였다.
[7]	12월 8일	광고선전비 ₩50,000을 현금으로 지급하였다.
[8]	12월 10일	₩200,000의 배달서비스를 고객에게 제공하고, 현금은 나중에 받기로 하였다.
[9]	12월 15일	12월 5일에 비품 취득시 발생한 미지급금 중 ₩100,000을 현금으로 지급하였다.
[10]	12월 16일	거래업체에 1개월 동안 배달서비스를 제공하기로 하고 현금 ₩80,000을 미리 수령하였다.
[11]	12월 30일	급여 ₩90,000이 발생하였으나 미지급하였다.
[12]	12월 31일	배당금 ₩10,000을 결정하고 현금으로 지급하였다.

[1] 12월 1일: 액면금액이 ₩5,000인 보통주 120주를 발행하여 발행금액 ₩600,000을 현금으로 수령하였다.

[거래의 분석] 이 거래로 인하여 (주)한걸음의 현금이라는 자산이 ₩600,000 증가하면서 동시에 자본금이라는 자본이 ₩600,000 증가한다.

[회계 등식]

	자산	=	부채	+	자본
거래 직전 잔액	₩0	=	₩0	+	₩0
[거래 1]	+600,000	=	0	+	+600,000
합계	₩600,000	=	₩0	+	₩600,000

[2] 12월 1일: 은행에서 ₩300,000을 6개월간 연리 10%로 차입하였다.

[거래의 분석] 이 거래로 인하여 (주)한걸음의 현금이라는 자산이 ₩300,000 증가하면서
동시에 단기차입금이라는 부채가 ₩300,000 증가한다.

[회계 등식]

	자산	=	부채	+	자본
거래 직전 잔액	₩600,000	=	₩0	+	₩600,000
[거래 2]	+300,000	=	+300,000	+	+0
합계	₩900,000	=	₩300,000	+	₩600,000

[3] 12월 2일: 사무실을 임차하면서 보증금 ₩100,000을 현금으로 지급하였다.

[거래의 분석] 이 거래로 인하여 (주)한걸음의 현금이라는 자산이 ₩100,000 감소하면서
동시에 보증금이라는 자산이 ₩100,000 증가한다.

[회계 등식]

	자산	=	부채	+	자본
거래 직전 잔액	₩900,000	=	₩300,000	+	₩600,000
[거래 3]	-100,000				
	+100,000	=	+0	+	+0
합계	₩900,000	=	₩300,000	+	₩600,000

[4] 12월 3일: 사무실에 대한 1년분 화재보험료 ₩24,000(월 보험료 ₩2,000)을 현금으로
지급하였다.

[거래의 분석] 이 거래로 인하여 (주)한걸음의 현금이라는 자산이 ₩24,000 감소하면서
동시에 선급비용이라는 자산이 ₩24,000 증가한다. 보험료라는 비용을 인
식하는 대신 선급비용이라는 자산을 인식하는 이유는 향후 1년 동안에 보
험료를 미리 지급하였기 때문이다. 해당 기간이 경과하면 선급비용을 보험
료로 수정분개한다. 이것은 4장에서 학습한다.

[회계 등식]

	자산	=	부채	+	자본
거래 직전 잔액	₩900,000	=	₩300,000	+	₩600,000
[거래 4]	-24,000				
	+24,000	=	+0	+	+0
합계	₩900,000	=	₩300,000	+	₩600,000

[5] 12월 5일: 컴퓨터를 비롯한 사무용 비품 ₩300,000을 취득하면서 현금은 나중에 지급하기로 하였다.

[거래의 분석] 이 거래로 인하여 (주)한걸음의 비품이라는 자산이 ₩300,000 증가하면서 동시에 미지급금이라는 부채가 ₩300,000 증가한다.

[회계 등식]

	자산	=	부채	+	자본
거래 직전 잔액	₩900,000	=	₩300,000	+	₩600,000
[거래 5]	+300,000	=	+300,000	+	+0
합계	₩1,200,000	=	₩600,000	+	₩600,000

[6] 12월 6일: 사무용 소모품을 ₩70,000에 현금을 지급하고 구입하였다.

[거래의 분석] 이 거래로 인하여 (주)한걸음의 현금이라는 자산이 ₩70,000 감소하면서 동시에 소모품이라는 자산이 ₩70,000 증가한다. 소모품비라는 비용을 인식하는 대신 소모품이라는 자산을 인식하는 이유는 소모품을 아직 소비하지 않았기 때문이다. 소모품을 소비하면 소모품비로 수정분개한다.

[회계 등식]

	자산	=	부채	+	자본
거래 직전 잔액	₩1,200,000	=	₩600,000	+	₩600,000
[거래 6]	-70,000				
	+70,000	=	+0	+	+0
합계	₩1,200,000	=	₩600,000	+	₩600,000

[7] 12월 8일: 광고선전비 ₩50,000을 현금으로 지급하였다.

[거래의 분석] 이 거래로 인하여 (주)한걸음의 현금이라는 자산이 ₩50,000 감소하면서 동시에 광고선전비라는 비용이 ₩50,000 발생한다(자본의 감소).

[회계 등식]

	자산	=	부채	+	자본
거래 직전 잔액	₩1,200,000	=	₩600,000	+	₩600,000
[거래 7]	−50,000	=	+0	+	−50,000
합계	₩1,150,000	=	₩600,000	+	₩550,000

[8] 12월 10일: ₩200,000의 배달서비스를 고객에게 제공하고, 현금은 나중에 받기로 하였다.

[거래의 분석] 이 거래로 인하여 (주)한걸음의 매출채권이라는 자산이 ₩200,000 증가하면서 동시에 용역매출이라는 수익이 ₩200,000 발생한다(자본의 증가).

[회계 등식]

	자산	=	부채	+	자본
거래 직전 잔액	₩1,150,000	=	₩600,000	+	₩550,000
[거래 8]	+200,000	=	+0	+	+200,000
합계	₩1,350,000	=	₩600,000	+	₩750,000

[9] 12월 15일: 거래 5에서 비품 취득시 발생한 미지급금 중 ₩100,000을 현금으로 지급하였다.

[거래의 분석] 이 거래로 인하여 (주)한걸음의 현금이라는 자산이 ₩100,000 감소하면서 동시에 미지급금이라는 부채가 ₩100,000 감소한다.

[회계 등식]

	자산	=	부채	+	자본
거래 직전 잔액	₩1,350,000	=	₩600,000	+	₩750,000
[거래 9]	−100,000	=	−100,000	+	+0
합계	₩1,250,000	=	₩500,000	+	₩750,000

[10] 12월 16일: 거래업체에 1개월 동안 배달서비스를 제공하기로 하고 현금 ₩80,000
을 미리 수령하였다.

[거래의 분석] 이 거래로 인하여 (주)한걸음의 현금이라는 자산이 ₩80,000 증가하면서
동시에 선수수익이라는 부채가 ₩80,000 증가한다. 용역매출이라는 수익
을 인식하는 대신 선수수익이라는 부채를 인식하는 이유는 배달서비스라
는 용역제공 의무가 남아있기 때문이다. 용역을 제공하면 선수수익을 용역
매출로 수정분개한다.

[회계 등식]

	자산	=	부채	+	자본
거래 직전 잔액	₩1,250,000	=	₩500,000	+	₩750,000
[거래 10]	+80,000	=	+80,000	+	+0
합계	₩1,330,000	=	₩580,000	+	₩750,000

[11] 12월 30일: 급여 ₩90,000이 발생하였으나 미지급하였다.

[거래의 분석] 이 거래로 인하여 (주)한걸음의 미지급비용이라는 부채가 ₩90,000 증가하
면서 동시에 급여라는 비용이 ₩90,000 발생한다(자본의 감소).

[회계 등식]

	자산	=	부채	+	자본
거래 직전 잔액	₩1,330,000	=	₩580,000	+	₩750,000
[거래 11]	+0	=	+90,000	+	−90,000
합계	₩1,330,000		₩670,000		₩660,000

[12] 12월 31일: 배당금 ₩10,000을 결정하고 현금으로 지급하였다.

[거래의 분석] 이 거래로 인하여 (주)한걸음의 현금이라는 자산이 ₩10,000 감소하면서
동시에 배당금이라는 자본이 ₩10,000 감소한다.

[회계 등식]

	자산	=	부채	+	자본
거래 직전 잔액	₩1,330,000	=	₩670,000	+	₩660,000
[거래 12]	−10,000	=	+0	+	−10,000
합계	₩1,320,000		₩670,000		₩650,000

위의 (예 1)에서 살펴본 바와 같이 어떠한 회계거래가 발생하더라도 회계등식의 등호는 항상 유지된다는 것을 알 수 있다.

3. 현금기준과 발생기준

기업은 고객에게 물건을 판매하고 용역을 제공하면서 수익을 창출하고, 수익을 창출하기 위한 영업활동을 하는 과정에서 다양한 비용이 발생한다. 이러한 수익과 비용을 어느 특정 회계기간에 인식할 것인지는 중요한 문제이다. 왜냐하면 인식된 수익과 비용을 통해서 특정 회계기간의 성과가 결정되기 때문이다. 수익과 비용을 인식하는 방법으로 현금기준과 발생기준이 있다.

3.1 현금기준

현금이 유입될 때 수익을 인식하고 현금이 유출될 때 비용을 인식하는 방법을 **현금기준(현금주의, cash basis)**이라고 한다. 현금기준은 거래과정상 벌어지는 일련의 사건 중 현금 수입과 지급에 초점을 맞추어 수익과 비용을 인식한다. **현금의 수입과 지급에 따라** 수익과 비용을 인식하기 때문에 객관적이지만, 현금을 받지 않은 매출이나 현금을 지불하지 않은 비용을 인식하지 않기 때문에 적정한 성과가 기록되지 않을 수 있다. 현금기준에 따라 재무제표를 작성하면 재무상태 및 재무성과를 적정하게 보고하기 어렵다.

3.2 발생기준

현금의 유·출입과 관계없이 수익이나 비용이 발생한 기간에 인식하는 방법을 발생기준(발생주의, accrual basis)이라고 한다. 발생기준은 거래과정상 벌어지는 일련의 사건 중 물건을 판매하고 용역을 제공하는 시점에 초점을 맞추어 수익과 비용을 인식한다. 발생기준에 따라 수익과 비용을 인식하기 때문에 적정한 성과가 기록되어 정보이용자들에게 의사결정에 필요한 유용한 정보를 제공한다. 반대로 현금을 받지 않은 매출에 대해서 수익을 인식하기 때문에 미래에 회수하지 못할 가능성을 내포하고 있으며 현금기준보다는 이익조작의 가능성이 높다.

(1) 수익인식의 원칙

한국채택국제회계기준에 따른 수익인식의 핵심원칙(core principle)은 기업이 고객에게 약속한 재화나 용역을 이전하고, 해당 재화나 용역의 대가로 받을 권리를 갖게 될 것으로 예상하는 대가를 반영한 금액으로 수익을 인식해야 한다는 것이다. 핵심원칙에 따른 수익인식 과정은 다음 〈그림 2-4〉와 같이 5단계를 적용한다.

─ 그림 2-4 **수익인식 5단계**

1단계	고객과의 계약의 식별
2단계	수행의무의 식별
3단계	거래가격의 산정
4단계	거래가격의 배분
5단계	수익의 인식

① 고객과의 계약의 식별

다음 기준을 모두 충족하는 때에만 **고객과의 계약**으로 회계처리한다.

> ① 계약 당사자들이 계약을 승인하고 각자의 의무를 수행하기로 확약한다.
> ② 이전할 재화나 용역과 관련된 각 당사자의 권리를 식별할 수 있다.
> ③ 이전할 재화나 용역의 지급조건을 식별할 수 있다.
> ④ 계약에 상업적 실질이 있다(계약의 결과로 기업의 미래 현금흐름의 위험, 시기, 금액이 변동될 것으로 예상된다).
> ⑤ 고객에게 이전할 재화나 용역에 대하여 받을 권리를 갖게 될 대가의 회수 가능성이 높다.

② 수행의무의 식별

계약 개시시점에 고객과의 계약에서 약속한 재화나 용역을 검토하여 고객에게 다음 중 어느 하나를 이전하기로 한 각 약속을 하나의 **수행의무로 식별**한다.

> ① 구별되는 재화나 용역(또는 재화나 용역의 묶음)
> ② 실질적으로 서로 같고 고객에게 이전하는 방식도 같은 '일련의 구별되는 재화나 용역'

'구별되는 재화나 용역'이란 재화나 용역이 구별되는 경우 이를 각각 별개의 수행의무로 식별한다. '일련의 구별되는 재화나 용역'이란 청소용역과 같이 일정기간 동안에 진행률처럼 같은 방법으로 측정가능하다면, 여러 개의 수행의무를 합쳐서 하나의 수행의무로 보고 수익을 인식한다.

③ 거래가격의 산정

거래가격(transaction price)은 고객에게 약속한 재화나 용역을 이전하고 그 대가로 기업이 받을 권리를 갖게 될 것으로 예상하는 금액이며, 제3자를 대신해서 회수한 금액(예: 일부 판매세)은 제외한다. 여기서 말하는 일부 판매세는 우리나라의 부가가치세를 의미한다. 거래가격을 산정할 때에는 다음 사항이 미치는 영향을 모두 고려한다.

① 변동대가
② 변동대가 추정치의 제약
③ 계약에 있는 유의적인 금융요소
④ 비현금 대가
⑤ 고객에게 지급할 대가

고객과의 계약에서 약속한 대가는 고정금액, 변동금액 또는 둘 다를 포함할 수 있다. 계약에서 약속한 대가에 변동금액이 포함된 경우 거래가격은 고정된 금액이 아니기 때문에 거래가격을 추정해야 한다. 대가는 할인, 리베이트, 환불, 공제, 가격할인, 장려금, 성과보너스, 위약금이나 그 밖의 비슷한 항목 때문에 변동될 수 있다.

④ 거래가격의 배분

거래가격의 배분은 기업이 고객에게 약속한 재화나 용역을 이전하고 그 대가로 받을 권리를 갖게 될 금액을 나타내는 금액으로 각 수행의무(또는 구별되는 재화나 용역)에 거래가격을 배분하는 것이다. 거래가격을 배분할 때는 **상대적 개별 판매가격을 기준**으로 계약에서 식별된 각 수행의무에 배분한다.

⑤ 수익의 인식

고객에게 약속한 재화나 용역, 즉 자산을 이전하여 **수행의무를 이행할 때**(또는 기간에 걸쳐 이행하는 대로) 수익을 인식한다. 자산은 고객이 그 자산을 **통제할 때**(또는 기간에 걸쳐 통제하게 되는 대로) 이전된다.

(2) 비용인식의 원칙

발생기준 회계에서 비용인식은 **수익-비용 대응의 원칙**(matching principle)을 따른다. 수익-비용 대응원칙으로 비용을 인식한다는 것은 현금지급과 관계없이 수익을 인식한 동일한 회계기간에 수익을 창출하는 과정에서 발생한 모든 비용을 인식한다.

① 직접적으로 대응되는 비용

특정 수익항목과 비용 간에 '직접적인 관련성'을 기준으로 비용을 인식한다. 이러한 기준을 직접대응이라고 하며, 특정 수익을 인식할 때 그 수익창출에 직접적으로 관련된 비용을 대응하여 동시에 인식한다. 예를 들어, 재화를 판매하여 수익을 인식할 때 그것과 직접적으로 관련된 매출원가를 대응하여 동시에 인식한다.

② 간접적으로 대응되는 비용(간접대응)

• '기간 배분'에 의한 비용 인식

자산의 사용에 따른 경제적 효익이 여러 회계기간에 걸쳐 발생할 것으로 기대되고, 수익과의 관련성이 단지 간접적으로만 결정되는 비용은 체계적이고 합리적인 배분절차를 기준으로 인식된다. 이러한 비용 인식 절차는 유형자산과 무형자산의 사용기간 동안에 감가상각비 또는 무형자산상각비로 표시된다. 이러한 원가의 배분절차는 해당 항목과 관련된 경제적 효익이 소비되거나 소멸되는 회계기간 동안에 비용을 인식하는 것을 목적으로 한다.

• '지출 즉시' 비용 인식

물류비나 관리비와 같은 항목은 자산 인식조건을 충족하지 못하므로 그 항목과 관련하여 현금이 지출되거나 관련 부채가 인식되는 회계기간에 비용으로 인식한다. 예를 들어, 광고비 지출의 효과는 당기뿐만 아니라 다음 회계기간까지 지속될 수 있으나 해당 지출금액 중 얼마만큼이 당기의 수익창출에 기여했는지 현실적으로 정확히 파악할 수 없고, 그 지출을 자산으로 인식할 수도 없기 때문에 광고비 지출액을 즉시 비용으로 인식한다.

• '부채 인식'에 의한 비용 인식

11장에서 학습할 충당부채의 경우에 부채의 인식과 함께 비용을 인식한다. 예를 들어, 제품 판매에 따른 제품보증을 위해 제품보증충당부채를 인식하면서 동시에 제품보증비를 인식한다.

현금기준과 발생기준 회계에 따른 수익과 비용의 인식원칙 차이를 도식화하면 다음 〈그림 2-5〉와 같다.

그림 2-5 현금기준과 발생기준 회계에 따른 수익과 비용의 인식원칙

현금기준
수익 • 인식원칙: 현금수입
(-) 비용 • 인식원칙: 현금지출
이익

발생기준
수익 • 인식원칙: 핵심원칙
(-) 비용 • 인식원칙: 수익-비용 대응원칙
이익

앞의 (예 1)의 거래에서 수익과 비용과 관련된 거래의 차이를 설명하면 다음과 같다.[2]

[4] 12월 3일: 사무실에 대한 1년분 화재보험료 ₩24,000(월 보험료 ₩2,000)을 현금으로 지급하다.

[발생기준에 따른 거래의 분석] 이 거래로 인하여 보험료라는 비용을 인식하는 대신 선급비용이라는 자산을 인식한다.

[현금기준에 따른 거래의 분석] 이 거래로 현금을 지급하였기 때문에 보험료라는 비용 ₩24,000을 인식한다.

[6] 12월 6일: 사무용 소모품을 ₩70,000에 현금을 지급하고 구입하였다.

[발생기준에 따른 거래의 분석] 이 거래로 인하여 소모품비라는 비용을 인식하는 대신 소모품이라는 자산을 인식한다.

[현금기준에 따른 거래의 분석] 이 거래로 현금이 지급되었기 때문에 소모품비라는 비용 ₩70,000을 인식한다.

[7] 12월 8일: 광고선전비 ₩50,000을 현금으로 지급하였다.

[발생기준에 따른 거래의 분석] 이 거래로 인하여 광고선전비라는 비용이 ₩50,000 발생한다.

---

2 발생기준에 따른 거래는 4장에서 학습할 수정분개를 통해서 수익과 비용의 금액이 달라질 수 있다. 여기서 현금기준과 발생기준을 비교하는 것은 수정분개 전의 수익과 비용을 비교하는 것이다.

[현금기준에 따른 거래의 분석] 이 거래로 현금이 지급되었기 때문에 발생기준과 동일하게 광고선전비라는 비용 ₩50,000을 인식한다.

[8] 12월 10일: ₩200,000의 배달서비스를 고객에게 제공하고, 현금은 나중에 받기로 하였다.

[발생기준에 따른 거래의 분석] 이 거래로 인하여 용역매출이라는 수익이 ₩200,000 발생한다.

[현금기준에 따른 거래의 분석] 이 거래로 현금을 받지 않았기 때문에 수익을 인식하지 않는다. 수익은 현금을 받는 시점에 인식한다.

[10] 12월 16일: 거래업체에 1개월 동안 배달서비스를 제공하기로 하고 현금 ₩80,000을 미리 수령하였다.

[발생기준에 따른 거래의 분석] 이 거래로 인하여 용역매출이라는 수익을 인식하는 대신 선수수익이라는 부채를 인식한다.

[현금기준에 따른 거래의 분석] 이 거래로 현금을 받았기 때문에 발생기준과 동일하게 용역매출이라는 수익을 ₩80,000 인식한다.

[11] 12월 30일: 급여 ₩90,000이 발생하였으나 미지급하였다.

[발생기준에 따른 거래의 분석] 이 거래로 인하여 급여라는 비용이 ₩90,000 발생한다.

[현금기준에 따른 거래의 분석] 이 거래로 현금을 지급하지 않았기 때문에 비용을 인식하지 않는다. 비용은 현금을 지급하는 시점에 인식한다.

발생기준과 현금기준에 따른 손익(수익−비용)을 분석하면 다음 〈표 2−3〉과 같다.
발생기준과 현금기준의 손익이 각각 ₩60,000과 (₩64,000)으로 발생기준이 ₩124,000이 더 크다. 그 이유는 〈표 2−3〉에서 보는 것처럼, 발생기준이 수익을 ₩120,000 더 많이 인식하고 비용을 ₩4,000 적게 인식하였기 때문이다.

표 2-3 발생기준과 현금기준에 따른 손익 분석

과목	20×1년 12월 1일 ~ 12월 31일	
	발생기준	현금기준
수익		
[거래 8]	₩200,000	₩0
[거래 10]	0	80,000
수익 합계	₩200,000	₩80,000
비용		
[거래 4]	₩0	(₩24,000)
[거래 6]	0	(70,000)
[거래 7]	(50,000)	(50,000)
[거래 11]	(90,000)	0
비용 합계	(₩140,000)	(₩144,000)
손익(수익-비용)	₩60,000	(₩64,000)

[못 믿을 국가회계] 국가부채의 숨은 1인치

우리나라의 국가부채는 얼마일까. 작년 기준 1,556조원이다. 전년보다 123조원 늘었다. 공무원이나 군인 등의 은퇴 후 연금을 위해 준비해야 하는 나랏돈(장기충당부채)이 96조원이나 증가한 탓이다.

정부는 올 초 국무회의에서 이 같은 내용의 '2017 회계연도 국가결산'을 심의·의결했다. '발생주의' 방식에 입각해 만든 정부 재무제표 결산 결과 지난해 국가 자산은 2,063조원이다. 하지만 연금 충당부채가 눈덩이처럼 불어나고 있어 국가부채 증가 속도가 우려스럽다는 지적도 나온다. 우리의 재정 건전성에는 문제가 없을까.

관점에 따라 결론은 달라질 수 있다. 정부가 제시한 국가채무는 만기가 정해져 있고, 이자 지급이 수반되는 국·공채와 차입금만으로 구성되어 있다. 즉 국가채무에는 국가가 향후 지급할 가능성이 높은 금액은 빠져 있다. 정부는 이런 재정관리 공백을 막기 위해 국가재무제표를 작성하고 있으며, 국가채무뿐 아니라 국가가 향후 지급할 가능성이 높은 모든 금액을 포함해 국가부채를 산정한다. 2017 회계연도 결산에 따르면, 국가채무 규모는 660조 7,000억원(GDP 대비 38.2%)이지만, 국가부채는 1,555조 8,000억원(GDP 대비 89.9%)이다.

이 차이는 어디서 올까. 김상노 성신회계법인 회계사는 "국가부채에는 공무원 및 군인연금 충당부채 845조 8,000억원 등 국가의 지급 가능성이 높은 충당부채와 미지급금이 포함돼 있기 때문에 이런 차이가 발생한다"고 설명했다. 정부의 재정 건전성 판단에 이 금액은 고스란히 빠져 있다.

김 회계사도 "이런 관점에서 미래의 현금유출이 망라된 국가부채를 재정관리에 활용하지 않는 점은 국가채무 규모가 국가부채보다 적기 때문이라는 불필요한 오해를 받을 수도 있다"고 꼬집었다. 이어 "정부는 지속가능한 국가를 만들기 위해 국가경제를 예측할 수 있는 다양한 지표를 분석해 위험을 사전에 예방하고 보수적으로 재정관리를 수행해야 한다"고 강조했다.

(시사저널 2018년 11월 16일)

➲ 토론 주제

2017년 국가결산을 통해서 정부가 부담할 부채(또는 채무)는 660조 7,000억원인가, 아니면 1,555조 8,000억원 중에서 어느 금액이 더 타당하다고 생각하는가?

☑ 연습문제

서술식 ✅

001 회계거래인지 여부를 판단하기 위한 두 가지 조건을 서술하시오.

002 회계거래와 일반거래의 차이점에 대해 서술하시오.

003 회계거래의 인식에 대해 서술하시오.

004 역사적 원가에 대해 서술하시오.

005 현행가치에 대해 서술하시오.

006 '재무제표 등식'이 무엇이며, 등식에서 왼편과 오른편이 각각 어떤 의미를 갖는지 서술하시오.

007 '손익계산서 등식'과 '포괄손익계산서 등식'에 어떤 차이점이 있는지 서술하시오.

008 '확장된 회계등식'에 대해 서술하시오.

009 현금기준에 따른 수익과 비용인식에 대해 서술하시오.

010 한국채택국제회계기준에 따른 수익인식에 대해 서술하시오.

011 발생기준에 따른 비용인식에 대해 서술하시오.

001 기업의 현재 재무상태에 변동을 가져오는 경제적 거래를 무엇이라고 하는가?
① 회계거래　　②경제거래　　③ 영업거래　　④ 재무거래

002 일반거래는 아니지만 회계거래에 해당하는 것은?
① 주문　　② 계약　　③ 담보 제공　　④ 도난

003 회계거래는 아니지만 일반거래에 해당하는 것은?
① 화재　　② 위탁　　③ 분실　　④ 감가상각

004 영업거래에 해당하지 않는 것은?
① 배당　　② 매출　　③ 매입　　④ 물류

005 재무제표 요소의 측정기준 중에서 현행가치에 속하지 않는 것은?
① 사용가치　　② 이행가치　　③ 공정가치　　④ 역사적 원가

006 부채의 역사적 원가를 시간의 경과에 따라 갱신할 때 반영해야 되는 것이 아닌 것은?
① 부채의 일부 또는 전부의 이행
② 부채의 이행에 필요한 경제적 자원을 이전해야 하는 의무의 가치를 증가시키는 사건의 영향
③ 부채를 구성하는 경제적 자원의 일부 또는 전부의 소비
④ 부채의 금융요소를 반영하는 이자의 발생

007 활성시장에서 공정가치를 관측할 수 없는 경우 반영해야 되는 것이 아닌 것은?
① 미래현금흐름 추정치
② 기업 특유의 신용위험
③ 화폐의 시간가치
④ 현금흐름에 내재된 불확실성을 부담하는 것에 대한 가격

008 자산에 대해 설명한 것은?

① 자금조달의 원천　　　　　② 자원에 대한 청구권

③ 경제적 자원　　　　　　　④ 소유주 지분

009 부채에 대해 설명한 것은?

① 현재의무　　　　　　　　② 순자산

③ 자본을 운용한 결과　　　　④ 투자자로부터 자본조달의 원천

010 자본에 대해 설명한 것은?

① 채권자로부터 자본조달의 원천　　② 회계등식에서 오른편의 합계

③ 자산에 대한 우선청구권　　　　　④ 잔여지분

011 포괄손익계산서 항목이 아닌 것은?

① 총포괄이익　　　　　　　② 비용

③ 배당금　　　　　　　　　④ 기타포괄손익

012 다음 중 자산이 증가하는 거래는?

① 급여를 미지급하다.　　　　② 보험료를 현금 지급하다.

③ 기계장치를 현금 구입하다.　④ 은행으로부터 차입하다.

013 다음 중 부채가 감소하는 거래는?

① 보통주를 발행하다.　　　　② 임차보증금을 현금 지급하다.

③ 미지급금을 현금 지급하다.　④ 광고선전비를 현금 지급하다.

014 다음 중 자본이 증가하는 거래는?

① 용역을 제공하다.

② 비품을 구입하고 미지급하다.

③ 소모품을 현금 구입하다.

④ 용역을 제공하기로 하고 현금을 미리 받다.

015 고객과의 계약으로 회계처리할 수 있는 기준이 아닌 것은?
① 이전할 재화나 용역의 지급조건을 식별할 수 있다.
② 계약 당사자들이 계약을 승인하고 각자의 의무를 수행하기로 확약한다.
③ 고객에게 이전할 재화나 용역에 대하여 받을 권리를 갖게 될 대가의 회수 가능성이 높다.
④ 계약의 결과로 기업의 미래 현금흐름의 위험, 시기, 금액이 고정된다.

016 거래가격을 산정할 때 고려할 사항이 아닌 것은?
① 변동대가
② 비현금 대가
③ 고정대가 추정치의 제약
④ 계약에 있는 유의적인 금융요소

017 수익-비용 대응의 원칙에서 성격이 다른 것은?
① 직접적으로 대응되는 비용 인식
② 기간 배분에 의한 비용 인식
③ 지출 즉시 비용 인식
④ 부채 인식에 의한 비용 인식

종합문제 ✅

1 회계거래

다음 거래 중 회계거래를 고르시오.

① 거래처로부터 물품 ₩1,000,000을 구매하기로 계약하였다.
② 종업원 월급여 ₩500,000이 발생하였으나 현금을 미지급하였다.
③ 공장에 화재가 발생하여 상품 ₩3,000,000이 전소되었다.
④ 거래처에게 상품 판매를 위탁하면서 상품 ₩2,000,000을 거래처 창고로 전송하였다.
⑤ 사무실에서 현금 ₩800,000을 도난당하였다.
⑥ 거래처에게 건물 ₩10,000,000을 담보제공하였다.
⑦ 거래처에서 상품 ₩2,000,000을 주문하였다.
⑧ 비품 ₩3,000,000을 구매하였으나 현금을 미지급하였다.
⑨ 거래처에게 상품을 판매하였으나 현금을 미수하였다.
⑩ 회사의 유능한 기술자가 퇴사하였다.

2 회계등식

A회사는 20×1년 12월 1일에 영업을 개시하였고, 결산일은 12월 31일이다. A회사의 20×1년 12월 중에 발생한 다음 거래들이 자산, 부채 및 자본에 각각 어떠한 영향을 미치는지 금액으로 표시하시오. 영향이 없는 경우는 "0"으로 표시하시오.

① 12월 1일: 보통주를 발행하여 현금 ₩100,000을 수령하였다.

	자산	=	부채	+	자본
금액		=		+	

② 12월 1일: 은행에서 ₩50,000을 6개월 후에 만기로 계약하고 차입하였다.

	자산	=	부채	+	자본
금액		=		+	

③ 12월 2일: 임차보증금 ₩30,000을 현금 지급하였다.

	자산	=	부채	+	자본
금액		=		+	

④ 12월 5일: 사무용 비품 ₩20,000을 취득하고 현금을 미지급하였다.

	자산	=	부채	+	자본
금액		=		+	

⑤ 12월 10일: 광고선전비 ₩20,000을 현금 지급하였다.

	자산	=	부채	+	자본
금액		=		+	

⑥ 12월 15일: ₩50,000의 용역을 제공하고 현금은 나중에 받기로 하였다.

	자산	=	부채	+	자본
금액		=		+	

⑦ 12월 25일: ₩25,000의 용역을 제공하기로 하고 현금을 미리 받았다.

	자산	=	부채	+	자본
금액		=		+	

⑧ 12월 30일: 급여 ₩15,000이 발생하였으나 미지급하였다.

	자산	=	부채	+	자본
금액		=		+	

⑨ 12월 31일: 배당금 ₩5,000을 결정하고 현금으로 지급하였다.

	자산	=	부채	+	자본
금액		=		+	

3 발생기준과 현금기준

A회사의 20×1년 12월 중에 발생한 다음 거래들에 따른 발생기준과 현금기준에 따른 손익을 계산하고, 그 차이를 분석하시오.

일자	발생 거래
12월 10일	광고선전비 ₩20,000을 현금 지급하였다.
12월 15일	₩50,000의 용역을 제공하고 현금은 나중에 받기로 하였다.
12월 25일	₩25,000의 용역을 제공하기로 하고 현금을 미리 받았다.
12월 30일	급여 ₩15,000이 발생하였으나 미지급하였다.

과목	20×1년 12월 1일 ~ 12월 31일	
	발생기준	현금기준
수익		
[12월 15일]		
[12월 25일]		
수익 합계		
비용		
[12월 10일]		
[12월 30일]		
비용 합계		
손익(수익-비용)		

CHAPTER **3** ● **회계순환과정**

– 서비스기업의 기중회계

❝

이야기가 있는 회계 세상

복식부기(double-entry bookkeeping)의 원리는 하나의 거래를 차변(debit, Dr.)과 대변(credit, Cr.)에 두 번 기록하는 것이다. 차변을 debit, 대변을 credit이라고 부르는데, 복식부기의 원리를 처음 소개했다고 알려진 루카 파치올리(Luca Pacioli)가 쓴 "산술, 기하, 비율 및 비례총람"에서 사용된 라틴어 'debere(그가 빌려가다)'와 'credere(그가 빌려주다)'가 그 어원으로 알려져 있다. 복식부기에서 그가 돈을 빌려가는, 즉 그에게 돈을 빌려주는 '대여금'은 자산으로 차변에 기록한다. 또한 그가 돈을 빌려주는, 즉 그로부터 돈을 빌리는 '차입금'은 부채로 대변에 기록하게 된다.

복식부기의 또 하나의 원리는 왼쪽인 차변에 자산의 증가를, 오른쪽인 대변에는 부채의 증가를 기록한다. 그 유래를 찾아보면, 로마시대에 주인이 노예에게 금전을 대여하고 이것을 주인 입장에서 왼쪽에 기록하고(debere, 그가 빌려가다), 노예 입장에서는 오른쪽에 기록했다고(credere, 그가 빌려주다) 전해진다.

복식부기의 유래를 따라 올라가 수학처럼 원리를 이해하려고 하면 더 깊은 고민에 빠지게 된다. 따라서 복식부기의 원리는 회계를 이용하는 사람들 사이의 약속이라고 생각하자.

1. 전체 회계기간의 회계순환과정

거래를 식별하고 분개로부터 시작하여 재무제표를 작성하는 과정은 매 회계기간마다 반복적으로 이루어지는데, 이를 회계순환과정(會計循環過程, accounting cycle)이라고 한다. 회계순환과정을 요약하면 다음 〈그림 3-1〉과 같다.

二 그림 3-1　회계순환과정

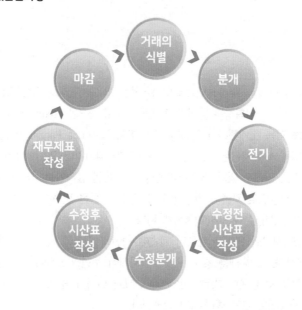

1.1 분개(分介, journal entry)

거래가 발생하면 회계거래인지, 즉 회계처리 대상인지 여부를 판단한다. 회계거래로 판단 후에 원천증빙서류를 확인하여 해당 거래의 영향을 받는 계정들을 파악하고, 분개장 (分介帳, journal)에 일정 형식을 갖추어 그 거래를 체계적으로 회계처리한다.

1.2 전기(轉記, posting)

분개된 거래를 각 해당 계정의 총계정원장(總計定元帳, general ledger)에 옮겨 기록한다. 즉, 모든 계정은 자기 계정만의 총계정원장을 갖는다. 계정별 총계정원장에 전기함으로써 계정별 잔액을 파악할 수 있게 된다. 전기 과정에서는 분개의 규칙과 동일한 원리가 적용되기 때문에 분개가 잘못되면 이후 모든 과정에 영향을 미친다. 따라서 회계순환과정에서 첫 번째 단계인 분개를 정확하게 하는 것이 매우 중요하다.

1.3 수정전 시산표(修整前 試算表, unadjusted trial balance) 작성

분개와 전기를 통해서 각 계정의 잔액을 산출한다. 모든 계정의 잔액이 구해지면, 이 잔액들을 일정한 순서(자산, 부채, 자본, 수익, 비용 계정 순서)에 따라 열거하고 차변합계와 대변합계를 산출한다. 시산표상에 차변합계와 대변합계는 논리상 당연히 일치해야 하는데, 이를 확인함으로써 거래의 분개와 전기 등이 정확하게 이루어졌는지 검토할 수 있다. 또한 시산표를 작성함으로써 이후의 단계인 재무제표의 작성을 매우 용이하게 해준다. 수정전 시산표는 수정분개를 하기 전 시산표라는 의미이다.

1.4 수정분개(修整分介, adjusting entries)

발생기준 회계는 재무제표를 작성 및 마감하기 이전에 반드시 수정분개 과정을 거쳐야 한다. 왜냐하면 보고기간 중 외부와의 거래에 관계없이 시간의 경과에 따라 계속적으로 기업의 자산, 부채 및 자본이 변화하기 때문이다. 예를 들면, 시간의 경과에 따라 수익이 발생하거나(이자수익), 비용이 발생하는 경우(이자비용)가 있다. 이러한 변화를 재무제표 작성 및 마감 전에 수정분개를 통해서 장부에 반영한다. 이런 경우가 발생할 때마다 기록하는 것은 거의 불가능하거나 지나치게 복잡하므로 보고기간 말에 그 누적적 영향을 일괄적으로 한꺼번에 기록하는데 이것이 수정이다. 이러한 수정도 분개로 시작하여 전기한 후, 해당 계정의 수정후 잔액을 재산출하고, 이 수정후 잔액의 정확성을 확인하기 위해 수정후 시산표를 작성한다.

1.5 수정후 시산표(修整後 試算表, adjusted trial balance) 작성

수정분개까지 반영된 모든 계정의 잔액들을 일정한 순서에 따라 열거하고 차변합계와 대변합계를 산출한다. 수정전 시산표와 마찬가지로 수정후 시산표 역시 차변합계와 대변합계는 논리상 당연히 일치하여야 한다. 수정후 시산표를 이용하여 재무제표를 작성한다.

1.6 재무제표(財務諸表, financial statements) 작성

수정후 시산표에 계상된 계정별 잔액을 이용하여 먼저 포괄손익계산서를 작성하고, 그 다음에 재무상태표, 자본변동표 및 현금흐름표를 작성한다. 포괄손익계산서를 먼저 작성하는 이유는 포괄손익계산서의 작성을 통해서 당기순손익과 총포괄손익이 산출되고, 이를 통해서 경영자는 이익잉여금에 대한 처분계획을 세우고 확정되면 그 내용을 토대로 하여 재무상태표 등을 작성하기 때문이다.

1.7 마감(closing)

마지막으로, 포괄손익계산서 계정들과 배당금 계정을 마감하고, 그 결과인 당기순손익을 자본(미처분이익잉여금 계정)에 반영시킨다. 재무상태표 계정들에 대해서도 마감한다.

2. 계정의 의의

회계에서 특정 자산, 부채, 자본, 수익, 비용 등의 거래를 세부적으로 구분하여 기록하는 개별단위를 계정(計定, account)이라고 부른다. 기업이 사용하는 계정은 기업의 업종과 규모 등에 따라서 다를 수 있다. 일반적으로 기업이 사용하는 자산, 부채, 자본, 수익 및 비용의 계정들을 예시하면 〈표 3-1〉과 같다.

= 표 3-1 계정의 예

구 분		계정의 예
재무상태표 계정	자산 계정	현금, 매출채권, 미수금, 상품, 토지, 건물, 비품 등
	부채 계정	매입채무, 미지급금, 미지급비용, 차입금 등
	자본 계정	자본금, 이익잉여금 등
손익계산서 계정	수익 계정	매출, 임대수익, 이자수익, 유형자산처분이익 등
	비용 계정	매출원가, 급여, 보험료, 임차료, 광고선전비, 이자비용, 유형자산처분손실, 법인세 비용 등

3. 분개

회계에서는 계정의 왼편을 **차변**(借邊, debit, Dr.), 계정의 오른편을 **대변**(貸邊, credit, Cr.) 이라고 부른다. 차변에 기록하는 것을 **차기**(借記, 차변기입, debit entry), 대변에 기록하는 것을 **대기**(貸記, 대변기입, credit entry)라고 한다. **복식부기**(複式簿記, double–entry bookkeeping)는 하나의 거래를 차변과 대변에 두 번 기록한다. 복식부기 회계에서 자산, 부채, 자본의 변동과 그 요인에 대해 요약, 정리하여 체계적으로 기록하는 것을 분개라고 한다. 분개를 기록하는 장부를 분개장이라고 한다.

분개를 하는 규칙은 다음 〈표 3–2〉와 같다.

표 3-2 분개의 규칙

자산		부채	
차변	대변	차변	대변
		-	+
		자본	
		차변	대변
+	-	-	+
		비용	수익
		차변	대변	차변	대변
		+	-	-	+

- 자산의 증가는 차변에, 감소는 대변에 기입한다.
- 부채의 증가는 대변에, 감소는 차변에 기입한다.
- 자본의 증가는 대변에, 감소는 차변에 기입한다.
- 수익의 발생(증가)은 대변에, 감소는 차변에 기입한다.
- 비용의 발생(증가)은 차변에, 감소는 대변에 기입한다.

자산 계정을 분개하는 규칙이 정해져 있다고 가정하면, 부채와 자본이 증가할 때 대변에 감소할 때 차변에 기입하는 이유는 부채와 자본이 증가하면서 자산이 증가하고 부채와 자본이 감소하면서 자산이 감소하기 때문이다. 예를 들어, 은행에서 돈을 빌리면 부채가 증가하지만 현금이 유입되기 때문에 자산도 증가한다. 또한 유상증자를 실시하여 주주들로부터 현금을 납입 받으면 자본이 증가하면서 자산도 증가한다.

한편, 수익의 발생(증가)은 대변에 감소는 차변에 기록하고, 비용의 발생(증가)은 차변에 감소는 대변에 기록한다. 1장에서 설명한 것처럼, 수익이 발생(증가)하면 자본이 증가하고, 비용이 발생(증가)하면 자본이 감소하기 때문이다.

2장에서 예로 들었던 배달서비스를 주요 영업으로 하는 서비스기업인 ㈜한걸음을 대상으로 20×1년도 12월에 발생한 일련의 거래들에 대한 분개, 전기 및 시산표의 작성을 다음의 (예 1)을 통하여 살펴본다.

서비스기업은 서비스 제공을 통하여 영리를 추구하는 기업이다. 서비스기업에서의 주요 수익은 용역을 제공하고 받게 되는 대가인데, 용역수익(용역매출 또는 용역수수료)이라 한다. 주요 비용 항목은 용역을 제공하기 위하여 발생하는 인건비 및 관리비 등이다.

예 1 • 복식부기 회계처리

㈜한걸음은 20×1년 12월 1일에 영업을 개시하였고, 20×1년도 12월에 발생한 거래는 다음과 같다. ㈜한걸음의 결산일은 12월 31일이다.

거래	일자	발생 거래
[1]	12월 1일	액면금액이 ₩5,000인 보통주 120주를 발행하여 발행금액 ₩600,000을 현금으로 수령하였다.
[2]	12월 1일	은행에서 ₩300,000을 6개월간 연이자율 10%로 차입하였다.
[3]	12월 2일	사무실을 임차하면서 보증금 ₩100,000을 현금으로 지급하였다.
[4]	12월 3일	사무실에 대한 1년분 화재보험료 ₩24,000(월 보험료 ₩2,000)을 현금으로 지급하였다.
[5]	12월 5일	컴퓨터를 비롯한 사무용 비품 ₩300,000을 취득하면서 현금은 나중에 지급하기로 하였다.
[6]	12월 6일	사무용 소모품을 ₩70,000에 현금을 지급하고 구입하였다.
[7]	12월 8일	광고선전비 ₩50,000을 현금으로 지급하였다.
[8]	12월 10일	₩200,000의 배달서비스를 고객에게 제공하고, 현금은 나중에 받기로 하였다.
[9]	12월 15일	12월 5일에 비품 취득시 발생한 미지급금 중 ₩100,000을 현금으로 지급하였다.
[10]	12월 16일	거래업체에 1개월 동안 배달서비스를 제공하기로 하고 현금 ₩80,000을 미리 수령하였다.
[11]	12월 30일	급여 ₩90,000이 발생하였으나 미지급하였다.
[12]	12월 31일	배당금 ₩10,000을 결정하고 현금으로 지급하였다.

일자별로 위의 발생 거래를 분개하면 다음과 같다.

[1] 12월 1일: 액면금액이 ₩5,000인 보통주 120주를 발행하여 발행금액 ₩600,000을 현금으로 수령하였다.

현금이라는 자산이 증가(차변)하고, 자본금이라는 자본이 증가(대변)한다.

(차변) 현　　　금　　600,000　(대변) 자　본　금　　600,000

[2] 12월 1일: 은행에서 ₩300,000을 6개월간 연이자율 10%로 차입하였다.

현금이라는 자산이 증가(차변)하고, 단기차입금이라는 부채가 증가(대변)한다.

(차변) 현　　　금　　300,000　(대변) 단기차입금　　300,000

[3] 12월 2일: 사무실을 임차하면서 보증금 ₩100,000을 현금으로 지급하였다.

보증금이라는 자산이 증가(차변)하고, 현금이라는 자산이 감소(대변)한다.

(차변) 보　증　금　　100,000　(대변) 현　　　금　　100,000

[4] 12월 3일: 사무실에 대한 1년분 화재보험료 ₩24,000(월 보험료 ₩2,000)을 현금으로 지급하다.

선급비용이라는 자산이 증가(차변)하고, 현금이라는 자산이 감소(대변)한다.

(차변) 선 급 비 용　　24,000　(대변) 현　　　금　　24,000

[5] 12월 5일: 컴퓨터를 비롯한 사무용 비품 ₩300,000을 취득하면서 현금은 나중에 지급하기로 하였다.

비품이라는 자산이 증가(차변)하고, 미지급금이라는 부채가 증가(대변)한다.

(차변) 비　　　품　　300,000　(대변) 미 지 급 금　　300,000

[6] 12월 6일: 사무용 소모품을 ₩70,000에 현금을 지급하고 구입하였다.

소모품이라는 자산이 증가(차변)하고, 현금이라는 자산이 감소(대변)한다.

(차변) 소 모 품　　70,000　(대변) 현　　　금　　70,000

[7] 12월 8일: 광고선전비 ₩50,000을 현금으로 지급하였다.

광고선전비라는 비용이 발생(차변)하고, 현금이라는 자산이 감소(대변)한다.

(차변) 광 고 선 전 비　　50,000　(대변) 현　　　　금　　50,000

[8] 12월 10일: ₩200,000의 배달서비스 고객에게 제공하고, 현금은 나중에 받기로 하였다.

매출채권이라는 자산이 증가(차변)하고, 용역매출이라는 수익이 발생(대변)한다.

(차변) 매 출 채 권　　200,000　(대변) 용 역 매 출　　200,000

[9] 12월 15일: 12월 5일에 비품 취득시 발생한 미지급금 중 ₩100,000을 현금으로 지급하다.

미지급금이라는 부채가 감소(차변)하고, 현금이라는 자산이 감소(대변)한다.

(차변) 미 지 급 금　　100,000　(대변) 현　　　　금　　100,000

[10] 12월 16일: 거래업체에 1개월 동안 배달용역을 제공하기로 하고 현금 ₩80,000을 미리 수령하였다.

현금이라는 자산이 증가(차변)하고, 선수수익이라는 부채가 증가(대변)한다.

(차변) 현　　　　금　　80,000　(대변) 선 수 수 익　　80,000

[11] 12월 30일: 급여 ₩90,000이 발생하였으나 미지급하였다.

급여라는 비용이 발생(차변)하고, 미지급비용이라는 부채가 증가(대변)한다.

(차변) 급　　　　여　　90,000　(대변) 미지급비용　　90,000

[12] 12월 31일: 배당금 ₩10,000을 결정하고 현금으로 지급하였다.

배당금이라는 자본이 감소(차변)하고, 현금이라는 자산이 감소(대변)한다.

(차변) 배 당 금　　10,000　(대변) 현　　　　금　　10,000

위의 분개를 분개장에 정리·요약하면 다음과 같다.

거래	일자	계정	차변	대변
[1]	12월 1일	현금	600,000	
		자본금		600,000
		액면금액이 ₩5,000인 보통주 120주를 발행		
[2]	12월 1일	현금	300,000	
		단기차입금		300,000
		은행에서 ₩300,000을 6개월간 연이자율 10%로 차입		
[3]	12월 2일	보증금	100,000	
		현금		100,000
		사무실을 임차하면서 보증금 ₩100,000을 현금 지급		
[4]	12월 3일	선급비용	24,000	
		현금		24,000
		사무실에 대한 1년분 화재보험료 ₩24,000(월 보험료 ₩2,000)을 현금 지급		
[5]	12월 5일	비품	300,000	
		미지급금		300,000
		사무용 비품 ₩300,000을 취득하면서 현금 미지급		
[6]	12월 6일	소모품	70,000	
		현금		70,000
		소모품을 ₩70,000에 구입하면서 현금 지급		
[7]	12월 8일	광고선전비	50,000	
		현금		50,000
		광고선전비 ₩50,000을 현금 지급		

거래	일자	계정	차변	대변
[8]	12월 10일	매출채권	200,000	
		용역매출		200,000
		₩200,000의 배달서비스 고객에게 제공하고, 현금 미수령		
[9]	12월 15일	미지급금	100,000	
		현금		100,000
		12월 5일에 비품 취득시 발생한 미지급금 중 ₩100,000을 현금 지급		
[10]	12월 16일	현금	80,000	
		선수수익		80,000
		거래업체에 1개월 동안 배달용역을 제공하기로 하고 현금 ₩80,000을 미리 수령		
[11]	12월 30일	급여	90,000	
		미지급비용		90,000
		급여 ₩90,000이 발생하였으나 현금 미지급		
[12]	12월 31일	배당금	10,000	
		현금		10,000
		배당금 ₩10,000을 결정하고 현금 지급		

분개장을 이용하면 다음과 같은 장점이 있다.

첫째, 분개장에는 특정 거래 또는 사건과 관련된 모든 정보와 거래에 대한 설명이 나타난다. 따라서 특정 거래 또는 사건에 대한 정보를 추적하는 데 매우 용이하다.

둘째, 분개장에는 기업의 거래가 발생한 순서대로 기입된다. 따라서 특정 일자나 특정 기간의 거래에 대한 정보를 추적하는 데 매우 용이하다.

셋째, 회계처리 시에 분개장을 이용함으로써 오류를 방지할 수 있다. 거래를 직접 원장에 기입하면 차변이나 대변 중의 어느 하나를 누락한다든지, 동일한 거래를 이중으로 기입하게 될 가능성도 있다. 반면에 분개장에는 항상 차변과 대변을 동시에 기입하도록 되어 있기 때문에 이와 같은 오류를 방지할 수 있다.

4. 전기

위의 발생 거래에 대해서 분개한 것을 각 계정의 총계정원장에 전기하면 다음과 같다. 여기서는 총계정원장 대신 간단하게 'T-계정'을 사용한다. 이것의 원리는 복식부기와 동일하다. 'T'자를 중심으로 왼편이 차변, 오른편이 대변을 의미한다. 그리고 왼편에는 차변과 동일하게 자산의 증가와 비용의 발생을 기록한다. 오른편에는 대변과 동일하게 부채와 자본의 증가 및 수익의 발생을 기록한다. 각 계정의 감소 역시 복식부기와 동일하다. 기입할 위치를 차변 또는 대변으로 결정한 후에 날짜와 분개할 때 상대 계정 및 금액을 적게 된다. 마지막으로 차변합계와 대변합계의 차를 합계가 큰 쪽에 적는다. 특별한 경우를 제외하고는 계정의 증가를 기입하는 쪽에 잔액이 남게 된다. 왜냐하면 음수(-)의 잔액은 존재하지 않기 때문이다.

(예 1)에서 분개된 내용을 각 T-계정에 전기해 보자.
거래 [1]을 현금과 자본금의 T-계정에 전기해보면, 회계처리와 동일하게 현금의 증가는 차변에 자본금의 증가는 대변에 기입한다.

[1] 12월 1일:　(차변) 현　　　금　600,000　(대변) 자 본 금　600,000

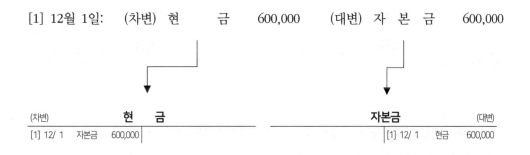

(차변)	현　금		자본금	(대변)
[1] 12/ 1　자본금　600,000			[1] 12/ 1　현금　600,000	

거래 [2]를 현금과 단기차입금의 T-계정에 전기해보면, 회계처리와 동일하게 현금의 증가는 차변에 단기차입금의 증가는 대변에 기입한다.

[2] 12월 1일: (차변) 현   금   300,000   (대변) 단기차입금   300,000

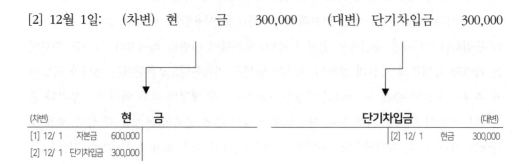

거래 [3]을 보증금과 현금의 T-계정에 전기해보면, 회계처리와 동일하게 보증금의 증가는 차변에 현금의 감소는 대변에 기입한다.

[3] 12월 2일: (차변) 보 증 금   100,000   (대변) 현   금   100,000

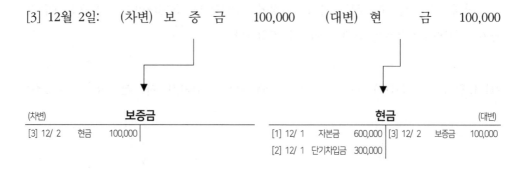

거래 [4]를 선급비용과 현금의 T-계정에 전기해보면, 회계처리와 동일하게 선급비용의 증가는 차변에 현금의 감소는 대변에 기입한다.

[4] 12월 3일: (차변) 선 급 비 용   24,000   (대변) 현   금   24,000

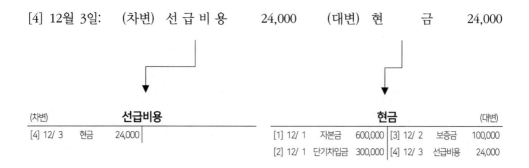

거래 [5]를 비품과 미지급금의 T–계정에 전기해보면, 회계처리와 동일하게 비품의 증가는 차변에 미지급금의 증가는 대변에 기입한다.

[5] 12월 5일: (차변) 비   품   300,000   (대변) 미 지 급 금   300,000

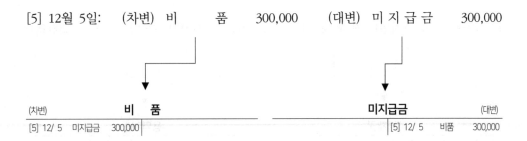

(차변)	비 품		
[5] 12/ 5 미지급금 300,000			

	미지급금	(대변)
	[5] 12/ 5 비품 300,000	

거래 [6]을 소모품과 현금의 T–계정에 전기해보면, 회계처리와 동일하게 소모품의 증가는 차변에 현금의 감소는 대변에 기입한다.

[6] 12월 6일: (차변) 소 모 품   70,000   (대변) 현   금   70,000

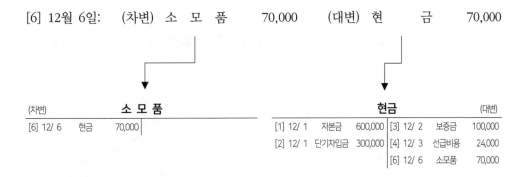

(차변)	소 모 품		
[6] 12/ 6 현금 70,000			

현금		(대변)
[1] 12/ 1 자본금 600,000	[3] 12/ 2 보증금 100,000	
[2] 12/ 1 단기차입금 300,000	[4] 12/ 3 선급비용 24,000	
	[6] 12/ 6 소모품 70,000	

거래 [7]을 광고선전비와 현금의 T–계정에 전기해보면, 회계처리와 동일하게 광고선전비의 발생은 차변에 현금의 감소는 대변에 기입한다.

[7] 12월 8일: (차변) 광고선전비   50,000   (대변) 현   금   50,000

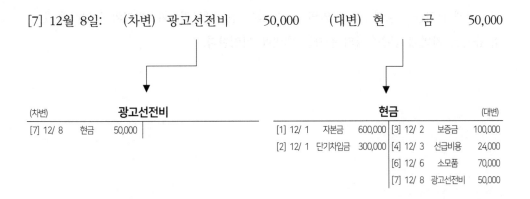

(차변)	광고선전비		
[7] 12/ 8 현금 50,000			

현금		(대변)
[1] 12/ 1 자본금 600,000	[3] 12/ 2 보증금 100,000	
[2] 12/ 1 단기차입금 300,000	[4] 12/ 3 선급비용 24,000	
	[6] 12/ 6 소모품 70,000	
	[7] 12/ 8 광고선전비 50,000	

거래 [8]을 매출채권과 용역매출의 T-계정에 전기해보면, 회계처리와 동일하게 매출채권의 증가는 차변에 용역매출의 발생은 대변에 기입한다.

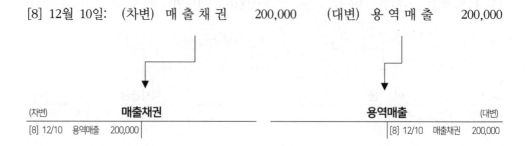

[8] 12월 10일: (차변) 매 출 채 권   200,000   (대변) 용 역 매 출   200,000

(차변)	매출채권		용역매출	(대변)
[8] 12/10 용역매출 200,000			[8] 12/10 매출채권 200,000	

거래 [9]를 미지급금과 현금의 T-계정에 전기해보면, 회계처리와 동일하게 미지급금의 감소는 차변에 현금의 감소는 대변에 기입한다.

[9] 12월 15일: (차변) 미 지 급 금   100,000   (대변) 현   금   100,000

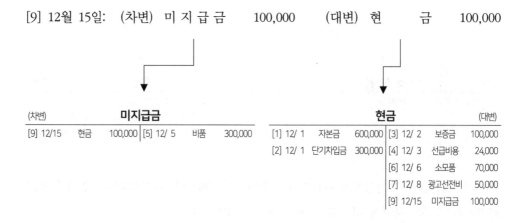

(차변)	미지급금				현금			(대변)
[9] 12/15 현금 100,000	[5] 12/ 5 비품 300,000			[1] 12/ 1 자본금 600,000	[3] 12/ 2 보증금 100,000			
				[2] 12/ 1 단기차입금 300,000	[4] 12/ 3 선급비용 24,000			
					[6] 12/ 6 소모품 70,000			
					[7] 12/ 8 광고선전비 50,000			
					[9] 12/15 미지급금 100,000			

거래 [10]을 현금과 선수수익의 T-계정에 전기해보면, 회계처리와 동일하게 현금의 증가는 차변에 선수수익의 증가는 대변에 기입한다.

[10] 12월 16일: (차변) 현　　금　80,000　　(대변) 선 수 수 익　80,000

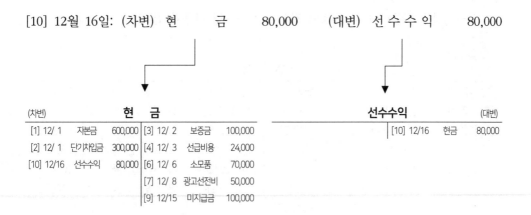

(차변)	현　금				
[1] 12/ 1	자본금	600,000	[3] 12/ 2	보증금	100,000
[2] 12/ 1	단기차입금	300,000	[4] 12/ 3	선급비용	24,000
[10] 12/16	선수수익	80,000	[6] 12/ 6	소모품	70,000
			[7] 12/ 8	광고선전비	50,000
			[9] 12/15	미지급금	100,000

선수수익		(대변)
[10] 12/16	현금	80,000

거래 [11]을 급여와 미지급비용의 T – 계정에 전기해보면, 회계처리와 동일하게 급여의 발생은 차변에 미지급비용의 증가는 대변에 기입한다.

[11] 12월 30일: (차변) 급　　여　90,000　　(대변) 미지급비용　90,000

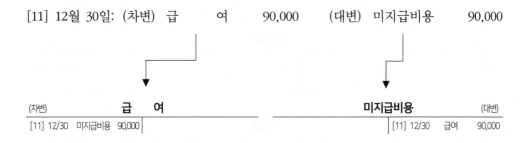

(차변)	급　여	
[11] 12/30	미지급비용	90,000

미지급비용		(대변)
[11] 12/30	급여	90,000

거래 [12]를 배당금과 현금의 T – 계정에 전기해보면, 회계처리와 동일하게 배당금의 증가는 차변에 현금의 감소는 대변에 기입한다.

[12] 12월 31일: (차변) 배　당　금　10,000　　(대변) 현　　금　10,000

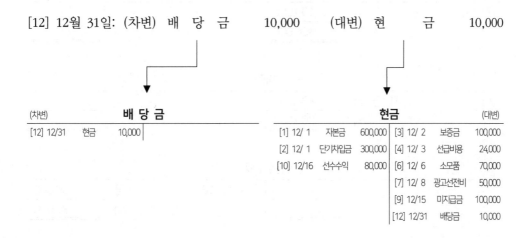

(차변)	배 당 금	
[12] 12/31	현금	10,000

(차변)	현금				
[1] 12/ 1	자본금	600,000	[3] 12/ 2	보증금	100,000
[2] 12/ 1	단기차입금	300,000	[4] 12/ 3	선급비용	24,000
[10] 12/16	선수수익	80,000	[6] 12/ 6	소모품	70,000
			[7] 12/ 8	광고선전비	50,000
			[9] 12/15	미지급금	100,000
			[12] 12/31	배당금	10,000

T-계정을 이용하여 각 계정의 잔액을 산출하면 다음과 같다.

현 금

[1] 12/ 1	자 본 금	600,000	[3] 12/ 2	보 증 금	100,000
[2] 12/ 1	단 기 차 입 금	300,000	[4] 12/ 3	선 급 비 용	24,000
[10]12/16	선 수 수 익	80,000	[6] 12/ 6	소 모 품	70,000
			[7] 12/ 8	광 고 선 전 비	50,000
			[9] 12/15	미 지 급 금	100,000
			[12]12/31	배 당 금	10,000
	잔 액	626,000			

매출채권

[8] 12/10	용 역 매 출	200,000
	잔 액	200,000

선급비용

[4] 12/ 3	현 금	24,000
	잔 액	24,000

소모품

[6] 12/ 6	현 금	70,000
	잔 액	70,000

보증금

[3] 12/ 2	현 금	100,000
	잔 액	100,000

비품

[5] 12/ 5	미 지 급 금	300,000
	잔 액	300,000

선수수익

[10] 12/16	현 금	80,000
	잔 액	80,000

미지급금

[9] 12/15	현	금	100,000	[5] 12/ 5	비	품	300,000
				잔	액	200,000

미지급비용

			[11] 12/30	급	여	90,000
			잔	액	90,000

단기차입금

			[2] 12/ 1	현	금	300,000
			잔	액	300,000

자본금

			[1] 12/ 1	현	금	600,000
			잔	액	600,000

배당금

[12] 12/31	현	금	10,000	
	잔	액	10,000	

용역매출

			[8] 12/10	매 출 채 권	200,000
			잔	액	200,000

광고선전비

[7] 12/ 8	현	금	50,000	
	잔	액	50,000	

급여

[11] 12/30	현	금	90,000	
	잔	액	90,000	

5. 수정전 시산표 작성

모든 거래가 분개장에서 총계정원장의 계정으로 전기되면, 모든 계정의 잔액을 산출할 수 있다. 재무제표를 작성하기 전에 시산표를 작성하는데, 시산표를 작성하는 이유는 위에 언급한 것처럼 시산표상에 차변합계와 대변합계가 일치하는지 여부를 확인하여 오류를 최소화하여 이후의 단계인 재무제표의 작성을 효율적으로 하기 위해서이다. 총계정원장을 통해 산출된 모든 계정의 잔액을 자산, 부채, 자본, 수익, 비용의 순서에 따라 시산표에 집합하면 다음과 같다.

수정전 시산표

(주)한걸음　　　　　20×1년 12월 1일부터 20×1년 12월 31일까지　　　　(단위 : 원)

계　　　　　정	금　　　　　　　액	
	차　　　　　변	대　　　　　변
현　　　　　금	626,000	
매　출　채　권	200,000	
선　급　비　용	24,000	
소　　모　　품	70,000	
보　　증　　금	100,000	
비　　　　　품	300,000	
선　수　수　익		80,000
미　지　급　금		200,000
미　지　급　비　용		90,000
단　기　차　입　금		300,000
자　　본　　금		600,000
배　　당　　금	10,000	
용　역　매　출		200,000
광　고　선　전　비	50,000	
급　　　　　여	90,000	
합　　　　　계	1,470,000	1,470,000

● Issue & Talk

부자는 3대를 못 간다? 대대손손 부자로 사는 법

[부자들의 자녀 교육] 7대를 내려오는 록펠러 가문의 비밀 장부

 19세기 말과 20세기 초에 걸쳐 역사상 가장 많은 재산을 모았던 '석유왕' 존 D. 록펠러는 1870년 스탠다드 오일을 설립해 석유 산업을 독점하면서 부를 일궜습니다. 그가 전성기 때 모았던 재산은 9억 달러로 1913년 당시 미국 국내총생산(GDP)의 44분의 1이나 된다고 합니다. 현재 가치로 따지면 3,000억 달러가 넘는 것으로 추정됩니다. 미국 역사상 최고 부자라고 할 수 있지요.

 그런데 당시 같은 미국의 자유방임적 자본주의 시기에 발흥했던 '부자 가문' 중 3대가 넘게 부자 집안을 유지한 것은 록펠러 가문이 유일합니다. 경제잡지 포브스에 따르면, 작년 기준 록펠러 가문의 후손은 170여명으로 전체 재산이 84억 달러로 미국 부자 가문 중 43위에 올라 있습니다. 현재 7대손까지 이어지고 있습니다.

 록펠러 가문이 부를 지킨 비결에 대해 록펠러의 증손자인 데이비드 록펠러 주니어가 언급한 적이 있습니다. 우선 대대로 내려오는 용돈 교육입니다. 록펠러의 외아들인 록펠러 주니어는 자녀들이 10대였던 1920년대, 매주 토요일이면 식사 시간에 특별한 행사를 열었다고 합니다. 여섯 자녀의 용돈기입장을 검사한 것이지요. 그리고 가끔 아이들에게 할아버지인 록펠러가 작성했던 가계부를 보여 주면서 장부 기입 요령과 복식부기 방법을 가르쳤다고 합니다. 록펠러 주니어도 아버지에게 용돈기입장을 쓰는 용돈 관리법을 배웠는데, 록펠러는 직장을 다니기 시작한 18살부터 가계부를 작성했습니다. 가계부에는 수입과 지출, 저축과 투자 항목을 1센트까지 세세하게 적었지요. 이것은 가문의 가보처럼 내려온다고 합니다.

(조선일보 2021년 6월 28일)

➲ 토론 주제

 용돈기입장 또는 가계부를 현금기준으로 작성할 때와 발생기준으로 작성할 때 어떠한 차이점이 있는가?

☑ 연습문제

서술식 ⊘

001 회계순환과정에 대해 서술하시오.

002 분개에 대해 서술하시오.

003 전기란 무엇이며, 전기를 하는 이유에 대해 서술하시오.

004 시산표란 무엇이며, 시산표를 작성하는 이유에 대해 서술하시오.

005 수정분개란 무엇이며, 수정분개를 하는 이유에 대해 서술하시오.

006 재무상태표 계정을 자산 계정, 부채 계정 및 자본 계정으로 구분하여 서술하시오.

007 손익계산서 계정을 수익 계정과 비용 계정으로 구분하여 서술하시오.

008 분개의 규칙에 대해 서술하시오.

009 수익의 발생을 대변에, 비용의 발생을 차변에 기입하는 이유에 대해 서술하시오.

010 분개장을 이용할 때의 장점에 대해 서술하시오.

객관식 ✅

001 거래에 대한 분개로부터 시작하여 재무제표를 작성하는 과정은 매 회계기간마다 반복적으로 이루어지는데 이러한 과정을 무엇이라고 하는가?

① 회계순환과정　　② 경제순환과정　　③ 영업순환과정　　④ 재무순환과정

002 회계순환과정을 순서대로 나열한 것은?

① 분개 – 전기 – 수정분개 – 수정전 시산표 작성 – 수정후 시산표 작성 – 재무제표 작성 및 마감

② 분개 – 전기 – 수정전 시산표 작성 – 수정분개 – 수정후 시산표 작성 – 재무제표 작성 및 마감

③ 전기 – 분개 – 수정분개 – 수정전 시산표 작성 – 수정후 시산표 작성 – 재무제표 작성 및 마감

④ 전기 – 분개 – 수정전 시산표 작성 – 수정분개 – 수정후 시산표 작성 – 재무제표 작성 및 마감

003 분개장에 거래의 발생 순서대로 일정 형식을 갖추어 체계적으로 기록하는 것은?

① 수정분개　　　　　　　　② 시산표 작성
③ 전기　　　　　　　　　　④ 분개

004 분개된 내용을 총계정원장의 각 계정에 옮겨 기록하는 것은?

① 전기　　　　　　　　　　② 재무제표 작성
③ 분개　　　　　　　　　　④ 수정분개

005 모든 계정의 잔액을 구하여 잔액들을 열거하고 차변합계와 대변합계를 산정하는 것은?

① 재무제표 작성　　　　　　② 총계정원장 작성
③ 시산표 작성　　　　　　　④ 수정분개

006 회계기간 말에 시간의 경과에 따라 자산, 부채 및 자본의 변화를 반영하는 과정은?

① 수정분개　　　　　　　　② 전기
③ 시산표 작성　　　　　　　④ 재무제표 작성

007 자산 계정이 아닌 것은?

① 현금   ② 미수금   ③ 매입채무   ④ 토지

008 부채 계정이 아닌 것은?

① 미지급금   ② 미수금   ③ 미지급비용   ④ 차입금

009 수익 계정인 것은?

① 매출채권   ② 매입채무   ③ 이익잉여금   ④ 매출

010 비용 계정인 것은?

① 매출원가   ② 매입채무   ③ 매출   ④ 매출채권

011 분개의 규칙 중 차변에 기입하는 것은?

① 비용의 발생   ② 수익의 발생   ③ 자산의 감소   ④ 부채의 증가

012 분개의 규칙 중 대변에 기입하는 것은?

① 비용의 발생   ② 자산의 증가   ③ 자본의 증가   ④ 부채의 감소

013 분개장을 이용할 때의 장점이 아닌 것은?

① 특정 거래 또는 사건에 대한 정보를 추적하는 데 용이하다.

② 계정별 잔액을 확인하는 데 용이하다.

③ 회계처리 시에 오류를 방지할 수 있다.

④ 특정 일자나 특정 기간의 거래에 대한 정보를 추적하는 데 용이하다.

종합문제 ✅

1 분개

청소용역을 주요 영업으로 하는 서비스기업인 A회사는 20×1년 12월 1일에 영업을 개시하였고, 결산일은 12월 31일이다. A회사의 20×1년 12월 중에 발생한 다음 거래들을 분개하시오.

① 12월 1일: 보통주를 액면발행하여 현금 ₩100,000을 수령하였다.

	계정	금액		계정	금액
(차변)			(대변)		

② 12월 1일: 은행에서 ₩50,000을 6개월간 연이자율 12%로 차입하였다.

	계정	금액		계정	금액
(차변)			(대변)		

③ 12월 2일: 임차보증금 ₩30,000을 현금 지급하였다.

	계정	금액		계정	금액
(차변)			(대변)		

④ 12월 5일: 사무용 비품 ₩20,000을 취득하고 현금을 미지급하였다.

	계정	금액		계정	금액
(차변)			(대변)		

⑤ 12월 6일: 화재보험료 ₩12,000(월 보험료 ₩1,000)을 현금 지급하였다.

	계정	금액		계정	금액
(차변)			(대변)		

⑥ 12월 15일: ₩50,000의 용역을 제공하고 현금은 나중에 받기로 하였다.

	계정	금액		계정	금액
(차변)			(대변)		

⑦ 12월 25일: ₩25,000의 용역을 제공하기로 하고 현금을 미리 받았다.

	계정	금액		계정	금액
(차변)			(대변)		

⑧ 12월 30일: 급여 ₩15,000이 발생하였으나 미지급하였다.

	계정	금액		계정	금액
(차변)			(대변)		

⑨ 12월 31일: 배당금 ₩5,000을 결정하고 현금으로 지급하였다.

	계정	금액		계정	금액
(차변)			(대변)		

2 전기

1번에서 발생한 A회사의 거래를 이용하여 계정별 T-계정을 작성하시오.

현 금

잔 액		잔 액	

매 출 채 권

잔 액		잔 액	

선급비용

잔 액		잔 액	

보증금

잔 액		잔 액	

비　품

잔　　액 _____ 　　　　잔　　액 _____

선수수익

잔　　액 _____ 　　　　잔　　액 _____

미지급금

잔　　액 _____ 　　　　잔　　액 _____

미지급비용

잔　　액 _____ 　　　　잔　　액 _____

단기차입금

잔　　액 _____ 　　　　잔　　액 _____

자본금

잔　　액 _____ 　　　　잔　　액 _____

배당금

잔　　액 _____ 　　　　잔　　액 _____

용역매출

잔　　액 _____ 　　　　잔　　액 _____

급　여

잔　　액 _____ 　　　　잔　　액 _____

3 수정전 시산표

2번에서 작성한 T-계정의 계정별 잔액을 이용하여 20×1년 12월 31일의 수정전 시산표를 작성하시오.

수정전 시산표

계 정	금		액	
A회사　　　　20×1년 12월 1일부터 20×1년 12월 31일까지　　　(단위 : 원)	차	변	대	변
현　　　　　　　금				
매　출　채　권				
선　급　비　용				
보　　증　　금				
비　　　　　　품				
선　수　수　익				
미　지　급　금				
미　지　급　비　용				
단　기　차　입　금				
자　　본　　금				
배　　당　　금				
용　역　매　출				
급　　　　　　여				
합　　　　　　계				

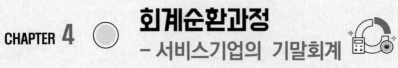

CHAPTER **4** ◯ **회계순환과정**
– 서비스기업의 기말회계

1 수정분개

2 수정후 시산표의 작성

3 재무제표의 작성

4 마감

5 정산표

❝

이야기가 있는 회계 세상

회계순환과정에서 마지막 단계는 재무제표의 작성과 계정의 마감이다. 회계기간 말에 재무제표를 작성하기 전에 반드시 수정분개를 해야 한다. 3장에서 설명한 것처럼, 수정분개가 필요한 이유는 보고기간 중 외부와의 거래와 관계없이 시간의 경과에 따라 계속적으로 자산, 부채 및 자본이 변화하기 때문이다.

수정분개의 역사는 산업혁명 시기인 19세기에 영국의 철도회사에서 시작되었다. 철도회사의 초기 투자금액은 엄청나게 컸다. 따라서 주주들로부터 거액의 투자금액을 유치해야 했고, 그러기 위해서는 초기부터 많은 배당금을 지불해야 했다. 그러나 기존의 회계처리방식대로라면 초기 투자금액을 모두 비용처리하기 때문에 초기에 이익이 날 수가 없었다. 이러한 문제점을 타개하기 위해서 당시 철도회사 경영자들이 고안해낸 방법이 유형자산에 대한 감가상각이다. 즉, 유형자산에 대한 비용처리를 뒤로 미루는 이연(deferral)의 개념을 개발해낸 것이다.

이연의 개념과 더불어 발생(accrual)의 개념도 개발하였다. 즉, 현금수입은 없지만 이익을 인식하고, 현금지출은 없지만 비용을 인식하는 것이다. 건설회사가 공사진행기준에 따라 수익을 인식하는 것이 대표적인 예이다. 건설회사는 수 년간의 공사기간이 필요하고 현금수입은 대부분 공사가 끝나야 이루어진다. 그러나 공사진행기준을 따르면 합리적으로 공사진행률을 산출하고, 산출된 공사진행률을 이용하여 수익을 인식하는 것이다. 현금수입이 없어도 수익을 인식할 수 있게 된 것이다.

이때부터 현금기준 회계가 아닌 발생기준 회계가 시작되었다. 이윤의 개념이 '현금수입-현금지출'이 아니라 '수익-비용'으로 바뀐 것이다.

1. 수정분개

1.1 수정분개의 의의

기업들은 회계기간 중에 발생기준에 따라 회계처리를 하지만, 현금기준에 따라 회계처리 하기도 한다. 따라서 기업이 결산을 하는 과정에서 현금기준에 따른 회계처리를 발생기준에 따른 회계처리로 수정한다.

기업이 결산을 하는 과정에서 발생기준에 따라 제대로 인식하지 않은 자산, 부채, 자본, 수익 및 비용 등을 발생기준에 따라 인식하여야 할 금액으로 수정해야 하는데, 이를 **수정분개**(修整分介, adjusting entries)라고 한다.

수정분개가 반영되기 전에 시산표를 **수정전 시산표**(修整前 試算表, unadjusted trial balance)라고 하며, 수정분개를 반영한 후에 시산표를 **수정후 시산표**(修整後 試算表, adjusted trial balance)라고 한다.

1.2 수정분개의 유형

발생기준 회계는 발생과 이연의 개념을 포함한다. **발생**(發生, accrual)은 수익이나 비용이 인식되는 거래가 일어났지만 관련 현금 수입·지출이 이루어지지 않은 상황을 말한다. 수익이 발생하였지만 현금 수입이 이루어지지 않은 미수수익이나 비용이 발생하였지만 현금 지출이 이루어지지 않은 미지급비용이 여기에 속한다. **이연**(移延, deferral)은 수익이나 비용과 관련된 현금 수입·지출이 이루어졌지만 그 수익 또는 비용이 인식되는 시점을 미래 일정 시점까지 미뤄야 하는 상황을 처리하는 회계이다. 현금 수입이 이루어졌지만 미래에 수익을 인식하는 선수수익이나 현금 지출이 이루어졌지만 미래에 비용을 인식하는 선급비용이 여기에 속한다. 이를 〈표 4−1〉로 정리하면 다음과 같다.

▬ **표 4-1 수정분개의 유형**

구분	수익	비용
발생(accrual)	미수수익(자산)	미지급비용(부채)
이연(deferral)	선수수익(부채)	선급비용(자산)

(1) 미수수익(accrued revenues)

회계기간 중에 수익은 발생하였으나 결산일까지 현금을 수취하지 않았기 때문에 아무런 회계처리를 하지 않았다면, 발생한 수익을 대변에 인식해야 한다. 이때 수익의 상대계정으로 차변에 미수수익(자산)을 인식한다.

〈결산시〉

(차변)　미 수 수 익　　　×××　(대변)　수　　　익　　　×××

미수수익을 현금으로 수취할 때 다음과 같이 차변에 현금을 증가시키고 대변에 미수수익을 감소시키는 분개를 한다.

〈현금 수취시〉

(차변)　현　　　금　　　×××　(대변)　미 수 수 익　　　×××

예제 1 · 미수수익

(주)한걸음은 12월 27일부터 고객 A에게 배달용역을 제공하고 있으며 용역수수료 ₩120,000은 배달용역 계약이 종료되는 다음 해 1월 20일에 현금으로 받기로 하였다. 12월 27일부터 12월 31일까지의 용역의 대가는 ₩24,000이다.

물음)

(주)한걸음이 20×1년 12월 31일(결산일) 및 계약대로 용역대가를 받았을 경우 20×2년 1월 20일에 해야 할 분개를 하라.

[풀이]

〈20×1. 12. 31. 결산시〉

(차변)　매 출 채 권　　　24,000❶　(대변)　용 역 매 출　　　24,000

　　　　❶ ₩120,000 × (5/25일) = ₩24,000

〈20×2. 1. 20. 현금 수취시〉

(차변)	현 금	120,000	(대변)	매 출 채 권	24,000
				용 역 매 출	96,000

　계약기간 총 25일 중에서 12월 27일부터 31일까지 5일 동안에 제공한 배달용역에 대한 매출 ₩24,000을 20×1년 말에 인식하면서 현금 수입이 이루어지지 않았기 때문에 매출채권(주요 영업활동에 대한 미수수익)을 인식한다. 20×2년 1월 20일 현금 수입이 이루어지면서 차변에 현금 ₩120,000을 증가시키고 대변에는 매출채권 ₩24,000을 감소시키면서 1월 1일부터 20일까지 20일 동안에 제공한 배달용역에 대한 나머지 매출 ₩96,000을 추가로 인식한다. 이것을 도식화하면 다음 〈그림 4-1〉과 같다.

≡ 그림 4-1 **미수수익**

　참고로 (주)한걸음이 현금기준을 적용할 때 용역매출과 발생기준을 적용할 때 용역매출을 연도별로 비교하면 다음과 같다.

구분	20×1년도	20×2년도
현금기준 용역매출	₩0	₩120,000
발생기준 용역매출	₩24,000	₩96,000

(2) 미지급비용(accrued expenses)

　회계기간 중에 비용은 발생하였으나 결산일까지 현금을 지급하지 않았기 때문에 아무런 회계처리를 하지 않았다면, 발생한 비용을 차변에 인식해야 한다. 이때 비용의 상대계정으로 대변에 미지급비용(부채)을 인식한다.

〈결산시〉

　(차변)　비　　　용　　　　×××　(대변)　미 지 급 비 용　　　×××

미지급비용을 현금으로 지급할 때 다음과 같이 대변에 현금을 감소시키고 차변에
미지급비용을 감소시키는 분개를 한다.

〈현금 지급시〉

　(차변)　미 지 급 비 용　　　×××　(대변)　현　　　금　　　×××

예제 2 • 미지급비용

(주)한걸음은 12월 1일에 은행에서 ₩300,000을 6개월간 연이자율 10%로 차입하면서 이자비용은
만기에 원금과 함께 상환하기로 계약하였다.

물음)
(주)한걸음이 20×1년 12월 31일(결산일) 및 계약대로 만기에 원금과 이자비용을 지급한 경우 20×2
년 5월 31일에 해야 할 분개를 하라.

[풀이]
〈20×1. 12. 31. 결산시〉
(차변)　이 자 비 용　　　2,500❶　(대변)　미 지 급 비 용　　　2,500
　　　❶ ₩300,000 ×10%× (1/12개월) = ₩2,500

〈20×2. 5. 31 현금 지급시〉
(차변)　미 지 급 비 용　　2,500　(대변)　현　　금　　15,000
　　　이 자 비 용　　12,500❷
(차변)　단 기 차 입 금　　300,000　(대변)　현　　금　　300,000
　　　❷ ₩300,000 ×10%× (5/12개월) = ₩12,500

계약기간 총 6개월 중에서 12월 1일부터 31일까지 1개월 동안에 차입금에 대한 이 자비용 ₩2,500을 20×1년 말에 인식하면서 현금 지급이 이루어지지 않았기 때문에 미지 급비용을 인식한다. 20×2년 5월 31일 현금 지급이 이루어지면서 대변에 현금 ₩15,000을 감소시키고 차변에는 미지급비용 ₩2,500을 감소시키면서 1월 1일부터 5월 31일까지 5개월 동안의 차입금에 대한 나머지 이자비용 ₩12,500을 추가로 인식한다. 이것을 도식 화하면 다음 〈그림 4-2〉와 같다.

━ 그림 4-2 **미지급비용**

참고로 (주)한걸음이 현금기준을 적용할 때 이자비용과 발생기준을 적용할 때 이자 비용을 연도별로 비교하면 다음과 같다.

	20×1년도	20×2년도
현금기준 이자비용	₩0	₩15,000
발생기준 이자비용	₩2,500	₩12,500

(3) 선급비용(prepaid expenses)

회계기간 중에 계약기간이 있는 비용에 대해 현금을 미리 지급하면서 선급비용(자산) 을 차변에 인식한다. 결산일 현재 일부 경과된 계약기간만큼의 비용을 차변에 회계처리 하고 상대계정으로 대변에 선급비용을 인식하면서 감소시킨다.

〈회계기간 중〉				
(차변) 선 급 비 용	×××	(대변)	현 금	×××
〈결산시〉				
(차변) 비 용	×××	(대변)	선 급 비 용	×××

또한 다음 연도에 잔여 계약기간이 모두 경과하였다면, 나머지 선급비용을 감소시키기 위해 대변에 회계처리하고 상대계정으로 차변에 비용으로 대체하는 회계처리한다.

〈다음 연도에 선급비용의 비용 대체〉				
(차변) 비 용	×××	(대변)	선 급 비 용	×××

예제 3 · 선급비용

(주)한걸음은 12월 3일에 사무실에 대한 1년분 화재보험료 ₩24,000(월 보험료 ₩2,000)을 현금으로 지급하였다.

물음)

(주)한걸음이 화재보험료를 지급한 20×1년 12월 3일과 결산일인 12월 31일, 그리고 20×2년 중에 해야 할 분개를 하라.

[풀이]

〈20×1. 12. 3. 현금 지급시〉

(차변) 선 급 비 용	24,000	(대변) 현 금	24,000

〈20×1. 12. 31. 결산시〉

(차변) 보 험 료	2,000❶	(대변) 선 급 비 용	2,000

❶ ₩24,000 × 1 /12개월(20×1년 말 현재 경과된 기간) = ₩2,000

〈20×2. 12. 2. 계약 만료시〉

(차변) 보 험 료	22,000❷	(대변) 선 급 비 용	22,000

❷ ₩24,000 × 11/12개월(잔여 계약기간) = ₩22,000

계약기간 총 12개월에 대한 선급비용 ₩24,000 중에서 12월 3일부터 31일까지 1개월에 해당하는 ₩2,000을 보험료(비용)로 인식한다. 20×2년 12월 2일 계약기간이 모두 경과하였기 때문에 대변에 선급비용 ₩22,000을 감소시키고 차변에 동일한 금액을 보험료(비용)로 인식한다. 이것을 도식화하면 다음 〈그림 4-3〉과 같다.

━ 그림 4-3 선급비용

참고로 (주)한걸음이 현금기준을 적용할 때 보험료와 발생기준을 적용할 때 보험료를 연도별로 비교하면 다음과 같다.

	20×1년도	20×2년도
현금기준 보험료	₩24,000	₩0
발생기준 보험료	₩2,000	₩22,000

(4) 선수수익(unearned revenues)

회계기간 중에 계약기간이 있는 수익에 대해 현금을 미리 수취하면서 선수수익(부채)을 대변에 인식한다. 결산일 현재 일부 경과된 계약기간만큼의 수익을 대변에 회계처리하고 상대계정으로 차변에 선수수익을 인식하면서 감소시킨다.

〈회계기간 중〉

   (차변) 현   금   ×××   (대변) 선 수 수 익   ×××

〈결산시〉

   (차변) 선 수 수 익   ×××   (대변) 수   익   ×××

또한 다음 연도에 잔여 계약기간이 모두 경과하였다면, 선수수익을 감소시키기 위해 차변에 회계처리하고 상대계정으로 대변에 수익으로 대체하는 회계처리한다.

〈다음 연도에 선급수익의 수익 대체〉

   (차변) 선 수 수 익   ×××   (대변) 수   익   ×××

예제 4 · 선수수익

(주)한걸음은 12월 16일에 거래업체에 1개월 동안 배달용역을 제공하기로 하고 현금 ₩80,000을 미리 수령하였다.

물음)

(주)한걸음이 배달용역수수료를 수령한 20×1년 12월 16일과 결산일인 12월 31일, 그리고 20×2년 중에 해야 할 분개를 하라.

[풀이]

〈20×1. 12. 16. 현금 수취시〉

(차변)   현   금   80,000   (대변)   선 수 수 익   80,000

〈20×1. 12. 31. 결산시〉

(차변)   선 수 수 익   40,000❶   (대변)   용 역 매 출   40,000

        ❶ ₩80,000 × 0.5(20×1년 말 현재 경과된 기간, 1개월의 절반) = ₩40,000

〈20×2. 1. 15. 계약 만료시〉

(차변)   선 수 수 익   40,000   (대변)   용 역 매 출   40,000

계약기간 총 1개월에 대한 선수수익 ₩80,000 중에서 12월 16일부터 31일까지 1개월의 절반에 경과하였기 때문에 이에 해당하는 ₩40,000을 용역매출(수익)로 인식한다. 20×2년 1월 15일 계약기간이 모두 경과하였기 때문에 차변에 선수수익 ₩40,000을 감소시키고 대변에 동일한 금액을 용역매출(수익)로 인식한다. 이것을 도식화하면 다음 〈그림 4−4〉와 같다.

≒ 그림 4-4 선수수익

참고로 (주)한걸음이 현금기준을 적용할 때 용역매출과 발생기준을 적용할 때 용역매출을 연도별로 비교하면 다음과 같다.

	20×1년도	20×2년도
현금기준 용역매출	₩80,000	₩0
발생기준 용역매출	₩40,000	₩40,000

(5) 소모품

소모품은 쓰는 대로 닳거나 줄어들어 없어지거나 못 쓰게 되는 종이, 볼펜 등 사무용품이나 공장에서 기계장치에 투입하는 윤활유나 소모성 부품 등을 말한다. 소모품 중 당기 중에 사용한 부분은 소모품비(비용)로, 당기말까지 사용하지 않은 부분은 소모품(자산)으로 보고되어야 한다. 소모품을 구입할 때와 결산시 회계처리는 비용에 대한 이연

회계처리와 동일하다.

〈회계기간 중〉

    (차변)　소 　모 　품　　　　×××　(대변)　현　　　　금　　　　×××

〈결산시〉

    (차변)　소 　모 　품 　비　　×××　(대변)　소 　모 　품　　　×××

또한 다음 연도에 소모품을 모두 사용하였다면, 남아있는 소모품을 감소시키기 위해 대변에 회계처리하고 상대계정으로 차변에 소모품비로 대체하는 회계처리한다.

〈다음 연도에 소모품의 비용 대체〉

    (차변)　소 　모 　품 　비　　×××　(대변)　소 　모 　품　　　×××

예제 5 · 소모품비

(주)한걸음은 12월 6일에 사무용 소모품을 ₩70,000에 현금을 지급하고 구입하였는데, 결산일인 20×1년 12월 31일 현재 미사용 소모품이 ₩20,000임을 확인하였다.

물음)

(주)한걸음이 소모품비를 지급한 20×1년 12월 6일과 결산일인 12월 31일, 그리고 20×2년 중에 해야 할 분개를 하라.

[풀이]

〈20×1. 12. 6. 소모품 구입시〉

(차변)　　소 　모 　품　　　　70,000　　(대변)　　현　　　　금　　　　70,000

〈20×1. 12. 31.결산시〉

(차변)　　소 　모 　품 　비　　50,000❶　(대변)　　소 　모 　품　　　50,000

        ❶ ₩70,000 – 20,000(미사용한 소모품) = ₩50,000(사용한 소모품)

〈20×2. 중 소모품 제거시〉

(차변)   소 모 품 비   20,000   (대변)   소 모 품   20,000

　　소모품 ₩70,000 중에서 12월 6일부터 31일까지 사용한 소모품 ₩50,000을 소모품비(비용)로 인식한다. 20×2년도 중에 남아 있는 소모품을 모두 사용한 후에는 대변에 소모품 ₩20,000을 감소시키고 차변에 동일한 금액을 소모품비(비용)로 인식한다.

(6) 감가상각

　　유형자산의 취득원가를 내용연수 동안 비용으로 배분하는 과정을 감가상각(depreciation)이라고 한다. 감가상각은 정해진 내용연수에 걸쳐 자산을 비용으로 대체하는 회계처리이다. 결산시 유형자산의 감가상각 관련 회계처리를 할 때 차변에 감가상각비(비용)를 회계처리한다. 이때 상대계정으로 대변에 감가상각누계액(유형자산의 차감 계정)을 회계처리한다. 유형자산과 감가상각에 대해서는 10장에서 자세히 학습하도록 한다.

〈유형자산 구입시〉

(차변)   유 형 자 산   ×××   (대변)   현   금   ×××

〈결산시〉

(차변)   감 가 상 각 비   ×××   (대변)   감가상각누계액   ×××

예제 6 • 감가상각

(주)한걸음은 12월 5일에 컴퓨터를 비롯한 사무용 비품 ₩300,000을 취득하면서 현금은 나중에 지급하기로 하였다. 해당 비품에 대한 20×1년 12월분 감가상각비는 ₩12,000이다.

물음)

(주)한걸음이 사무용 비품을 구입한 20×1년 12월 5일과 결산일인 12월 31일에 해야 할 분개를 하라.

[풀이]

⟨20×1. 12. 5. 비품 구입시⟩

| (차변) | 비　품 | 300,000 | (대변) | 미 지 급 금 | 300,000 |

⟨20×1. 12. 31. 감가상각 회계처리시⟩

| (차변) | 감 가 상 각 비 | 12,000 | (대변) | 감가상각누계액 | 12,000 |

　　20×1년 말에 유형자산에 대한 감가상각 회계처리한다. 차변에 감가상각비 ₩12,000을 인식하는 회계처리하고 대변에 동일한 금액을 감가상각누계액으로 회계처리한다. 위에서 언급한 것처럼, 감가상각은 정해진 내용연수에 걸쳐 유형자산(자산)을 감가상각비(비용)로 대체하는 회계처리이다.

　　(예제 1)부터 (예제 6)에서 결산시 수정분개를 요약하면 다음 ⟨표 4−2⟩와 같다.

━ **표 4-2　수정분개 요약**

① 미수수익

| (차변) | 매 출 채 권 | 24,000 | (대변) | 용 역 매 출 | 24,000 |

② 미지급비용

| (차변) | 이 자 비 용 | 2,500 | (대변) | 미 지 급 비 용 | 2,500 |

③ 선급비용

| (차변) | 보　험　료 | 2,000 | (대변) | 선 급 비 용 | 2,000 |

④ 선수수익

| (차변) | 선 수 수 익 | 40,000 | (대변) | 용 역 매 출 | 40,000 |

⑤ 소모품

| (차변) | 소 모 품 비 | 50,000 | (대변) | 소　모　품 | 50,000 |

⑥ 감가상각

| (차변) | 감 가 상 각 비 | 12,000 | (대변) | 감 가 상 각 누 계 액 | 12,000 |

1.3. 수정분개의 전기

　　3장에서 작성한 각 계정별 T−계정에 수정분개 사항을 전기하면 다음과 같다.

현　금

[1] 12/ 1	자　본　금	600,000	[3] 12/ 2	보　증　금	100,000
[2] 12/ 1	단 기 차 입 금	300,000	[4] 12/ 3	선 급 비 용	24,000
[10]12/16	선 수 수 익	80,000	[6] 12/ 6	소 　모 　품	70,000
			[7] 12/ 8	광 고 선 전 비	50,000
			[8] 12/15	미 지 급 금	100,000
			[12]12/31	배 　당 　금	10,000
	잔　　　액	626,000			

매출채권

[8] 12/10	용 역 매 출	200,000			
① 12/31	용 역 매 출	24,000			
	잔　　　액	224,000			

선급비용

[4] 12/ 3	현　　　금	24,000	③ 12/31	보 　험 　료	2,000
	잔　　　액	22,000			

소모품

[6] 12/ 6	현　　　금	70,000	⑤ 12/31	소 모 품 비	50,000
	잔　　　액	20,000			

보증금

[3] 12/ 2	현　　　금	100,000			
	잔　　　액	100,000			

비품

[5] 12/ 5	미 지 급 금	300,000			
	잔　　　액	300,000			

감가상각누계액

			⑥12/31	감 가 상 각 비	12,000
				잔　　　액	12,000

선수수익

④ 12/31	용 역 매 출	40,000	[10] 12/16	현	금	80,000
				잔	액	40,000

미지급금

[9] 12/15	현	금	100,000	[5] 12/ 5	비	품	300,000
					잔	액	200,000

미지급비용

	[11] 12/30	급	여	90,000
	② 12/31	이 자 비 용		2,500
		잔	액	92,500

단기차입금

	[2] 12/ 1	현	금	300,000
		잔	액	300,000

자본금

	[1] 12/ 1	현	금	600,000
		잔	액	600,000

배당금

[12] 12/31	현	금	10,000
	잔	액	10,000

용역매출

	[8] 12/10	매 출 채 권		200,000
	① 12/31	매 출 채 권		24,000
	④ 12/31	선 수 수 익		40,000
		잔	액	264,000

광고선전비

[7] 12/ 8	현	금	50,000
	잔	액	50,000

급여

[11] 12/30	현　　　금	90,000	
	잔　　　액	90,000	

보험료

③ 12/31	선 급 비 용	2,000	
	잔　　　액	2,000	

소모품비

⑤ 12/31	소　모　품	50,000	
	잔　　　액	50,000	

감가상각비

⑥ 12/31	감가상각누계액	12,000	
	잔　　　액	12,000	

이자비용

② 12/31	미 지 급 비 용	2,500	
	잔　　　액	2,500	

2. 수정후 시산표의 작성

　　수정분개를 반영한 후의 시산표를 수정후 시산표라고 한다. 수정후 시산표는 재무제표를 작성하기 위한 기초가 된다. 재무제표를 작성하기 전에 수정후 시산표를 작성하는 이유는 수정전 시산표와 마찬가지로 시산표의 차변합계와 대변합계가 일치하는지 여부를 확인하여 자기오류검증을 통한 계산의 오류를 줄임으로써 재무제표 작성을 효율적으로 하기 위해서이다. 수정분개를 반영한 후의 총계정원장을 통해 산출된 모든 계정의 잔액을 자산, 부채, 자본, 수익, 비용의 순서에 따라 시산표에 집합하면 다음과 같다.

수정후 시산표

계 정	금 액	
	차 변	대 변
현 금	626,000	
매 출 채 권	224,000	
선 급 비 용	22,000	
소 모 품	20,000	
보 증 금	100,000	
비 품	300,000	
감 가 상 각 누 계 액		12,000
선 수 수 익		40,000
미 지 급 금		200,000
미 지 급 비 용		92,500
단 기 차 입 금		300,000
자 본 금		600,000
배 당 금	10,000	
용 역 매 출		264,000
광 고 선 전 비	50,000	
급 여	90,000	
보 험 료	2,000	
소 모 품 비	50,000	
감 가 상 각 비	12,000	
이 자 비 용	2,500	
합 계	1,508,500	1,508,500

(주)한걸음   20×1년 12월 1일부터 20×1년 12월 31일까지   (단위 : 원)

3. 재무제표의 작성

3.1 (포괄)손익계산서의 작성

수정후 시산표로부터 (포괄)손익계산서 계정인 수익과 비용 계정을 모아 다음과 같이 (포괄)손익계산서를 작성한다.

(포괄)손익계산서

(주)한걸음	20×1년 12월 1일부터 20×1년 12월 31일까지		(단위 : 원)
수 익 :			
용 역 매 출			264,000
비 용 :			
광 고 선 전 비		50,000	
급 여		90,000	
보 험 료		2,000	
소 모 품 비		50,000	
감 가 상 각 비		12,000	
이 자 비 용		2,500	206,500
당기순이익			57,500

3.2 재무상태표의 작성

수정후 시산표로부터 재무상태표 계정인 자산, 부채 및 자본계정의 잔액을 모아 다음과 같이 재무상태표를 작성한다.

재무상태표

(주)한걸음		20×1년 12월 31일 현재		(단위 : 원)
현 금		626,000	선 수 수 익	40,000
매 출 채 권		224,000	미 지 급 금	200,000
선 급 비 용		22,000	미 지 급 비 용	92,500
소 모 품		20,000	단 기 차 입 금	300,000
보 증 금		100,000	부 채 총 계	632,500
비 품	300,000		자 본 금	600,000
감 가 상 각 누 계 액	(12,000)❶	288,000	이 익 잉 여 금	47,500❷
			자 본 총 계	647,500
자 산 총 계		1,280,000	부채와 자본총계	1,280,000

❶ 시산표상에 감가상각누계액은 대변잔액이지만 유형자산의 차감 계정이기 때문에 자산에 (-)로 표시한다.

❷ 기말이익잉여금 = ₩0(기초이익잉여금) + 57,500(당기순이익) - 10,000(배당금) =₩47,500

4. 마감

재무제표 작성을 완료하면 마감절차를 진행한다. 재무상태표 계정들은 그 계정 성격상 당기 말 잔액은 결산기를 지나면서 차기 초의 잔액이 된다. 예를 들어, 총계정원장의 12월 말 현금잔액 ₩626,000은 모두 지출하지 않는다면 그대로 그 다음 해 1월 초로 이월된다. 부채와 자본도 마찬가지로 당기 말 잔액이 결산기를 지나면서 차기 초의 잔액이 된다. 예를 들어, 총계정원장의 12월 말 단기차입금잔액 ₩300,000은 은행에 상환하지 않는다면 그대로 그 다음 해 1월 초로 이월된다.

그러나 손익계산서 계정들의 당기 말 잔액은 차기 초의 잔액이 되지 못한다. 즉, 보고기간이 새로 시작되면 잔액이 영(₩0)으로부터 출발한다. 이러한 점에서 손익계산서 계정을 **임시계정**(temporary account) 혹은 **명목계정**(normal account)이라 하고, 재무상태표 계정을 **영구계정**(permanent account) 혹은 **실질계정**(real account)이라 한다.

결산의 최종단계를 **마감**(closing)이라고 하는데, 마감은 임시계정인 손익계산서 계정의 기말잔액을 영(₩0)으로 만드는 마감분개와 영구계정인 재무상태표 계정 마감의 두 가지로 나누어 볼 수 있다. 일반적으로 마감이라고 하면 전자인 마감분개 및 그 전기를 가리키는 경우가 많다. 우선 손익계산서 계정의 마감분개에 대해 살펴본다.

표 4-3 마감절차

마감단계 1	각 수익 계정의 잔액은 대변에 남아 있으므로 수익 계정의 대변잔액과 같은 금액을 차변에 기입하여 모든 수익 계정의 잔액을 영(₩0)으로 만든다. 동시에 수익 계정의 합계액을 집합손익 계정의 대변에 기입한다.
마감단계 2	각 비용 계정의 잔액은 차변에 남아 있으므로 비용 계정의 차변잔액과 같은 금액을 대변에 기입하여 모든 비용 계정의 잔액을 영(₩0)으로 만든다. 동시에 비용 계정의 합계액을 집합손익 계정의 차변에 기입한다.
마감단계 3	수익이 비용보다 큰 경우 순이익이 발생한다. 따라서 집합손익 계정의 대변에 잔액이 남게 되는데, 이때에는 집합손익 계정의 대변잔액과 같은 금액을 차변에 기입하고 집합손익 계정의 잔액을 영(₩0)으로 만든다. 동시에 집합손익 계정과 동일한 금액을 이익잉여금 계정의 대변에 기입한다(이익잉여금의 증가). 반대로 비용이 수익보다 큰 경우 순손실이 발생한다. 이때에는 집합손익 계정의 금액을 대변에 기입하고, 동일한 금액을 이익잉여금 계정의 차변에 기입한다(이익잉여금의 감소).
마감단계 4	배당금 계정은 잔액이 차변에 남아 있으므로 배당금 계정의 차변잔액과 같은 금액을 대변에 기입하여 배당금 계정의 잔액을 영(₩0)으로 만든다. 동시에 동일한 금액을 이익잉여금 계정의 차변에 기입한다(이익잉여금의 감소).

임시계정은 마감절차를 통하여 그 잔액이 이익잉여금 계정으로 대체되어 마감된다. 이익잉여금 계정으로 대체하기 위하여 집합손익(income summary) 계정을 이용한다. 집합손익 계정은 장부의 마감단계에서만 일시적으로 나타나는 결산임시계정이다. 모든 수익, 비용 및 배당금 계정은 〈표 4-3〉과 같은 절차를 통해 마감된다.

위의 설명을 이용하여 모든 수익, 비용, 배당금 계정들에 대한 마감절차를 진행하면 다음과 같다.

마감단계 1   수익 계정 마감

마감분개 ①   (차변)   용 역 매 출   264,000   (대변)   집 합 손 익   264,000

마감단계 2   비용 계정 마감

                (차변)   집 합 손 익   206,500   (대변)   광고선전비   50,000

                                                       급   여   90,000

마감분개 ②   보 험 료   2,000

                                                       소 모 품 비   50,000

                                                       감가상각비   12,000

                                                         이 자 비 용   2,500

마감단계 3   집합손익 계정 마감

마감분개 ③   (차변)   집 합 손 익   57,500   (대변)   이익잉여금   57,500

마감단계 4   배당금 계정 마감

마감분개 ④   (차변)   이익잉여금   10,000   (대변)   배 당 금   10,000

마감분개를 T-계정에 전기하면 아래와 같다. 결국 모든 수익, 비용, 배당금 계정들과 집합손익 계정의 마감후잔액은 영(₩0)이 되고, 최종적으로는 이익잉여금 계정이 됨을 알 수 있다.

용역매출

				12/10	매 출 채 권	200,000
				12/31	선 수 수 익	40,000
				12/31	매 출 채 권	24,000
마감분개①	집 합 손 익	264,000			잔 액	264,000
					마 감 후 잔 액	0

광고선전비

12/ 8	현 금	50,000			
	잔 액	50,000	마감분개②	집 합 손 익	50,000
	마 감 후 잔 액	0			

급여

12/30	현 금	90,000			
	잔 액	90,000	마감분개②	집 합 손 익	90,000
	마 감 후 잔 액	0			

보험료

12/ 3	현 금	24,000	12/31	선 급 비 용	22,000
	잔 액	2,000	마감분개②	집 합 손 익	2,000
	마 감 후 잔 액	0			

소모품비

12/ 6	현 금	70,000	12/31	소 모 품	20,000
	잔 액	50,000	마감분개②	집 합 손 익	50,000
	마 감 후 잔 액	0			

감가상각비

12/31	감가상각누계액	12,000			
	잔 액	12,000	마감분개②	집 합 손 익	12,000
	마 감 후 잔 액	0			

이자비용

12/31	미 지 급 비 용	2,500				
	잔 액	2,500	마감분개②	집 합 손 익		2,500
	마 감 후 잔 액	0				

집합손익

마감분개②	제 비 용	206,500	마감분개①	용 역 매 출		264,000
마감분개③	이 익 잉 여 금	57,500		잔 액		57,500
				마 감 후 잔 액		0

배당금

12/31	현 금	10,000				
	잔 액	10,000	마감분개④	이 익 잉 여 금		10,000
	마 감 후 잔 액	0				

이익잉여금

마감분개④	배 당 금	10,000	마감분개③	집 합 손 익		57,500
				마 감 후 잔 액		47,500

재무상태표 계정에 대해서는 별도의 마감분개가 필요 없다. 재무상태표 계정들은 그 계정 성격상 당기 말 잔액은 결산기를 지나면서 차기 초의 잔액이 되기 때문에 바로 총계정원장에서 잔액을 차기이월시키면 계정이 마감된다. 즉, 그 잔액을 계정의 반대편에 기입하면서 "**차기이월**"이라고 표시한다. 차변잔액을 가지는 자산계정은 대변에 그 잔액과 동일한 금액을 기입하고 차기이월이라 표시한다. 반대로 부채와 자본은 대변잔액을 가지므로 차변에 그 잔액과 동일한 금액을 기입하고 차기이월이라고 표시한다. 그리고 12월 말 차기이월한 후 1월 초 "**전기이월**"을 기입함으로써 각 계정잔액이 다음 해 1월로 이월되어 동일한 금액으로 시작한다. 재무상태표 계정의 마감 절차를 살펴보면 다음과 같다.

현　금

날짜	적요	금액	날짜	적요	금액
12/ 1	자 본 금	600,000	12 2	보 증 금	100,000
12/ 1	단 기 차 입 금	300,000	12/ 3	선 급 비 용	24,000
12/16	선 수 수 익	80,000	12/ 6	소 모 품	70,000
			12/ 8	광 고 선 전 비	50,000
			12/15	미 지 급 금	100,000
			12/31	배 당 금	10,000
	잔　　　액	626,000	12/31	차 기 이 월	626,000
1 / 1	전 기 이 월	626,000			

매출채권

날짜	적요	금액	날짜	적요	금액
12/10	용 역 매 출	200,000			
12/31	용 역 매 출	24,000			
	잔　　　액	224,000	12/31	차 기 이 월	224,000
1 / 1	전 기 이 월	224,000			

선급비용

날짜	적요	금액	날짜	적요	금액
12/ 3	현　　　금	24,000	12/31	보 험 료	2,000
	잔　　　액	22,000	12/31	차 기 이 월	22,000
1 / 1	전 기 이 월	22,000			

소모품

날짜	적요	금액	날짜	적요	금액
12/ 6	소 　모 　품	70,000	12/31	소 모 품 비	50,000
	잔　　　액	20,000	12/31	차 기 이 월	20,000
1 / 1	전 기 이 월	20,000			

보증금

날짜	적요	금액	날짜	적요	금액
12/ 2	현　　　금	100,000			
	잔　　　액	100,000	12/31	차 기 이 월	100,000
1 / 1	전 기 이 월	100,000			

비품

12/ 5	미 지 급 금	300,000				
	잔　　　액	300,000	12/31	차 기 이 월	300,000
1 / 1	전 기 이 월	300,000				

감가상각누계액

			12/31	감가상각누계액	12,000
12/31	차 기 이 월	12,000		잔　　　액	12,000
			1 / 1	전 기 이 월	12,000

선수수익

12/31	용 역 매 출	40,000	12/16	현　　　금	80,000
12/31	차 기 이 월	40,000		잔　　　액	40,000
			1 / 1	전 기 이 월	40,000

미지급금

12/15	현　　　금	100,000	12/ 5	비　　　품	300,000
12/31	차 기 이 월	200,000		잔　　　액	200,000
			1 / 1	전 기 이 월	200,000

미지급비용

			12/30	급　　　여	90,000
			12/31	이 자 비 용	2,500
12/31	차 기 이 월	92,500		잔　　　액	92,500
			1 / 1	전 기 이 월	92,500

단기차입금

			12/ 1	현　　　금	300,000
12/31	차 기 이 월	300,000		잔　　　액	300,000
			1 / 1	전 기 이 월	300,000

자본금						
			12/ 1	현 금	600,000
12/31	차 기 이 월	600,000		잔 액	600,000
			1 / 1	전 기 이 월	600,000

5. 정산표

정산표(精算表, worksheet)는 '수정전 시산표', '수정분개', '수정후 시산표'와 '포괄손익계산서' 및 '재무상태표'를 만드는 과정을 하나의 표로 일목요연하게 보여준다.

다음 〈표 4-4〉는 (주)한걸음의 예를 적용한 정산표를 보여준다. 우선 '수정전 시산표'에 각 계정별로 수정전 잔액을 기입한 후, 다음 칼럼에 '수정분개'를 나타내고, 이 두 금액을 가감하여 그 다음 칼럼인 '수정후 시산표'에 수정후 잔액을 기입한다. 이 수정후 잔액 중 손익 계정을 이용하여 '포괄손익계산서'를 만들고, 재무상태표 계정을 이용하여 '재무상태표'를 만든다.

이때 '포괄손익계산서'에서는 당기순이익이 계산되어야 하는데, 이 금액은 차변 합계 바로 밑에 기입된다(순손실의 경우에는 대변 합계 밑에 기입). 차변에 기입하는 이유는 차

= 그림 4-5 **정산표의 작성단계**

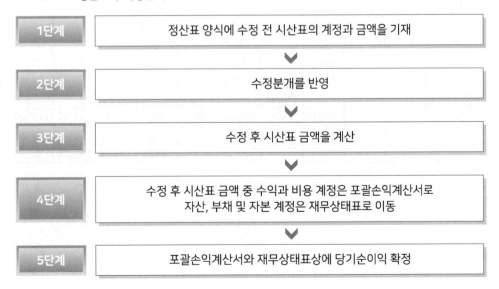

변 합계액과 대변 합계액을 일치시키기 위함이다. 또한 동시에 동일한 금액을 '재무상태표'의 대변에 기입하면서 정산표 작성과정이 마무리된다. 〈그림 4-5〉에 각 단계별로 정산표가 어떻게 작성되는지 순서대로 그 내용을 제시하였다.

≡ **표 4-4 정산표**

계정과목	수정전 시산표		수정분개		수정후 시산표		(포괄)손익계산서		재무상태표	
(주)한걸음 20×1년 12월 1일부터 20×1년 12월 31일까지 (단위 : 원)	차변	대변	차변	대변	차변	대변	차변	대변	차변	대변
현금	626,000				626,000				626,000	
매출채권	200,000		①24,000		224,000				224,000	
선급비용	24,000			③2,000	22,000				22,000	
소모품	70,000			⑤50,000	20,000				20,000	
보증금	100,000				100,000				100,000	
비품	300,000				300,000				300,000	
선수수익		80,000	④40,000			40,000				40,000
미지급금		200,000				200,000				200,000
미지급비용		90,000		②2,500		92,500				92,500
단기차입금		300,000				300,000				300,000
자본금		600,000				600,000				600,000
배당금	10,000				10,000				10,000	
용역매출		200,000	①24,000 ④40,000			264,000		264,000		
광고선전비	50,000				50,000		50,000			
급여	90,000				90,000		90,000			
합계	1,470,000	1,470,000								
이자비용			②2,500		2,500		2,500			
보험료			③2,000		2,000		2,000			
소모품비			⑤50,000		50,000		50,000			
감가상각비			⑥12,000		12,000		12,000			
감가상각누계액				⑥12,000		12,000				12,000
합계			130,500	130,500	1,508,500	1,508,500	206,500	264,000	1,302,000	1,244,500
당기순이익							57,500			57,500
총계							264,000	264,000	1,302,000	1,302,000

◀ Issue & Talk ▶

코로나로 음식배달 늘어…지난해 배달앱 거래액 20조 1천 5억원

지난해 O2O(온라인 – 오프라인 연계) 서비스 플랫폼에서 이루어진 거래액은 전년 대비 29.6% 증가한 약 126조원으로 집계됐다. 과학기술정보통신부는 8일 이런 내용을 담은 'O2O 서비스 산업조사' 결과를 발표했다. O2O는 언제 어디서나 휴대전화 앱으로 음식 주문, 택시·렌터카 호출, 숙박·레저 예약, 부동산 계약 등을 할 수 있는 서비스다. 배달의 민족이나 카카오택시 등이 대표적인 예다.

과기정통부는 스타트업, 앱스토어, 기업정보 종합포털 등에서 O2O 서비스를 제공하는 기업을 선별하고 이를 7개 분야로 분류해 조사했다. 배달의 민족, 요기요 등 음식배달 서비스는 '운송 서비스'로 분류했다. 음식점 및 숙박 서비스에는 식권대장, 야놀자 등의 앱이 포함됐다. 조사 결과 O2O 서비스는 전년 대비 123개 증가한 678개였다. 오락·스포츠·문화 및 교육 분야가 189개로 전체의 27.9%를 차지해 가장 많았다. 이어 운송 서비스(22.6%), 개인·금융(18.7%), 음식·숙박(11.8%), 건물 임대·중계(11.4%), 가사·청소(5.8%) 등 순이었다. 지난해 O2O 서비스 거래액은 전년 대비 29.6% 증가한 126조원이었다. 과기정통부는 신종 코로나바이러스 감염증(코로나19)으로 상품배송과 음식 배달 수요가 급증한 것을 주요 원인으로 꼽았다. 특히 음식 가격과 배달비를 합친 음식 배달 거래액은 20조 1천 5억원으로 전년(14조 36억원) 대비 43.5% 증가했다. 지난해 매출액은 전년 대비 18.3% 증가한 3조 5천억원이었다. 분야별로는 배달의 민족, 요기요 등 음식배달 서비스가 1조 3천억원(38.5%)으로 가장 높았다. 음식점 및 숙박(30.4%), 오락·스포츠·문화 및 교육(12.1%), 건물 임대·중개 및 유지보수(7.8%) 등이 그 뒤를 이었다.

과기정통부는 "이번 조사를 통해 코로나19에 따른 비대면 수요 증가와 디지털 경제가 가속화하고 있는 것을 확인했다"며 "앞으로도 서비스 공급자·플랫폼기업·이용자 등 이해관계자의 의견을 수렴해 O2O 산업 성장을 지원하겠다"라고 밝혔다.

(연합뉴스 2021년 4월 9일)

● 토론 주제

O2O 서비스의 성장이 한국 경제에 미치는 긍정적 측면과 부정적 측면은 무엇인가?

☑ 연습문제

서술식 ☑

001 수정분개의 의의에 대해 서술하시오.

002 수정분개 유형 중 발생(accrual)에 대해 서술하시오.

003 수정분개 유형 중 이연(deferral)에 대해 서술하시오.

004 미수수익과 선수수익의 차이에 대해 서술하시오.

005 미지급비용과 선급비용의 차이에 대해 서술하시오.

006 임시계정 또는 명목계정에 대해 서술하시오.

007 영구계정 또는 실질계정에 대해 서술하시오.

008 손익계산서 계정의 마감분개에 대해 서술하시오.

009 재무상태표 계정의 마감분개가 필요 없는 이유에 대해 서술하시오.

010 정산표 작성 순서에 대해 서술하시오.

객관식 ✅

001 수익이나 비용이 인식되는 거래가 일어났지만 관련 현금 수입·지출이 이루어지지 않은 상황을 의미하는 것은?

① 발생　　　　　② 이연　　　　　③ 분개　　　　　④ 마감

002 수익이나 비용과 관련된 현금 수입·지출이 이루어졌지만 그 수익 또는 비용이 인식되는 시점을 미래 일정 시점까지 미뤄야 하는 상황을 의미하는 것은?

① 발생　　　　　② 이연　　　　　③ 분개　　　　　④ 마감

003 수익이 발생하였지만 현금 수입이 이루어지지 않은 것을 나타내는 계정은?

① 미수수익　　　② 미지급비용　　③ 선수수익　　　④ 선급비용

004 비용이 발생하였지만 현금 지출이 이루어지지 않은 것을 나타내는 계정은?

① 미수수익　　　② 미지급비용　　③ 선수수익　　　④ 선급비용

005 현금 수입이 이루어졌지만 미래에 수익을 인식하는 것을 나타내는 계정은?

① 미수수익　　　② 미지급비용　　③ 선수수익　　　④ 선급비용

006 현금 지출이 이루어졌지만 미래에 비용을 인식하는 것을 나타내는 계정은?

① 미수수익　　　② 미지급비용　　③ 선수수익　　　④ 선급비용

007 이자수익 ₩1,000이 발생하였으나 현금 수입이 이루어지지 않은 거래의 회계처리는?

① (차변)이자수익　　　　1,000　　　(대변)미수수익　　　　1,000
② (차변)미수수익　　　　1,000　　　(대변)이자수익　　　　1,000
③ (차변)이자비용　　　　1,000　　　(대변)미지급비용　　　1,000
④ (차변)미지급비용　　　1,000　　　(대변)이자비용　　　　1,000

008 이자비용 ₩1,000이 발생하였으나 현금 지출이 이루어지지 않은 거래의 회계처리는?

① (차변)이자수익	1,000	(대변)미수수익	1,000
② (차변)미수수익	1,000	(대변)이자수익	1,000
③ (차변)이자비용	1,000	(대변)미지급비용	1,000
④ (차변)미지급비용	1,000	(대변)이자비용	1,000

009 현금 수입 ₩1,000이 이루어졌으나 미래에 수익을 인식하는 거래의 회계처리는?

① (차변)현금	1,000	(대변)선수수익	1,000
② (차변)선수수익	1,000	(대변)현금	1,000
③ (차변)현금	1,000	(대변)선급비용	1,000
④ (차변)선급비용	1,000	(대변)현금	1,000

010 현금 지출 ₩1,000이 이루어졌으나 미래에 비용을 인식하는 거래의 회계처리는?

① (차변)현금	1,000	(대변)선수수익	1,000
② (차변)선수수익	1,000	(대변)현금	1,000
③ (차변)현금	1,000	(대변)선급비용	1,000
④ (차변)선급비용	1,000	(대변)현금	1,000

011 소모품으로 회계처리한 후 이미 사용한 소모품이 ₩1,000일 때 회계처리는?

① (차변)현금	1,000	(대변)소모품비	1,000
② (차변)소모품	1,000	(대변)현금	1,000
③ (차변)소모품	1,000	(대변)소모품비	1,000
④ (차변)소모품비	1,000	(대변)소모품	1,000

012 비품에 대한 감가상각비 ₩1,000을 인식하는 회계처리는?

① (차변)감가상각비	1,000	(대변)비품	1,000
② (차변)비품	1,000	(대변)감가상각누계액	1,000
③ (차변)감가상각누계액	1,000	(대변)감가상각비	1,000
④ (차변)감가상각비	1,000	(대변)감가상각누계액	1,000

종합문제 ✅

청소용역을 주요 영업으로 하는 서비스기업인 A회사는 20×1년 12월 1일에 영업개시하였다. A회사의 결산일인 20×1년 12월 31일에 수정전 시산표와 수정분개 사항은 다음과 같다.

수정전 시산표

A회사	20×1년 12월 1일부터 20×1년 12월 31일까지		(단위: 원)	
계 정	금		액	
	차 변		대 변	
현 금	₩128,000			
매 출 채 권	50,000			
선 급 비 용	12,000			
보 증 금	30,000			
비 품	20,000			
선 수 수 익			₩25,000	
미 지 급 금			20,000	
미 지 급 비 용			15,000	
단 기 차 입 금			50,000	
자 본 금			100,000	
배 당 금	5,000			
용 역 매 출			50,000	
급 여	15,000			
합 계	₩260,000		₩260,000	

〈수정분개 사항〉

① 선급비용은 20×1년 12월 6일에 화재보험료 ₩12,000(월 보험료 ₩1,000)을 현금 지급하였다. 단, 보험료는 월할 계산한다.

② 비품에 대한 20×1년도 감가상각비는 ₩2,000이다.

③ 선수수익은 20×1년 12월 25일에 ₩25,000의 용역을 제공하기로 하고 현금을 미리 받았다. 이 중 20×1년 12월 31일까지 ₩10,000의 용역을 제공하였다.

④ 단기차입금은 20×1년 12월 1일에 은행에서 ₩50,000을 6개월간 연이자율 12%로 차입하였다. 이에 대한 이자비용을 미지급하였다. 단, 이자비용은 월할 계산한다.

1 수정분개

수정사항에 대해 분개하시오.

① 선급비용은 20×1년 12월 6일에 화재보험료 ₩12,000(월 보험료 ₩1,000)을 현금 지급하였다. 단, 보험료는 월할 계산한다.

	계정	금액		계정	금액
(차변)			(대변)		

② 비품에 대한 20×1년도 감가상각비는 ₩2,000이다.

	계정	금액		계정	금액
(차변)			(대변)		

③ 선수수익은 20×1년 12월 25일에 ₩25,000의 용역을 제공하기로 하고 현금을 미리 받았다. 이 중 20×1년 12월 31일까지 ₩10,000의 용역을 제공하였다.

	계정	금액		계정	금액
(차변)			(대변)		

④ 단기차입금은 20×1년 12월 1일에 은행에서 ₩50,000을 6개월간 연이자율 12%로 차입하였다. 이에 대한 이자비용을 미지급하였다. 단, 이자비용은 월할 계산한다.

	계정	금액		계정	금액
(차변)			(대변)		

2 수정후 시산표

1번의 수정분개를 이용하여 A회사의 20×1년 12월 31일의 수정후 시산표를 작성하시오.

수정후 시산표

A회사   20×1년 12월 1일부터 20×1년 12월 31일까지   (단위: 원)

계　　　정	금　　　　　　액			
	차	변	대	변
현　　　　　금				
매　출　채　권				
선　급　비　용				
보　　증　　금				
비　　　　　품				
감 가 상 각 누 계 액				
선　수　수　익				
미　지　급　금				
미　지　급　비　용				
단　기　차　입　금				
자　　본　　금				
배　　당　　금				
용　역　매　출				
급　　　　　여				
보　　험　　료				
감　가　상　각　비				
이　자　비　용				
합　　　　　계				

3 (포괄)손익계산서

2번의 수정후 시산표를 이용하여 A회사의 20×1년 12월 31일의 (포괄)손익계산서를 작성하시오.

(포괄)손익계산서

A회사	20×1년 12월 1일부터 20×1년 12월 31일까지	(단위: 원)
수 익:		
용 역 매 출		
비 용:		
급 여		
보 험 료		
감 가 상 각 비		
이 자 비 용		
당기순이익		

4 재무상태표

2번의 수정후 시산표와 3번의 손익계산서를 이용하여 A회사의 20×1년 12월 31일의 재무상태표를 작성하시오.

재무상태표

A회사	20×1년 12월 31일 현재			(단위: 원)
현 금		선 수 수 익		
매 출 채 권		미 지 급 금		
선 급 비 용		미 지 급 비 용		
보 증 금		단 기 차 입 금		
비 품		부 채 총 계		
감 가 상 각 누 계 액		자 본 금		
		이 익 잉 여 금		
		자 본 총 계		
자 산 총 계		부 채 와 자 본 총 계		

5 정산표

A회사의 20×1년 12월 31일의 수정전 시산표와 1번, 2번, 3번 및 4번을 이용하여 정산표를 작성하시오.

정산표

A회사　　　　　　　　20×1년 12월 1일부터 20×1년 12월 31일까지　　　　(단위 : 원)

계정과목	수정전 시산표		수정분개		수정후 시산표		(포괄)손익계산서		재무상태표	
	차변	대변	차변	대변	차변	대변	차변	대변	차변	대변
현금	128,000									
매출채권	50,000									
선급비용	12,000									
보증금	30,000									
비품	20,000									
선수수익		25,000								
미지급금		20,000								
미지급비용		15,000								
단기차입금		50,000								
자본금		100,000								
배당금	5,000									
용역매출		50,000								
급여	15,000									
합계	260,000	260,000								
보험료										
감가상각비										
감가상각누계액										
이자비용										
합계										
당기순이익										
총계										

6 마감

수익과 비용 및 배당금 계정에 대해 마감하시오.

마감단계1

수익 계정 마감 　　계정　　　금액　　　　　　　계정　　　금액

　　　　(차변)　　　　　　　　　　　　(대변)

마감단계2

비용 계정 마감 　　계정　　　금액　　　　　　　계정　　　금액

　　　　(차변)　　　　　　　　　　　　(대변)

마감단계3

집합손익 계정 마감 　계정　　　금액　　　　　　　계정　　　금액

　　　　(차변)　　　　　　　　　　　　(대변)

마감단계4

배당금 계정 마감 　　계정　　　금액　　　　　　　계정　　　금액

　　　　(차변)　　　　　　　　　　　　(대변)

회계순환과정
– 상품매매기업

"

이야기가 있는 회계 세상

서비스기업과 달리 상품매매기업은 상품을 판매하여 수익을 창출하는 기업이다. 그렇기 때문에 상품이라는 재고자산을 보유하고 있다. 재고자산은 자산이지만 판매되는 시점에서 매출원가라는 비용으로 바뀐다. 따라서 효익이 남아 있는 원가, 즉 미소멸 원가는 자산이고, 모든 효익이 소멸한 원가, 즉 소멸 원가는 비용이다.

네덜란드는 스페인, 포르투갈, 그리고 영국보다 늦게 해상무역에 뛰어들었기 때문에 이들과 경쟁하기 위해서는 더 많은 투자금이 필요했다. 그들은 새로운 형태의 동인도회사를 설립하였고, 이것이 세계 최초의 주식회사 형태이다. 그들은 대규모 자금을 조달하기 위해서 아무 연고가 없는 일반 대중으로부터 투자금을 유치하였고, 높은 배당금 덕분에 열광적인 인기를 얻었다. 그러나 이러한 투자열풍은 그리 오래가지 못하였다. 뒤늦게 해상무역에 뛰어든 만큼 소비자 트랜드의 변화에 신속하게 대응해야 했지만 그렇게 하지 못했다. 해상무역 초기에 인기를 끌던 '향신료, 차, 설탕'의 인기는 하락하고, 가격하락으로 이어졌다.

상품은 이익을 창출할 수 있는 자원이지만, 반대로 비용을 발생시키는 원가이다. 즉, 제대로 된 가격에 판매되는 상품을 보유하는 것은 기업에게 수익을 창출할 수 있는 기회이지만, 인기가 하락하여 가격이 하락한 상품을 보유하는 것은 기업에게 비용을 전가시키는 위기로 바뀐다.

1. 상품매매거래의 회계처리

서비스기업은 용역(用役, services)을 제공하여 수익을 창출하는 회사이고, 상품매매기업(merchandising company)은 상품(商品, goods)이라는 재고자산(在庫資産, inventory)을 판매하여 수익을 창출하는 회사이다. 제조기업(manufacturing company) 역시 재고자산을 판매하여 수익을 창출한다는 점은 상품매매기업과 동일하지만, 완제품을 구입하여 일정한 마진을 붙여 판매하는 상품매매기업과 달리 직접 제조한 제품(製品, products)을 판매한다는 점에서 차이가 있다.

1.1 상품매매기업의 손익구조

상품매매기업의 주요 수익은 상품을 판매하여 발생하는 매출액이며, 이때 판매된 상품의 취득원가인 매출원가(cost of goods sold)라는 비용이 발생한다. 이 매출원가는 상품매매기업의 영업활동에서 매우 중요한 비중을 차지하기 때문에 손익계산서에서는 다른 손익항목과 구분하여 매출액과 매출원가, 그리고 매출액에서 매출원가를 차감한 매출총이익(gross profit)을 별도로 표시한다.

매출총이익은 매출액에서 매출원가를 차감한 금액이며, 이는 판매한 가격과 원가 간의 관계를 나타내기 때문에 기업의 수익률에 있어서 매우 중요한 정보이다. 매출액 대비 매출원가의 적정성 여부는 일반적으로 매출총이익률(gross profit rate 또는 gross margin)로 평가한다. 매출총이익과 매출총이익률의 관계를 식으로 나타내면 다음과 같다.

> 매출액 − 매출원가 = 매출총이익
> 매출총이익 ÷ 매출액 = 매출총이익률

상품매매기업과 서비스기업의 손익계산서를 비교하면 다음과 같다. 앞서 언급한 것처럼 상품매매기업의 손익계산서에는 매출원가와 매출총이익이 별도로 표시되지만, 서비스기업은 상품 판매가 주요 수익이 아니므로 손익계산서에 매출원가와 매출총이익이 별도로 표시되지 않는다.

상품매매기업의 손익계산서		서비스기업의 손익계산서	
제×기 20××년×월×일부터 20××년×월×일까지		제×기 20××년×월×일부터 20××년×월×일까지	
회사명: ×××	(단위 : 원)	회사명: ×××	(단위 : 원)
매출액	×××	용역매출	×××
매출원가	(×××)	물류원가	×××
기초상품원가	×××	관리비	×××
+당기 상품매입원가	×××	…	×××
-기말상품원가	(×××)	…	×××
매출총이익	×××	…	×××
물류원가	×××	…	×××
관리비	×××	…	×××
…	×××	…	×××
…	×××	…	×××
…	×××	…	×××
총비용	(×××)	총비용	(×××)
당기순이익	×××	당기순이익	×××

1.2 재고자산의 원가배분

기초상품과 당기 상품매입을 합쳐서 **판매가능상품**이라고 한다. 이 중에서 일부분은 판매되어 매출원가를 구성하고 남은 상품은 기말상품이 될 것이다. 여기서, 다음과 같은 관계를 확인할 수 있다.

> 기초상품량 + 당기 상품매입량 = 당기 매출량 + 기말상품량
> 　　(판매가능 상품량)
> 기초상품원가 + 당기 상품매입원가 = 매출원가 + 기말상품원가
> 　　(판매가능 상품원가)

이러한 관계를 도식화하면 다음 〈그림 5-1〉과 같다.

= 그림 5-1 **재고자산의 원가배분**

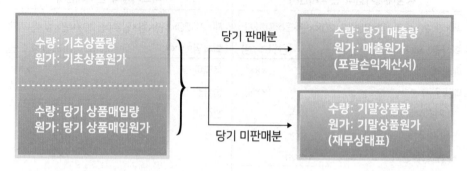

그림에서 보는 바와 같이 판매가능상품 중 당기에 판매된 상품은 매출원가로 대체되고, 판매되지 않은 남아있는 상품은 기말 현재 회사가 보유하는 상품이 되는데, 이렇게 판매가능상품을 매출원가와 기말상품으로 구분하는 과정을 재고자산의 원가배분(cost allocation)이라고 한다.

판매가능상품이 매출원가와 기말상품으로 보고되도록 적절한 회계처리가 필요한데, 여기에는 계속기록법과 실지재고조사법이라고 하는 두 가지 방법이 있다.

1.3 계속기록법

계속기록법(perpetual inventory system)은 상품을 매입 또는 매출할 때마다 상품 계정을 계속적으로 기록하는 방법이다. 따라서 보고기간 중에 매출원가와 상품의 재고수량을 정확히 파악할 수 있다. 계속기록법의 회계처리를 제시하면 다음과 같다.

<상품 매입시>

    (차변) 상 품 ××× (대변) 매 입 채 무 ×××
    (또는 현금)

<상품 매출시>

    (차변) 매 출 채 권 ××× (대변) 매 출 ×××
    (또는 현금)

    (차변) 매 출 원 가 ××× (대변) 상 품 ×××

<결 산 시>

    수정분개 없음

계속기록법에서는 상품 총계정원장을 통해서 매입 내역과 매출 내역을 확인할 수 있기 때문에 남아있는 기말상품의 수량과 금액을 확인할 수 있고 별도의 결산시 수정분개는 필요 없다. 따라서 기말상품원가를 산출하는 식을 다음과 같이 나타낼 수 있다.

> 기말상품원가 = 기초상품원가 + 당기 상품매입원가 − 매출원가

1.4 실지재고조사법

계속기록법을 적용하면 상품을 판매할 때마다 매출원가를 기록해야 하기 때문에 판매거래가 빈번하게 발생할 경우 판매되는 상품의 취득원가가 얼마인지 일일이 파악해야 하는 번거로움이 있다. 이러한 번거로움을 피할 수 있는 방법이 기간법(periodic inventory system) 또는 실지재고조사법이다.

실지재고조사법은 회계기간 중에 상품매매거래를 간편하게 회계처리하기 위해서 상품을 매입할 때에는 상품 계정이 아니라 매입 계정(비용)의 증가로 회계처리한다. 또한 상품을 매출할 때에는 매출만 인식할 뿐 상품을 매출원가로 대체하는 회계처리를 하지 않는다.

실지재고조사법을 사용하면 상품 계정의 변동과 매출원가를 모두 인식하지 않기 때문에 결산일 현재 수정전 시산표에는 상품 계정이 기초 잔액으로 표시되고, 매입 계정만 표시되어 있을 뿐 매출원가는 표시되어 있지 않다. 따라서 결산일에 상품에 대한 실지재고조사를 통해서 상품이 얼마나 남아 있는지 확인하여 이를 기말상품 잔액으로 결정하고, 매입 대신에 매출원가가 표시되도록 결산시 수정분개를 해야 한다. 실지재고조사법의 회계처리를 제시하면 다음과 같다.

〈상품매입시〉

(차변) 매   입   ××× (대변) 매 입 채 무   ×××
                                        (또는 현금)

〈상품매출시〉

(차변) 매 출 채 권   ××× (대변) 매   출   ×××
        (또는 현금)

```
〈결 산 시〉
  (차변)  (기말)상   품      ×××  (대변)  (기초)상   품       ×××
          매 출 원 가       ×××          매      입       ×××
```

실지재고조사법에서는 장부상으로 매출원가와 남아 있는 기말상품의 수량과 금액을 알 수 없기 때문에 결산일에 상품에 대한 실지재고조사를 통해서 상품이 얼마나 남아 있는지 확인하여 이를 기말상품 잔액으로 결정한 후에 매출원가를 파악할 수 있다. 따라서 매출원가를 산출하는 식을 다음과 같이 나타낼 수 있다.

매출원가 = 기초상품원가 + 당기 상품매입원가 − 기말상품원가

1.5 계속기록법과 실지재고조사법의 비교

다음 (예제 1)을 통해서 계속기록법과 실지재고조사법의 회계처리방법을 비교해 보자.

예제 1 • 계속기록법과 실지재고조사법의 비교

(주)두발로는 오토바이를 판매하는 상품매매기업이다. 당기 상품의 매입 및 매출자료는 다음과 같다.

일자	수량	단가
기초상품(12월 1일)	10개	₩1,000
당기 상품매입(12월 5일)	60개	₩1,000
당기 매출(12월 10일)	50개	₩1,500

물음)

계속기록법과 실지재고조사법에 따라 매입과 매출시, 그리고 결산시(12월 31일) 해야 할 회계처리를 하시오. 그리고 두 방법에 따라 기말상품원가와 매출원가를 계산하시오. 단, 실지재고조사 결과 기말재고자산의 수량은 20개이다. 매입과 매출시 현금 지급을 가정한다.

[풀이]

일자	계속기록법		실지재고조사법	
<12. 5. 매입시>	(차변) 상 품	60,000	(차변) 매 입	60,000
	(대변) 현 금	60,000	(대변) 현 금	60,000
<12. 10. 매출시>	(차변) 현 금	75,000	(차변) 현 금	75,000
	(대변) 매 출	75,000	(대변) 매 출	75,000
	(차변) 매 출 원 가	50,000		
	(대변) 상 품	50,000		
<12. 31. 결산시>	분개없음		(차변) (기 말) 상 품	20,000
			매 출 원 가	50,000
			(대변) (기 초) 상 품	10,000
			매 입	60,000

(1) 계속기록법 적용시

- 매출원가

  = ₩50,000(50개 × ₩1,000)

- 기말상품원가

  = ₩10,000(기초상품원가) + 60,000(당기 상품매입원가) − 50,000(매출원가)

  = ₩20,000

(2) 실지재고조사법 적용시

- 기말상품원가

  = ₩20,000(20개 × ₩1,000)

- 매출원가

  = ₩10,000(기초상품원가) + 60,000(당기 상품매입원가) − 20,000(기말상품원가)

  = ₩50,000

〈그림 5−2〉에서 보는 바와 같이 (예제 1)의 기초상품원가와 당기 상품매입원가가 매출원가와 기말상품원가로 원가배분되는 과정을 나타낸다.

▬ 그림 5-2 **예제 1 재고자산 원가의 배분**

계속기록법과 실지재고조사법의 차이를 정리하면 다음 〈표 5-1〉과 같다.

▬ 표 5-1 **계속기록법과 실지재고조사법의 비교**

구분	계속기록법	실지재고조사법
매입시	(차변)상품 ××× 　　(대변)현금(또는 매입채무) ×××	(차변)매입 ××× 　　(대변)현금(또는 매입채무) ×××
매출시	(차변)현금(또는 매출채권) ××× 　　(대변)매출 ××× (차변)매출원가 ××× 　　(대변)상품 ×××	(차변)현금(또는 매출채권) ××× 　　(대변)매출 ××× 매출원가 인식 회계처리 없음
수정전 시산표	수정전 시산표의 상품 계정은 기말상품액임 매출원가 계정에 당기 매출원가임	수정전 시산표의 상품 계정은 기초상품액임 매입 계정에 당기 상품매입원가임
기말 수정분개시	기말 수정분개 없음	(차변)(기말)상품 ××× 　　매출원가 ××× 　　(대변)(기초)상품 ××× 　　　매입 ×××
원가배분 관계식	기말상품원가 = 기초상품원가 + 당기 상품매입원가 - 매출원가	매출원가 = 기초상품원가 + 당기 상품매입원가 - 기말상품원가

2. 상품의 부수적 회계처리

2.1 매입부대비용

상품을 구매하면서 상품의 매입원가 외에 운임을 포함해 상품을 현재의 장소에 현재의 상태로 이르게 하는 데 필요한 매입부대비용이 발생한다. 상품의 취득원가란 매입원가에 매입부대비용을 합한 금액을 말한다. 이때 매입부대비용은 수입관세와 제세금(환급금 제외), 매입운임, 하역료 등을 말한다. 매입부대비용에 대한 회계처리는 다음과 같다.

```
〈매입운임 발생시〉
   (차변)  매 입 운 임        ×××   (대변)  미 지 급 비 용        ×××
                                         (또는  현금)
〈기말 수정분개시〉
   (차변)  상      품        ×××   (대변)  매 입 운 임        ×××
          (또는 매입)
```

위에 회계처리처럼 매입부대비용을 별도로 관리하기 위하여 일반적으로 거래 발생 당시에는 '매입운임' 계정으로 처리하였다가 기말에 '상품' 또는 '매입' 계정으로 대체시킨다. 만약 '매입운임' 계정으로 매입부대비용을 별도로 관리하지 않는다면 다음과 같이 바로 '상품' 또는 '매입' 계정을 사용할 수도 있다.

```
〈매입운임 발생시〉
   (차변)  상      품        ×××   (대변)  미 지 급 비 용        ×××
          (또는 매입)                       (또는  현금)
```

2.2 매입에누리 및 매입환출

매입에누리(purchase allowance)란 매입한 상품에 결함이나 파손 등이 있어서 판매자가 상품의 값을 깎아 주는 것을 말한다. 매입환출(purchase returns)이란 매입한 상품에 결함이나 파손 등이 있어서 판매자에게 반품하는 것을 말한다. 매입에누리 및 매입환출은 매입원가에서 차감한다. 매입에누리 및 매입환출에 대한 회계처리는 다음과 같다.

〈상품 매입시〉

　(차변) 상　　　　품　　　×××　　(대변) 매 입 채 무　　　×××
　　　　(또 는　매 입)　　　　　　　　　　(또 는　현 금)

〈매입에누리 또는 매입환출 발생시〉

　(차변) 매 입 채 무　　　×××　　(대변) 매입환출및에누리　×××
　　　　(또 는　현 금)

〈기말 수정분개시〉

　(차변) 매입환출및에누리　×××　　(대변) 상　　　　품　　　×××
　　　　　　　　　　　　　　　　　　　　　　(또 는　매 입)

위의 회계처리처럼 매입에누리나 매입환출을 별도로 관리하기 위하여 일반적으로 거래 발생 당시에는 '매입환출및에누리' 계정으로 처리하였다가 기말에 '상품' 또는 '매입' 계정으로 대체시킨 것이다. 만약 '매입환출및에누리' 계정으로 매입에누리나 매입환출을 별도로 관리하지 않는다면 다음과 같이 바로 '상품' 또는 '매입' 계정을 사용할 수도 있다.

〈매입에누리 또는 매입환출 발생시〉

　(차변) 매 입 채 무　　　×××　　(대변) 상　　　　품　　　×××
　　　　(또 는　현금)　　　　　　　　　　　(또 는　매입)

2.3 매출에누리 및 매출환입

매입자 입장에서 매입에누리 및 매입환출이 발생하면, 판매자 입장에서 매출에누리 (sales allowance) 및 **매출환입**(sales returns)이 발생한다. 매출에누리 및 매출환입 역시 매출에서 차감한다. 매출에누리 및 매출환입에 대한 회계처리는 다음과 같다.

〈상품 판매시〉

 (차변) 매 출 채 권   ××× (대변) 매   출 ×××
    (또 는 현 금)

〈매출에누리 또는 매출환입 발생시〉

 (차변) 매출환입및에누리 ××× (대변) 매 출 채 권 ×××
                    (또 는 현 금)

〈기말 수정분개시〉

 (차변) 매   출 ××× (대변) 매출환입및에누리 ×××

위의 회계처리처럼 매출에누리나 매출환입을 별도로 관리하기 위하여 일반적으로 거래 발생 당시에는 '매출환입및에누리' 계정으로 처리하였다가 기말에 '매출' 계정으로 대체시킨 것이다. 만약 '매출환입및에누리' 계정으로 매출에누리나 매출환입을 별도로 관리하지 않는다면 다음과 같이 바로 '매출' 계정을 사용할 수도 있다.

〈매출에누리 또는 매출환입 발생시〉

 (차변) 매   출 ××× (대변) 매 출 채 권 ×××
                  (또 는 현금)

2.4 매입할인, 매출할인

매입할인(purchase discount)이란 외상으로 상품을 매입한 후 조기에 외상매입대금을 지급할 경우 거래처에서 일정액을 깎아 주는 것을 말한다. 매입자 입장에서 매입할인이 발생하면, 판매자 입장에서는 매출할인(sales discount)이 발생한다. 할인조건은 보통(5/10, net 30) 또는 (5/10, n/30)과 같은 형식으로 표현되는데, "10일 이내에 거래대금을 지급하면 거래대금의 5%를 할인해주고, 상환기일은 30일 이내"라는 뜻이다. 상품 판매자의 입장에서는 외상대금의 회수를 촉진시키기 위해 매출할인 조건으로 판매를 하고, 상품 매입자의 입장에서는 상품대금을 낮출 수 있기 때문에 매입할인 조건을 이용한다. 매입할인 또는 매출할인에 대한 회계처리는 다음과 같다.

거래	매입자	판매자
상품 매입(판매)시	(차변) 상품(또는 매입) ××× 　(대변) 매입채무 ×××	(차변) 매출채권 ××× 　(대변) 매　출 ××× 　　매출원가 인식 생략
매입(매출)할인 발생시	(차변) 매입채무 ××× 　(대변) 현　금 ××× 　　매입할인 ×××	(차변) 현　금 ××× 　　매출할인 ××× 　(대변) 매출채권 ×××
기말 수정분개시	(차변) 매입할인 ××× 　(대변) 상품(또는 매입) ×××	(차변) 매　출 ××× 　(대변) 매출할인 ×××

위의 회계처리처럼 매입할인 또는 매출할인을 별도로 관리하기 위하여 일반적으로 거래 발생 당시에는 '매입할인' 또는 '매출할인' 계정으로 처리하였다가 기말에 '상품(또는 매입)' 또는 '매출' 계정으로 대체시킨 것이다. 만약 '매입할인' 또는 '매출할인' 계정으로 매입할인 또는 매출할인을 별도로 관리하지 않는다면 다음과 같이 바로 '상품(또는 매입)' 또는 '매출' 계정을 사용할 수도 있다.

거래	매입자	판매자
매입(매출)할인 발생시	(차변) 매입채무 ××× 　(대변) 현　금 ××× 　　상품(또는 매입) ×××	(차변) 현　금 ××× 　　매　출 ××× 　(대변) 매출채권 ×××

지금까지 살펴본 것처럼 당기 매입원가에서 매입운임을 포함한 부대비용을 더하고, 매입환출및에누리와 매입할인을 차감하여 당기 순매입액이 결정된다. 주의할 점은 당기 매출액에서 매출환입및에누리와 매출할인을 차감하여 당기 순매출액이 결정되는 것은 동일하지만, 판매운임 등의 판매부대비용은 순매출액 산정에 관계되지 아니하고 물류원가(판매비)로 처리된다는 점이다. 이와 같은 항목들의 관계를 요약 정리하면 다음 〈표 5-2〉와 같다.

표 5-2 매입액과 매출액 계산

매입시	판매시
당기 매입액(매입원가) +매입운임 등 부대비용 -매입에누리 및 환출 -매입할인 당기 순매입액	당기 매출액 -매출에누리 및 환입 -매출할인 당기 순매출액 *판매운임은 물류원가로 처리

(예제 2)를 통해서 상품매매기업의 회계처리를 살펴보자.

예제 2 · 상품매매기업의 회계처리

(주)씽모터는 오토바이를 제조해서 판매하는 제조기업이며, (주)두발로는 오토바이를 (주)씽모토로부터 매입하여 판매하는 상품매매기업이다. (주)두발로의 당기 상품의 매입 및 매출자료는 다음과 같다. (주)씽모토와 (주)두발로의 매출과 매입거래는 모두 신용거래한다.

일자	수량	단가
기초상품(12월 1일)	10개	₩1,000
당기 상품매입(12월 5일)	60개	₩1,000
당기 매출(12월 10일)	50개	₩1,500

(주)씽모터의 매출시 추가자료는 다음과 같다.

① 12월 5일 판매시 ₩2,000 판매운임이 발생하여 현금으로 지급하였다.

(주)두발로의 매입시 추가자료는 다음과 같다.

① 12월 5일 매입시 ₩1,000 매입운임이 발생하여 현금으로 지급하였다.
② 12월 5일에 매입한 오토바이 중에서 5대에 결함이 발생하여 모두 반품하였다.
③ 매입할인 조건은 (5/10, n/30)이며, 매입대금을 12월 15일에 지급하였다.

물음)

1. (주)두발로와 (주)씽모터 입장에서 12월 5일 상품 매입 또는 매출시, 반품시, 매입할인 또는 매출할인시, 그리고 기말 수정분개시 회계처리하시오. 단, (주)두발로와 (주)씽모터 모두 매입운임 또는 매출운임, 매입환출및에누리 또는 매출환입및에누리, 매입할인 또는 매출할인 계정을 사용한다고 가정한다. 그리고 (주)두발로와 (주)씽모터는 실지재고조사법을 사용한다고 가정한다. (주)두발로는 기말에 재고조사를 통해 기말상품 수량이 15개임을 확인하였고, 개당 단가는 ₩1,000이라고 가정한다.

2. (주)두발로의 20×1년 12월 순상품매입원가과 매출원가를 계산하시오.
3. (주)씽모토의 20×1년 12월 순매출액을 계산하시오. (주)두발로의 12월 10일 이외의 매출은 없었다고 가정한다.

[풀이]

1. (주)두발로와 (주)씽모터의 회계처리

거래	(주)두발로	(주)씽모터
상품 매입(판매)시	(차변) 매　　입　　60,000 　　(대변) 매입채무　　60,000	(차변) 매출채권　　60,000 　　(대변) 매　　출　　60,000
매임(매출)운임 지급시	(차변) 매입운임　　1,000 　　(대변) 현　　금　　1,000	(차변) 매출운임　　2,000 　　(대변) 현　　금　　2,000
매입환출 (매출환입) 발생시	(차변) 매입채무　　5,000 　　(대변) 매입환출및에누리　5,000	(차변) 매출환입및에누리　5,000 　　(대변) 매출채권　　5,000
매입(매출)할인 발생시	(차변) 매입채무　　55,000 　　(대변) 현　　금　　52,250 　　　　　　매입할인　　2,750	(차변) 현　　금　　52,250 　　　　　매출할인　　2,750 　　(대변) 매출채권　　55,000
기말 수정분개시	(차변) 매입환출및에누리　5,000 　　　　　매입할인　　2,750 　　(대변) 매　　입　　6,750 　　　　　매입운임　　1,000	(차변) 매　　출　　7,750 　　(대변) 매출환입및에누리　5,000 　　　　　매출할인　　2,750

2. 당기 순상품매입원가 = ₩60,000(당기 매입원가) + 1,000(매입운임) − 5,000(매입환출및에누리)
   −2,750(매입할인) = ₩53,250
   매출원가 = ₩10,000(기초상품원가) + 53,250(당기 상품매입원가) − 15,000(기말상품원가) = ₩48,250
3. 당기 순매출액 = ₩60,000(당기 매출액) − 5,000(매출환입및에누리) − 2,750(매출할인) = ₩52,250

(예제 3)을 통해서 상품매매기업의 수정후 시산표, (포괄)손익계산서 및 재무상태표를 작성해 보자.

예제 3 • **상품매매기업의 수정후 시산표, (포괄)손익계산서 및 재무상태표 작성**

다음은 (주)두발로의 20×1년 말 수정전 시산표이다. 예제 2 이외의 기말 수정사항은 없다고 가정한다.

수정전 시산표

계 정	금	액
(주)두발로 / 20×1년 1월 1일부터 20×1년 12월 31일까지 / (단위: 원)		
	차 변	대 변
현 금	165,000	
매 출 채 권	60,000	
재 고 자 산	10,000	
매 입 채 무		40,000
미 지 급 비 용		15,000
자 본 금		100,000
이 익 잉 여 금 (기 초)		83,250
매 출		75,000
매 입	60,000	
매 입 운 임	1,000	
매 입 환 출 및 에 누 리		5,000
매 입 할 인		2,750
판 매 비	15,000	
급 여	10,000	
합 계	321,000	321,000

물음

1. T-계정을 이용하여 매입운임, 매입환출및에누리, 매입할인, 매입, 재고자산 및 매출원가의 잔액을 계산하시오.
2. (주)두발로의 20×1년 말 수정후 시산표를 작성하시오.
3. (주)두발로의 20×1년 말 (포괄)손익계산서를 작성하시오.
4. (주)두발로의 20×1년 말 재무상태표를 작성하시오.

[풀이]

1. T-계정을 이용하여 매입운임, 매입환출및에누리, 매입할인, 매입, 재고자산 및 매출원가의 잔액을 계산하면 다음과 같다.

매입운임

기중	현	금	1,000	12/31	매	입	1,000
	잔	액	0				

매입환출및에누리

12/31	매	입	5,000	기중	매 입 채 무	5,000
	잔	액	0			

매입할인

12/31	매	입	2,750	기중	매 입 채 무	2,750
	잔	액	0			

매입

12/ 5	매 입 채 무	60,000	기중	매입환출및에누리	5,000
기중	매 입 운 임	1,000	기중	매 입 할 인	2,750
			12/31	재 고 자 산	53,250
	잔	액	0			

재고자산

1/ 1	기	초	10,000	12/31	매 출 원 가	48,250
12/31	매	입	53,250			
	잔	액	15,000			

매출원가

12/31	재 고 자 산	48,250			
	잔	액	48,250		

2. 수정전 시산표와 1번에서 산출한 각 계정별 잔액을 이용하여 (주)두발로의 20×1년 말 수정후 시산표를 작성하면 다음과 같다.

수정후 시산표

(주)두발로	20×1년 1월 1일부터 20×1년 12월 31일까지	(단위: 원)

계　　　　　　정	금액	
	차변	대변
현　　　　　　금	165,000	
매　출　채　권	60,000	
재　고　자　산	15,000	
매　입　채　무		40,000
미　지　급　비　용		15,000
자　　본　　금		100,000
이 익 잉 여 금 (기 초)		83,250
매　　　　　　출		75,000
매　출　원　가	48,250	
매　　　　　　입	0	
매　입　운　임	0	
매 입 환 출 및 에 누 리		0
매　입　할　인		0
판　　매　　비	15,000	
급　　　　　　여	10,000	
합　　　　　　계	313,250	313,250

3. 2번에서 작성한 수정후 시산표를 이용하여 (포괄)손익계산서를 작성하면 다음과 같다.

(포괄)손익계산서

(주)두발로	20×1년 1월 1일부터 20×1년 12월 31일까지	(단위: 원)
매 출		75,000
매 출 원 가		48,250
매출총이익		26,750
기 타 비 용		
판 매 비		15,000
급 여		10,000
당기순이익		1,750

4. 2번에서 작성한 수정후 시산표와 3번에서 작성한 (포괄)손익계산서를 이용하여 재무상태표를 작성하면 다음과 같다.

재무상태표

(주)두발로	20×1년 12월 31일 현재		(단위 : 원)
현 금	165,000	매 입 채 무	40,000
매 출 채 권	60,000	미 지 급 비 용	15,000
재 고 자 산	15,000	부 채 총 계	55,000
		자 본 금	100,000
		이 익 잉 여 금	85,000❶
		자 본 총 계	185,000
자 산 총 계	240,000	부 채 와 자 본 총 계	240,000

❶ ₩83,250(기초 이익잉여금) + 1,750(당기순이익) = ₩85,000

한국판 블프 부실한 까닭, 유통업계 거래구조 때문

'직매입 판매 매장'이란 백화점에서 직접 상품을 구매하여 판매하고, 안 팔리고 남은 재고에 대해서 백화점에서 책임을 지는 것을 말한다. '특정매입 판매 매장'은 백화점이 납품업자로부터 상품을 우선 매입해서 판매한 뒤 안 팔린 재고는 반품하는 거래 형태이다. 특정매입판매 방식은 안 팔린 재고는 반품할 수 있으니 재고에 대한 위험을 백화점이 지지 않는 방식이다. 임대 매장은 갑과 을, 두 가지 형태로 나뉘는데 '임대갑'은 백화점 내의 식당가와 같이 판매금액과는 관계없이 임대료만 수취하는 매장이며, '임대을'은 주로 명품 매장들로 낮은 임대료와 함께 판매금액에 따라 수수료를 받는 방식이다. '임대을'은 약간의 임대료를 제외하면 특정매입 판매 방식과 거래구조상 큰 차이는 없다. 따라서 유통업체의 거래형태는 크게 직매입 판매, 특정매입 판매, 임대업의 세 가지로 분류할 수 있다. 결론적으로 유통업체가 본인으로 거래를 한 직매입 판매 매장은 판매액 전체를 수익으로 인식하고, 대리인으로서 거래하는 특정매입 판매 매장의 경우 판매에 따른 판매수수료만 수익으로 인식하게 된다. 정리해보면 임대 매장을 제외한 두 가지 판매 방식에서 수익인식 금액의 차이가 발생하는데 그것의 가장 결정적인 원인은 상품재고에 대한 전반적인 위험을 유통업체에서 부담하는지 여부이다.

그렇다면 한국에는 왜 진정한 의미의 블랙프라이데이가 없을까. 이는 앞서 살펴본 우리나라 유통업체의 거래구조에 기인한다. 우리나라 유통업체의 대부분이 반품을 조건으로 납품받는 특정매입 거래를 하고 있기 때문에 유통업체가 책임지는 재고가 없다. 유통업체에 재고가 없으니 제대로 된 블랙프라이데이를 열 수가 없다. 아웃도어 의류의 경우 백화점에서 미판매된 재고는 해당 브랜드의 아웃렛 매장에서 판매되고, 아웃렛 매장에서도 판매되지 않은 재고는 소셜커머스에서 판매하는 유통 구조를 가지고 있다. 만약 우리나라 백화점 등 유통업체가 대부분이 직매입 거래구조를 가지고 있어서 재고에 대한 위험을 떠안아야 한다면 미판매 재고를 '땡처리'라도 해 판매할 것이다. 원가라도 건져야 하기 때문이다. 결국 우리나라에 제대로 된 블랙프라이데이가 없는 이유는 유통업체의 거래 구조상 유통업체가 가지고 있는 재고가 없기 때문이다.

(매일경제 2017년 3월 21일)

➲ 토론 주제

한국에서 진정한 블랙프라이데이가 없는 이유가 백화점의 거래구조, 즉 백화점이 특정매입 판매의 재고에 대한 위험을 떠안지 않기 때문인가? 다른 이유는 없는가?

☑ **연습문제**

서술식 ⊘

001 재고자산의 원가배분에 대해 서술하시오.

002 서비스기업, 상품매매기업, 제조기업의 차이에 대해 서술하시오.

003 재고자산의 회계처리방법 중 계속기록법에 대해 서술하시오.

004 재고자산의 회계처리방법 중 실지재고조사법에 대해 서술하시오.

005 계속기록법과 실지재고조사법의 차이에 대해 서술하시오.

006 매입부대비용이 무엇이며, 이것의 회계처리에 대해 서술하시오.

007 매입운임과 매출운임의 회계처리 차이에 대해 서술하시오.

008 매입에누리 및 매입환출에 대해 서술하시오.

009 매출에누리 및 매출환입에 대해 서술하시오.

010 매입자와 판매자 입장에서 각각 매입할인과 매출할인을 이용하는 이유에 대해 서술하시오.

객관식 ✅

001 재고자산의 원가배분을 나타내는 관계식은(원가 기준)?

① 기초상품원가+판매가능 상품원가=매출원가

② 기초상품원가+기말상품원가=판매가능 상품원가

③ 판매가능 상품원가=기초상품원가+매출원가

④ 판매가능 상품원가=매출원가+기말상품원가

002 상품의 매입시 '상품'계정을 사용하는 재고자산의 회계처리방법은?

① 원가법   ② 계속기록법

③ 실지재고조사법   ④ 기간법

003 수정전 시산표에 '매입' 계정이 남아있는 재고자산의 회계처리방법은?

① 실지재고조사법   ② 계속기록법

③ 이연   ④ 발생

004 기말에 수정분개가 반드시 필요한 회계처리방법은?

① 실지재고조사법   ② 계속기록법

③ 이연   ④ 발생

005 기초상품원가가 ₩1,000, 당기 상품매입원가가 ₩3,000, 매출원가가 ₩3,000, 기말상품원가가 ₩1,000일 때, 실지재고조사법에서 기말 수정분개시 회계처리는?

① (차변)(기말)상품   1,000   (대변)(기초)상품   1,000
　　매출원가   3,000   　　매입   3,000

② (차변)(기초)상품   1,000   (대변)(기말)상품   1,000
　　매입   3,000   　　매출원가   3,000

③ (차변)(기말)상품   1,000   (대변)(기초)상품   1,000
　　매입   3,000   　　매출원가   3,000

④ (차변)(기초)상품   1,000   (대변)(기말)상품   1,000
　　매출원가   3,000   　　매입   3,000

006 상품을 매입하면서 매입운임 ₩1,000을 현금 지급한 거래의 회계처리는('매입운임' 계정 사용)?

① (차변)매입운임   1,000   (대변)매입   1,000

② (차변)매입   1,000   (대변)매입운임   1,000

③ (차변)매입운임   1,000   (대변)현금   1,000

④ (차변)현금   1,000   (대변)매입운임   1,000

007 상품을 신용 매입 후에 상품의 하자로 ₩1,000을 깎아 주기로 한 거래의 회계처리는('매입환출및에누리' 계정 사용)?

① (차변)매입   1,000   (대변)매입환출및에누리   1,000

② (차변)매입환출및에누리   1,000   (대변)매입   1,000

③ (차변)매입채무   1,000   (대변)매입환출및에누리   1,000

④ (차변)매입환출및에누리   1,000   (대변)매입채무   1,000

008 상품매입원가 ₩10,000을 미지급 후에 매입할인 조건을 충족하여 ₩1,000 할인을 받고 대금 지급한 거래의 회계처리는('매입할인' 계정 사용)?

① (차변)매입채무   10,000   (대변)현금   9,000

                                         매입할인   1,000

② (차변)현금   9,000   (대변)매입채무   10,000

      매입할인   1,000

③ (차변)매입   10,000   (대변)현금   9,000

                                         매입할인   1,000

④ (차변)현금   9,000   (대변)매입   10,000

      매입할인   1,000

009 당기 상품매입원가 ₩10,000, 매입운임 ₩3,000, 매입환출및에누리 ₩1,500, 매입할인 ₩1,000일 때, 순상품매입원가는?

① 10,500   ② 10,000   ③ 7,500   ④ 4,500

010 당기 매출액 ₩10,000, 매출운임 ₩3,000, 매출환입및에누리 ₩1,500, 매출할인 ₩1,000일 때, 순매출액은?

① 10,500   ② 10,000   ③ 7,500   ④ 4,500

종합문제 ✅

상품매매기업인 A회사의 20×1년 12월 31일의 수정전 시산표와 수정분개 사항은 다음과 같다.

수정전 시산표

계 정	금		액	
A회사　20×1년 1월 1일부터 20×1년 12월 31일까지　(단위: 원)				
	차 변		대 변	
현　　　　　　금	128,000			
매 출 채 권	50,000			
재 고 자 산	20,000			
차 량 운 반 구	30,000			
감 가 상 각 누 계 액			3,000	
매 입 채 무			10,000	
미 지 급 비 용			15,000	
장 기 차 입 금			80,000	
자 　 본 　 금			100,000	
이 익 잉 여 금 (기 초)			9,500	
매　　　　　출			70,000	
매　　　　　입	30,000			
매 입 운 임	5,000			
매 입 환 출 및 에 누 리			1,000	
매 입 할 인			1,500	
판 　 매 　 비	12,000			
급　　　　　여	15,000			
합 　 계	290,000		290,000	

〈수정분개 사항〉

① 차량운반구에 대한 20×1년도 감가상각비는 ₩3,000이다.

② 장기차입금은 20×1년 6월 1일에 은행에서 ₩80,000을 2년간 연이자율 6%로 차입하였다. 이에 대한 이자비용을 미지급하였다. 단, 이자비용은 월할 계산한다.

③ A회사는 실지재고조사법을 사용하고 있으며, 기말 재고조사를 통해서 기말상품원가는 ₩25,000 임을 확인하였다.

1 상품 순매입액과 매출원가

(1) A회사의 20×1년도 상품 순매입액은 얼마인가?

(2) A회사의 20×1년도 상품 매출원가는 얼마인가?

2 수정분개

수정사항에 대해 분개하시오.

(1) 차량운반구에 대한 20×1년도 감가상각비는 ₩3,000이다.

	계정	금액		계정	금액
(차변)			(대변)		

(2) 장기차입금은 20×1년 6월 1일에 은행에서 ₩80,000을 2년간 연이자율 6%로 차입하였다. 이에 대한 이자비용을 미지급하였다. 단, 이자비용은 월할 계산한다.

	계정	금액		계정	금액
(차변)			(대변)		

(3) A회사는 실지재고조사법을 사용하고 있으며, 기말 재고조사를 통해서 기말상품원가는 ₩25,000임을 확인하였다.

① 매입운임, 매입환출및에누리, 매입할인 계정을 매입 계정으로 대체

	계정	금액		계정	금액
(차변)			(대변)		

② 기초상품과 매입 계정을 매출원가와 기말상품 계정으로 대체

	계정	금액		계정	금액
(차변)			(대변)		

3 수정후 시산표

2번의 수정분개를 이용하여 A회사의 20×1년 12월 31일 말의 수정후 시산표를 작성하시오.

수정후 시산표

A회사	20×1년 1월 1일부터 20×1년 12월 31일까지	(단위: 원)	
계 정	금		액
	차 변	대	변
현 금			
매 출 채 권			
재 고 자 산			
차 량 운 반 구			
감 가 상 각 누 계 액			
매 입 채 무			
미 지 급 비 용			
장 기 차 입 금			
자 금			
이 익 잉 여 금 (기 초)			
매 출			
매 출 원 가			
매 입			
매 입 운 임			
매 입 환 출 및 에 누 리			
매 입 할 인			
판 매 비			
급 여			
감 가 상 각 비			
이 자 비 용			
합 계			

4 (포괄)손익계산서

3번의 수정후 시산표를 이용하여 A회사의 20×1년 12월 31일 말의 (포괄)손익계산서를 작성하시오.

(포괄)손익계산서

A회사	20×1년 1월 1일부터 20×1년 12월 31일까지	(단위: 원)
매 출		
매 출 원 가		
매출총이익		
기 타 비 용		
판 매 비		
급 여		
감 가 상 각 비		
이 자 비 용		
당기순이익		

5 재무상태표

3번의 수정후 시산표와 4번의 (포괄)손익계산서를 이용하여 A회사의 20×1년 12월 31일 말의 재무상태표를 작성하시오.

재무상태표

A회사	20×1년 12월 31일 현재	(단위 : 원)
현 금	매 입 채 무	
매 출 채 권	미 지 급 비 용	
재 고 자 산	장 기 차 입 금	
차 량 운 반 구	부 채 총 계	
감 가 상 각 누 계 액	자 본 금	
	이 익 잉 여 금	
	자 본 총 계	
자 산 총 계	부 채 와 자 본 총 계	

CHAPTER 6 ◉ **재무제표 표시와 재무보고**

"

이야기가 있는 회계 세상

회계는 기업의 다양한 이해관계자들이 의사결정을 할 때 도움을 주는 유용한 정보이다. 그러기 위해서 경영자는 기업을 책임 있게 경영하고 그 성과를 성실히 보고해야 한다.

이탈리아의 상인, 네덜란드의 동인도회사, 그리고 영국의 철도회사를 거치면서 회계가 경영자 자신을 위한 영역에서 투자자 등 타인을 위한 영역으로 옮겨졌다. 이러한 과정에서 이윤의 개념이 현금기준에서 발생기준으로 바뀌게 되었다. 지금과 같은 재무보고제도는 대공황의 도화선이 된 1929년 10월 24일 주가 대폭락(일명 검은 목요일)으로 미국증권거래위원회(SEC: Securities and Exchange Commission)가 설립되면서 시작되었다. 통일된 회계기준과 재무보고제도가 필요하다고 판단한 것이다. SEC의 초대장관은 미국에서 가장 유명한 대통령인 존 F. 케네디의 아버지인 조지프 P. 케네디가 맡았다.

이때부터 경영자는 재무제표를 일반적으로 인정된 회계원칙(GAAP, Generally Accepted Accounting Principles)에 따라서 작성하고, 경영자에 의해 작성된 재무제표는 독립된 외부의 감사인으로부터 감사를 받아야 하며, 이렇게 감사받은 재무제표를 외부의 이해관계자들에게 공시하였다.

1. 재무제표 작성과 표시의 일반원칙

1.1 일반사항

한국채택국제회계기준 제1001호 '재무제표 표시(Presentation of Financial Statements)'에 일반목적 재무제표의 작성에 공통적으로 적용되는 '일반사항'을 제시하고 있다. 여기서 전체 재무제표는 (1) 재무상태표, (2) 포괄손익계산서, (3) 자본변동표, (4) 현금흐름표, (5) 주석 등을 포함한다.

(1) 공정한 표시와 한국채택국제회계기준의 준수

재무제표는 기업의 재무상태, 재무성과 및 현금흐름을 공정하게 표시해야 한다. 공정한 표시(fairly present)를 위해서는 '재무보고를 위한 개념체계'에서 정한 자산, 부채, 수익 및 비용에 대한 정의[1]와 인식요건에 따라 거래, 그 밖의 사건과 상황의 효과를 충실하게 표현해야 한다. 한국채택국제회계기준에 따라 작성된 재무제표는 공정하게 표시된 재무제표로 본다. 한국채택국제회계기준을 준수하여 작성된 재무제표는 국제회계기준을 준수(compliance with IFRS)하여 작성된 재무제표임을 주석으로 공시할 수 있다.

(2) 계속기업

경영진은 재무제표를 작성할 때 계속기업(going concern)으로서의 존속가능성(ability to continue)을 평가해야 한다. 경영진이 기업을 청산하거나 경영활동을 중단할 의도가 아니라면 계속기업을 전제로 재무제표를 작성한다. 계속기업의 가정이 적절한지의 여부를 평가할 때 경영진은 적어도 보고기간 말로부터 향후 12개월 기간에 대하여 이용가능한 모든 정보를 고려한다.

(3) 발생기준 회계

기업은 현금흐름 정보를 제외하고는 발생기준 회계(accrual basis of accounting)를 사용하여 재무제표를 작성한다.

---

1 '재무보고를 위한 개념체계'에서는 자본에 대한 정의를 포함하고 있다.

(4) 중요성과 통합표시

유사한 항목은 중요성(materiality) 분류에 따라 재무제표에 구분하여 표시한다. 상이한 성격이나 기능을 가진 항목은 구분하여 표시한다. 다만 중요하지 않은 항목은 성격이나 기능이 유사한 항목과 통합표시(aggregation)할 수 있다.

(5) 상계(금지)

한국채택국제회계기준에서 요구하거나 허용하지 않는 한 자산과 부채 그리고 수익과 비용은 상계(offset)하지 아니한다.

(6) 보고빈도(frequency of reporting)

전체 재무제표(비교정보를 포함)는 적어도 1년마다 작성한다. 보고기간 종료일을 변경하여 보고기간이 1년을 초과하거나 미달하는 경우 그 이유와 재무제표에 표시된 금액이 완전하게 비교가능하지 않다는 사실을 추가로 공시한다.

(7) 비교정보

회계기준에서 달리 요구하거나 허용하지 않는 한 당기 재무제표에 보고되는 모든 금액에 대한 전기 비교정보(comparative information)를 공시한다. 당기 재무제표를 이해하는 데 목적적합하다면 서술형 정보의 경우에도 비교정보를 포함한다.

(8) 표시의 계속성(consistency of presentation)

재무제표 항목의 표시와 분류는 다음의 경우를 제외하고는 매기 동일하여야 한다.

① 사업내용의 유의적인 변화(예: 인수나 매각)나 재무제표를 검토한 결과 다른 표시나 분류방법이 더 적절한 것이 명백한 경우
② 한국채택국제회계기준에서 표시방법의 변경을 요구하는 경우

1.2 재무제표의 식별

재무제표는 동일한 문서에 포함되어 함께 공표되는 그 밖의 정보와 명확하게 구분되어 식별되어야 한다. 그리고 각 재무제표와 주석은 명확하게 식별되어야 한다. 또한 다음 정보

가 분명하게 드러나야 하며, 정보의 이해를 위해서 필요할 때에는 반복 표시하여야 한다.

① 보고기업의 명칭 또는 그 밖의 식별 수단과 전기 보고기간 말 이후 그러한 정보의 변경내용
② 재무제표가 개별 기업에 대한 것인지 연결실체에 대한 것인지의 여부
③ 재무제표나 주석의 작성대상이 되는 보고기간종료일 또는 보고기간
④ 표시통화
⑤ 재무제표의 금액 표시를 위하여 사용한 금액 단위

1.3 연결재무제표의 의의

1장에서 언급한 것처럼, 한국채택국제회계기준의 도입으로 가장 큰 변화 중에 하나
는 종속회사가 있는 지배기업의 경우 **연결재무제표**(consolidated financial statements)를 주
재무제표로 작성·공시하는 것이다. 어느 한 기업이 다른 기업의 지배(control)를 받고 있
을 때 그 기업을 **종속기업**(subsidiary)이라 하고, 그 종속기업을 가지고 있는 기업을 **지배
기업**(parent)이라 한다. 지배기업이 다른 기업의 의결권의 과반수를 소유하는 경우나 기
타의 방법으로 다른 기업에 대한 지배력을 가지는 경우에 지배한다고 본다. 지배기업과
그 지배기업의 모든 종속기업을 '연결실체'라고 하는데, 각 기업이 법률적으로는 독립적
인 기업들이라 하더라도 실질적으로 지배-종속관계에 있는 연결실체는 단일 경제적 실
체로서 연결재무제표를 작성한다.

연결재무제표의 작성은 지배기업과 종속기업의 각각의 개별재무제표를 결합하는 과
정을 거치는데, 이 과정에서 먼저 지배기업의 종속기업에 대한 투자금액과 종속기업의
자본 중 지배기업지분을 제거하고 연결실체 내의 거래(이것을 내부거래라고 함)는 모두 제
거한다. 그 다음에 지배기업과 종속기업의 각각의 재무제표의 자산, 부채, 자본, 수익,
비용을 같은 항목별로 합산한다. 내부거래를 제거하는 이유는 경제적 실익이 없는 거래
를 영(₩0)으로 보고하기 위해서이다.

다음의 간단한 예를 이용해서 내부거래를 제거하는 이유를 알아보자. A회사가 새로
운 사업부를 신설하고 현금 ₩1,000을 지출하여 새로운 설비를 구입했다고 가정하자. A
회사의 사업부 신설 전·후의 재무상태표는 다음과 같다.

A회사 사업부 신설 전				A회사 사업부 신설 후		
유동자산	10,000	부채	5,000	유동자산	9,000	부채	5,000
		자본금	5,000	설비자산	1,000	자본금	5,000
자산총계	10,000	부채와 자본총계	10,000	자산총계	10,000	부채와 자본총계	10,000

만약 A회사가 새로운 사업부를 신설하지 않고 ₩1,000을 출자하여 종속회사 B를 설립하고, 종속회사가 출자받은 자금으로 ₩1,000의 설비를 구입한 경우 종속회사 설립 후의 A회사의 재무상태표와 설비 구입 후의 B회사의 재무상태표, 그리고 이를 단순히 합산한 재무상태표는 다음과 같다.

A회사					B회사		
유동자산	9,000	부채	5,000	+	설비자산	1,000	자본금	1,000
종속기업투자	1.000	자본금	5,000				
자산총계	10,000	부채와 자본총계	10,000		자산총계	1,000	부채와 자본총계	1,000

A회사와 B회사의 단순합산			
유동자산	9,000	부채	5,000
종속기업투자	1.000	자본금(A)	5,000
설비자산	1,000	자본금(B)	1,000
자산총계	11,000	부채와 자본총계	11,000

보는 것처럼 새로운 사업부를 신설하여 설비를 구입한 것과 종속회사를 설립하여 설비를 구입한 것은 경제적 실질이 동일하나 종속회사를 설립한 후에 재무상태표를 단순히 합산하면 자산총계가 종속회사에 투자한 금액만큼 커지게 된다. 이러한 문제점을 해결하기 위해서 지배회사와 종속회사 간의 내부거래를 제거한다. 내부거래를 제거한 후의 A회사의 연결재무제표는 다음과 같다.

A회사와 B회사의 단순합산					A회사와 B회사의 내부거래 제거 후		
유동자산	9,000	부채	5,000	→	유동자산	9,000	부채	5,000
종속기업투자	1.000	자본금(A)	5,000		설비자산	1,000	자본금(A)	5,000
설비자산	1,000	자본금(B)	1,000				
자산총계	11,000	부채와 자본총계	11,000		자산총계	10,000	부채와 자본총계	10,000

연결재무제표에는 지배회사와 종속회사 전체의 자산, 부채, 수익, 비용 등의 총액이 표시되고, 표시되는 항목들을 지배기업의 것과 종속기업의 것으로 구분하지 않는다. 다만, 비지배지분(non-controlling interests)을 지배기업의 소유주지분(equity of the owners)과 구분하여 연결재무상태표와 연결자본변동표의 자본과 연결포괄손익계산서의 당기순손익과 총포괄손익에 표시한다.

2. 재무상태표

재무상태표(statement of financial position)는 특정 시점에 재무상태, 즉 기업이 보유하고 있는 경제적 자원인 자산과 경제적 의무인 부채, 그리고 잔여지분인 자본에 대한 정보를 제공하는 보고서이다.

2.1 유동·비유동 구분법 및 유동성 순서에 따른 표시방법

유동·비유동 구분법은 1년 또는 정상영업주기 내에 실현 또는 결제되는지의 여부에 따라 구분하는 방법이다. 유동성 순서에 따른 표시방법(유동성 배열법)이란 모든 자산과 부채를 유동성이 높은 순서대로, 또는 유동성이 낮은 순서대로 재무상태표에 표시하는 방법을 말한다. 예전 회계기준은 재무제표 표시에 ① 유동·비유동 구분법과 ② 유동성 순서에 따른 표시방법을 엄격하게 적용하였다.

그러나 한국채택국제회계기준의 특징 중의 하나는 재무제표를 작성할 때 과거의 회계기준처럼 엄격하게 계정의 분류나 표시를 지키지 않아도 된다는 점이다. 한국채택국제회계기준은 ①의 구분법을 원칙으로 하고, 경우에 따라 ②의 표시방법을 선택할 수 있도록 하고 있다. 신뢰성이 있고 더욱 목적적합한 정보를 제공한다면 자산과 부채의 일부는 ①의 구분법으로, 나머지는 ②의 방법에 따라 표시하는 것이 허용된다. 이러한 혼합 표시방법은 기업이 다양한 사업을 영위하는 경우에 필요할 수 있다.

특히 기업이 명확히 식별가능한 영업주기 내에서 재화나 용역을 제공하는 경우에는 자산과 부채를 유동과 비유동으로 구분하여 재무상태표에 표시하도록 하고 있다. 그 이유는 유동자산에서 유동부채를 차감한 운전자본을 통해서 기업의 단기자금 운용능력을 분석하기 쉽도록 하기 위해서이다. 또한 장기 영업활동에서 사용되는 순자산과 구분함으로써 유용한 정보를 제공하기 때문이다. 그러나 식별가능한 영업주기 내에서 재화나 용역을 제공하지 않는 금융회사와 같은 일부기업은 유동성 순서에 따른 표시방법이 신뢰성 있고 더욱 목적적합한 정보를 제공한다면 그 적용이 허용된다.

2.2 재무상태표에 표시되는 항목

한국채택국제회계기준에서는 표시되어야 할 항목에 대해 상세한 규정을 두는 대신 다음의 항목과 금액을 재무상태표에 표시하도록 한다. 기업의 재무상태를 이해하는 데 목적적합한 경우 재무상태표의 항목(열거한 항목의 세분화 포함), 제목 및 중간합계를 추가하여 표시할 수 있도록 하고 있다.

자산
① 유형자산 　　　　　② 투자부동산 　　　　　③ 무형자산
④ 금융자산(단, ⑤, ⑧ 및 ⑨를 제외)
⑤ 지분법에 따라 회계처리하는 투자자산 　　　　　⑥ 생물자산
⑦ 재고자산 　　　　　⑧ 매출채권 및 기타 채권 　　　　　⑨ 현금및현금성자산
⑩ 매각예정으로 분류된 자산과 처분자산집단에 포함된 자산의 총계
⑪ 당기 법인세와 관련된 자산 　　　　　⑫ 이연법인세 자산

부채
① 매입채무 및 기타 채무 　　　② 충당부채
③ 금융부채(단, ①과 ② 제외)
④ 당기 법인세와 관련된 부채 　　　　　⑤ 이연법인세 부채
⑥ 매각예정으로 분류된 처분자산집단에 포함된 부채

자본
① 자본에 표시된 비지배지분
② 지배기업의 소유주에게 귀속되는 납입자본과 적립금

기업은 재무상태표에 표시된 개별항목을 기업의 영업활동을 나타내기에 적절한 방법으로 세분류하고, 그 추가적인 분류 내용을 재무상태표 또는 주석에 공시한다. 세분류상의 세부내용은 다음의 사항을 고려하여 판단한다.

① 한국채택국제회계기준의 요구사항
② 당해 항목 금액의 크기, 성격 및 기능
③ 다음의 요소도 고려하여 판단한다.
　㉠ 자산의 성격 및 유동성
　㉡ 기업 내에서의 자산 기능
　㉢ 부채의 금액, 성격 및 시기

2.3 재무상태표의 표시

한국채택국제회계기준에서 예시하고 있는 재무상태표의 양식을 제시하면 다음 〈표 6−1〉과 같다.

(1) 유동자산
자산은 다음의 경우에 **유동자산**(流動資産, current assets)으로 분류한다.

① 기업의 정상영업주기 내에 실현될 것으로 예상하거나, 정상영업주기 내에 판매하거나 소비할 의도가 있다.
② 주로 단기매매 목적으로 보유하고 있다.
③ 보고기간 후 12개월 이내에 실현될 것으로 예상한다.
④ 현금이나 현금성자산으로서, 교환이나 부채상환 목적으로의 사용에 대한 제한기간이 보고기간 후 12개월 미만이다.

영업주기(operating cycle)는 영업활동을 위한 자산의 취득시점부터 그 자산이 현금이나 현금성자산으로 실현되는 시점까지 소요되는 기간을 말한다. 정상영업주기를 명확히 식별할 수 없는 경우에는 그 기간이 12개월인 것으로 가정한다. 유동자산의 예로는 현금 및현금성자산, 매출채권, 재고자산 및 기타유동자산 등이 있다.

(2) 비유동자산
비유동자산(非流動資産, non−current assets)은 유동자산으로 분류되지 않는 자산을 말한다. 비유동자산은 보통 1년 이상 장기간에 걸쳐 사용할 수 있는 자산으로서, 유형자

표 6-1 재무상태표의 양식

XYZ 그룹 - 20×7년 12월 31일 현재의 연결재무상태표 (단위: 천원)

	20×7년 12월 31일	20×6년 12월 31일
자산		
유동자산		
현금및현금성자산	312,400	322,900
기타유동자산	25,650	12,540
매출채권	91,600	110,800
재고자산	135,230	132,500
	564,880	578,740
비유동자산		
유형자산	350,700	360,020
영업권	80,800	91,200
기타무형자산	227,470	227,470
관계기업투자	100,150	110,770
지분상품에 대한 투자	142,500	156,000
	901,620	945,460
자산총계	1,466,500	1,524,200
자본 및 부채		
유동부채		
매입채무와 기타미지급금	115,100	187,620
단기차입금	150,000	200,000
유동성장기차입금	10,000	20,000
당기법인세부채	35,000	42,000
단기충당부채	5,000	4,800
유동부채합계	315,100	454,420
비유동부채		
장기차입금	120,000	160,000
이연법인세	28,800	26,040
장기충당부채	28,850	52,240
비유동부채합계	177,650	238,280
부채총계	492,750	692,700
지배기업의 소유주에게 귀속되는 자본		
납입자본	650,000	600,000
이익잉여금	243,500	161,700
기타자본구성요소	10,200	21,200
	903,700	782,900
비지배지분	70,050	48,600
자본총계	973,750	831,500
자본 및 부채 총계	1,466,500	1,524,200

산, 무형자산, 영업권, 관계기업투자 및 지분상품에 대한 투자 등이 있다.

(3) 유동부채

부채는 다음의 경우에 유동부채(流動負債, current liabilities)로 분류한다. 유동부채의 예로는 매입채무, 미지급금, 단기차입금, 유동성장기차입금, 당기법인세부채 및 단기충당부채 등이 있다.

① 정상영업주기 내에 결제될 것으로 예상하고 있다.
② 주로 단기매매 목적으로 보유하고 있다.
③ 보고기간 후 12개월 이내 결제하기로 되어 있다.
④ 보고기간 후 12개월 이상 부채의 결제를 연기할 수 있는 무조건의 권리를 가지고 있지 않다.

(4) 비유동부채

비유동부채(非流動負債, non-current liabilities)는 유동부채로 분류되지 않는 부채를 말한다. 비유동부채는 보통 1년 이후에 갚아야 하는 부채로서, 장기차입금, 이연법인세 및 장기충당부채 등이 있다.

(5) 자본

자본(資本, equity)은 다음의 5가지 항목으로 구분된다. 이 중에서 자본금, 자본잉여금 및 자본조정은 자본거래를 통한 자본 변동을 반영하고, 기타포괄손익누계액과 이익잉여금은 영업거래를 통한 자본 변동을 반영한다. 자본 항목과 내용은 다음 〈표 6-2〉와 같다.

2.4 재무상태표가 제공하는 정보

기업의 재무상태는 기업이 통제하는 경제적 자원, 기업의 재무구조, 유동성과 장기 지급능력, 그리고 영업 환경변화에 대한 적응능력에 의해 영향을 받는다. 재무정보이용자는 경제적 의사결정을 위해 그 기업의 재무건전성과 미래의 현금창출능력을 평가하고자 하는데, 기업의 재무상태표를 통하여 이러한 정보를 얻는다.

표 6-2   자본의 항목

항목	내용
자본금 (capital stock)	납입자본 중 주식의 액면금액에 해당하는 부분. 보통주자본금과 우선주자본금으로 구성
자본잉여금 (capital surplus)	자본거래인 증자활동이나 감자활동 등의 거래에서 발생하는 잉여금. 주식발행초과금, 감자차익, 자기주식처분이익 등
자본조정 (capital adjustments)	자본거래에서 발생했으나 자본금이나 자본잉여금에 속하지 않는 임시적 항목. 주식할인발행차금, 감자차손, 자기주식, 자기주식처분손실 등
기타포괄손익누계액 (accumulated other comprehensive income)	영업활동으로 인한 수익과 비용 중에서 주로 자산평가에서 발생하는 미실현손익의 누계액. 유형자산의 재평가잉여금, 기타포괄손익인식금융자산평가손익 등
이익잉여금 (retained earnings)	영업활동으로 인한 순이익 중에서 배당되지 않고 기업에 유보된 이익누계액. 적립금과 미처분이익잉여금으로 구분되며, 미처분이익잉여금이 배당의 대상임

(1) 기업이 통제하는 경제적 자원과 이러한 자원을 조절할 수 있는 기업의 과거 능력에 대한 정보

기업의 과거 현금과 현금성자산의 창출능력 및 영업 환경변화에 대한 적응능력을 나타내는 재무상태표의 정보는 기업의 미래 현금과 현금성자산의 창출능력을 예측하는 데 유용하다.

(2) 재무구조

기업의 미래 자금차입수요를 예측하고 미래이익과 현금흐름이 기업의 다양한 이해관계자들에게 어떻게 분배될 것인가를 예측하는 데 유용하다. 또한 기업이 더 많은 자금을 어떻게 성공적으로 조달할 수 있을지 예측하는 데 유용하다.

(3) 유동성(liquidity, 단기지급능력) 및 장기지급능력(solvency)

유동성(liquidity)은 가까운 미래기간의 금융약정을 고려한 후의 현금가용성을, 장기지급능력(solvency)은 만기가 도래하는 차기 이후의 금융약정을 이행하기 위한 장기적인 현금가용성을 예측하는 데 유용하다.

3. 포괄손익계산서

포괄손익계산서(statement of comprehensive income)는 일정기간 동안 발생한 모든 수익과 비용을 보고하는 재무제표이다.

3.1 포괄손익계산서의 수익·비용의 표시방법

한국채택국제회계기준에 따라 포괄손익계산서에는 당기손익 부분과 기타포괄손익 부분에 추가하여 다음을 표시한다.

① 당기순손익
② 총기타포괄손익
③ 당기손익과 기타포괄손익을 합한 당기포괄손익
별개의 손익계산서를 표시하는 경우, 포괄손익을 표시하는 보고서에는 당기손익 부분을 표시하지 않는다.

즉, 한국채택국제회계기준은 ①과 ②를 함께 표시하는 단일형 포괄손익계산서와 ①과 ②를 분리해서 표시하는 복수형 포괄손익계산서 중에서 한 가지 표시방법을 선택하도록 하고 있다. 기타포괄손익을 구성하는 수익·비용은 대체로 자산평가와 관련된 손익이기 때문에 경영자가 통제하기 어려운 특성이 있다. 경영자가 단일형 포괄손익계산서를 작성하면 자신이 통제할 수 없는 기타포괄손익까지 평가받을지도 모른다는 불안감이 있다. 따라서 경영자가 단일형과 복수형 포괄손익계산서를 선택할 수 있도록 허용한 것이다.

3.2 포괄손익계산서에 표시되는 항목

한국채택국제회계기준에서는 표시되어야 할 항목에 대해 상세한 규정을 두는 대신 다음의 항목과 금액을 포괄손익계산서에 표시하도록 한다. 기업의 재무성과를 이해하는 데 목적적합한 경우 재무상태표의 항목(열거한 항목의 세분화 포함), 제목 및 중간합계를 추가하여 표시할 수 있도록 하고 있다.

당기손익 부분

① 수익   ② 금융원가

③ 지분법 적용대상인 관계기업과 공동기업의 당기순손익에 대한 지분

④ 법인세비용

⑤ 중단영업관련 손익의 합계를 표시하는 단일금액

기타포괄손익 부분

① 후속적으로 당기손익으로 재분류되지 않는 항목

② 특정 조건을 충족하는 때에 후속적으로 당기순이익으로 재분류되는 항목

'기타포괄손익 부분'에는 당해 기간의 기타포괄손익의 금액을 표시하는 항목을 성격별로 분류하여 ①과 ②의 집단으로 묶어 각각 표시한다. 지분법으로 회계처리하는 관계기업과 공동기업의 기타포괄손익에 대한 지분 역시 ①과 ②의 집단으로 묶어 각각 표시한다.

그리고 추가적으로 당기순손익과 기타포괄손익의 배분항목으로서 다음 항목을 포괄손익계산서에 표시한다.

① 다음에 귀속되는 당기순손익
    ㉠ 비지배지분
    ㉡ 지배기업의 소유주
② 다음에 귀속되는 당기포괄손익
    ㉠ 비지배지분
    ㉡ 지배기업의 소유주
당기순손익을 별개의 보고서에 표시하는 경우, 위 ①을 그 보고서에 표시한다.

3.3 포괄손익계산서의 표시

한국채택국제회계기준은 포괄손익계산서의 비용항목을 분류하는 데 있어서 성격별 또는 기능별 분류법을 선택하도록 하고 있다.

(1) 성격별 분류법

당기손익에 포함된 비용을 그 성격(예: 감가상각비, 원재료의 구입, 운송비, 종업원급여와 광고비)별로 통합하며, 기능별로 재배분하지 않는다. 비용을 기능별 분류로 배분할 필요가 없기 때문에 적용이 간단할 수 있다.

(2) 기능별 분류법

'매출원가'법으로서, 비용을 매출원가, 그리고 물류원가와 관리활동원가 등과 같이 기능별로 분류한다. 이 방법에서는 적어도 매출원가를 다른 비용과 분리하여 공시한다. 이 방법은 성격별 분류보다 재무제표이용자에게 더욱 목적적합한 정보를 제공할 수 있지만 비용을 기능별로 배분하는 데 자의적인 배분과 상당한 정도의 판단이 개입될 수 있다.

한국채택국제회계기준에서 예시하고 있는 손익계산서상 비용의 성격별 및 기능별 분류는 다음 〈표 6-3〉과 같다.

표 6-3 손익계산서상 비용의 성격별 및 기능별 분류

성격별 분류법		기능별 분류법	
수익(revenue)[2]	×××	수익(revenue)	×××
기타 수익(other income)	×××	매출원가	(×××)
제품과 재공품의 변동	×××	매출총이익	×××
원재료와 소모품의 사용액	×××	기타 수익(other income)	×××
종업원급여비용	×××	물류원가	×××
감가상각비와 기타 상각비	×××	관리비	×××
기타 비용	×××	기타 비용	×××
총 비용	(×××)	총비용	(×××)
법인세비용차감전순이익	×××	법인세비용차감전순이익	×××
법인세비용	(×××)	법인세비용	(×××)
계속영업이익	×××	계속영업이익	×××
중단영업관련손익	×××	중단영업관련손익	×××
당기순이익	×××	당기순이익	×××

---

2 '개념체계'에 따르면 'income'은 'revenue'와 'gains'를 포함하는 '광의의 수익' 개념이고, 한국채택국제회계기준에서는 'income'과 'revenue'를 동일하게 '수익'으로 번역하고 'gains'를 '차익 또는 이익'으로 번역함을 원칙으로 하였다. 다만, 'income'과 'revenue' 두 개의 용어를 명확하게 구분할 필요가 있는 경우 'income'은 '(광의의) 수익'으로 번역하였다.

포괄손익계산서는 손익계산서의 최종 항목인 당기순이익에 추가하여 기타포괄손익 항목과 당기순이익에서 기타포괄손익을 가감한 총포괄손익을 표시한다. 또한 당기순이익을 보통주의 가중평균유통주식 수로 나눈 주당이익(EPS: earnings per share)을 총포괄손익 아래에 별도로 표시한다.

한국채택국제회계기준에서 예시하고 있는 비용을 기능별로 분류한 포괄손익계산서 상의 양식을 제시하면 〈표 6-4〉와 같다.

한편 국제회계기준에서는 영업손익의 구분표시를 요구하지 않는다. 그러나 우리나라에서는 상장 폐지 여부에 대한 판단을 비롯한 여러 가지 목적을 위하여 영업손익을 이용해 왔기 때문에 기업회계기준서 제1001호를 개정하여 **영업손익을 구분표시하도록** 하였다. 영업손익은 매출총이익에서 판매비와관리비를 차감한 금액이다.

3.4 포괄손익계산서가 제공하는 정보

당기순이익은 흔히 성과의 측정치로 사용되거나 투자수익률이나 주당이익과 같은 평가지표의 기초로 사용된다. 특히 수익성에 관한 정보는 일정기간 동안 경영자 또는 기업의 재무성과를 평가하는 데 도움을 준다. 재무정보이용자는 경제적 의사결정을 할 때 현재의 자원으로부터 현금을 창출할 수 있는 능력을 예측하고자 하는데, 포괄손익계산서를 통하여 이러한 정보를 얻는다.

(1) 수익성

자기자본(투자금) 대비 순이익을 나타내는 자기자본순이익률(ROE: return on equity)이나 1주당 순이익을 나타내는 주당이익 등의 수익성 정보를 통해서 미래의 수익성을 예측하는 데 유용하다.

(2) 활동성

총자산을 얼마나 효율적으로 사용하였는지를 나타내는 총자산회전율(asset turnover)이나 매출채권이 효율적으로 회수되고 있는지를 나타내는 매출채권회전율(account receivable turnover) 등의 활동성 정보를 통해서 미래의 활동성을 예측하는 데 유용하다.

표 6-4 포괄손익계산서의 양식

XYZ 그룹 - 20X7년 12월 31일로 종료하는 회계연도의 연결포괄손익계산서

(단위: 천원)

	20×7년	20×6년
수익(revenue)	390,000	355,000
매출원가	(245,000)	(230,000)
매출총이익	145,000	125,000
기타 수익(other income)	20,667	11,300
물류원가	(9,000)	(8,700)
관리비	(20,000)	(21,000)
기타비용	(2,100)	(1,200)
금융원가	(8,000)	(7,500)
관계기업의 이익에 대한 지분	35,100	30,100
법인세비용차감전순이익	161,667	128,000
법인세비용	(40,417)	(32,000)
계속영업이익	121,250	96,000
중단영업손실	-	(30,500)
당기순이익	121,250	65,500
기타포괄손익:		
당기손익으로 재분류되지 않는 항목		
자산재평가차익	933	3,367
확정급여제도의 재측정요소	(667)	1,333
관계기업의 기타포괄손익에 대한 지분(2)	400	(700)
당기손익으로 재분류되지 않는 항목과 관련된 법인세	(166)	(1,000)
	500	3,000
후속적으로 당기손익으로 재분류될 수 있는 항목		
해외사업장 환산외환차이	5,334	10,667
매도가능금융자산	(24,000)	26,667
현금흐름위험회피	(667)	(4,000)
당기손익으로 재분류될 수 있는 항목과 관련된 법인세	4,833	(8,334)
	(14,500)	25,000
법인세비용차감후기타포괄손익	(14,000)	28,000
총포괄이익	107,250	93,500
당기순이익의 귀속:		
지배기업의 소유주	97,000	52,400
비지배지분	24,250	13,100
	121,250	65,500
총포괄손익의 귀속:		
지배기업의 소유주	85,800	74,800
비지배지분	21,450	18,700
	107,250	93,500
주당이익 (단위: 원):		
기본 및 희석	0.46	0.30

(3) 단계별 이익 수준

포괄손익계산서에서 순이익뿐만 아니라 매출총이익, 계속영업이익 등 단계별 이익 수준을 공시함으로써 세부적으로 단계별 수익성과 활동성을 파악하는 데 유용하다.

(4) 기타포괄손익에 대한 정보

손익계산서와 달리 포괄손익계산서의 가장 큰 특징은 기타포괄손익에 대한 정보를 제공한다는 점이다. 기타포괄손익을 통해서 미래 수익성과 미래 현금창출능력을 더 정확하게 평가하는 데 유용하다.

4. 자본변동표

자본변동표(statement of changes in equity)는 소유주에 의한 출자와 소유주에 대한 배분 등 한 회계기간에 발생한 소유주지분(자본)의 변동에 관한 정보를 제공하는 재무제표이다.

4.1 자본변동표에 표시되는 항목

한국채택국제회계기준에서는 표시되어야 할 항목에 대해 상세한 규정을 두는 대신 다음의 항목과 금액을 자본변동표에 표시하도록 한다.

① 지배기업의 소유주와 비지배지분에 각각 귀속되는 금액으로 구분하여 표시한 해당 기간의 총포괄손익
② 자본의 각 구성요소별로, 기업회계기준서 제1008호에 따라 인식된 소급적용이나 소급재작성의 영향
③ 자본의 각 구성요소별로 다음의 각 항목에 따른 변동액을 구분하여 표시한, 기초시점과 기말시점의 장부금액 조정내역
   ㉠ 당기순손익
   ㉡ 기타포괄손익
   ㉢ 소유주로서의 자격을 행사하는 소유주와의 거래(소유주에 의한 출자와 소유주에 대한 배분, 그리고 지배력을 상실하지 않는 종속기업에 대한 소유지분의 변동을 구분하여 표시)

4.2 자본변동표의 표시

한국채택국제회계기준에서 예시하고 있는 자본변동표의 양식을 제시하면 다음 〈표 6-5〉와 같다.

표 6-5 자본변동표 양식

XYZ 그룹 – 20×7년 12월 31로 종료하는 회계연도의 연결자본변동표 (단위: 천원)

	납입자본	이익잉여금	해외사업장 환산	지분상품에 대한 투자	현금흐름 위험회피	재평가 잉여금	총계	비지배지분	총자본
20×6년 1월 1일 현재 잔액	600,000	118,100	(4,000)	1,600	2,000	–	717,700	29,800	747,500
회계정책의 변경	–	400	–	–	–	–	400	100	500
재작성된 금액	600,000	118,500	(4,000)	1,600	2,000	–	718,100	29,900	748,000
20×6년 자본의 변동									
배당	–	(10,000)	–	–	–	–	(10,000)	–	(10,000)
총포괄손익	–	53,200	6,400	16,000	(2,400)	1,600	74,800	18,700	93,500
20×6년 12월 31일 현재 잔액	600,000	161,700	2,400	17,600	(400)	1,600	782,900	48,600	831,500
20×7년 자본의 변동									
유상증자	50,000	–	–	–	–	–	50,000	–	50,000
배당	–	(15,000)	–	–	–	–	(15,000)	–	(15,000)
총포괄손익	–	96,600	3,200	(14,400)	(400)	800	85,800	21,450	107,250
이익잉여금으로 대체	–	200	–	–	–	(200)	–	–	–
20×7년 12월 31일 현재 잔액	650,000	243,500	5,600	3,200	(800)	2,200	903,700	70,050	973,750

4.3 자본변동표가 제공하는 정보

자본변동표상의 소유주의 투자 및 소유주에 대한 분배에 대한 정보는 다른 재무제표 정보와 더불어 당해 기업의 재무적 탄력성, 수익성 및 위험 등을 평가하는 데 유용하다. 또한 자본변동표는 재무제표 간의 연계성(articulation)을 높임으로써 재무제표의 이해가능성을 제고한다.

(1) 소유주의 투자에 대한 정보

유상증자 등 소유주의 투자로 인해 지배기업의 소유주와 비지배지분의 증가 금액에 대한 정보를 제공한다.

(2) 소유주에 대한 분배에 대한 정보

현금배당 등 소유주에 대한 분배로 인해 지배기업의 소유주와 비지배지분의 감소 금액에 대한 정보를 제공한다.

(3) 재무제표 간의 연계성

재무제표에 표시되어 있는 자본의 기초잔액과 기말잔액을 모두 제시함으로써 재무상태표와 연결할 수 있고, 자본의 변동내용은 포괄손익계산서(당기순이익, 총포괄손익 등)와 현금흐름표(현금배당 등)에 나타난 정보와 연결할 수 있어 정보이용자들이 보다 명확히 재무제표 간의 관계를 파악할 수 있게 된다.

5. 현금흐름표

현금흐름표(statement of cash flows)는 기업의 현금흐름을 영업활동·투자활동·재무활동별로 일정기간 동안 현금유입(cash inflows)과 현금유출(cash outflows)을 나누어 보여주는 재무제표이다.

5.1. 현금흐름표의 구조

현금흐름표는 회계기간 동안 발생한 현금흐름을 영업활동·투자활동·재무활동으로 분류하여 보고한다.

(1) 영업활동 현금흐름은 주로 기업의 주요 수익창출활동에서 발생한다. 따라서 영업활동 현금흐름은 일반적으로 당기순이익의 결정에 영향을 미치는 거래나 그 밖의 사건의 결과로 발생한다.

(2) 투자활동 현금흐름은 미래수익과 미래현금흐름을 창출할 자원의 확보를 위하여 지출된 정도를 나타내기 때문에 현금흐름을 별도로 구분 공시한다. 재무상태표에 자산으로 인식되는 지출만이 투자활동으로 분류하기에 적합하다.

(3) 재무활동 현금흐름은 미래현금흐름에 대한 자본 제공자의 청구권을 예측하는 데 유용하기 때문에 현금흐름을 별도로 구분 공시한다.

5.2 현금흐름표의 표시

한국채택국제회계기준에서 예시하고 있는 현금흐름표의 양식을 제시하면 다음 〈표 6-6〉과 같다.

5.3 현금흐름표가 제공하는 정보

현금흐름표는 재무제표이용자가 경제적 의사결정을 위해 기업의 미래현금흐름의 금액, 시기 및 확실성을 평가하는 데 다음의 정보를 제공한다.

(1) 현금창출능력에 대한 정보

현금흐름표는 다른 재무제표와 같이 사용되는 경우 순자산의 변화, 재무구조(유동성과 지급능력 포함), 그리고 변화하는 상황과 기회에 적응하기 위하여 현금흐름의 금액과 시기를 조절하는 능력을 평가하는 데 유용한 정보를 제공한다.

(2) 영업성과에 대한 기업 간의 비교

현금흐름표는 서로 다른 기업의 미래현금흐름의 현재가치를 비교·평가할 수 있게 하고, 동일 거래에 대하여 서로 다른 회계처리를 적용함에 따라 발생하는 영향을 제거해 주기 때문에 영업성과에 대한 기업 간의 비교가능성을 제고한다.

(3) 당기순이익 지표의 보완

현금기준 이윤인 '영업활동 현금흐름'을 이용하여 발생기준 이윤인 '당기순이익'을 평가하는 데 유용한 정보를 제공한다.

‒ **표 6-6 현금흐름표의 양식**

간접법에 의한 현금흐름표		(단위: 원)
		20×2년
영업활동현금흐름		
법인세비용차감전순이익	3,350	
가감:		
감가상각비	450	
외화환산손실	40	
투자수익	(500)	
이자비용	400	
	3,740	
매출채권 및 기타채권의 증가	(500)	
재고자산의 감소	1,050	
매입채무의 감소	(1,740)	
영업에서 창출된 현금	2,550	
이자지급	(270)	
법인세의 납부	(900)	
영업활동순현금흐름		1,380
투자활동현금흐름		
종속기업 X의 취득에 따른 순현금흐름	(550)	
유형자산의 취득	(350)	
설비의 처분	20	
이자수취	200	
배당금수취	200	
투자활동순현금흐름		(480)
재무활동현금흐름		
유상증자	250	
장기차입금	250	
리스부채의 상환	(90)	
배당금지급	(1,200)	
재무활동순현금흐름		(790)
현금및현금성자산의 순증가		110
기초 현금및현금성자산		120
기말 현금및현금성자산		230

6. 주석

주석(註釋, notes)은 재무상태표, 포괄손익계산서, 자본변동표 및 현금흐름표에 표시하는 정보에 추가하여 제공된 정보를 말한다. 즉, 주석은 재무제표에 표시된 항목을 구체적으로 설명하거나 세분화하며, 재무제표 인식 요건을 충족하지 못하는 항목에 대한 정보를 제공한다.

주석은 다음의 정보를 제공한다.

① 재무제표 작성 근거와 구체적인 회계정책에 대한 정보
② 한국채택국제회계기준에서 요구하는 정보이지만 재무제표 어느 곳에도 표시되지 않는 정보
③ 재무제표 어느 곳에도 표시되지 않지만 재무제표를 이해하는 데 목적적합한 정보

참고로 삼성전자주식회사의 2021년도 연결감사보고서에 기술된 주석의 일부분은 다음 사례 1과 같다.

사례 1 • 삼성전자주식회사의 2021년도 연결감사보고서 주석 일부분

1. 일반적 사항:

가. 연결회사의 개요

삼성전자주식회사(이하 "회사")는 1969년 대한민국에서 설립되어 1975년에 대한민국의 증권거래소에 상장하였습니다. 회사 및 종속기업(이하 삼성전자주식회사와 그 종속기업을 일괄하여 "연결회사")의 사업은 CE부문, IM부문, DS부문과 Harman부문으로 구성되어 있습니다. CE(Consumer Electronics) 부문은 TV, 모니터, 에어컨 및 냉장고 등의 사업으로 구성되어 있고, IM(Information technology & Mobile communications) 부문은 휴대폰, 통신시스템, 컴퓨터 등의 사업으로 구성되어 있으며, DS(Device Solutions) 부문은 메모리, Foundry, System LSI 등의 반도체 사업과 OLED 및 LCD 디스플레이 패널 등의 DP 사업으로 구성되어 있습니다. Harman부문은 전장부품사업 등을 영위하고 있습니다. 회사의 본점 소재지는 경기도 수원시입니다.

기업회계기준서 제1110호 '연결재무제표'에 의한 지배회사인 회사는 삼성디스플레이㈜ 및 Samsung Electronics America, Inc. (SEA) 등 241개의 종속기업을 연결대상으로 하고, 삼성전기㈜ 등 43개 관계기업과 공동기업을 지분법적용대상으로 하여 연결재무제표를 작성하였습니다.

…

---

2. 중요한 회계처리방침:

다음은 연결재무제표의 작성에 적용된 주요한 회계정책입니다. 이러한 정책은 별도의 언급이 없다면, 표시된 회계기간에 계속적으로 적용됩니다.

2.1 재무제표 작성기준

연결회사의 연결재무제표는 한국채택국제회계기준에 따라 작성되었습니다. 한국채택국제회계기준은 국제회계기준위원회("IASB")가 발표한 기준서와 해석서 중 대한민국이 채택한 내용을 의미합니다.

한국채택국제회계기준은 재무제표 작성 시 중요한 회계추정의 사용을 허용하고 있으며, 회계정책을 적용함에 있어 경영진의 판단을 요구하고 있습니다. 보다 복잡하고 높은 수준의 판단이 요구되는 부분이나 중요한 가정 및 추정이 요구되는 부분은 주석3에서 설명하고 있습니다.

2.2 회계정책과 공시의 변경

가. 연결회사가 채택한 제·개정 기준서

연결회사는 2020년 1월 1일로 개시하는 회계기간부터 다음의 주요 제·개정 기준서를 신규로 적용하였습니다.

- 기업회계기준서 제1103호 '사업결합' 개정

개정된 사업의 정의는, 취득한 활동과 자산의 집합을 사업으로 판단하기 위해서는 산출물의 창출에 함께 유의적으로 기여할 수 있는 능력을 가진 투입물과 실질적인 과정을 반드시 포함하도록 하였고 원가 감소에 따른 경제적효익은 제외하였습니다. 이와 함께 취득한 총자산의 대부분의 공정가치가 식별가능한 단일 자산 또는 자산집합에 집중되어 있는 경우 취득한 활동과 자산의 집합은 사업이 아닌, 자산 또는 자산의 집합으로 결정할 수 있는 선택적 집중테스트가 추가되었습니다. 해당 기준서의 개정으로 인하여 연결재무제표에 미치는 유의적인 영향은 없습니다.

…

7. 재무제표의 의의

7.1 재무제표의 연계관계

다음 〈그림 6-1〉에서 보는 바와 같이 (주)한걸음의 재무제표를 통해서 재무상태표, (포괄)손익계산서, 자본변동표 및 현금흐름표 간의 연계관계(articulation)를 확인할 수 있다. (주)한걸음의 (포괄)손익계산서에 표시된 당기순이익 ₩57,500은 자본변동표에 표시되어 있다. 자본변동표에 표시된 주식발행 ₩600,000과 배당금 ₩10,000은 현금흐름표의 재무활동 현금흐름에 표시되어 있다. 또한 자본변동표에 표시된 자본금 ₩600,000과 이익잉여금 ₩47,500은 재무상태표의 자본에 표시되어 있다. 현금흐름표의 기말현금 ₩626,000은 재무상태표의 현금에 표시되어 있다. 이러한 연계관계로부터 재무상태표, (포괄)손익계산서, 자본변동표 및 현금흐름표는 상호 연계되어 있다는 사실을 알 수 있다.

7.2 재무제표의 한계점

재무제표의 다양한 유용성에도 불구하고 다음의 한계점이 있다.

(1) 재무제표는 객관적인 화폐가치로 측정될 수 있는 것만 보고하기 때문에 화폐가치로 신뢰성 있게 측정하기 곤란한 정보는 재무제표의 보고대상에서 제외된다. 예를 들어, 유능한 기술자, 브랜드 가치 등은 기업의 수익성을 높여 주는 중요한 자원이다. 그러나 이를 화폐가치로 측정하기 어렵기 때문에 재무제표의 보고대상에서 제외된다.

(2) 재무제표는 기업의 과거 활동의 결과를 보고하는 것이지 미래에 대한 예측치를 제공하는 것은 아니다. 따라서 재무제표만으로는 기업의 미래전망을 예측하는 데 한계가 있다.

(3) 재무제표는 일부 추정치를 포함하고 있기 때문에 추정과정에서 어느 정도의 주관이 개입될 수밖에 없다. 앞서 설명한 것처럼 매출채권의 손실충당금, 재고자산의 평가충당금 등이 여기에 해당된다. 이러한 추정치가 이익조작의 원인이 되기도 한다.

그림 6-1 재무제표의 연계관계

재무상태표

(주)한걸음	20x1년 12월 31일 현재		(단위: 원)
현 금	626,000	선 수 수 익	40,000
매 출 채 권	224,000	미 지 급 금	200,000
선 급 비 용	22,000	미 지 급 비 용	92,500
소 모 품	20,000	단 기 차 입 금	300,000
보 증 금	100,000	부 채 총 계	632,500
비 품	288,000	자 본 금	600,000
		이 익 잉 여 금	47,500
		자 본 총 계	647,500
자 산 총 계	1,280,000	부채와 자본총계	1,280,000

자본변동표

(주)한걸음 20x1년 12월 1일부터 20x1년 12월 31일까지 (단위: 원)

	자본금	이익잉여금	합계
기초	0	0	0
주식발행	600,000		600,000
당기순이익		57,500	57,500
배당금		(10,000)	(10,000)
기말	600,000	47,500	647,500

현금흐름표

(주)한걸음 20x1년 12월 1일부터 20x1년 12월 31일까지 (단위: 원)

영업활동현금흐름	
당기순이익	57,500
가감:	
감가상각비	12,000
이자비용	2,500
매출채권 등 증감	64,000
영업활동순현금흐름	136,000
투자활동현금흐름	
비품 취득	(300,000)
보증금 지급	(100,000)
투자활동순현금흐름	(400,000)
재무활동현금흐름	
주식발행	600,000
단기차입금 차입	300,000
배당금	(10,000)
재무활동순현금흐름	890,000
현금증감	626,000
기초현금	0
기말현금	626,000

(포괄)손익계산서

(주)한걸음	20x1년 12월 1일부터 20x1년 12월 31일까지		(단위: 원)
수 익 :			
용역매출			264,000
비 용 :			
광고선전비		50,000	
급 여		90,000	
보험료		2,000	
소모품비		50,000	
감가상각비		12,000	
이자비용		2,500	206,500
당기순이익			57,500

'HOT한 엔터테인먼트 회사'에 투자할 때 무엇을 살펴봐야 할까?

'K-POP 열풍'이 전 세계적으로 거세다. 투자자 입장에선 어떤 엔터테인먼트 회사가 매력적일까? 일단, 팬이 많고 소위 '잘나가는' 연예인을 소속 연예인으로 둔 회사가 눈에 먼저 들어올 것이다. 그러면 잘나가는 연예인을 많이 소속 연예인으로 보유한 기업이 정말 투자자에게도 많은 투자성과를 돌려줄까?

반드시 그렇지는 않다. 결국 회사는 소속 연예인이 창출한 수익 중, 해당 연예인에게 배부해야 할 수익과 지급한 계약금, 회사 운영 비용 등을 제외하고 남은 것을 챙기는 구조이기 때문이다. 예를 들어 지난해 3월에 전속계약이 종료된 JYP엔터테인먼트의 유명 연예인 '수지'는 계약 종료 이전까지 신인으로 데뷔할 때의 계약조건으로 창출한 수익을 배부받았을 것이다. 그러나 2017년 하반기에 수지가 JYP엔터테인먼트와 재계약을 할 때에는, 높아진 인기와 인지도로 인한 수익창출능력을 근거로 하여 더 높은 수익배부와 많은 계약금을 지급했을 가능성이 높다. 즉 재계약 전에는 수지가 창출한 매출액중 회사로 귀속되는 수익이 연예인에게 지급하는 수익보다 더 높았을 것이다. 그러나 재계약이 됐다는 것은 높아진 인지도에 의한 수지의 계약조건을 JYP엔터테인먼트가 조율한 결과 합의점이 도출되었다는 것이다. 수지가 창출한 매출 중에 회사 몫보단 수지에게 배부되는 금액이 더 클 가능성이 높은 이유다.

아이돌그룹을 위주로 사업을 진행하고 있는 '큐브엔터테인먼트' 또한 마찬가지이다. 특히 최근 펜타곤과 (여자)아이들의 인기가 높아지면서, 주식시장에서 큰 폭으로 주가가 상승했다. 데뷔한 지 얼마 안 된 신인 아이돌그룹이 한국과 외국에서 인기를 끌면 그들이 창출하는 콘서트수입이나 음원수입, CF수익, 굿즈수익 등이 오랜 기간(계약기간이 많이 남았으므로) 수익을 창출하고 이것이 회사의 이익으로 상당 부분 남을 수 있기 때문이다. 이러한 각종 수익은 회계상 매출로 인식되고, 각종 비용과 소속 연예인에게 배부해야 할 비용은 '용역비' 등으로 처리되면서 비용으로 인식되고 남은 것이 회계상 '영업이익'으로 인식된다.

K-POP과 아이돌문화를 즐기는 것도 물론 좋다. 하지만 이런 간단한 수익구조를 이해하면 투자자로서 엔터테인먼트 업종에도 접근할 수 있을 것이다.

(매일경제 2018년 5월 22일)

⤷ 토론 주제

엔터테인먼트 회사 입장에서 '수지'와 같이 대형 아이돌과 '펜타곤'과 같은 신인 아이돌(기사 당시) 중 어느 쪽이 더 이익일까?

☑ 연습문제

서술식 ⊘

001 일반목적 재무제표의 작성에 공통적으로 적용되는 '일반사항'에 대해 서술하시오.

002 재무제표의 명확한 식별을 위해 분명히 제시해야 하는 정보에 대해 서술하시오.

003 연결재무제표의 의의와 연결실체 내의 거래, 즉 내부거래를 제거하는 이유에 대해 서술하시오.

004 한국채택국제회계기준에 따른 재무상태표의 유동 · 비유동 구분법과 유동성 순서에 따른 표시 방법에 대해 서술하시오.

005 한국채택국제회계기준에 따른 재무상태표에 표시되는 항목에 대해 서술하시오.

006 유동자산과 유동부채로 분류하는 기준에 대해 서술하시오.

007 자본의 5가지 항목에 대해 서술하시오.

008 재무상태표가 제공하는 정보에 대해 서술하시오.

009 한국채택국제회계기준에 따른 포괄손익계산서에 표시되는 항목에 대해 서술하시오.

010 비용항목을 분류하는 방법인 성격별 분류법과 기능별 분류법에 대해 서술하시오.

011 포괄손익계산서가 제공하는 정보에 대해 서술하시오.

012   자본변동표가 제공하는 정보에 대해 서술하시오.

013   현금흐름표가 제공하는 정보에 대해 서술하시오.

014   주석이 제공하는 정보에 대해 서술하시오.

015   재무제표의 한계점에 대해 서술하시오.

객관식 ✅

001 재무제표를 작성할 때 공통적으로 적용되는 '일반사항' 중 '계속기업'에 대해 설명한 것은?
① 회계기준에서 요구하거나 허용하지 않는 한 자산과 부채 그리고 수익과 비용은 상계하지 아니한다.
② 현금흐름 정보를 제외하고는 발생기준 회계를 사용하여 재무제표를 작성해야 한다.
③ 유사한 항목은 중요성 분류에 따라 재무제표에 구분하여 표시한다.
④ 경영진은 재무제표를 작성할 때 존속가능성을 평가해야 한다.

002 '재무제표 항목의 표시와 분류는 매기 동일해야 한다'는 재무제표 작성시 적용되는 '일반사항'은?
① 공정한 표시   ② 통합표시
③ 표시의 계속성   ④ 비교정보

003 재무제표의 식별을 위해 반복적으로 표시해야 하는 정보가 아닌 것은?
① 재무제표를 작성한 경영자 성명
② 표시통화
③ 재무제표나 주석의 작성대상이 되는 보고기간종료일 또는 보고기간
④ 재무제표가 개별 기업에 대한 것인지 연결실체에 대한 것인지의 여부

004 지배-종속관계에 있는 연결실체가 단일 경제적 실체로서 작성하는 재무제표는?
① 개별재무제표   ② 별도재무제표
③ 연결재무제표   ④ 통합재무제표

005 연결실체 내의 거래를 무엇이라고 하는가?
① 영업거래   ② 자본거래
③ 외부거래   ④ 내부거래

006 한국채택국제회계기준에 따른 재무상태표에 표시되는 자산 항목이 아닌 것은?
① 생물자산   ② 유형자산
③ 선급비용   ④ 매출채권 및 기타 채권

007 한국채택국제회계기준에 따른 재무상태표에 표시되는 부채 항목이 아닌 것은?
① 매입채무 및 기타 채무
② 미지급비용
③ 금융부채
④ 충당부채

008 유동자산으로 분류할 수 있는 항목은?
① 유형자산
② 재고자산
③ 무형자산
④ 투자자산

009 비유동부채로 분류할 수 있는 항목은?
① 미지급금
② 매입채무
③ 유동성장기부채
④ 이연법인세

010 자본 중 자본거래를 반영하는 항목이 아닌 것은?
① 자본금
② 기타포괄손익누계액
③ 자본조정
④ 자본잉여금

011 한국채택국제회계기준에 따른 포괄손익계산서에 표시되는 항목이 아닌 것은?
① 수익
② 물류원가
③ 법인세비용
④ 금융원가

012 비용을 성격별로 분류하는 경우 나타날 수 없는 항목은?
① 금융원가
② 종업원급여비용
③ 감가상각비
④ 매출원가

013 한국채택국제회계기준에 따른 자본변동표에 표시되는 장부금액 조정내역이 아닌 것은?
① 채권자와의 거래
② 당기순손익
③ 기타포괄손익
④ 소유주와의 거래

014 현금흐름표에 대한 설명으로 옳지 않는 것은?

① 현금흐름표는 영업활동·투자활동·재무활동으로 분류하여 보고한다.

② 영업활동 현금흐름은 주로 기업의 주요 수익창출활동에서 발생한다.

③ 재무상태표에 자본으로 인식되는 지출만이 투자활동으로 분류하기에 적합하다.

④ 재무활동 현금흐름은 미래현금흐름에 대한 자본 제공자의 청구권을 예측하는 데 유용하다.

015 주석이 제공하는 정보가 아닌 것은?

① 한국채택국제회계기준이 요구하지 않지만 일부 투자자들이 요구하는 정보

② 재무제표 어느 곳에도 표시되지 않지만 재무제표를 이해하는 데 목적적합한 정보

③ 한국채택국제회계기준에서 요구하는 정보이지만 재무제표 어느 곳에도 표시되지 않는 정보

④ 재무제표 작성 근거와 구체적인 회계정책에 대한 정보

016 재무제표 간의 연계관계를 잘못 설명한 것은?

① 포괄손익계산서와 자본변동표의 당기순이익

② 자본변동표와 현금흐름표의 주식발행

③ 재무상태표와 포괄손익계산서의 기타포괄손익누계액

④ 재무상태표와 현금흐름표의 기말현금

017 재무제표의 한계점이 아닌 것은?

① 유동성과 장기지급능력을 예측하는 데 한계

② 화폐가치로 측정하기 곤란한 정보는 제외

③ 기업의 미래전망을 예측하는 데 한계

④ 추정과정에서 어느 정도의 주관이 개입

Part 2

재무제표 요소의 회계정보

CHAPTER 7 ○ **금융자산**
– 현금및현금성자산과
수취채권

"

이야기가 있는 회계 세상

현금은 물리적 특성상 분실 위험이 높기 때문에 엄격한 내부통제가 필요한 자산이다. 여러 가지 내부통제 방법 중에 하나가 은행을 이용하는 것이다. 은행을 이용하면 수표를 발행하여 거래처에 전달하기 때문에 현금을 직접 주고받을 때보다 분실 위험이 거의 없다. 또한 은행 통장에 현금의 입·출금 내역이 기록되기 때문에 현금을 회사 장부에만 기록할 때보다 부정행위를 줄일 수 있다.

이탈리아 상인들이 자금이 필요할 때만 반코(은행)를 이용한 것이 아니라 다른 지역의 상인들과 거래하면서 반코로부터 '환어음*' 서비스를 제공받았다. 다른 지역의 상인들과 거래하기 위해 현금을 가지고 다니다가 도적을 만나 현금을 몽땅 빼앗길 위험으로부터 벗어난 것이다. 반코의 이러한 뒷받침 덕분에 이탈리아의 베네치아를 중심으로 피렌체, 밀라노, 제노바, 나폴리 등의 상인들이 더 활발하게 무역 활동을 펼칠 수 있었다.

현금은 기업에게 매우 중요한 자산이다. 그렇기 때문에 현금에 대한 내부통제를 강화하도록 지속적으로 당부해도 부족하지 않다.

---

* 환어음은 상품을 판매한 채권자가 어음을 발행하고, 상품을 구매한 채무자(또는 채무자로부터 인수를 수권 받은 은행)에 대하여 어음상의 권리자(수취인, 어음발행인이 지정하는 은행)에게 어음에 기재된 금액을 지급하여 줄 것을 위탁하는 증권이다.

1. 현금및현금성자산

1.1 현금및현금성자산의 의의와 분류

기업이 도산이나 지급불능상태에 빠지지 않고 안정적인 영업활동을 수행하기 위해서는 유동성이 높은 자산을 많이 보유하고 있어야 한다. 유동성(liquidity)이란 기업의 자산을 현금으로 얼마나 빠르게 전환할 수 있는 정도를 말하는 것이다. 예를 들어, 현금과 현금성자산은 유동성이 가장 높은 자산이며, 평균적으로 매출채권은 재고자산보다 유동성이 높다.

경영자는 기업의 유동성을 항상 관찰하여 일시적 지급불능상태에 빠지지 않도록 적정수준의 유동성을 유지해야 할 책임이 있다. 흑자도산이란 기업의 수익성은 양호하지만 충분한 유동성을 확보하지 못하여 기업이 지급불능상태에 빠져 결국은 파산에 이르는 경우를 말한다. 기업이 영업활동을 하면서 적정한 유동성 수준을 유지하는 것이 얼마나 중요한가를 보여주는 단적인 예이다.

재무상태표에서 현금및현금성자산(cash and cash equivalents)으로 표시된 계정 과목에 대한 정보를 제공한다. 현금(cash)은 통화인 지폐와 동전뿐만 아니라, 통화와 마찬가지로 사용할 수 있는 타인발행수표, 송금환, 우편환 증서 등의 통화대용증권을 포함한다. 그리고 언제든지 수표를 발행하여 인출할 수 있는 당좌예금, 예금자가 언제든지 인출할 수 있는 보통예금 등의 요구불예금도 현금에 포함된다.

한편 현금성자산(cash equivalents)이란 현금은 아니지만 단기 현금수요를 충족하기 위한 목적으로 보유하여 현금처럼 간주되는 단기금융자산을 말한다. 현금성자산으로 분류되기 위해서는 큰 거래비용 없이 현금으로 전환이 용이하고, 이자율의 변동에 따른 가치변동이 작아 특별한 위험부담 없이 현금과 거의 동일하게 사용할 수 있어야 한다. 따라서 금융기관에서 취급하는 정형화된 상품(products)이나 만기일이 취득일로부터 3개월 이내에 도래하는 채권 등이 현금성자산으로 분류된다.

현금및현금성자산에 포함되는 항목을 정리하면 다음 〈표 7−1〉과 같다.

⊟ 표 7-1 현금및현금성자산에 포함되는 항목

계정	항목	내 용
현 금	통화	지폐, 동전
	통화대용증권	타인발행수표, 송금환, 우편환 증서
	요구불예금	당좌예금, 보통예금
현금성자산	정형화된 상품	양도성예금증서(CD), 기업어음(CP), 어음관리계좌(CMA), 환매조건부채권(RP) 등1
	단기채권	취득일로부터 만기일이 3개월 이내에 도래하는 채권

다음 (예제 1)을 통해서 현금및현금성자산에 분류되는 항목을 살펴보자.

예제 1 • 현금및현금성자산 분류

㈜두발로는 20×1년 말 현재 다음과 같은 자산을 보유하고 있다.

- 통 화 ₩60,000
- 타인발행수표 50,000
- 차 용 증 서 15,000
- 우 표 ₩3,000
- 당 좌 예 금 200,000
- 사용제한예금 10,000

물음)

20×1년 말 (주)두발로의 재무상태표에 표시될 현금및현금성자산의 잔액을 계산하시오.

[풀이]

₩60,000(통화) + 50,000(타인발행수표) + 200,000(당좌예금) = ₩310,000

우표는 소모품(또는 소모품비)으로 처리하고, 사용제한예금은 요구불예금으로 분류하기 어려우므로 별도의 적절한 금융자산 항목으로 구분한다. 한편 차용증서는 현금을 빌려주고 받은 증서이므로 대여금으로 구분한다.

---

1 양도성예금증서(CD: certificate of deposit)는 은행이 발행하는 정기예금증서로서 금융시장에서 자유롭게 매매할 수 있는 특징이 있다. 기업어음(CP: commercial paper)은 신용평가에서 적격 등급을 받은 기업이 발행한 어음으로 금융기관이 이를 할인매입하여 일반 고객에게 판매한 어음을 말한다. 어음관리계좌(CMA: cash management account)는 금융기관이 고객으로부터 받은 예탁금을 양도성예금증서나 기업어음, 국공채 등에 투자하여 그 수익을 고객에게 돌려주는 금융상품을 말한다. 환매조건부채권(RP: repurchase agreement)은 일정기간 경과 후 일정 금액으로 다시 매입하는 조건으로 금융기관이 고객에게 판매한 채권을 말한다.

1.2 현금관리와 소액현금제도

현금은 일반적으로 다른 금융자산에 비하여 물리적 특성상 분실, 유용(流用), 도난 등의 가능성이 높기 때문에 각별한 관리가 필요하다. 즉, 적절한 수준의 현금 유지도 중요하지만 현금의 수령, 보관 및 지출에 대한 엄격한 내부통제가 필요하다.

(1) 은행의 이용

회사의 수입과 지출에 대한 모든 거래를 가능한 은행을 통해 집행한다. 회사의 현금수입액은 은행계정을 통해 입금하고 지출은 원칙적으로 수표를 발행하여 지급하면, 은행 및 회사에 기록이 이중으로 존재하기 때문에 부정과 오류의 발생가능성이 줄어든다. 또한 회사는 자체적으로 현금을 최소한으로 보유할 수 있기 때문에 현금도난의 위험이 그만큼 줄어든다.

(2) 현금과 관련된 업무의 분장

현금 업무와 관련하여 상호 견제가 가능하도록 현금출납담당자가 현금수입장의 기록업무를 담당하지 않도록 한다. 만약 두 업무를 한 사람이 담당한다면 고객으로부터 현금을 수령하고서도 고의로 현금수입장에 기록을 누락할 경우 사실상 이러한 횡령을 적발하기 어렵기 때문이다. 따라서 현금의 수취업무와 기록업무를 분리하여 담당자 상호간에 견제를 통해 횡령위험을 낮출 수 있다. 현금지출담당자와 현금지출장의 기록업무도 마찬가지이다.

(3) 대금지급의 정당성과 적법성 확인

대금이 지급될 때 반드시 회사가 정하는 적법한 승인절차를 거친 정당한 금액만이 지출되도록 통제되어야 한다. 특히 대금지급시 회사보관 증빙서류에 반드시 "지급필"이라는 도장이나 취소펀치를 사용하여 원본을 파기시킴으로써 동일한 거래에 대하여 대금이 이중지급되는 오류를 방지할 수 있다.

(4) 소액현금제도

기업은 일상적인 업무를 수행하는 과정에서 반드시 현금을 지출해야 할 경우가 있다. 그러나 일상적인 업무에 필요한 소액의 현금(예: 우편료, 회식비)까지 자금통제부서에서 직접 관리하는 것은 불편하고 비효율적이므로 각 업무단위에 소액의 필요 현금을 미리 보급하고 그 업무단위로 하여금 지출하고 관리하는 제도를 **소액현금제도**(petty cash system)라고 한다. 이 제도의 절차를 살펴보면, 일정 소액현금을 각 업무단위 소속의 특정 직원(보통 '서무')으로 하여금 관리하게 하면서, 소액현금으로부터 지출된 경비들에 대해서는 영수증을 구비하도록 한다. 업무단위는 주기적으로 또는 보유 소액현금이 모두 소진되면 자금통제부서에 관련 영수증을 제시하고 현금을 보급받는다.

다음 (예제 2)를 통해서 소액현금과 관련된 회계처리를 살펴보자.

예제 2 • 소액현금제도 운용

(주)두발로는 다음과 같이 소액현금제도를 운용하였다.

- 20×1년 9월 1일: (주)두발로는 소액현금제도를 도입하고, 자금부는 영업부의 서무에게 현금 ₩100,000을 지급하다.
- 20×1년 9월 20일: 영업부의 서무는 부서 운영경비로 우편료 ₩6,000, 여비 ₩20,000, 부서 회식비 ₩50,000을 지출하다.
- 20×1년 9월 30일: 영업부의 서무는 위 경비에 대한 영수증을 자금부에 제출하고, 총 ₩76,000의 현금을 보급받는다.

물음)
20×1년 9월의 위 거래에 대하여 날짜별로 분개하시오.

[풀이]
〈20×1. 9. 1. 소액현금 도입시〉

(차변)	소 액 현 금	100,000	(대변)	현　　　　금	100,000

〈20×1. 9. 20. 소액현금 지출시〉
분개 없음

〈20×1. 9. 30. 소액현금 정산시〉

(차변)	우 편 료	6,000	(대변)	현　　　　금	76,000
	여 비 교 통 비	20,000			
	회 식 비	50,000			

(5) 정기적인 은행계정조정표의 작성

기업측의 당좌예금 잔액과 은행측의 은행계정명세서 잔액이 여러 가지 이유로 일치하지 않을 때가 많다. 기업은 두 잔액의 일치여부를 은행계정조정표의 정기적인 작성으로 확인하고, 차이가 발생한 경우에 그 원인을 밝혀야 한다.

1.3 당좌예금과 은행계정조정표

사용상 편리함뿐 아니라 사무실의 현금보관 및 현금사용에 따른 위험을 최소화하기 위해서 이를 은행의 **당좌예금**(checking account) 계좌에 예치하고 은행으로부터 당좌수표 용지를 받아 보관하다가, 거래처에 대금을 결제할 때가 되면 당좌수표를 발행한다.

당좌예금의 보유자가 당좌수표를 거래처에 발행한다고 당좌예금의 잔액이 바로 줄어드는 것은 아니다. 발행인의 당좌수표 발행시점과 당좌수표 결제시점(당좌수표 수취인이 당해 당좌수표를 자신의 은행구좌에 입금하여 당좌수표 발행인의 당좌예금에서 돈이 실제 빠져나가는 시점) 사이에는 어느 정도 시간이 걸린다. 이 기간 중의, 즉 결제가 아직 안 이루어진 상태의 당좌수표를 **(기발행)미결제수표**(outstanding check)라고 한다.

기업은 당좌예금 계좌에 예치해 놓은 금액을 한도로 당좌수표를 발행할 수 있는데, 만약 기업이 예치한 당좌예금 잔액을 초과하는 금액의 당좌수표를 발행하면 은행은 지급을 거절한다. 이렇게 당좌예금 잔액을 초과하여 은행이 지급을 거절한 당좌수표를 **부도수표**(bad check 또는 bounced check)라고 한다.

당좌수표가 부도날 경우 기업은 은행거래에 있어 상당한 불이익을 받게 된다. 따라서 기업은 당좌예금 잔액을 초과하여 당좌수표가 결제될 수 있도록 사전에 은행과 **당좌차월**(overdraft) 계약을 맺기도 한다. 당좌차월은 당좌예금에 마이너스($-$) 잔액으로 나타나며, 단기차입금과 그 성격이 같다. 따라서 결산일에 당좌예금 계정에 대변잔액이 있으면 단기차입금 계정에 합산하여 표시할 수 있다.

다음 (예제 3)을 통해서 당좌예금과 관련된 회계처리를 살펴보자.

예제 3 • 당좌예금의 운용

(주)한걸음은 다음과 같은 당좌거래를 하였다.

- 20×1년 12월 1일: (주)한걸음은 거래은행인 한빛은행과 당좌계약을 체결하고 당좌예금 계좌에 ₩1,000,000을 입금하였다.
- 20×1년 12월 10일: (주)한걸음은 거래처인 (주)두발로부터 상품 ₩700,000을 납품받고 수표를 지급하였다. (주)한걸음은 실지재고조사법을 사용한다.
- 20×1년 12월 15일: (주)한걸음은 한빛은행과 ₩500,000을 한도로 당좌차월 약정을 체결하였다. 같은 날 (주)한걸음은 (주)두발로부터 상품 ₩600,000을 납품받고 수표를 지급하였다.
- 20×1년 12월 16일: (주)한걸음은 한빛은행의 당좌예금 계좌에 ₩400,000의 현금을 입금하였다.

물음)

20×1년 12월의 위 거래에 대하여 날짜별로 분개하시오.

[풀이]

〈20×1. 12. 1. 당좌예금 입금시〉

(차변)	당 좌 예 금	1,000,000	(대변)	현　　　금	1,000,000

〈20×1. 12. 10. 매입시〉

(차변)	매　　　입	700,000	(대변)	당 좌 예 금	700,000

〈20×1. 12. 15. 매입시〉

(차변)	매　　　입	600,000	(대변)	당 좌 예 금	300,000
				당 좌 차 월	300,000

〈20×1. 12. 16. 당좌예금 입금시〉

(차변)	당 좌 예 금	100,000	(대변)	현　　　금	400,000
	당 좌 차 월	300,000			

　　회사는 당좌예금에 대한 내부통제를 위하여 수시로 회사의 당좌예금 장부의 잔액과 은행의 당좌예금 계좌의 잔액이 일치하는지 파악할 필요가 있다. 일반적으로 회사측 당좌예금 장부 잔액과 은행측 당좌예금 계좌 잔액은 일치하겠지만, 만약에 두 잔액이 일치

하지 않는다면 그 원인을 찾아서 두개의 잔액을 일치시키기 위한 조정표를 작성할 수 있는데, 이를 **은행계정조정표**(bank reconciliation)라고 한다. 만약 은행계정조정표를 작성한 결과 조정후 회사측과 은행측의 당좌예금 잔액이 일치하지 않는다면 그 금액만큼 기업 내의 누군가가 당좌예금을 횡령했을 가능성도 배제할 수 없기 때문에 제3자에 의한 독립적 내부검증이 필요하다.

회사측 당좌예금 잔액과 은행측 당좌예금 잔액이 일치하지 않는 원인 및 불일치 금액을 조정하는 방법을 요약하면 〈표 7-2〉와 같다.

표 7-2 당좌예금 잔액의 불일치 원인 및 조정방법

불일치 원인	내용	조정방법
미기입예금 (deposit-in-transit)	회사가 수령한 타인발행수표를 은행에 입금하고 회사의 당좌예금 장부에 입금처리하였으나, 은행 결제시스템상 은행의 당좌예금 계좌에는 동일자로 입금처리되지 않은 경우	은행측 잔액이 회사측 잔액보다 적으므로 은행측 잔액에 가산
(기발행)미결제수표 (outstanding checks)	회사가 당좌수표를 발행하면서 회사의 당좌예금 장부에 출금처리하였으나, 수표 소지인이 수표를 은행에 제시하지 않음으로써 은행의 당좌예금 계좌에는 아직 출금처리가 되지 않은 경우	은행측 잔액이 회사측 잔액보다 많으므로 은행측 잔액에서 차감
미통지예금 (deposit by third parties)	회사의 거래처가 회사에 대금결제를 통보하지 않고 회사의 당좌예금 계좌에 입금시킨 경우	회사측 잔액이 은행측 잔액보다 적으므로 회사측 잔액에 가산
부도수표 (bad check 또는 bounced check)	회사가 거래처로부터 수표를 수령하여 장부에 입금처리한 후 은행에 입금하였으나, 동수표가 은행결제 과정에서 부도수표로 판명되어 은행에서 입금처리가 되지 않은 경우	회사측 입금처리가 잘못된 것이므로 회사측 잔액에서 차감
은행수수료, 이자비용 등	은행이 어음추심료 또는 당좌차월에 대한 이자비용 등을 당좌예금 계좌에서 출금처리하였으나, 회사가 이러한 사실을 모르고 장부에 출금 기록을 하지 않은 경우	회사측에서 출금 기록을 누락했기 때문에 회사측 잔액에서 차감
오류	회사나 은행이 장부기록시 오류를 범한 경우	오류발생 금액만큼 가산 또는 차감

만약 당좌예금의 회사측 잔액과 은행측 잔액이 일치하지 않는다면 다음 〈표 7-3〉과 같은 은행계정조정표를 작성하여 당좌예금의 회사측 잔액과 은행측 잔액을 일치시킨다.

– **표 7-3 은행계정조정표**

은행계정조정표

××××년 ×월 ×일 현재

회사측 수정전 잔액		×××	≠	은행측 수정전 잔액		×××
미 통 지 예 금	(+)	×××		미 기 입 예 금	(+)	×××
부 도 수 표	(−)	×××		(기발행)미결제수표	(−)	×××
은행수수료, 이자비용 등	(−)	×××		은 행 측 오 류	(±)	×××
회 사 측 오 류	(±)	×××				
조 정 후 잔 액		×××	=	조 정 후 잔 액		×××

은행계정조정표를 작성하면 특정시점의 정확한 당좌예금 잔액을 산출할 수 있으며, 정확한 잔액을 산출한 후에 회사는 장부에 반영할 수정분개를 하여야 한다.

다음 (예제 4)를 통해서 은행계정조정표의 작성과 수정분개에 대해 살펴보자.

예제 4 · 은행계정조정표의 작성

(주)한걸음의 한빛은행 당좌예금 잔액을 확인한 결과이다.

> 20×1년 12월 31일 현재 (주)한걸음의 당좌예금 계정의 잔액은 ₩144,000인데, 당좌계약을 체결한 한빛은행으로부터 수령한 회사의 은행조회서상의 잔액은 ₩150,000으로 기록되어 있다. 차이에 대한 원인은 다음과 같다.
>
> ① (주)한걸음이 12월 29일에 발행한 수표 ₩70,000이 은행에서 아직 인출되지 않았다.
> ② (주)한걸음의 거래처가 12월 30일에 대금결제를 통보하지 않고 (주)한걸음의 당좌예금 계좌에 ₩30,000을 입금시켰다.
> ③ (주)한걸음이 거래처로부터 수표 ₩50,000을 수령하여 은행에 입금처리하였으나, 은행결제과정에서 부도수표로 판명되었다.
> ④ (주)한걸음이 12월 31일에 입금한 ₩40,000을 한빛은행측이 아직 기록하지 않았다.
> ⑤ 12월 중 은행수수료가 ₩10,000이 발생하였으나, 회사측은 아직 기록하지 않았다.
> ⑥ (주)한걸음이 거래처로부터 받은 수표 ₩66,000을 은행에 입금처리하면서 ₩60,000으로 잘못 기록하였다.

물음)

20×1년 12월 31일자로 은행계정조정표를 작성하고 (주)한걸음이 해야 할 수정분개를 하시오.

[풀이]

은행계정조정표

(주)한걸음	20×1년 12월 31일 현재			(단위: 원)
(주)한걸음 수정전 잔액	144,000	한빛은행 수정전 잔액		150,000
② 미통지예금	(+)30,000	① (기발행)미결제수표		(−)70,000
③ 부도수표	(−)50,000	④ 미기입예금		(+)40,000
⑤ 은행수수료	(−)10,000			
⑥ 회사측오류	(+)6,000			
조정후 잔액	120,000	조정후 잔액		120,000

〈수정분개〉

② (차변) 당좌예금	30,000	(대변) 매출채권		30,000
③ (차변) 매출채권	50,000	(대변) 당좌예금		50,000
⑤ (차변) 수수료비용	10,000	(대변) 당좌예금		10,000
⑥ (차변) 당좌예금	6,000	(대변) 매출채권		6,000

2. 매출채권과 매입채무

2.1 기업활동의 영업주기

기업의 일상적으로 반복되는 활동은 순환적으로 주기(cycle)의 형태를 띤다. 이러한 주기는 그 성격에 따라 〈그림 7−1〉과 같이 재무주기와 영업주기로 구별할 수 있다.

재무주기(financial cycle)는 투자자(주주)나 채권자로부터 자금을 조달하고 채무자의 경우 약속한 대로 이자를 지급하고 상환하기까지의 기간을 말한다. 이 기간은 자금의 조달형태에 따라 다르다. 예를 들면, 단기차입금의 경우 보통 1년 이내로 상환되지만, 장기차입금의 경우에는 3년, 5년, 10년 등으로 장기간 운용된다. 주식의 경우에는 만기가 없기 때문에 기업의 존속기간 전체가 재무주기일 것이다.

영업주기(operating cycle)는 원재료, 상품 등을 매입하여 내부적인 활동을 통해 가치를 부가하고, 매출한 후 그 대금을 현금으로 회수하기까지 걸리는 기간을 말한다. 이 기간은 기업이 거래하는 산출물의 형태에 따라 다르다. 예를 들면, 즉석해서 만들어 판매하는 베이커리회사 등의 경우에는 하루도 채 안 되는 기간이 영업주기이지만, 아파트를

ㄴ 그림 7-1 **재무주기와 영업주기**

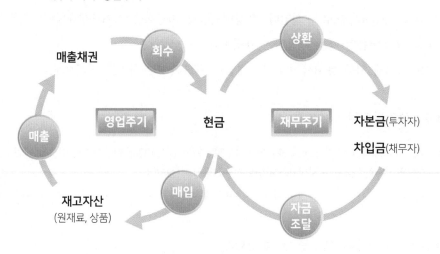

지어서 판매하는 건설회사 등의 경우에는 1년 이상의 3년, 5년 혹은 10년 이상의 장기 간이 영업주기일 수 있다.

2.2 매출채권과 매입채무의 의의

수취채권(receivables)은 기업이 재화나 용역을 외상으로 판매하고 그 대가로 미래에 현금을 수취할 수 있는 권리를 획득하는 경우나, 다른 기업에 자금을 대여하고 그 대가로 차용증서나 어음을 받는 경우에 발생하는 채권을 포괄적으로 말한다. 반면 지급채무 (payables)는 기업이 미래에 현금이나 재화 혹은 용역을 제공해야 할 의무를 포괄적으로 말한다.

수취채권 중에서도 특히 기업의 주된 정상영업활동과 관련하여 상품을 판매하거나 용역을 제공하는 과정, 즉 일반적인 상거래에서 발생하는 채권을 매출채권(trade receivables) 이라고 하며, 주로 외상매출금(accounts receivable)과 받을어음(notes receivable)으로 구성 된다. 외상매출금과 받을어음은 고객에게 재화나 용역을 외상으로 판매한 신용거래에서 발생한다는 점은 동일하다. 그러나 외상매출금은 일반적으로 회수기간이 짧기 때문에 어음을 발행하지 않지만, 받을어음은 거래상대방의 조기현금회수 등의 목적으로 어음을 발행하는 것이 차이점이다.

지급채무 중에서 상품이나 원재료 등을 매입하는 과정, 즉 일반적인 상거래에서 발생하는 채무를 매입채무(trade payables)라고 하며, 주로 외상매입금(accounts payable)과 지급어음(notes payable)으로 구성된다. 외상매입금과 지급어음은 거래상대방이 각각 외상매출금과 받을어음인 경우 사용하는 계정이다.

다음 (예제 5)를 통해서 매출 및 매입과 관련된 회계처리를 살펴보자.

예제 5 ・ 매출 및 매입

(주)두발로는 거래처인 (주)한걸음에 오토바이 10대를 단가 ₩1,000에 판매하면서 어음을 받았다. 단, (주)두발로와 (주)한걸음은 실지재고조사법을 사용한다고 가정한다.

물음)
(주)두발로와 (주)한걸음이 해야 할 분개를 하시오.

[풀이]

(주)두발로(판매자)		(주)한걸음(구매자)	
(차변) 받을어음	10,000	(차변) 매입	10,000
(대변) 매출	10,000	(대변) 지급어음	10,000

2.3 매출채권의 평가

(1) 매출채권의 손상차손

결산일 현재 기업이 보유하고 있는 매출채권을 차기 이후에 현금으로 모두 회수하지 못할 수도 있다. 매출거래처의 재무상태 악화 등으로 인하여 매출채권의 회수가 지연되거나 매출채권의 일부 또는 전부가 회수불가능한 경우가 발생할 수 있기 때문이다.

보고기간 말 현재 매출채권을 미래에 모두 회수하지 못할 것으로 판단하였음에도 불구하고 여기에 대해서 아무런 회계처리도 하지 않는다면, 재무상태표에 매출채권이 과대계상되는 문제가 발생한다. 따라서 매출채권의 회수가 불가능하게 되었을 때 비용을 인식하는 것이 아니라, 보고기간 말 현재 매출채권의 신용위험이 유의적으로 증가하였다고 판단되면 미리 매출채권을 감소시키면서 이를 비용으로 인식하여야 한다. 이때 차변에 인식하는 비용을 손상차손(impairment loss)이라고 하고, 대변에 상대계정으로 매출채권의 차감계정인 손실충당금(loss allowance)을 사용한다.

손상차손이라는 비용을 매출채권이 실제 제각(write–off)되는 시점이 아닌 매출채권의 신용위험이 증가한 시점에 인식하도록 하는 것은 **수익-비용 대응의 원칙**(matching principle) 관점에서 외상거래로 인해 증가하는 매출수익을 위해 불가피하게 발생된 것이기 때문이다. 또한 상대계정으로 손실충당금을 사용하는 것은 미래에 회수가능성을 고려하여 매출채권이 과대평가되는 것을 방지하기 위한 것이다.

(2) 손상차손의 회계처리

한국채택국제회계기준에서는 매 보고기간 말(결산일)에 매출채권의 신용위험이 유의적으로 증가하였는지 판단하고, 미래 전망 정보를 포함하여 합리적이고 뒷받침될 수 있는 모든 정보를 고려하여 **기대신용손실**(expected credit losses)을 추정하고, 그 금액을 손상차손으로 인식한다. 기대신용손실은 매출채권에서 수취하지 못할 것으로 추정한 현금흐름의 현재가치를 채무불이행 발생위험으로 가중평균한 금액을 말한다.

(주)한걸음의 경우를 예로 들어 매출채권의 손상차손에 대한 회계처리를 살펴보자.

- 손상차손의 인식(사업개시연도)

20×1년도는 (주)한걸음의 경우 사업개시연도이므로 기초의 손실충당금 계정 잔액은 영(₩0)이다. 20×1년도 말에 매출채권 ₩224,000 중에서 ₩5,000이 회수불가능액으로 추정되었다. 따라서 기말의 수정분개로 차변과 대변에 손상차손과 손실충당금을 각각 ₩5,000씩 인식한다.

〈20×1년 말(수정분개)〉

(차변) 손 상 차 손　　　5,000　　(대변) 손 실 충 당 금　　　5,000

- 매출채권의 신용손실 확정

20×2년 중에 (주)한걸음의 매출채권 ₩2,000의 신용손실이 확정되었다. 따라서 신용손실 확정 시점에서 매출채권을 제각하는 회계처리를 한다. 우선 대변에 매출채권 ₩2,000을 감소시킨다. 그리고 차변에 손실충당금 ₩2,000을 회계처리함으로써 20×1년도 말 회수불가능액으로 인식한 ₩5,000 중에서 실제 신용손실이 확정된 ₩2,000을 감

소시킨다.

법인세법에서 신용손실(대손)이 확정되는 시점은 채무자의 파산, 강제집행, 형의 집행, 사업의 폐지, 사망, 실종 또는 행방불명 등으로 채권을 회수할 수 없게 된 때를 말한다.

〈20×2년 중〉					
(차변) 손실충당금	2,000	(대변) 매 출 채 권	2,000

- 손상차손의 인식(후속년도)

20×2년 말에 (주)한걸음의 매출채권 ₩350,000 중에서 ₩6,500이 회수불가능액으로 추정되었다. 따라서 20×2년 중에 신용손실이 확정된 후의 손실충당금 잔액 ₩3,000은 ₩6,500으로 증액되어야 하므로 그 차이인 ₩3,500을 20×2년도 손상차손으로 인식한다.

〈20×2년 말(수정분개)〉					
(차변) 손 상 차 손	3,500	(대변) 손 실 충 당 금	3,500

- 매출채권과 신용손실 관련 계정들의 재무제표 표시

(주)한걸음의 20×1년과 20×2년 재무상태표와 손익계산서에 매출채권과 신용손실 관련 계정들을 다음 〈표 7-4〉와 같이 표시한다.

표 7-4 매출채권과 신용손실 관련 재무제표 표시

재무제표	20×1	20×2
[재무상태표]		
매출채권	₩224,000	₩350,000
손실충당금	(5,000)	(6,500)❶
장부금액(회수가능가액)	₩219,000	₩343,500
[손익계산서]		
손상차손	₩5,000	₩3,500❷

❶ 20×2년 말에 수정분개 전 손실충당금 잔액 ₩3,000(5,000-2,000)에서 20×2년 말 수정분개를 통해 손실충당금 증가액 ₩3,500을 더한 금액임

❷ 20×2년 말에 수정분개를 통해 인식한 손상차손 ₩3,500임

• 손실충당금의 부족

손상차손을 인식하는 회계처리는 일반적으로 매출채권의 손상차손 확정 당시에 손실충당금 잔액이 제각 대상인 매출채권 금액보다 많은 경우이다. 그러나 그 반대로 손실충당금 잔액이 제각 대상인 매출채권 금액보다 적은 경우도 발생할 수 있다.

20×3년 중에 (주)한걸음의 매출채권 ₩8,000의 신용손실이 확정되었다. 신용손실 확정 시점에서 매출채권을 제각하는 회계처리는 다음과 같다. 우선 대변에 매출채권 ₩8,000을 감소시킨다. 그리고 차변에 손실충당금 잔액인 ₩6,500을 회계처리하고, 부족분인 ₩1,500은 손상차손을 회계처리한다.

〈20×3년 중〉

(차변)	손 실 충 당 금	6,500	(대변)	매 출 채 권	8,000
	손 상 차 손	1,500			

• 제각한 매출채권의 회수

신용손실로 확정되어 장부에서 제각한 매출채권을 나중에 현금으로 회수하는 경우도 있을 수 있다.

제각처리한 매출채권 ₩8,000을 다시 현금으로 회수하였다. 제각한 매출채권을 회수한 경우 회계처리는 다음과 같다. 우선 제각할 때의 회계처리를 역분개하여 제각이 없었던 상황으로 완전히 환원시킨 후, 매출채권을 현금으로 회수한 회계처리한다.

〈① 환원하는 회계처리〉

(차변)	매 출 채 권	8,000	(대변)	손 실 충 당 금	6,500
				손 상 차 손	1,500

〈② 현금회수 회계처리〉

(차변)	현 금	8,000	(대변)	매 출 채 권	8,000

두 회계처리를 단일화하면 다음과 같다.

〈①과 ②를 통합한 회계처리〉

(차변)	현　　　금	8,000	(대변)	손 실 충 당 금	6,500
				손 상 차 손	1,500

- 손실충당금의 환입

(주)한걸음의 20×3년도 수정분개 전에 손실충당금 잔액이 ₩6,500이라고 가정하자. 20×3년 말에 매출채권 ₩300,000 중에서 ₩4,700이 회수불가능액으로 추정되었다. 따라서 20×3년 말에 손실충당금 잔액을 ₩6,500에서 ₩4,700으로 감액되어야 하므로 그 차이인 ₩1,800을 당기수익인 **손실충당금환입**으로 대변에 회계처리한다. 차변에 손실충당금을 ₩1,800 감소시키는 회계처리한다.

〈20×3년 말(수정분개)〉

(차변)	손 실 충 당 금	1,800	(대변)	손실충당금환입	1,800

- 손실충당금 변화 요인을 T-계정에 반영

손실충당금

② 매출채권(제각)	6,500	① 기초잔액	6,500
④ 손실충당금환입	1,800	③ 매출채권(제각한 매출채권 회수)	6,500
		⑤ 손상차손	0
		⑥ 기말잔액	4,700

① 20×2년 말 손실충당금 잔액 ₩6,500은 그대로 20×3년 기초 금액이 됨
② 손상차손이 확정된 매출채권 ₩8,000 중에서 ₩6,500을 손실충당금으로 제각함
③ 제각한 매출채권을 회수하는 회계처리를 하면서 손실충당금 ₩6,500을 환원함
④ 손실충당금 잔액을 ₩6,500에서 ₩4,700으로 감액하면서 ₩1,800을 환입함
⑤ 손실충당금 잔액보다 기말에 매출채권 중에서 회수불가능하다고 추정되는 금액이 크다면 추가적인 손상차손과 손실충당금을 인식한다. 그러나 20×3년에는 반대의 상황, 즉 손실충당금 잔액보다 기말에 매출채권 중에서 회수불가능하다고 추정되는 금액이 작기 때문에 추가적인 손상차손과 손실충당금을 인식하지 않음
⑥ 20×3년 말에 매출채권 중에 회수불가능하다고 추정된 금액이 ₩4,700이며, (₩4,700=6,500+6,500+0-6,500-1,800)으로 계산할 수 있음

(3) 매출채권 회수불가능액의 추정

기업이 보유하고 있는 매출채권에 대하여 주기적으로 대손발생 여부를 평가하기 위하여 **자산손상 검사**(asset impairment test)를 실시하여야 한다. 개별 매출채권의 비중이 큰 경우에는 개별적으로 손상검사를 실시하지만, 비중이 크지 않은 경우에는 유사한 특성을 가진 매출채권을 집합적으로 묶어 손상검사를 실시한다.

일반적으로 **단일 손상률법**과 **연령분석법**(aging of accounts receivable method)을 사용한다. 단일 손상률법은 기말의 매출채권 잔액에 대해 일률적으로 단일 손상률(예를 들면, 1%, 2% 등)을 추정하여 적용하는 방법이다. 연령분석법은 기말의 매출채권 잔액을 각 매출채권의 기간 경과일수에 따라 몇 개의 집단으로 분류하는 **연령분석표**(aging schedule)를 작성하고, 각 집단의 특성을 고려하여 별도의 손상률을 적용하는 방법이다.

다음 (예제 6)을 통해서 연령분석법에 따른 손상추정방법을 살펴보자.

예제 6 • 연령분석법

(주)두발로의 매출채권 잔액은 ₩800,000이고, 기말 수정분개 전 손실충당금 잔액은 ₩40,000이다. (주)두발로는 연령분석법을 사용하여 매출채권에 대한 회수불가능액을 추정한다. 기말에 (주)두발로의 매출채권에 대한 연령분석표는 다음과 같다.

경과기간	매출채권	손상발생률(%)	손상추정액
정상회수일 미경과분	₩500,000	0.5	₩2,500
1~30일	150,000	5.0	7,500
31~90일	80,000	10.0	8,000
91~150일	50,000	40.0	20,000
151일 이상	20,000	80.0	16,000
합 계	₩800,000		₩54,000

물음)

(주)두발로의 매출채권에 대한 연령분석표를 이용하여 기말 수정분개하시오.

[풀이]

매출채권의 회수불가능 추정액 = ₩500,000×0.5% + ₩150,000×5% + ₩80,000×10% + ₩50,000×40% + ₩20,000×80% = ₩54,000

당기에 손상차손 인식할 금액은 ₩54,000에서 기말 수정분개 전 손실충당금 잔액 ₩40,000을 차감한 ₩14,000임

(차변)　손 상 차 손　　　14,000　　（대변）　손 실 충 당 금　　　14,000

2.4 받을어음과 지급어음

(1) 받을어음과 지급어음의 의의

약속어음(promissory note)은 어음의 발행자(issuer)가 특정 수취인(payee) 또는 어음의 소지인(bearer)에게 미래의 지정된 날짜에 일정금액을 지급하겠다는 것을 약속한 증서이다.

기업이 영업활동으로 상품이나 용역을 제공하면서 약속어음을 받은 경우 **받을어음** (notes receivable)이며, 반대로 상품이나 원재료를 구매한 대가로 약속어음을 지급한 경우 **지급어음**(notes payable)으로 회계처리한다. 재무제표에는 받을어음과 외상매출금을 묶어서 매출채권으로 보고하고, 지급어음과 외상매입금을 묶어서 매입채무로 보고한다. 대부분은 유동자산 또는 유동부채로 분류하지만, 결산일로부터 1년 이후에 그 만기일이 도래하는 어음의 경우에는 장기매출채권 또는 장기매입채무로, 각각 비유동자산 또는 비유동부채로 분류한다.

약속어음은 그 권면에 이자가 표시되어 있느냐에 따라 이자부어음과 무이자부어음으로 나눌 수 있다. **이자부어음**(interest bearing notes)은 만기일에 액면금액에 추가하여 일정 이자를 별도로 지급할 것을 약정한 어음이다. **무이자부어음**(non-interest bearing notes)은 만기일에 액면금액만 지급할 것을 약정한 어음이다. 이자에 대한 명시적 언급은 없지만, 보통 액면금액에 어음 기간 동안의 이자가 포함되어 있어서 이자에 대한 명시적 문구가 없는 것이 일반적이다.

지금까지 우리는 일반적 상거래에 바탕을 두고 발행하는 상업어음(진성어음)에 대해서 살펴보았다. 이와는 별도로 기업이 순수하게 자금을 융통할 목적으로 어음을 발행하기도 하는데 이를 금융어음(융통어음 또는 기업어음)이라고 한다. 금융어음을 발행한 경우에는 상거래에서 발생하는 매입채무 계정과 구별하여 차입금 계정을 사용하여 재무상태표에 표시한다.

(2) 어음의 발행과 결제

일반적으로 어음은 발행자가 발행하면 상대방은 그것을 수취하여 보통 만기까지 보

유하다가 만기일에 약속된 금액을 결제받는다. 이때 어음발행인의 지급불능 등의 이유로 어음대금이 지급되지 않는 경우가 있는데 이것을 어음의 부도라고 한다.

어음의 발행과 결제에 대한 회계처리를 (예제 7)을 통해 살펴보자.

예제 7 • 어음의 발행과 결제

20×2년 4월 1일에 (주)두발로는 (주)한걸음에 오토바이 100대를 단가 ₩1,000에 매출하고 (주)한걸음이 발행한 90일 만기 이자부약속어음을 받았다. 어음의 연이자율은 12%이며, 만기시 이자는 별도로 받는다(계산의 편의상 1년은 360일로 가정함). 만기일에 (주)두발로는 (주)한걸음으로부터 받은 어음을 거래 은행에 추심의뢰하였으며, 어음이 정상적으로 결제되어 액면금액과 이자를 현금으로 받았다. 단, (주)두발로와 (주)한걸음은 실지재고조사법을 사용한다고 가정한다.

물음) 각 거래일에 (주)두발로와 (주)한걸음이 해야 할 분개를 하시오.

[풀이]

일자	두발로(어음수취인)		한걸음(어음발행인)	
20×2. 4. 1.	(차변)받을어음 100,000		(차변)매입 100,000	
		(대변)매출 100,000		(대변)지급어음 100,000
어음 만기시	(차변)현금 103,000		(차변)지급어음 100,000	
		(대변)받을어음 100,000	이자비용 3,000❶	
		이자수익 3,000❶		(대변)현금 103,000

❶ ₩100,000×12%×90/360일=₩3,000

(3) 어음의 부도

만기일에 어음의 발행인이 어음을 결제하지 못하면 받을어음은 **부도어음**이 된다. 부도어음으로 대체되는 금액은 받을어음의 원금과 미지급한 이자를 포함한다. 부도어음은 미래 어느 시점에 회수될지 알 수 없기 때문에 일반적으로 투자자산으로 분류한다.

다음 (예제 8)을 통해서 부도어음의 회계처리에 대해 살펴보자.

예제 8 • 어음의 부도

앞의 예제 7에서 만기시 어음 결제거래 대신 다음을 가정하자. 만기일에 (주)두발로는 (주)한걸음으로
부터 받은 어음을 거래 은행에 추심의뢰하였으나 어음이 부도되었다는 통지를 받았다.
20×2년 10월 31일 (주)한걸음의 파산으로 인하여 받을어음에 대한 신용손실이 확정되었다고 판단하
였다. 손실충당금은 부도어음보다 크다고 가정한다.

물음)
각 거래일에 (주)두발로가 해야 할 분개를 하시오.

[풀이]
〈어음 만기시〉
(차변)	부 도 어 음	103,000	(대변)	받 을 어 음	100,000
				이 자 수 익	3,000

〈20×2. 10. 31.〉
(차변)	손 실 충 당 금	103,000	(대변)	부 도 어 음	103,000

(4) 받을어음의 할인

상품 등을 외상으로 판매하고 거래처로부터 어음을 수령하는 경우 어음발행일부터
어음만기일까지 상당 기간이 소요될 수 있다. 받을어음을 보유하고 있는 기업이 어음의
만기일 이전에 금융기관 등에 어음을 양도하여 필요한 자금을 확보하기도 하는데, 이를
받을어음의 할인(discounting note)이라고 한다.

받을어음을 할인하여 금융기관에 양도함으로써 받을어음의 소유에 따른 위험과 보
상의 대부분을 금융기관에 이전하였다면 매출채권을 제거하는 회계처리를 한다(예: 소구
권이 없는 양도). 그러나 받을어음을 할인하여 금융기관에 양도하였더라도 받을어음의 소
유에 따른 위험과 보상의 대부분을 양도자가 계속 보유한다면 차입거래로 회계처리한다
(예: 소구권이 있는 양도). 다음 (예제 9)를 통해서 받을어음의 할인에 대한 회계처리를 매
각으로 보는 경우와 차입으로 보는 경우로 나누어 살펴보자.

예제 9 · 받을어음의 할인

20×2년 4월 1일에 (주)두발로는 (주)한걸음에 오토바이 100대를 단가 ₩1,000에 매출하고 (주)한걸음이 발행한 90일 만기 무이자부약속어음을 받았다. 이를 발행일로부터 30일이 경과한 5월 1일에 한빛은행에서 연리 15% 조건으로 할인하여 할인료를 제외한 잔액을 현금으로 받았다(계산의 편의상 1년은 360일로 가정함). (주)한걸음은 만기일에 한빛은행에 정상적으로 결제하였다.

물음)

위 할인에 대해 매각으로 보는 경우와 차입으로 보는 경우 각각에 대해 5월 1일과 만기시 해야 할 분개를 하시오.

[풀이]

일자	매각으로 보는 경우 (위험과 보상의 대부분을 이전)	차입으로 보는 경우 (위험과 보상의 대부분을 보유)
20×2.5.1	(차변) 현 금 97,500 매출채권처분손실 2,500❶ (대변) 매 출 채 권 100,000	(차변) 현 금 97,500 이자비용 2,500❶ (대변) 단기차입금 100,000
만기시	분개 없음	(차변) 단기차입금 100,000 (대변) 매출채권 100,000

❶ ₩100,000×15%×60/360일=₩2,500(60일을 계산하는 이유는 은행이 어음을 수취하여 만기일까지 보유하는 동안의 할인료를 계산한 것이기 때문임)

3. 기타 단기채권과 단기채무

3.1 대여금과 차입금

회사가 거래처 등 상대방에게 계약에 의하여 현금을 대여하였다면 향후 이자와 원금을 현금으로 수령할 권리가 발생하는데 이를 대여금(loans)이라고 한다. 대여금은 결산일로부터 회수기간이 1년 이내라면 단기대여금(short–term loans)으로 구분하고, 1년 이후라면 장기대여금(long–term loans)으로 구분한다. 한편, 현금을 차입한 상대방은 차입금(borrowings)이 된다. 차입금도 결산일로부터 1년 이내에 상환기한이 도래하는지의 여부에 따라 **단기차입금**(short-term borrowings) 또는 **장기차입금**(long-term borrowings)으로 구분한다.

다음 (예제 10)을 통해서 단기대여금과 단기차입금에 대한 회계처리를 살펴보자.

예제 10 · 단기대여금과 단기차입금

20×1년 4월 1일에 (주)씽모터는 거래처인 (주)두발로에 현금 ₩1,000,000을 대여해주었다. 상환예정일은 1년 만기인 20×2년 3월 31일이고, 이날 연이자율 12% 이자를 같이 받기로 하였다.

물음)
(주)씽모터와 (주)두발로가 20×1년 4월 1일과 12월 31일, 그리고 20×2년 3월 31일에 해야 할 분개를 하시오.

[풀이]

일자	(주)씽모터(채권자)		(주)두발로(채무자)	
20×1. 4. 1.	(차변) 단기대여금 (대변) 현금	1,000,000 1,000,000	(차변) 현금 (대변) 단기차입금	1,000,000 1,000,000
20×1. 12. 31.	(차변) 미수수익 (대변) 이자수익	90,000 90,000❶	(차변) 이자비용 (대변) 미지급비용	90,000 90,000❶
20×2. 3. 31.	(차변) 현금 (대변) 단기대여금 미수수익 이자수익	1,120,000 1,000,000 90,000 30,000❷	(차변) 단기차입금 미지급비용 이자비용 (대변) 현금	1,000,000 90,000 30,000❷ 1,120,000

❶ ₩1,000,000×12%×9/12개월=₩90,000
❷ ₩1,000,000×12%×3/12개월=₩30,000

3.2 미수금과 미지급금

일반적 상거래에서 발생한 수취채권을 매출채권이라 하며, 그 이외의 거래에서 발생한 수취채권을 **미수금**이라고 한다. 대표적으로 유형자산을 처분하면서 발생한 수취채권이 미수금이다. 마찬가지로 일반적 상거래에서 발생한 지급채무를 매입채무라고 하며, 그 이외의 거래에서 발생한 지급채무를 **미지급금**이라고 한다.

다음 (예제 11)을 통해서 미수금과 미지급금에 대한 회계처리를 살펴보자.

예제 11 • 미수금과 미지급금

20×1년 4월 1일에 (주)씽모터는 거래처인 (주)두발로에 사용하던 소모품을 ₩100,000(장부금액 동일)에 매각하면서 현금은 한 달 뒤에 받기로 하였고, 20×1년 5월 1일에 현금을 각각 수취 및 지급하였다.

물음)
(주)씽모터와 (주)두발로가 20×1년 4월 1일과 5월 1일에 해야 할 분개를 하시오.

[풀이]

일자	(주)씽모터(판매자)	(주)두발로(구매자)

20×1. 4. 1.	(차변) 미수금 100,000
	    (대변) 소모품 100,000
		(차변) 소모품 100,000
		    (대변) 미지급금 100,000

20×1. 5. 1.	(차변) 현금 100,000
	    (대변) 미수금 100,000
		(차변) 미지급금 100,000
		    (대변) 현금 100,000

3.3 선급금과 선수금

상품이나 원재료 등을 매입하기 전에 거래처에 일부 대금을 미리 지급한 금액을 선급금이라고 한다. 마찬가지로 상품이나 원재료 등을 판매하기 전에 거래처로부터 일부 대금을 미리 받은 금액을 선수금이라고 한다. 일반적으로 계약을 확실하게 하기 위해 거래 대금 중 일부를 미리 주고받는다.

다음 (예제 12)를 통해서 선급금과 선수금에 대한 회계처리를 살펴보자.

예제 12 • 선급금과 선수금

20×1년 4월 1일에 (주)씽모터는 거래처인 (주)두발로에 오토바이 1,000대를 대당 ₩700에 판매하기로 계약하고, 그 중 10%를 미리 현금으로 받았다. 20×1년 4월 30일에 (주)씽모터는 (주)두발로에 오토바이 1,000대를 인도하고, 동시에 나머지 잔액을 현금으로 받았다. 단, 두 회사 모두 실지재고조사법을 사용한다고 가정한다.

물음)
(주)씽모터와 (주)두발로가 20×1년 4월 1일과 4월 30일에 해야 할 분개를 하시오.

[풀이]

일자	(주)씽모터(판매자)		(주)두발로(구매자)	
20×1. 4. 1.	(차변) 현금	70,000	(차변) 선급금	70,000❶
	(대변) 선수금	70,000❶	(대변) 현금	70,000
20×1. 4. 30.	(차변) 현금	630,000	(차변) 매입	700,000
	선수금	70,000	(대변) 현금	630,000
	(대변) 매출	700,000	선급금	70,000

❶ ₩700×1,000대×10%=₩70,000

3.4 예수금

제3자에게 지급해야 할 금액을 기업이 종업원 등으로부터 미리 받아 일시적으로 보관하는 경우에 이를 예수금이라고 한다. 대표적으로 종업원에게 급여를 지급할 때 종업원이 부담하는 근로소득세와 건강보험 등 4대 보험료를 기업이 미리 원천징수했다가 해당 기관에 대신 납부하게 되는데, 이때 원천징수한 금액을 예수금으로 회계처리한다.

다음 (예제 13)을 통해서 예수금에 대한 회계처리를 살펴보자.

예제 13 · 예수금

(주)두발로는 20×1년 5월의 총급여액 ₩1,000,000 중에서 다음과 같이 ₩200,000을 원천징수한 후 종업원에게 ₩800,000을 현금으로 지급하였다. 원천징수한 내역은 다음과 같다.

- 소 득 세: 120,000
- 주 민 세: 12,000
- 건강보험료: 68,000

물음)
(주)두발로가 20×1년 5월의 급여 지급시와 원천징수한 금액을 해당 기관에 납부할 때 해야 할 분개를 하시오.

[풀이]

〈20×1년 5월 급여 지급시〉

(차변)	급　　여	1,000,000	(대변)	현　　금	800,000
				소득세예수금	120,000
				주민세예수금	12,000
				보험료예수금	68,000

〈20×1년 해당기관에 납부시〉

(차변)	소득세예수금	120,000	(대변)	현　　금	200,000
	주민세예수금	12,000			
	보험료예수금	68,000			

오스템임플란트 '오너 리스크' 논란···'터질 게 터졌다'

코스닥 상장사 오스템임플란트가 1천 980억원 규모 횡령 사건을 계기로 부실 경영과 '오너 리스크' 논란에 휩싸였다. 회사측은 이번 사건에 창업주이자 최대 주주인 최규옥 회장 등 윗선 개입은 없었다고 선을 그었다. 그러나 9일 코스닥시장 안팎에선 오스템임플란트는 최 회장도 과거 횡령 사건으로 실형을 받는 등 오너 리스크에 노출돼 있어 터질 게 터졌다는 지적이 나오고 있다. 이번 사태가 장기화하면 최 회장은 직접적인 연관이 없다고 결론이 나더라도 대주주 책임론이 다시 불거질 것으로 보인다.

문제는 회삿돈 1천 980억원을 횡령한 혐의로 구속된 이모(45)씨에 대한 조사 과정 등에서 '윗선 지시' 의혹 등이 제기됐다는 점이다. 오스템임플란트 재무팀장이던 이씨는 지난해 3월께부터 그해 말까지 총 8차례에 걸쳐 회삿돈 1천 980억원을 횡령한 혐의로 구속됐다. 앞서 시민단체 서민민생대책위원회도 최 회장과 엄태관 대표를 횡령과 자본시장법 위반 혐의로 서울경찰청에 고발했다. 이 단체는 이씨가 지난해 10월 1천 400억원 규모의 동진쎄미켐 주식에 투자한 점을 들어 "단순 자금관리 직원의 단독 범행이 아닐 수 있다"고 주장했다. 한국거래소는 이씨의 동진쎄미켐 주식 대량 매매와 관련해 불공정거래가 있었는지를 들여다보고 있다. 오스템임플란트는 '윗선 지시' 주장을 강하게 부인했다. 회사는 "이번 사건은 이씨가 지난해 10월 잔액 증명 시스템을 조작해 개인 계좌로 빼돌리는 방식으로 회사 자금을 횡령한 개인의 일탈 행위"라며 윗선 개입설에 선을 그었다. 그러면서 "회장은 어떠한 개입이나 지시를 한 일이 전혀 없다"며 "허위사실을 유포할 시에는 강력한 법적 조치를 취하겠다"고 밝혔다.

(연합뉴스 2022년 1월 9일)

⊃ 토론 주제

오스템임플란트의 사례에서 보는 것처럼 국내 상장회사에 '오너 리스크' 문제가 항상 제기되는 이유는 무엇인가?

☑ 연습문제

서술식 ⊘

001 현금및현금성자산에 포함되는 항목에 대해 서술하시오.

002 적정한 현금관리를 위한 내부통제 방법에 대해 서술하시오.

003 은행계정조정표에서 조정사항을 회사측과 은행측 조정사항으로 구분하여 서술하시오.

004 기업활동의 영업주기와 재무주기에 대해 서술하시오.

005 매출채권 손상차손의 회계처리에 대해 서술하시오.

006 매출채권의 회수불가능액을 추정하는 방법 중에서 단일 손상률법과 연령분석법의 차이에 대해 서술하시오.

007 이자부어음과 무이자부어음에 대해 서술하시오.

008 상업어음과 금융어음의 차이에 대해 서술하시오.

009 매출채권과 미수금의 차이에 대해 서술하시오.

010 매입채무와 미지급금의 차이에 대해 서술하시오.

011 예수금에 대해 서술하시오.

객관식 ✅

001 현금으로 분류되는 항목이 아닌 것은?

① 타인발행수표　　② 우편환 증서　　③ 사용제한예금　　④ 당좌예금

002 현금성자산으로 분류되는 항목이 아닌 것은?

① 양도성예금증서　　　　　　　② 취득시 만기가 4개월인 채권
③ 기업어음　　　　　　　　　　④ 환매조건부채권

003 현금관리의 내부통제 방법이 아닌 것은?

① 현금과 관련된 업무의 분장　　　② 소액현금제도
③ 정기적인 은행계정조정표의 작성　④ 현금을 사무실 금고에 보관

004 은행계정조정표의 조정사항 중에서 회사측 조정사항과 은행측 조정사항을 올바르게 묶은 것은?

① (회사측) 은행수수료　　　　　　(은행측) 미통지예금
② (회사측) 은행수수료　　　　　　(은행측) 부도수표
③ (회사측) 기발행미결제수표　　　(은행측) 부도수표
④ (회사측) 미통지예금　　　　　　(은행측) 기발행미결제수표

005 기대신용손실에 따른 손실충당금이 충분하다면 매출채권 ₩1,000을 제각할 때 회계처리는?

① (차변)손실충당금　　　1,000　　(대변)매출채권　　　1,000
② (차변)매출채권　　　　1,000　　(대변)손실충당금　　1,000
③ (차변)손상차손　　　　1,000　　(대변)매출채권　　　1,000
④ (차변)매출채권　　　　1,000　　(대변)손상차손　　　1,000

006 수정분개 전에 손실충당금 잔액이 기말 회수불가능액으로 추정된 금액보다 ₩1,000이 클 때 회계처리는?

① (차변)손실충당금　　　　1,000　　(대변)손상차손　　　　1,000
② (차변)손상차손　　　　　1,000　　(대변)손실충당금　　　1,000
③ (차변)손실충당금환입　　1,000　　(대변)손실충당금　　　1,000
④ (차변)손실충당금　　　　1,000　　(대변)손실충당금환입　1,000

007 기대신용손실에 따른 손실충당금이 충분하다면 부도어음 ₩1,000에 대한 신용손실이 확정되었을 때 회계처리는?

① (차변)손상차손   1,000   (대변)부도어음   1,000
② (차변)부도어음   1,000   (대변)손상차손   1,000
③ (차변)손실충당금   1,000   (대변)부도어음   1,000
④ (차변)부도어음   1,000   (대변)손실충당금   1,000

008 받을어음을 양도하면서 그 소유에 따른 위험과 보상의 대부분을 금융기관에 이전한 경우 받을어음 장부금액과 현금 수취액 간의 차이에 대한 분개 계정은?

① 손실충당금환입   ② 손상차손
③ 이자비용   ④ 매출채권처분손실

009 일반적 상거래 이외의 거래에서 발생한 지급채무를 무엇이라고 하는가?

① 미지급금   ② 매입채무
③ 선수금   ④ 선급비용

010 상품이나 원재료 등을 매입하기 전에 거래처에 일부 대금을 미리 지급한 금액을 무엇이라고 하는가?

① 선수수익   ② 선급금
③ 선수금   ④ 선급비용

011 제3자에게 지급해야 할 금액을 기업이 종업원 등으로부터 미리 받아 일시적으로 보관하는 경우에 이를 무엇이라고 하는가?

① 미지급비용   ② 선수금
③ 예수금   ④ 미지급금

종합문제 ✅

1 현금및현금성자산 분류

A회사는 다음과 같은 자산을 가지고 있다. 현금및현금성자산 금액과 그 외의 자산은 어떤 항목으로 분류해야 할지 쓰시오.

• 우편환증서	₩10,000	• 보 통 예 금	₩100,000
• 기 업 어 음	200,000	• 양도성예금증서	50,000
• 1년 만기 정기예금	30,000	• 취득일로부터 만기가 4개월인 채권	400,000

2 소액현금제도

소액현금제도를 처음 도입한 A회사의 다음 사항을 분개하시오.

① 20×1년 10월 1일: A회사는 소액현금제도를 도입하고, 자금부는 영업부의 서무에게 현금 ₩200,000을 지급하였다.

② 20×1년 10월 20일: 영업부의 서무는 부서 운영경비로 소모품 ₩30,000, 여비 ₩50,000, 부서회식비 ₩100,000을 지출하였다.

③ 20×1년 10월 31일: 영업부의 서무는 위 경비에 대한 영수증을 자금부에 제출하고, 총 ₩180,000의 현금을 보급받았다.

① 20×1년 10월 1일

	계정	금액		계정	금액
(차변)			(대변)		

② 20×1년 10월 20일

	계정	금액		계정	금액
(차변)			(대변)		

③ 20×1년 10월 31일

	계정	금액		계정	금액
(차변)			(대변)		

3 당좌예금 운용

A회사의 다음의 당좌거래를 분개를 하시오. 또한 다음 사항을 분개한 후에 B은행의 당좌예금 잔액은 얼마인가?

> ① 20×1년 4월 1일: A회사는 거래은행인 B은행과 당좌계약을 체결하고 당좌예금 계좌에 ₩500,000을 입금하였다.
>
> ② 20×1년 4월 10일: A회사는 거래처인 C회사로부터 상품 ₩300,000을 납품받고 수표를 지급하였다. A회사는 실지재고조사법을 사용한다.
>
> ③ 20×1년 4월 25일: A회사는 B은행과 ₩500,000을 한도로 당좌차월 약정을 체결하였다. 같은 날 A회사는 B회사로부터 상품 ₩400,000을 납품받고 수표를 지급하였다.
>
> ④ 20×1년 4월 26일: A회사는 B은행의 당좌예금 계좌에 ₩200,000의 현금을 입금하였다.

① 20×1년 4월 1일

	계정	금액		계정	금액
(차변)			(대변)		

② 20×1년 4월 10일

	계정	금액		계정	금액
(차변)			(대변)		

③ 20×1년 4월 25일

	계정	금액		계정	금액
(차변)			(대변)		

④ 20×1년 4월 26일

	계정	금액		계정	금액
(차변)			(대변)		

4 은행계정조정표

A회사의 B은행 당좌예금 잔액을 확인한 결과 조정후 잔액은 ₩100,000이다.

> 당좌예금 잔액 차이에 대한 원인은 다음과 같다.
> - A회사가 12월 29일에 발행한 수표 ₩20,000이 은행에서 아직 인출되지 않았다.
> - A회사의 거래처가 12월 30일에 대금결제를 통보하지 않고 A회사의 당좌예금 계좌에 ₩50,000을 입금시켰다.
> - A회사가 거래처로부터 수표 ₩10,000을 수령하여 은행에 입금처리하였으나, 은행결제 과정에서 부도수표로 판명되었다.
> - A회사가 12월 31일에 입금한 ₩25,000을 B은행측이 아직 기록하지 않았다.
> - 12월 중 은행수수료가 ₩8,000이 발생하였으나, 회사측은 아직 기록하지 않았다.
> - A회사가 거래처로부터 받은 수표 ₩20,000을 ₩22,000으로 잘못 기록하였다.

(1) 20×1년 12월 31일자로 은행계정조정표를 작성하고 A회사와 B은행의 각각의 조정전 잔액을 구하시오.

은행계정조정표

A회사	20×1년 12월 31일 현재		(단위: 원)
A회사 수정전 잔액		**B은행 수정전 잔액**	
①			
②			
③			
④			
조정후 잔액	100,000	조정후 잔액	100,000

(2) A회사가 해야 할 수정분개를 하시오.

①
(차변) _____계정_____ _____금액_____   (대변) _____계정_____ _____금액_____

②
(차변) _____계정_____ _____금액_____   (대변) _____계정_____ _____금액_____

③
(차변) _____계정_____ _____금액_____   (대변) _____계정_____ _____금액_____

④
(차변) _____계정_____ _____금액_____   (대변) _____계정_____ _____금액_____

5 매출채권의 손상차손

A회사의 20×1년 기초의 손실충당금 계정 잔액은 ₩10,000이다. 손상차손과 관련된 사항은 다음과 같다.

① 20×1년 기중에 B거래처의 파산으로 매출채권 ₩6,000의 손상차손이 확정되었다.
② 20×1년도 말의 A회사의 매출채권 ₩1,200,000 중에서 ₩18,000이 회수불가능액으로 추정되었다.
③ 20×2년 기중에 C거래처 대표의 행방불명으로 매출채권 ₩20,000의 손상차손이 확정되었다.
④ 20×2년 기중에 C거래처 대표가 업무에 복귀하여 제각하였던 매출채권 ₩20,000을 현금으로 회수하였다.
⑤ 20×2년도 말의 A회사의 매출채권 ₩900,000 중에서 ₩15,000이 회수불가능액으로 추정되었다.

(1) 각 사항을 분개하시오.

①

	계정	금액		계정	금액
(차변)			(대변)		

②

	계정	금액		계정	금액
(차변)			(대변)		

③

	계정	금액		계정	금액
(차변)			(대변)		

④

	계정	금액		계정	금액
(차변)			(대변)		

⑤

	계정	금액		계정	금액
(차변)			(대변)		

(2) A회사의 20×1년과 20×2년 재무상태표와 손익계산서에 매출채권과 신용손실 관련
계정과 관련된 금액을 표시하시오.

재무제표	20×1	20×2
[재무상태표] 매출채권 손실충당금 장부금액(회수가능가액)		
[손익계산서] 손상차손 손실충당금환입		

6 매출채권 회수불가능액의 추정

A회사의 매출채권 잔액은 ₩1,500,000이고, 기말 수정분개 전 손실충당금 잔액은 ₩100,000
이다. A회사는 연령분석법을 사용하여 매출채권에 대한 회수불가능액을 추정한다. 기말에
A회사의 매출채권에 대한 연령분석표 다음과 같다.

경과기간	매출채권	손상발생률(%)	손상추정액
정상회수일 미경과분	₩700,000	0.1	
1~30일	350,000	5.0	
31~90일	200,000	15.0	
91~150일	150,000	50.0	
151일 이상	100,000	90.0	
합 계	₩1,500,000		

(1) 손상추정액을 계산하시오.

(2) 손상차손 관련 수정분개를 하시오.

	계정	금액		계정	금액
(차변)			(대변)		

7 어음의 발행과 결제

A회사는 B회사에 상품 ₩1,000,000을 매출하고 B회사가 발행한 90일 만기 이자부약속어음을 받았다. 어음의 연이자율은 10%이며, 만기시 이자는 별도로 받는다(계산의 편의상 1년은 360일로 가정함). 만기일에 A회사는 B회사로부터 받은 어음을 거래 은행에 추심의뢰하였으며, 어음이 정상적으로 결제되어 액면금액과 이자를 현금으로 받았다. 단, A회사와 B회사는 실지재고조사법을 사용한다고 가정한다.

(1) 각 거래일에 A회사와 B회사가 해야 할 분개를 하시오.

- A회사(어음수취인)

<매출시>

	계정	금액		계정	금액
(차변)			(대변)		

<만기시>

	계정	금액		계정	금액
(차변)			(대변)		

- B회사(어음발행인)

<매출시>

	계정	금액		계정	금액
(차변)			(대변)		

<만기시>

	계정	금액		계정	금액
(차변)			(대변)		

(2) 만기시에 A회사가 B회사로부터 받은 어음을 거래 은행에 추심의뢰하였으나 어음이 부도되었다는 통지를 받았다고 가정하고 A회사가 만기일에 해야 할 분개를 하시오.

- A회사(어음수취인)

<만기시>

	계정	금액		계정	금액
(차변)			(대변)		

8 받을어음의 할인

A회사는 B회사로부터 받은 90일 만기 무이자부약속어음 ₩1,000,000을 발행일로부터 50일이 경과한 날에 C은행에서 연리 18% 조건으로 할인하여 할인료를 제외한 잔액을 현금으로 받았다(계산의 편의상 1년은 360일로 가정함). B회사는 만기일에 C은행에 정상적으로 결제하였다.

(1) 어음 할인시 받을어음 할인에 대해 매각으로 보는 경우와 차입으로 보는 경우 각각에 대해 해야 할 분개를 하시오.

- 매각으로 보는 경우

<할인시>

	계정	금액		계정	금액
(차변)			(대변)		

- 차입으로 보는 경우

<할인시>

	계정	금액		계정	금액
(차변)			(대변)		

(2) 만기시 받을어음 할인에 대해 매각으로 보는 경우와 차입으로 보는 경우 각각에 대해 해야 할 분개를 하시오.

- 매각으로 보는 경우

<만기시>

	계정	금액		계정	금액
(차변)			(대변)		

- 차입으로 보는 경우

<만기시>

	계정	금액		계정	금액
(차변)			(대변)		

9 단기대여금과 단기차입금

20×1년 7월 1일에 A회사는 거래처인 B회사에 현금 ₩500,000을 대여하였다. 상환예정일은 1년 만기인 20×2년 6월 30일이고, 이날 연이자율 8% 이자를 같이 받기로 하였다.

(1) A회사와 B회사가 20×1년 7월 1일에 해야 할 분개를 하시오.

- A회사

<20×1.7.1>	계정	금액		계정	금액
(차변)			(대변)		

- B회사

<20×1.7.1>	계정	금액		계정	금액
(차변)			(대변)		

(2) A회사와 B회사가 결산일인 20×1년 12월 31일에 해야 할 분개를 하시오.

- A회사

<20×1.12.31>	계정	금액		계정	금액
(차변)			(대변)		

- B회사

<20×1.12.31>	계정	금액		계정	금액
(차변)			(대변)		

(3) 만기일에 B회사가 A회사에게 정상적으로 결제하였다. A회사와 B회사가 만기인 20×2년 6월 30일에 해야 할 분개를 하시오.

- A회사

<20×2.6.30>

	계정	금액		계정	금액
(차변)			(대변)		

- B회사

<20×2.6.30>

	계정	금액		계정	금액
(차변)			(대변)		

MEMO

CHAPTER 8

금융자산
– 지분상품

1 금융상품의 분류

2 금융자산의 회계처리

3 금융자산의 재분류

"

이야기가 있는 회계 세상

주식을 발행하면 자본금(자본)이지만 그 주식을 사면 금융자산이다. 마찬가지로 채권을 발행하면 사채(부채)이지만 그 채권을 사면 금융자산이다. 기업은 자금조달을 위해 주식이나 채권을 발행하지만, 반대로 여유자금으로 다른 회사의 주식을 구입하여 차익이나 배당금수익을 얻을 수도 있고 채권을 구입하여 이자수익을 얻을 수도 있다.

앞서 언급한 것처럼 국제회계기준의 중요한 특징 중에 하나가 공정가치(fair value) 평가를 중시한다는 점이다. 공정가치 평가를 중요시하는 자산 중에 하나가 금융자산이다. 금융자산 중에서도 주식 등은 거래소를 통해 실시간으로 시장가격이 공시되기 때문에 어느 자산보다도 공정가치로 평가하는 것이 당연하게 받아들여지기도 한다. 그렇다면 국제회계기준은 왜 자산 또는 부채의 공정가치 평가를 강조할까? 국제회계기준의 중심은 영국이고, 영국은 제조업보다는 금융업이 발달한 국가라는 점에 답이 있다. 금융업의 자산 대부분이 금융자산이기 때문에 자산을 시가로 평가해 보고하는 것이 정보이용자들에게 더 유용한 정보를 제공한다고 판단한 것 같다.

문제는 국제회계기준에서 금융자산의 공정가치 평가로 인한 평가손익을 당기손익이나 기타포괄손익으로 분류하는 것을 경영자가 선택하도록 한 것이다. 경영자는 어떠한 선택을 할까?

1. 금융상품의 분류

금융상품(financial instruments)은 거래당사자 어느 한쪽에는 금융자산을 발생시키고 동시에 거래상대방에게는 금융부채나 지분상품을 발생시키는 모든 계약을 말한다. 금융 상품은 금융자산과 금융부채 및 지분상품 간의 모든 계약을 뜻한다. 다음 〈그림 8-1〉은 금융상품에서 금융자산과 금융부채 및 지분상품 간의 관계를 보여준다.

━ 그림 8-1 **금융상품**

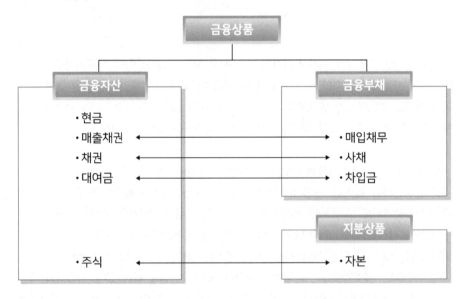

1.1 금융자산의 정의

금융자산(financial assets)은 현금, 타기업발행의 지분상품(주식 등), 거래상대방으로부 터 현금 등 금융자산을 수취할 계약상 권리(대여금 등), 잠재적으로 유리한 조건으로 거 래상대방과 금융자산이나 금융부채를 교환하기로 한 계약상 권리(파생상품자산) 등을 말 한다.

한국채택국제회계기준에서 제시하는 금융자산 항목은 다음과 같다.

① 현금
② 다른 기업의 지분상품
③ 다음 중 하나에 해당하는 계약상 권리
   ㉠ 거래상대방에게서 현금 등 금융자산을 수취할 계약상 권리
   ㉡ 잠재적으로 유리한 조건으로 거래상대방과 금융자산이나 금융부채를 교환하기로 한 계약상
     권리
④ 기업 자신의 지분상품(이하 '자기지분상품'이라 함)으로 결제되거나 결제될 수 있는 다음 중 하
   나의 계약
   ㉠ 수취할 자기지분상품의 수량이 변동가능한 비파생상품
   ㉡ 확정 수량의 자기지분상품에 대하여 확정금액의 현금 등 금융자산을 교환하여 결제하는 방
     법이 아닌 방법으로 결제되거나 결제될 수 있는 파생상품

④에서 변동가능한 수량의 자기지분상품으로 결제되는 계약의 경우, 자기지분상품의 단위당 가치가 하락(상승)하면 자기지분상품의 수량이 증가(감소)하여 결제되는 총가치에는 변동이 없기 때문에 자본위험을 부담하지 않는다. 따라서 변동가능한 수량으로 자기지분상품을 인도하는 측은 금융부채로, 수취하는 측은 금융자산으로 분류한다.

반면에 확정된 수량의 자기지분상품으로 결제되는 계약의 경우, 자기지분상품의 단위당 가치가 하락(상승)하더라도 자기지분상품의 수량이 확정되어 있어 총가치가 하락(상승)하기 때문에 자본위험을 부담한다. 따라서 확정된 수량으로 자기지분상품을 인도하는 측은 지분상품으로, 수취하는 측은 지분상품의 감소로 분류한다.

1.2 금융부채와 지분상품의 정의

금융부채(financial liabilities)는 거래상대방에게 현금 등 금융자산을 인도하기로 한 계약상 의무(차입금 등), 잠재적으로 불리한 조건으로 거래상대방과 금융자산이나 금융부채를 교환하기로 한 계약상 의무(파생상품부채) 등을 말한다. **지분상품**(equity instruments)은 기업의 자산에서 모든 부채를 차감한 후의 잔여지분을 나타내는 모든 계약을 말하며, 타기업발행의 지분상품은 금융자산이고 자기회사가 발행한 지분상품은 자본이 된다.

한국채택국제회계기준에서 제시하는 금융부채 항목은 다음과 같다.

① 다음 중 하나에 해당하는 계약상 의무
  ㉠ 거래상대방에게 현금 등 금융자산을 인도하기로 한 계약상 의무
  ㉡ 잠재적으로 불리한 조건으로 거래상대방과 금융자산이나 금융부채를 교환하기로 한 계약상 의무
② 기업 자신의 지분상품(이하 '자기지분상품'이라 함)으로 결제되거나 결제될 수 있는 다음 중 하나의 계약
  ㉠ 인도할 자기지분상품의 수량이 변동가능한 비파생상품
  ㉡ 확정 수량의 자기지분상품에 대하여 확정금액의 현금 등 금융자산을 교환하여 결제하는 방법이 아닌 방법으로 결제되거나 결제될 수 있는 파생상품

(1) 금융부채와 지분상품의 구분

특정 금융상품을 금융부채와 지분상품 중 어느 것으로 분류하느냐에 따라 재무상태와 재무성과에 미치는 영향은 다르다. 따라서 특정 금융상품이 금융부채인지, 아니면 지분상품인지를 구분하는 것이 매우 중요하다.

금융부채와 지분상품을 구분하는 가장 중요한 특징은 계약상 의무를 결제하기 위한 현금 등 금융자산의 인도를 회피할 수 있는 권리를 가지고 있는지 여부이다. 만일 기업이 금융자산의 인도를 회피할 수 있는 무조건적인 권리를 가지고 있지 않다면 금융부채로, 회피할 수 있는 권리를 가지고 있다면 지분상품으로 분류한다.

예를 들어, 어떤 기업이 주식을 발행하면 주주들은 지분율에 따라 각자 배당을 수취할 자격을 갖지만 해당 기업이 주주들에게 현금 등 금융자산을 반드시 인도해야 할 의무를 부담하는 것은 아니므로 해당 기업은 발행한 주식을 지분상품으로 분류한다. 그러나 해당 기업이 주주들에게 배당을 지급하겠다고 주주총회에서 결의했다면 주주들에게 현금 등 금융자산을 반드시 인도해야 할 의무가 발생하였으므로 금융부채(미지급배당금)를 인식한다.

(2) 상환우선주와 풋가능 금융상품

금융상품은 법적 형식이 아니라 실질에 따라 재무상태표에 분류하여야 한다. 일반적으로 실질과 법적 형식이 일치하지만 반드시 그런 것은 아니다. 어떤 금융상품이 법적으로 지분상품의 형식을 가지고 있더라도 실질적으로 금융부채에 해당된다면 다음의 **상환우선주와 풋가능 금융상품**은 금융부채로 분류한다. .

① 확정되었거나 결정 가능한 미래의 시점에 확정되었거나 결정 가능한 금액을 발행자가 보유자에게 의무적으로 상환해야 하는 우선주 또는 보유자가 발행자에게 특정일이나 그 후에 확정되었거나 결정 가능한 금액으로 상환해줄 것을 청구할 수 있는 권리가 있는 우선주는 금융부채이다.

② 금융상품의 보유자가 발행자에게 해당 금융상품의 환매를 요구하여 현금 등 금융자산을 수취할 권리가 부여된 금융상품(풋가능 금융상품)은 금융부채이다.

모든 상환우선주가 금융부채로 분류되는 것이 아니다. 상환우선주 중에서도 발행자가 상환여부에 대한 권리를 갖는 경우(callable preferred share)와 보유자(주주)가 갖는 경우(redeemable preferred share)가 있다. 발행자가 상환여부에 대한 권리를 갖는 경우에는 발행자가 상환의무를 부담하는 것이 아니므로 상환우선주를 지분상품으로 분류한다. 그러나 보유자(주주)가 상환여부에 대한 권리를 갖는 경우에는 발행자가 상환의무를 회피할 수 없기 때문에 상환우선주를 금융부채로 분류해야 한다.

금융상품의 보유자에게 환매를 요구할 수 있는 권리(풋옵션)가 부여되어 있는 금융상품을 풋가능 금융상품(puttable instrument)이라고 하는데, 보유자가 환매를 요구하면 발행자는 당해 금융자산을 매입 또는 상환해야 한다. 따라서 풋가능 금융상품의 발행자는 이를 금융부채로 분류해야 한다.

1.3 금융자산의 분류

금융자산은 1) 금융자산의 관리를 위한 사업모형, 2) 금융자산의 계약상 현금흐름의 특성에 따라 상각후원가측정(AC: amortised cost)금융자산과 공정가치측정금융자산으로 나눌 수 있다. 또한 공정가치측정금융자산은 기타포괄손익인식(FVOCI: fair value through other comprehensive income)금융자산과 당기손익인식(FVPL: fair value through profit or loss)금융자산으로 나눌 수 있다. 다음 〈그림 8-2〉는 사업모형과 사업상 현금흐름의 특성에 따른 금융자산의 분류를 보여준다.

AC금융자산은 1) 계약상 현금흐름을 수취하기 위해 보유하는 것이 목적인 모형하에서 금융자산을 보유하고, 2) 금융자산의 계약 조건에 따라 특정일에 원금과 원금잔액에 대한 이자 지급만으로 구성되어 있는 현금흐름이 발생하는 경우를 말한다. 즉, 만기까지 보유하면서 원금과 이자 수취를 목적으로 하는 채권의 경우가 여기에 해당된다.

─ 그림 8-2 금융자산의 분류

FVOCI금융자산은 1) 계약상 현금흐름의 수취와 금융자산의 매도 둘 다를 통해 목적을 이루는 사업모형하에서 금융자산을 보유하고, 2) 금융자산의 계약 조건에 따라 특정일에 원금과 원금잔액에 대한 이자 지급만으로 구성되어 있는 현금흐름이 발생하는 경우를 말한다. 즉, 만기까지 보유보다는 매도를 위해 보유하면서 원금과 이자 수취를 목적으로 하는 채권의 경우가 여기에 해당된다. 또한 지분상품에 대해서 FVOCI금융자산으로 표시가능하며, 최초 인식시점에 선택하면 이를 취소할 수 없다.

FVPL금융자산은 위 두 범주에 분류되지 않는 경우를 말한다. 즉, 단기보유와 매도를 위해 보유하면서, 원금과 이자 수취를 목적으로 하지 않는 지분상품(주식 등)의 경우가 여기에 해당된다. 또한 채권에 대해서 회계불일치 해소를 위해서 FVPL금융자산으로 지정하는 것을 선택할 수 있으며, 최초 인식시점에 선택하면 이를 취소할 수 없다. 즉, AC금융자산, FVOCI금융자산 및 FVPL금융자산을 다음 〈표 8-1〉과 같이 정리할 수 있다.

─ 표 8-1 금융자산의 분류

분류	해당 금융자산
AC금융자산	• 만기까지 보유 목적의 채권
FVOCI금융자산	• 매도 목적의 채권 • FVOCI금융자산 선택 지분상품
FVPL금융자산	• AC금융자산과 FVOCI금융자산에 분류되지 않는 지분상품 • FVPL금융자산 지정 채권

2. 금융자산의 회계처리

2.1 최초 측정

유가증권 등 금융자산은 최초 취득 시점에 **공정가치**(fair value)로 측정한다. 이때 공정가치란 합리적인 판단력과 거래의사가 있는 독립된 당사자 사이의 거래에서 자산이 교환되거나 부채가 결제될 수 있는 금액으로 정의되는데, 증권거래소와 같은 활성시장에서 공시되는 가격은 이 정의를 충족한다.

일반적으로 자산을 취득할 때 발생하는 거래원가 등을 최초 취득원가에 가산한다. 금융자산도 마찬가지로 취득하는 과정에서 중개수수료 등 거래원가가 발생할 수 있는데, 이를 금융자산의 최초 취득원가에 가산한다. 다만, FVPL금융자산은 취득할 때 발생하는 거래원가를 취득원가에 가산하지 않고 **당기비용**으로 인식한다. 그러한 이유는 FVPL금융자산의 대부분이 단기매매목적의 금융자산이므로 취득과 처분이 동일 기간에 이루어진다면, 거래원가를 취득원가에 가산하든 아니면 비용처리하든 동일한 손익을 가져오기 때문이다. 예를 들어, FVPL금융자산을 ₩10,000에 취득하고 거래수수료는 ₩1,000 발생하였다. 해당 FVPL금융자산을 한 달 뒤에 ₩11,000에 매각하였다고 가정하자. 거래수수료를 비용처리한 경우 손익을 계산하면, 수익으로 처분이익이 ₩1,000 발생하고 거래수수료비용 ₩1,000 발생하여 손익은 영(₩0)이다. 거래수수료를 취득원가에 가산한 경우 손익을 계산하면, 처분이익과 관련 비용이 모두 영(₩0)이다. 금융자산의 거래원가 처리기준을 정리하면 다음 〈표 8-2〉와 같다.

― **표 8-2 금융자산의 거래원가**

분류	거래원가 처리
AC금융자산 FVOCI금융자산	최초 취득원가에 가산
FVPL금융자산	당기비용 처리

2.2 후속 측정

AC금융자산은 취득 당시의 유효이자율을 이용하여 상각후원가로 측정한다. 이에 대해서는 11장에서 자세하게 살펴본다.

FVOCI금융자산은 공정가치로 측정한다. 공정가치의 변동에 따른 손익은 기타포괄손익으로 인식한다. FVOCI금융자산이 채권인 경우는 우선적으로 유효이자율을 이용하여 계산한 이자수익을 당기손익으로 인식한 후, 공정가치와 장부금액의 차이인 FVOCI금융자산평가손익을 기타포괄손익으로 인식한다. 이때 FVOCI금융자산의 제거 시점에 관련 기타포괄손익누계액이 채권인 경우에는 당기손익으로 재분류되지만, 지분상품인 경우에는 당기손익으로 재분류되는 것을 금지한다. 단, 이익잉여금으로 대체되는 것은 허용한다.

지분상품의 FVOCI금융자산인 경우에 기타포괄손익누계액을 당기손익으로 재분류하는 것을 금지하는 이유는 경영자의 이익조작을 방지하기 위함이다. 예를 들어, 지분상품의 FVOCI금융자산에 대해 기타포괄손익누계액의 당기손익으로 재분류를 허용한다면 경영자가 해당 금융자산을 선택적으로 매도함으로써 당기순이익을 조정할 수 있다.

FVPL금융자산은 공정가치로 측정한다. 공정가치의 변동에 따른 손익은 당기손익으로 인식한다. 지분상품에 대한 모든 투자는 공정가치로 측정해야 한다. 그러나 제한된 상황(공정가치를 결정하기 위해 이용할 수 있는 더 최근의 정보가 불충분하거나, 가능한 공정가치 측정치의 범위가 넓고 그 범위에서 원가가 공정가치의 최선의 추정치를 나타내는 경우)에서 원가는 공정가치의 적절한 추정치가 될 수 있다.

FVOCI금융자산 평가와 관련한 기타포괄손익누계액을 당기손익으로 재분류할 수 있는지를 정리하면 다음 〈표 8-3〉과 같다.

⎯ **표 8-3 금융자산의 평가와 재분류 여부**

분류	평가	당기손익으로 재분류 여부
FVOCI금융자산-채권	공정가치(기타포괄손익으로 인식)	재분류 가능
FVOCI금융자산-지분상품	공정가치(기타포괄손익으로 인식)	재분류 불가능 단, 이익잉여금으로 대체 허용
FVPL금융자산	공정가치(당기손익으로 인식) 단, 원가가 공정가치의 적절한 추정치가 될 수 있음	해당사항 아님

예제 1 · 금융자산의 취득과 보유

(주)한걸음은 (주)삼바이오 주식 10주를 20×1년 중에 현금 ₩1,000,000(주당 ₩100,000)을 지급하고 취득하였다. 거래수수료는 ₩50,000 발생하여 현금 지급하였다. (주)삼바이오 주식의 각 보고기간 말 현재 공정가치는 다음과 같다.

20×1년 말 공정가치	20×2년 말 공정가치
₩1,100,000	₩850,000

물음)

(주)삼바이오 주식을 FVPL금융자산으로 분류한 경우와 FVOCI금융자산으로 분류한 경우를 가정하여, 각 경우에 (주)한걸음이 취득일 및 20×1년 말과 20×2년 말에 해야 할 분개를 하시오.

[풀이]

1. FVPL금융자산으로 분류한 경우

   〈취득일〉

(차변)	FVPL금융자산	1,000,000	(대변)	현 금	1,050,000
	수수료비용	50,000❶			

   ❶ FVPL금융자산의 거래원가는 당기비용으로 인식한다.

   〈20×1년 말〉

(차변)	FVPL금융자산	100,000	(대변)	금융자산평가이익 (P L)	100,000❷

   ❷ ₩1,100,000 - 1,000,000 = ₩100,000

   〈20×2년 말〉

(차변)	금융자산평가손실 (P L)	250,000❸	(대변)	FVPL 금융자산	250,000

   ❸ ₩850,000 - 1,100,000 = (-)₩250,000

2. FVOCI금융자산으로 분류한 경우

   〈취득일〉

(차변)	FVOCI금융자산	1,050,000❶	(대변)	현 금	1,050,000

   ❶ FVOCI금융자산의 거래원가는 최초 취득원가에 가산한다.

   〈20×1년 말〉

(차변)	FVOCI금융자산	50,000	(대변)	금융자산평가이익 (O C I)	50,000❷

   ❷ ₩1,100,000 - 1,050,000 = ₩50,000

〈20×2년 말〉

(차변)	금융자산평가이익 (O C I)	50,000	(대변)	FVOCI금융자산	250,000❸
	금융자산평가손실 (O C I)	200,000			

❸ ₩850,000 - 1,100,000 = (-)₩250,000

전체 평가손실 ₩250,000 중 전기이월된 기타포괄이익 ₩50,000을 우선 감소시키고, 초과액 ₩200,000을 기타포괄손실로 인식한다.

(예제 1)에서 FVPL금융자산과 FVOCI금융자산으로 분류하는 경우에 20×1년과 20×2년 포괄손익계산서의 당기순이익 및 총포괄손익에 미치는 영향을 비교하면 다음 〈표 8-4〉와 같다.

표 8-4 FVPL금융자산과 FVPL금융자산의 경우 평가손익 비교

	FVPL금융자산의 경우		FVOCI금융자산의 경우	
	20×1년	20×2년	20×1년	20×2년
수수료비용	(50,000)			
금융자산평가손익	100,000	(250,000)	-	-
당기순이익	50,000	(250,000)	-	-
기타포괄손익				
금융자산평가손익	-	-	50,000	(250,000)
총포괄손익	50,000	(250,000)	50,000	(250,000)

(예제 1)에서 알 수 있듯이, FVPL금융자산의 거래원가를 금융자산의 최초 취득원가에 포함하더라도 20×1년 당기순이익에 미치는 영향은 ₩50,000임을 알 수 있다. 따라서 FVPL금융자산의 거래원가를 취득원가에 포함하든, 아니면 비용으로 회계처리하든 당기순이익에 미치는 영향에는 차이가 없음을 알 수 있다. 하지만, FVOCI금융자산의 거래원가를 비용으로 회계처리한다면 수수료비용이 (-)₩50,000이고, 금융자산평가이익이 ₩100,000으로 분류되기 때문에 FVOCI금융자산의 거래원가를 취득원가에 포함하는 것과 비용으로 회계처리하는 것에는 차이가 발생한다는 것을 알 수 있다.

2.3 금융자산으로부터의 수익 인식

금융상품을 취득한 후에 현금배당이나 주식배당 또는 이자 등을 받게 된다. 현금배당에 대해서는 배당금수익을 인식하지만, 주식배당에 대해서는 아무런 회계처리를 하지 않는다. 투자자 입장에서는 주식배당을 통해서 보유하는 주식 수는 늘어나지만 보유주식의 가치변동에 아무런 영향이 없고, 주식배당을 하는 회사는 주식배당 전·후에 순자산에 아무런 변동이 없기 때문이다.

배당금수익을 인식하는 시점은 지분상품을 발행한 회사가 현금배당을 하겠다고 주주총회에서 결의한 시점이다. 이 시점에서 현금을 받았다면 차변에 현금을 회계처리하고, 현금을 받지 않았다면 미수배당금(미수수익)을 회계처리한다. 향후 현금을 수취하는 시점에서 차변에 현금을 회계처리하고, 대변에 미수배당금(미수수익)을 감소시킨다.

이자수익을 인식하는 시점은 이자 발생시에 인식한다. 이 시점에서 현금을 받았다면 차변에 현금을 회계처리하고, 현금을 받지 않았다면 미수이자(미수수익)를 회계처리한다. 향후 현금을 수취하는 시점에서 차변에 현금을 회계처리하고, 대변에 미수이자(미수수익)를 감소시킨다.

예제 2 • 배당금 수익 인식

예제 1에 이어서, (주)삼바이오는 20×2년 2월 1일에 주주총회에서 주당 ₩5,000의 현금배당을 지급하기로 결의하였다. 이 후 3월 1일에 (주)한걸음은 (주)삼바이오로부터 현금배당을 수취하였다.

물음)
(주)한걸음이 20×2년 2월 1일과 3월 1일에 해야 할 분개를 하시오.

[풀이]
⟨20×2. 2. 1. 현금배당 결의시⟩

(차변)	미 수 배 당 금	50,000❶	(대변)	배 당 금 수 익	50,000

　　　❶ 10주 × ₩5,000 = ₩50,000

⟨20×2. 3. 1. 현금배당 수취시⟩

(차변)	현　　　　금	50,000	(대변)	미 수 배 당 금	50,000

2.4 금융자산의 제거

금융자산의 현금흐름에 대한 계약상 권리가 소멸하는 경우 장부에서 제거한다. 금융자산을 양도하는 경우 양도자가 금융자산의 소유에 따른 위험과 보상의 대부분을 이전한다면 해당 금융자산을 제거하지만, 양도자가 금융자산의 소유에 따른 위험과 보상의 대부분을 보유한다면 해당 금융자산을 계속 인식해야 한다.

금융자산을 제거하는 경우 처분가액이 처분 직전의 장부금액보다 많으면 처분이익을 인식하고, 처분가액이 처분 직전의 장부금액보다 적으면 처분손실을 인식한다. 앞서 설명하였듯이 지분상품인 FVOCI금융자산의 제거 시점에 기타포괄손익누계액이 당기손익으로 재분류되는 것을 금지한다. 단, 이익잉여금으로 대체되는 것은 허용되기 때문에 지분상품인 FVOCI금융자산 관련 평가손익에 대해 아무런 회계처리를 하지 않고 기타포괄손익으로 분류하던지, 아니면 이익잉여금으로 대체할 수 있다.

예제 3 ∙ 금융자산의 제거

예제 1에 이어서, (주)한걸음은 (주)삼바이오 주식 10주를 20×3년 중에 현금 ₩1,020,000을 받고 처분하였다.

물음)

다음의 경우를 가정하여 처분시점에 해야 할 분개를 하시오.

1. (주)한걸음이 (주)삼바이오 주식을 FVPL금융자산으로 분류한 경우
2. (주)한걸음이 (주)삼바이오 주식을 FVOCI금융자산으로 분류한 경우

[풀이]

1. FVPL금융자산으로 분류한 경우

    〈처분일〉

(차변)	현　　　　금	1,020,000	(대변)	FVPL금융자산	850,000
			(대변)	금융자산처분이익	170,000❶

    ❶ ₩1,020,000 - 850,000 = ₩170,000

2. FVOCI금융자산으로 분류한 경우

〈처분일〉

(차변)　　FVOCI금융자산　　　　170,000　　(대변)　　금융자산평가손실　　　170,000❶
　　　　　　　　　　　　　　　　　　　　　　　　　　(O C I)

❶ ₩1,020,000 - 850,000 = ₩170,000

기타포괄손익이 당기손익으로 재분류되는 것을 금지하기 때문에 처분시의 공정가치로 평가한다. 이때,
20×2년 말에 금융자산평가손실(OCI) ₩200,000을 우선적으로 감소시킨다.

(차변)　　현　　　　금　　　1,020,000　　(대변)　　FVOCI금융자산　　1,020,000

〈처분일에 선택적 회계처리〉

(차변)　　이 익 잉 여 금　　　30,000❷　　(대변)　　금융자산평가손실　　　30,000
　　　　　　　　　　　　　　　　　　　　　　　　　　(O C I)

❷ ₩1,020,000 - 1,050,000 = (-)₩30,000

기타포괄손익누계액에 남아있는 금융자산평가손실 (-)₩30,000을 이익잉여금으로 대체하던지, 아무
런 회계처리하지 않고 기타포괄손익에 분류하던지 선택할 수 있다.

(예제 1~3)의 FVPL금융자산과 FVOCI금융자산의 평가손익과 배당수익이 보고되는
20×1년과 20×2년과 처분손익이 보고되는 20×3년의 포괄손익계산서의 당기순이익 및
총포괄손익에 미치는 영향을 비교하면 다음 〈표 8-5〉와 같다.

표 8-5　FVPL금융자산과 FVPL금융자산의 경우 처분손익 비교

	FVPL금융자산의 경우			FVOCI금융자산의 경우		
	20×1년	20×2년	20×3년	20×1년	20×2년	20×3년
수수료비용	(50,000)	-	-	-	-	-
배당금수익	-	50,000	-	-	50,000	-
금융자산평가손익	100,000	(250,000)	-	-	-	-
금융자산처분손익	-	-	170,000	-	-	-
당기순이익	50,000	(200,000)	170,000	-	-	-
기타포괄손익						
금융자산평가손익	-	-	-	50,000	(250,000)	170,000
총포괄손익	50,000	(200,000)	170,000	50,000	(200,000)	170,000

위에서 보는 바와 같이, 결과적으로 지분상품을 FVPL금융자산으로 분류하는 것과 FVOCI금융자산으로 분류하는 것에 총포괄손익은 차이가 없으나 그것이 당기손익으로 분류되느냐, 아니면 기타포괄손익으로 분류되느냐에 차이가 있을 뿐이다.

3. 금융자산의 재분류

아직 AC금융자산에 대해 자세히 다루지 않았기 때문에 11장 비유동부채를 먼저 학습하면 이해하기 수월할 것이다.

AC금융자산, FVOCI금융자산, FVPL금융자산 중 어떤 금융자산으로 분류하느냐에 따라 이후 재무제표에 영향을 미친다. 따라서 한국채택국제회계기준에서는 금융자산의 재분류에 대해 금융자산을 관리하는 사업모형을 변경하는 경우에만 금융자산의 재분류를 허용하고 있다. 단, 금융부채는 재분류를 허용하지 않는다.

지분상품은 사업모형과 관계없이 FVPL금융자산으로 분류하며, 단기매매목적 등이 아닐 경우 FVOCI금융자산으로 선택이 가능하기 때문에 재분류 대상 금융자산이 아니다. 왜냐하면 지분상품에 대해서 FVOCI금융자산으로 최초 인식시점에 선택 가능하며 선택한 경우에는 이를 취소할 수 없기 때문이다. 따라서 금융자산 재분류의 대상은 사업모형과 관계가 있는 채권이라고 보면 된다.

한국채택국제회계기준이 제시하고 있는 사업모형 변경의 예는 다음과 같다.

(1) 단기 매도를 목적으로 상업 대여금의 포트폴리오를 보유하고 있는 기업이 있다. 기업은 상업 대여금을 관리하면서 계약상 현금흐름을 수취하기 위해 그러한 대여금을 보유하는 사업모형을 갖고 있는 회사를 취득한다. 상업 대여금의 포트폴리오는 더는 매도가 목적이 아니며, 이제는 취득한 상업 대여금과 함께 관리하는 동시에 계약상 현금흐름을 수취하기 위해 그 포트폴리오 전체를 보유한다.

(2) 금융서비스회사가 소매부동산담보부대여업을 중단하기로 결정했다. 회사는 더 이상 새로운 사업을 수용하지 않고, 부동산담보대출 포트폴리오를 매도하기 위해 활발히 마케팅활동을 수행한다.

다음은 사업모형 변경이 아니다.

(1) 특정 금융자산과 관련된 의도의 변경(시장 상황이 유의적으로 변경되는 경우도 포함)

(2) 금융자산에 대한 특정 시장의 일시적 소멸

(3) 기업 내 서로 다른 사업모형을 갖고 있는 부문 간 금융자산의 이전

금융자산을 재분류하는 경우에는 그 재분류를 재분류일부터 전진적으로 적용하도록 하고 있다. 이때 재분류일이란 금융자산의 재분류를 초래하는 사업모형의 변경 후 첫 번째 보고기간의 첫 번째 날을 말한다. 즉, 회계기간 중에 사업모형을 변경하였더라도 그 시점에 변경의 회계처리를 하는 것은 아니다. 예를 들어, 12월 31일이 보고기간 말인 회사가 20×1년 기중에 사업모형을 변경하였다면, 금융자산의 재분류일은 20×2년 1월 1일이므로 20×2년 1월 1일에 재분류의 회계처리를 한다.

한국채택국제회계기준에 따르면 금융자산의 재분류시 재분류일의 공정가치로 측정한다. AC금융자산에서 FVPL금융자산이나 FVOCI금융자산으로 재분류한 경우에 장부금액과 공정가치의 차이를 각각 당기손익과 기타포괄손익으로 인식한다.

FVOCI금융자산에서 FVPL금융자산으로 재분류한 경우에 재분류 전에 인식한 기타포괄손익누계액은 재분류일에 당기손익으로 재분류한다. FVOCI금융자산에서 AC금융자산으로 재분류한 경우에 재분류 전에 인식한 기타포괄손익누계액은 자본에서 제거하고 금융자산의 공정가치에서 조정한다. 이렇게 회계처리하는 이유는 최초 인식시점부터 AC금융자산으로 측정했던 것처럼 하기 위해서이다.

FVPL금융자산에서 FVOCI금융자산이나 AC금융자산으로 재분류한 경우에 재분류일의 공정가치에 기초하여 유효이자율을 산정한다. 이렇게 하는 이유는 FVPL금융자산에 대해서는 이자수익과 손상차손(환입)을 구분하여 인식할 필요가 없었기 때문이다.

"기업이 보유한 비트코인, 무형자산 아닌 금융자산"

한국회계기준원이 투자나 거래 목적으로 보유한 가상자산을 금융자산으로 분류해야 한다고 주장했다. 19일 회계 업계에 따르면 회계기준원은 지난달 열린 한중일 회계기준제정기구 회의에서 가상자산을 무형자산으로 다루는 현행 IFRS 회계기준에 문제가 있다는 일본의 지적에 동의한 것으로 확인됐다.

일본 회계기준제정기구는 회의에서 국내 가상자산 회계기준의 토대가 된 현행 IFRS(IAS 38)가 업계 현실을 반영하지 못해 더는 유효하지 않다고 주장했다. 국제회계기준위원회(IASB)가 가상자산 관련 IFRS를 제정할 당시 고려되지 않았던 투자나 거래 목적의 가상자산 거래가 많이 발생하고 있다는 이유에서다. 이런 까닭에 투자 목적으로 보유한 가상자산은 무형자산이 아닌 당기손익공정가치가 반영되는 금융자산(FVPL)으로 처리할 필요성이 있다고 강조했다.

현재 국내에 적용되는 가상자산 회계기준은 2019년 9월 IASB 산하 IFRS해석위원회와 회계기준원이 IFRS에 기반해 내놓은 방침을 따르고 있다. 이 기준은 기업이 영업 과정에서 가상자산을 판매 또는 중개 목적으로 보유·매매하면 재고자산으로 처리하도록 했다. 이외의 모든 경우에는 무형자산으로 분류하라고 안내하고 있다. 이에 따라 국내 기업 대부분은 가상자산을 무형자산으로 분류해왔다. 하지만 기업들은 판매보다 투자 목적으로 가상자산을 보유한 경우가 많다.

무형자산은 장부 가격보다 낮아지면 차액을 평가손실로 반영하지만 반대로 가치가 올라가면 증가액은 손익에 포함되지 않는 단점이 있다. 이 때문에 가상자산이 변동성을 키우는 상황에서 무형자산으로 분류해버리면 자칫 투자자들이 기업가치를 제대로 파악하기 어렵다는 지적이 나왔다. 그러나 가상자산이 금융자산으로 분류되면 가격 하락뿐 아니라 상승도 고려해 결산 시기마다 평가손익으로 표기해야 하기 때문에 기업의 실질적인 재무 상황을 파악하는 데 큰 도움이 된다는 것이 일본 측의 판단이다. 현재는 기업이 가상자산을 처분해 이익을 냈을 때만 영업외이익으로 반영할 수 있다.

(연합뉴스 2021년 11월 19일)

⤺ 토론 주제

기업이 보유한 비트코인을 금융자산 또는 무형자산, 어느 항목에 분류하는 것이 타당하다고 생각하는가?

☑ 연습문제

서술식 ✅

001 금융상품에 대해 서술하시오.

002 금융자산의 정의에 대해 서술하시오.

003 금융부채와 지분상품의 구분에 대해 서술하시오.

004 상환우선주와 풋가능 금융상품에 대해 서술하시오.

005 상각후원가측정금융자산에 대해 서술하시오.

006 기타포괄손익인식금융자산에 대해 서술하시오.

007 당기손익인식금융자산에 대해 서술하시오.

008 금융자산의 분류과정에 대해 서술하시오.

009 당기손익인식금융자산의 거래원가를 어떻게 회계처리하는지, 그리고 이유에 대해 서술하시오.

010 지분상품인 당기손익인식금융자산과 기타포괄손익인식금융자산의 보유시 평가손익의 회계처리에 대해 서술하시오.

011 지분상품인 당기손익인식금융자산과 기타포괄손익인식금융자산의 처분시 평가손익의 회계처리에 대해 서술하시오.

012 금융자산의 재분류에 대해서 서술하시오.

객관식 ✅

001 다음 중 거래상대방이 없는 금융자산은?

① 현금　　　　　② 매출채권　　　③ 대여금　　　　④ 주식

002 금융자산에 해당하지 않는 것은?

① 다른 기업의 지분상품

② 거래상대방에게 현금 등 금융자산을 수취할 계약상 권리

③ 잠재적으로 유리한 조건으로 거래상대방과 금융자산이나 금융부채를 교환하기로 한 계약상 권리

④ 수취할 자기지분상품의 수량이 확정된 비파생상품

003 다음 중 금융부채로 분류할 수 없는 것은?

① 거래상대방에게 현금 등 금융자산을 인도하기로 한 계약상 의무

② 잠재적으로 불리한 조건으로 거래상대방과 금융자산이나 금융부채를 교환하기로 한 계약상 의무

③ 확정 수량의 자기지분상품에 대하여 확정금액의 현금 등 금융상품을 교환하여 결제하는 방법으로 결제되거나 결제될 수 있는 파생상품

④ 인도할 자기지분상품의 수량이 변동가능한 비파생상품

004 지분상품에 해당하는 것은?

① 발행자가 상환여부에 대한 권리를 갖는 상환우선주

② 보유자가 상환여부에 대한 권리를 갖는 상환우선주

③ 풋가능 금융자산

④ 수취할 자기지분상품의 수량이 변동가능한 비파생상품

005 채권을 분류가능한 금융자산만으로 묶은 것은?

① 상각후원가측정금융자산

② 상각후원가측정금융자산, 기타포괄손익인식금융자산

③ 상각후원가측정금융자산, 당기손익인식금융자산

④ 상각후원가측정금융자산, 기타포괄손익인식금융자산, 당기손익인식금융자산

006 지분상품을 분류가능한 금융자산만으로 묶은 것은?

① 기타포괄손익인식금융자산

② 상각후원가측정금융자산, 기타포괄손익인식금융자산

③ 기타포괄손익인식금융자산, 당기손익인식금융자산

④ 상각후원가측정금융자산, 기타포괄손익인식금융자산, 당기손익인식금융자산

007 금융자산을 ₩1,000에 취득하면서 거래수수료가 ₩100 발생하여 현금 지급하였다. 당기손익인식금융자산으로 분류할 때 회계처리는?

① (차변)당기손익인식금융자산	1,100	(대변)현금		1,100
② (차변)당기손익인식금융자산	1,000	(대변)현금		1,100
수수료 비용	100			
③ (차변)현금	1,100	(대변)당기손익인식금융자산		1,100
④ (차변)현금	1,100	(대변)당기손익인식금융자산		1,000
		수수료비용		100

008 금융자산을 ₩1,000에 취득하면서 거래수수료가 ₩100 발생하여 현금 지급하였다. 기타포괄손익인식금융자산으로 분류할 때 회계처리는?

① (차변)기타포괄손익인식금융자산	1,100	(대변)현금		1,100
② (차변)기타포괄손익인식금융자산	1,000	(대변)현금		1,100
수수료 비용	100			
③ (차변)현금	1,100	(대변)기타포괄손익인식금융자산		1,100
④ (차변)현금	1,100	(대변)기타포괄손익인식금융자산		1,000
		수수료비용		100

009 기타포괄손익인식금융자산(지분상품)의 기말 평가전 장부금액은 ₩1,200이고 관련 기타포괄손익누계액에 평가이익 ₩200이 계상되어 있다. 해당 기타포괄손익인식금융자산의 기말 공정가치가 ₩700인 경우 기말 회계처리는?

① (차변)기타포괄손익인식금융자산	500	(대변)평가손실(OCI)	500
② (차변)기타포괄손익인식금융자산	500	(대변)평가이익(OCI)	200
		평가손실(OCI)	300
③ (차변)평가손실(OCI)	500	(대변)기타포괄손익인식금융자산	500
④ (차변)평가이익(OCI)	200	(대변)기타포괄손익인식금융자산	500
평가손실(OCI)	300		

010 주식 1주를 보유하고 있는 피투자회사의 주주총회에서 주당 ₩1,000의 현금배당을 지급하기로 결의하고, 현금은 나중에 지급하기고 한 경우 회계처리는?

① (차변)현금   1,000   (대변)배당금수익   1,000
② (차변)미수배당금   1,000   (대변)배당금수익   1,000
③ (차변)배당금수익   1,000   (대변)현금   1,000
④ (차변)배당금수익   1,000   (대변)미수배당금   1,000

011 장부금액 ₩1,000인 당기손익인식금융자산(지분상품)을 ₩1,500에 현금 받고 처분한 경우 회계처리는? 단, 처분 회계처리 전에 모든 회계처리는 완료했다고 가정한다.

① (차변)현금   1,500   (대변)당기손익인식금융자산   1,000
                                               금융자산처분이익   500
② (차변)현금   1,500   (대변)당기손익인식금융자산   1,500
③ (차변)당기손익인식금융자산   1,000   (대변)현금   1,500
      금융자산처분이익   500
④ (차변)당기손익인식금융자산   1,500   (대변)현금   1,500

012 장부금액 ₩1,000인 기타포괄손익인식금융자산(지분상품)을 ₩1,500에 현금 받고 처분한 경우 회계처리는? 단, 처분 회계처리 전에 모든 회계처리는 완료했다고 가정한다.

① (차변)현금   1,500   (대변)기타포괄손익인식금융자산   1,000
                                                 금융자산처분이익   500
② (차변)현금   1,500   (대변)기타포괄손익인식금융자산   1,500
③ (차변)기타포괄손익인식금융자산   1,000   (대변)현금   1,500
      금융자산처분이익   500
④ (차변)기타포괄손익인식금융자산   1,500   (대변)현금   1,500

013 금융자산의 사업모형 변경에 해당하는 것은?

① 특정 금융자산과 관련된 의도의 변경
② 금융자산에 대한 특정 시장의 일시적 소멸
③ 금융서비스회사가 소매부동산담보부대여업을 중단
④ 기업 내 서로 다른 사업모형을 갖고 있는 부문 간 금융자산의 이전

014 금융자산의 재분류시 회계처리에 대한 설명으로 옳지 않은 것은?

① 금융자산의 재분류시 재분류일의 공정가치로 측정한다.

② AC금융자산에서 FVOCI금융자산으로 재분류한 경우에 장부금액과 공정가치의 차이를 기타포괄손익으로 인식한다.

③ FVOCI금융자산에서 AC금융자산으로 재분류한 경우에 재분류 전에 인식한 기타포괄손익누계액을 당기손익으로 인식한다.

④ FVPL금융자산에서 FVOCI금융자산이나 AC금융자산으로 재분류하는 경우에 재분류일의 공정가치에 기초하여 유효이자율을 산정한다.

종합문제 ✅

A회사가 B회사 주식을 취득, 보유 및 처분한 내역은 다음과 같다.

① 20×1년 1월 1일에 B회사의 주식 50주를 ₩500,000(주당 ₩10,000)에 취득하면서 거래수수료 ₩10,000을 현금 지급하였다.
② 20×1년 말 해당 금융자산의 공정가치는 ₩520,000이다.
③ 20×2년 2월 15일에 B회사 주주총회는 주당 ₩1,000의 현금배당을 결의하였다.
④ 20×2년 3월 31일에 B회사로부터 현금배당을 수취하였다.
⑤ 20×2년 말 해당 금융자산의 공정가치는 ₩460,000이다.
⑥ 20×3년 1월 31일에 B회사의 주식 50주를 ₩530,000에 처분하였다.

1 당기손익인식금융자산
당기손익인식금융자산으로 분류한 경우 각 사항을 분개하시오.

①
	계정	금액		계정	금액
(차변)			(대변)		

②
	계정	금액		계정	금액
(차변)			(대변)		

③
	계정	금액		계정	금액
(차변)			(대변)		

④
	계정	금액		계정	금액
(차변)			(대변)		

⑤
	계정	금액		계정	금액
(차변)			(대변)		

⑥
	계정	금액		계정	금액
(차변)			(대변)		

2   기타포괄손익인식금융자산

기타포괄손익인식금융자산으로 분류한 경우 각 사항을 분개하시오. 단, 처분시 기타포괄손익 누계액을 이익잉여금으로 대체한다.

①

	계정	금액		계정	금액
(차변)			(대변)		

②

	계정	금액		계정	금액
(차변)			(대변)		

③

	계정	금액		계정	금액
(차변)			(대변)		

④

	계정	금액		계정	금액
(차변)			(대변)		

⑤

	계정	금액		계정	금액
(차변)			(대변)		

⑥

	계정	금액		계정	금액
(차변)			(대변)		

3 당기손익인식금융자산과 기타포괄손익인식금융자산의 손익 비교
당기손익인식금융자산 또는 기타포괄손익인식금융자산으로 분류한 경우 관련 손익을 연도별로 분석하시오.

	FVPL금융자산의 경우			FVOCI금융자산의 경우		
	20×1년	20×2년	20×3년	20×1년	20×2년	20×3년
수수료비용						
배당금수익						
금융자산평가손익						
금융자산처분손익						
당기순이익						
기타포괄손익						
금융자산평가손익						
총포괄손익						

"

이야기가 있는 회계 세상

기업입장에서는 재고자산의 수량 못지않게 단가를 결정하는 것 또한 매우 중요한 의사결정 사항이다. 재고자산에 개당 단돈 ₩10을 더하더라도 수량이 많을수록 자산은 증가하기 때문이다.

국제회계기준에서는 앞으로 배울 선입선출법과 평균법은 인정하지만 후입선출법은 인정하고 있지 않다. 국제회계기준은 왜 후입선출법을 인정하지 않는 것일까? 일반적인 재고자산 흐름과 일치하지 않기 때문이다. 국제회계기준을 도입하기 전에 국내 대부분의 정유사들이 후입선출법을 적용했다. 정유사들이 후입선출법을 사용하는 가장 큰 이유는 절세가 가능하기 때문이다. 원유가격이 지속적으로 상승하는 상황에서 나중에 구입한 원유가 가장 먼저 팔린다고 가정하는 후입선출법을 사용하면 매출원가는 증가할 것이고, 매출에서 매출원가를 뺀 매출총이익은 낮아진다. 따라서 세금을 덜 부담하게 된다.

이러한 문제점뿐만 아니라 국제회계기준은 후입선출법을 이용해 이익조작이 가능하다는 점을 알고 있었다. 예를 들어, 후입선출법을 사용하는 회사의 경영자가 판매된 수량보다 구매하는 수량을 줄이면 그만큼 매출원가는 줄어들고 이익은 증가한다. 왜냐하면 매우 낮은 원가로 계상되어 있는 기초재고자산*이 판매되어 매출원가를 구성하기 때문이다.

그렇기 때문에 경영자들이 재무정보를 제공할 때 중요하게 가져야 할 원칙은 편의(bias)를 가지지 않고 중립적(neutral)으로 충실히 표현(faithful representation)하는 것이다.

---

* 지속적인 인플레이션 상황에서 오래된 기초재고자산이 현재 시세보다 한참 낮은 금액일 것이라고 가정한다.

1. 재고자산의 의의

기업의 정상영업활동과정에 생산 또는 판매를 목적으로 보유하고 있는 자산을 재고자산(在庫資産, inventory)이라고 한다. 한국채택국제회계기준에 의하면 재고자산은 다음의 자산을 말한다.

① 통상적인 영업과정에서 판매를 위하여 보유중인 자산
② 통상적인 영업과정에서 판매를 위하여 생산중인 자산
③ 통상적인 용역제공에 사용될 원재료나 소모품

상품매매기업은 상품을 재고자산으로 가지고 있는 반면에, 제조기업인 경우에는 제품, 재공품 및 원재료 형태의 재고자산을 가지고 있다. 각 재고자산의 유형별 정의는 다음 〈표 9-1〉과 같다.

표 9-1 재고자산의 유형별 정의

재고자산	정의
상품	기업의 정상영업활동과정에서 판매를 목적으로 보유하는 재고자산으로 추가적인 가공없이 판매할 수 있도록 외부에서 구입하여 보유하고 있는 재고자산
제품	기업의 정상영업활동과정에서 판매를 목적으로 기업 내부에서 생산한 재고자산
재공품	제조과정 중에 있는 아직 제품으로 완성되지 않은 재고자산
원재료	생산을 목적으로 구매한 것으로 아직 제조과정에 투입되기 전의 재고자산

2. 재고자산의 원가결정

2.1 재고자산의 수량결정

기말 재고자산의 수량을 정확하게 파악하기 위해서는 자기 회사에 있는 재고자산뿐만 아니라 다른 회사나 운반 중인 재고자산의 파악도 중요하다. 특히 다른 회사나 운반 중인 재고자산의 실질적인 소유권을 누가 갖는지 결정하는 것이 중요하다.

(1) 미착품

미착품(goods in transit)은 운송 중인 매입상품을 말한다. 미착품의 소유권은 상품의 인도에 따른 위험과 책임이 어느 시점에서 종료되느냐에 따라 결정된다. 선적지에서 상품의 위험과 책임이 판매자에서 구매자에게 전가되는 선적지 인도조건(FOB[1] shipping point) 계약의 경우에는 미착품이 구매자의 재고자산에 포함된다. 도착지에서 상품의 위험과 책임이 판매자에서 구매자에게 전가되는 도착지 인도조건(FOB destination) 계약의 경우에는 미착품이 판매자의 재고자산에 포함된다.

(2) 적송품

적송품 또는 위탁품(consignment goods)은 위탁자(consigner)가 수탁자(consignee)에게 판매를 위탁하기 위해서 발송한 상품을 말한다. 수탁자가 적송품을 보관하고 수탁자는 위탁자를 대신하여 이를 관리만 하는 것이기 때문에 실제 소유권은 위탁자에게 있다. 따라서 적송품은 위탁자의 재고자산에 포함된다.

(3) 시용품

시용판매(sales on approval)는 소비자가 상품을 시험적으로 사용해 본 뒤 매입하겠다는 최종 의사표시를 하면 판매가 성립되는 방식을 말한다. 따라서 상품이 소비자에게 인도되었더라도 소비자가 매입의사표시를 하지 않은 한 시용품은 판매자의 재고자산에 포함된다.

(4) 할부판매상품

할부판매(installment sales)는 상품의 인도 후 판매대금을 일정기간 동안 분할하여 회수하는 판매방식을 말한다. 비록 할부판매에 의해 인도된 상품의 소유권이 형식적으로 판매자에게 있더라도 그 상품에 대한 실질적인 권리와 의무는 구매자에게 있기 때문에 할부판매 조건으로 구매자에게 인도된 상품은 판매자의 재고자산에서 제외된다.

---

1 FOB는 free on board의 줄임말이며, 본선인도조건을 의미한다. 즉, 판매자가 구매자측에서 지정하는 선적항에서 선박에 계약화물을 적재하는 데 따른 인도가 행해져야 계약이 완료된다.

2.2 재고자산의 원가결정방법(원가흐름에 대한 가정)

기말재고자산 금액을 결정할 때는 다음과 같이 재고자산 수량에 재고자산 단가를 곱해서 산출한다.

기말재고자산 = 기말재고자산 수량 × 기말재고자산 단가

기말재고자산의 수량은 본장의 '2.1 재고자산 수량결정'과 5장에서 언급한 '계속기록법' 또는 '실지재고조사법'을 통해서 결정된다. 여기서는 기말재고자산의 단가를 결정하는 방법에 대해서 학습한다.

(1) 개별법

개별법(specific identification method)은 원가흐름에 대한 가정을 하지 않고 개별상품 각각에 대하여 단위당 원가를 파악하여 매출된 상품과 기말재고자산의 상품을 개별적으로 파악하는 방법이다. 개별법은 통상적으로 서로 대체하여 판매될 수 없는 고가의 재고자산이나 특정 프로젝트별로 생산되는 재화를 판매하거나 용역을 제공할 때 사용하는 방법이다. 예를 들어, 특별 주문생산하는 선박이나 항공기에 적용할 수 있다.

개별법은 모든 상품에 꼬리표를 붙인 것처럼 개별적으로 식별하여 원가를 계산하는 방법이기 때문에 매출원가와 기말재고자산의 금액을 정확하게 파악할 수 있는 장점이 있다. 그러나 통상적으로 서로 대체하여 판매가 가능한 대량의 재고자산에 개별법을 적용하는 것은 현실적으로 불가능하다. 따라서 이러한 경우에는 선입선출법이나 후입선출법 또는 평균법 중 한 가지 방법을 선택하고 원가흐름을 가정하여 사용한다.

(2) 선입선출법

선입선출법(FIFO, first-in first-out method)은 실제 물량흐름과 관계없이 먼저 매입한 상품을 먼저 판매하는 것으로 가정하는 방법이다. 따라서 기말재고자산은 가장 최근에 매입한 항목 순으로 구성되고, 매출원가는 가장 오래전에 매입된 가격으로 손익계산서에 계상된다.

선입선출법의 장점은 대부분의 기업들이 오래된 상품을 먼저 판매하기 때문에 실물

흐름과 원가흐름이 일치할 가능성이 높다. 또한 가장 최근에 매입한 상품이 기말재고자산을 구성하기 때문에 시가나 공정가치에 근접하게 재무제표에 표시된다.

선입선출법의 단점은 매출원가는 가장 오래전에 매입된 가격으로 표시되고 매출액은 현행의 판매가격으로 표시되기 때문에 수익-비용 대응이 적절히 이루어지지 않는다는 점이다. 또한 가격이 상승하는 인플레이션 기간에는 낮은 매출원가가 계산되기 때문에 당기순이익이 과대하게 보고되는 경향이 있다.

(3) 후입선출법

후입선출법(LIFO, last-in first-out method)은 나중에 매입한 재고자산을 먼저 판매하는 것으로 가정하는 방법이다. 따라서 가장 최근에 매입한 항목 순으로 매출원가를 구성한다. 앞서 설명한 것처럼, 한국채택국제회계기준은 후입선출법의 사용을 허용하지 않고 있다.

후입선출법의 장점은 매출원가가 가장 최근에 매입된 가격으로 표시되기 때문에 수익과 비용이 모두 현행원가에 근접하게 보고되어 수익-비용 대응이 적절히 이루어진다는 점이다. 또한 이 때문에 절세효과를 누릴 수 있다는 장점이 있다.

후입선출법의 단점은 일반적으로 실물흐름과 원가흐름이 일치하지 않는 점과 기말재고자산이 시가나 공정가치를 반영하지 못한다는 점이다. 또한 판매수량보다 구입수량을 적게 하여 이익조작이 가능하다는 가장 큰 단점이 있다.

(4) 평균법

평균법(average method)은 기초재고자산과 당기에 매입한 재고자산의 원가를 가중평균하여 단위원가를 결정하는 방법이다.

평균법은 재고자산의 장부기록 방법에 따라 그 명칭이 다르다. 계속기록법 하에서의 평균법을 이동평균법이라 하고, 실지재고조사법 하에서의 평균법을 총평균법이라고 한다.

평균법은 임의적인 조작이 어렵고 객관적이기 때문에 실무에서 많이 사용되는 방법이다. 그러나 계속기록법 하에서는 재고자산의 구입원가가 달라질 때마다 새로운 평균원가를 계산해야 하는 단점이 있다.

다음 (예제 1)을 통해서 재고자산의 원가결정방법을 비교해 보자.

예제 1 • 재고자산의 원가결정방법 비교

(주)두발로는 오토바이를 판매하는 상품매매기업이다. 당기 상품의 매입 및 매출자료는 다음과 같다.

	수량	단가
기초상품(12월 1일)	10개	₩1,000
당기 상품매입(12월 5일)	40개	₩1,100
당기 매출(12월 10일)	30개	₩1,500
당기 상품매입(12월 15일)	40개	₩1,215
당기 매출(12월 25일)	35개	₩1,500

물음)

다음의 각 방법에 따라 (주)두발로의 당기 매출원가와 기말재고자산, 매출총이익을 구하시오. 단, 실지재고조사 결과 기말재고자산의 수량은 25개이다.

1. 선입선출법(실지재고조사법, 계속기록법)
2. 후입선출법(실지재고조사법, 계속기록법)
3. 평균법(실지재고조사법, 계속기록법)

[풀이]

1. 선입선출법

(1) 실지재고조사법

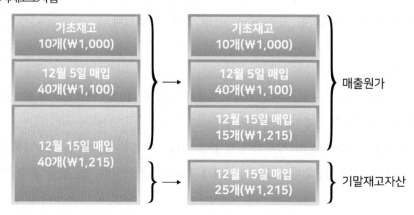

기말재고자산 25개는 12월 15일 매입분 중 25개로 구성되어 있다고 가정한다.

① 기말재고자산 = 25개×₩1,215 = ₩30,375

② 매출원가 = ₩10,000(기초재고자산) + (44,000 + 48,600)(당기매입액) − 30,375(기말재고
   자산) = ₩72,225

   또는 매출원가 = 10개×₩1,000 + 40개×₩1,100 + 15개×₩1,215 = ₩72,225

③ 매출 = 65개×₩1,500 = ₩97,500

　　매출총이익 = ₩97,500 - 72,225 = ₩25,275

(2) 계속기록법

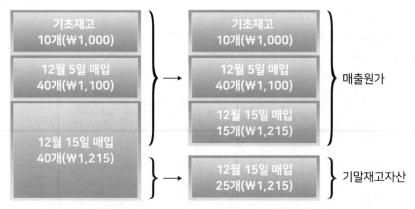

기말재고자산 25개는 12월 15일 매입분 중 25개로 구성되어 있다고 가정한다. 선입선출법의 경우 실지재고조사법과 계속기록법의 기말재고자산 구성은 항상 동일하다.

① 기말재고자산 = 25개×₩1,215 = ₩30,375

② 매출원가 = ₩10,000(기초재고자산) + (44,000 + 48,600)(당기매입액) - 30,375(기말재고자산) = ₩72,225

　　또는 매출원가 = 10개×₩1,000 + 40개×₩1,100 + 15개×1,215 = ₩72,225

③ 매출 = 65개×₩1,500 = ₩97,500

　　매출총이익 = ₩97,500 - 72,225 = ₩25,275

2. 후입선출법

(1) 실지재고조사법

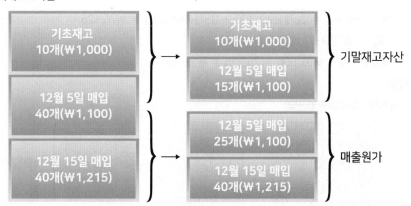

기말재고자산 25개는 기초재고 10개와 12월 5일 매입분 중 15개로 구성되어 있다고 가정한다.

① 기말재고자산 = 10개×₩1,000 + 15개×₩1,100 = ₩26,500

② 매출원가 = ₩10,000(기초재고자산) + (44,000 + 48,600)(당기매입액) − 26,500(기말재고
자산) = ₩76,100

또는 매출원가 = 25개×₩1,100 + 40개×₩1,215 = ₩76,100

③ 매출 = 65개×₩1,500 = ₩97,500

매출총이익 = ₩97,500 − 76,100 = ₩21,400

(2) 계속기록법

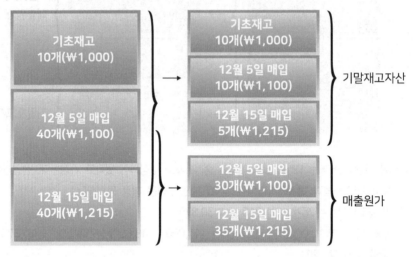

기말재고자산 25개는 매출 당시에 가장 먼저 매입한 재고자산으로 기초재고자산 10개와 12월 5
일에 매입분 중 10개, 그리고 12월 15일에 매입분 중 5개로 구성되어 있다고 가정한다.

① 기말재고자산 = 10개×₩1,000 + 10개×₩1,100 + 5개×₩1,215 = ₩27,075

② 매출원가 = ₩10,000(기초재고자산) + (44,000 + 48,600)(당기매입액) − 27,075(기말재고
자산) = ₩75,525

또는 매출원가 = 30개×₩1,100 + 35개×₩1,215 = ₩75,525

③ 매출 = 65개×₩1,500 = ₩97,500

매출총이익 = ₩97,500 − 75,525 = ₩21,975

3. 평균법

(1) 실지재고조사법(총평균법)

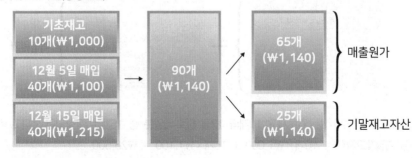

총평균단가 = (₩10,000 + 44,000 + 48,600)÷90개 = ₩1,140

① 기말재고자산 = 25개×₩1,140 = ₩28,500

② 매출원가 = ₩10,000(기초재고자산) + (44,000 + 48,600)(당기매입액) − 28,500(기말재고
자산) = ₩74,100

또는 매출원가 = 65개×₩1,140 = ₩74,100

③ 매출 = 65개×₩1,500 = ₩97,500

매출총이익 = ₩97,500 − 74,100 = ₩23,400

(2) 계속기록법(이동평균법)

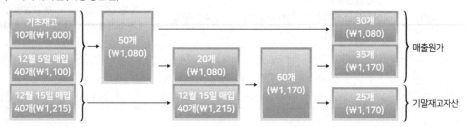

12월 10일 매출시 이동평균단가 = (₩10,000 + 44,000)÷50개 = ₩1,080

12월 10일 매출후 재고자산 = 20개×₩1,080 = ₩21,600

12월 25일 매출시 이동평균단가 = (₩21,600 + 48,600)÷60개 = ₩1,170

① 기말재고자산 = 25개×₩1,170 = ₩29,250

② 매출원가 = ₩10,000(기초재고자산) + (44,000 + 48,600)(당기매입액) − 29,250(기말재고
자산) = ₩73,350

또는 매출원가 = 30개×₩1,080 + 35개×₩1,170 = ₩73,350

③ 매출 = 65개×₩1,500 = ₩97,500

매출총이익 = ₩97,500 − 73,350 = ₩24,150

2.3 원가결정방법의 비교

(예제 1)에서 원가결정방법에 따른 기말재고자산, 매출원가 및 매출총이익의 결과를 비교하면 다음 〈표 9-2〉와 같다.

─ **표 9-2 원가결정방법의 비교**

과목	선입선출법 (실지재고조사법 =계속기록법)	이동평균법	총평균법	후입선출법 (계속기록법)	후입선출법 (실지재고조사법)
기말재고자산	₩30,375	₩29,250	₩28,500	₩27,075	₩26,500
매 출 원 가	72,225	73,350	74,100	75,525	76,100
매 출 총 이 익	25,275	24,150	23,400	21,975	21,400

〈표 9-2〉에서 보는 바와 같이 인플레이션 상황에서 원가결정방법에 의한 기말재고자산, 매출원가 및 매출총이익의 크기를 비교하면 〈표 9-3〉과 같다.

─ **표 9-3 원가결정방법의 크기 순서**

기말재고자산: 선입선출법 > 이동평균법 > 총평균법 > 후입선출법(계속기록법) > 실지재고조사법
매 출 원 가: 선입선출법 < 이동평균법 < 총평균법 < 후입선출법(계속기록법) < 실지재고조사법
매 출 총 이 익: 선입선출법 > 이동평균법 > 총평균법 > 후입선출법(계속기록법) > 실지재고조사법

원가결정방법들 간에 기말재고자산과 매출총이익이 같은 방향이고, 매출원가는 반대 방향이라는 것을 알 수 있다. 계속기록법에서 평균법과 후입선출법의 기말재고자산이 실지재고조사법에서 평균법과 후입선출법보다 더 큰 이유는 최근에 구입한 재고자산이 기말재고자산에 더 많이 남아 있다고 가정하기 때문이다.

3. 소매재고법

지금까지 살펴본 개별법, 선입선출법, 후입선출법 및 평균법은 재고자산의 실제 취득원가를 이용해서 기말재고자산과 매출원가를 결정하는 방법이다. 그러나 대형할인점과 같이 다품종이면서 다량의 거래가 빈번하게 이루어지는 유통업의 경우 모든 재고자산에 대해서 일일이 기말재고자산과 매출원가를 파악하는 것은 쉬운 일이 아니다. 따라서 이러한 업종의 경우에는 기말재고자산을 매출가격에 기초하여 결정한 후 이를 원가로 환원하는 방법을 적용하는 것이 편리할 것이다. 이렇게 매출가격으로 계산된 기말재고자산에 원가율을 곱하여 매출가격을 원가로 환원하는 재고자산평가방법을 **소매재고법**(retail method) 또는 **매출가격환원법**이라고 한다.

소매재고법은 매출가격으로 파악된 기말재고자산에 **원가율**(cost-to-retail ratio)을 곱해서 원가기준의 기말재고자산을 계산할 수 있는데, 이때 원가율은 다음과 같이 원가기준 판매가능액(기초재고자산+당기매입액)을 매출가격기준 판매가능액으로 나누어 계산한다.

원가기준 기말재고자산 = 매출가격기준 기말재고자산 × 원가율

(단, 매출가격기준 기말재고자산 = 매출가격기준 판매가능액 − 당기매출액)

$$원가율 = \frac{원가기준\ 판매가능액}{매출가격기준\ 판매가능액} \times 100$$

기업은 실사를 통해 기말재고자산을 개별상품에 부착된 가격표에 의해 매출가격기준으로 파악하고 여기에 단순히 원가율을 곱해서 기말재고자산을 원가기준으로 산출할 수 있다. 이렇게 기말재고자산의 실제 취득원가를 일일이 조사하지 않고 기말재고자산의 매출가격만 파악하면 되기 때문에 많은 시간과 노력을 줄일 수 있다는 것이 소매재고법의 장점이다.

다음 (예제 2)를 통해서 소매재고법에 의한 기말재고자산을 추정해 보자.

예제 2 • 소매재고법에 의한 기말재고자산 평가

(주)다팔아마트는 소매재고법을 사용하여 기말재고자산을 추정한다. 다음은 20×1년 12월중 재고자산 관련 자료이다.

	원가기준	매출가격기준
기초재고자산	₩130,000	₩200,000
당기매입액	570,000	800,000
당기매출액		900,000

물음)

소매재고법을 이용하여 (주)다팔아마트의 20×1년 12월 말 기말재고자산을 추정하시오.

[풀이]

* 원가기준 판매가능액 = ₩130,000 + 570,000 = ₩700,000
* 매출가격기준 판매가능액 = ₩200,000 + 800,000 = ₩1,000,000
* 원가율 = ₩700,000 ÷ 1,000,000 = 70%
* 매출가격기준 기말재고자산 = ₩1,000,000 - 900,000 = ₩100,000
* 원가기준 기말재고자산 = ₩100,000 × 70% = ₩70,000

4. 재고자산평가손실 및 재고자산감모손실

4.1 재고자산평가손실 - 저가법

재고자산은 취득원가로 평가한다. 그러나 다음의 경우에는 재고자산의 원가를 회수하기 어려울 수도 있다.

① 물리적으로 손상된 경우
② 완전히 또는 부분적으로 진부화된 경우
③ 판매가격이 하락한 경우
④ 완성하거나 판매하는 데 필요한 원가가 상승한 경우

한국채택국제회계기준은 위와 같은 상황이 발생하면 재고자산을 **순실현가능가치**(NRV: net realizable value)로 평가하도록 요구하고 있는데, 이를 **저가법**(lower of cost or NRV)이라고 한다. 순실현가능가치란 예상 판매가격에서 관련 직접비용인 예상 판매비용을 차감한 금액을 말한다.

기말재고자산의 순실현가능가치가 취득원가보다 낮을 경우 다음과 같이 기말재고자산을 순실현가능가치로 감액하고, 그 차액을 차변에 **재고자산평가손실**(당기비용)로 대변에 **재고자산평가충당금**(재고자산의 차감계정)으로 인식하는 수정분개를 한다.

〈감액시〉

　(차변)　재고자산평가손실　　　×××　(대변)　재고자산평가충당금　　　×××

대변에 재고자산평가충당금 계정을 사용하는 이유는 순실현가능가치가 회복될 경우를 대비하는 것이다. 또한 한국채택국제회계기준에 명시적 규정은 없지만 재고자산평가손실은 통상적인 영업활동 과정에서 발생하는 것이므로 재고자산평가손실을 매출원가에 포함시키는 것이 타당하다.

재고자산평가손실을 인식한 후에 순실현가능가치가 회복되었다면 최초의 장부금액을 초과하지 않는 범위 내에서 다음과 같이 **재고자산평가손실환입**을 인식하는 회계처리를 한다. 한국채택국제회계기준에 명시적 규정은 없지만 대변에 재고자산평가손실환입(당기수익)은 재고자산평가손실과 반대로 매출원가에서 차감하는 것이 타당하다.

〈회복시〉

　(차변)　재고자산평가충당금　　　×××　(대변)　재고자산평가손실환입　　　×××

저가법은 기말재고자산 평가시에 순실현가능가치가 취득원가보다 낮은 경우에만 적용한다. 따라서 순실현가능가치가 취득원가보다 높은 경우에 재고자산평가이익을 인식하지 않는다. 저가법은 자산의 장부금액이 판매나 사용으로부터 실현될 것으로 기대되는 금액을 초과하여서는 안 된다는 회계의 **보수주의**(conservatism)에 근거한다.

예제 3 · 재고자산의 저가법

예제 1에서 (주)두발로가 상품에 대해 계속기록법을 사용하고 원가결정에는 이동평균법을 적용한다고
하자. 이 경우 20×1년 12월 31일 (주)두발로의 기말재고자산 개당 단가가 ₩1,170으로 계산되었다.
해당 재고자산의 예상 판매가격은 ₩1,100으로 하락하였고, 예상 판매비용은 개당 ₩50이다.
20×2년 3월말에 해당 재고자산의 예상 판매가격이 원래대로 ₩1,500으로 상승하고, 예상 판매비용
은 개당 ₩50이다. 단, 20×2년 3개월 동안 재고자산 수량에 대한 변동이 없었다고 가정한다.

물음)

1. 재고자산평가와 관련한 20×1년 12월 31일에 분개를 하시오.

2. 재고자산평가와 관련한 20×2년 3월 31일에 분개를 하시오.

[풀이]

1. 20×1년 12월 31일 상품의 순실현가능가치 = 예상 판매가격 − 예상 판매비용

$$= ₩1,100 × 25개 − ₩50 × 25개$$

$$= ₩26,250 < ₩29,250(취득원가)$$

취득원가와 순실현가능가치의 차이 ₩3,000을 재고자산평가손실로 수정분개한다.

(차변)　　재 고 자 산 평 가 손 실　　3,000　　(대변)　　재고자산평가충당금　　3,000

2. 20×2년 3월 31일 상품의 순실현가능가치 = 예상 판매가격 − 예상 판매비용

$$= ₩1,500 × 25개 − ₩50 × 25개$$

$$= ₩36,250 > ₩29,250(취득원가)$$

상품의 순실현가능가치가 취득원가보다 높기 때문에 재고자산평가손실환입을 고려한다. 단, 최초의
장부금액을 초과하지 않는 범위 내에서 재고자산평가손실환입을 인식해야 하기 때문에 그 금액은
₩3,000을 초과할 수 없다.

(차변)　　재고자산평가충당금　　3,000　　(대변)　　재고자산평가손실환입　　3,000

4.2 재고자산감모손실

　　재고자산을 처리하는 과정에서 파손이나 도난, 자연증발 등으로 인하여 실제 재고
자산 수량이 장부상 수량보다 적은 경우가 발생할 수 있다. 계속기록법을 적용하는 경우
에는 장부상 기말재고자산 수량이 파악되기 때문에 파손이나 도난 등으로 인한 수량 감
모분을 인식할 수 있다. 하지만 실지재고조사법의 경우에는 재고조사를 통해서 기말재고

자산 수량이 파악되기 때문에 파손이나 도난으로 인한 수량 감모분을 판매된 것으로 가정할 수도 있다. 따라서 실질적으로 재고자산감모손실은 계속기록법에서만 나타나는 회계처리이다. 다음과 같이 차변에 재고자산감모손실(당기비용)을 대변에는 재고자산을 회계처리하여 재고자산을 감소시킨다. 재고자산평가손실처럼 재고자산의 차감계정을 사용하지 않는 이유는 재고자산감모손실은 실제 수량이 장부보다 부족하기 때문이다.

재고자산감모손실과 재고자산평가손실의 결정과정을 함께 표시하면 〈그림 9-1〉과 같다. 단, 실제수량이 장부수량보다 적으며, 순실현가능가치가 취득원가보다 낮다고 가정한다.

⊐ 그림 9-1   재고자산감모손실과 재고자산평가손실

재고자산의 감모는 정상적인 영업활동 과정에서 경상적으로 발생하기도 하고, 비경상적으로 발생하기도 한다. 예를 들어, 제조과정에서 자연스럽게 재고자산의 수량이 감모되는 것은 경상적인 것이다. 그러나 부주의로 인해서 재고자산이 파손된 것이라면 비경상적인 것이다. 전자의 경우는 경상적으로 발생하는(즉, 원가성이 있는) 감모에 해당되며, 후자의 경우는 비경상적으로 발생하는(즉, 원가성이 없는) 감모에 해당한다. 한국채택국제회계기준에 명시적 규정은 없지만 경상적인 재고자산감모손실은 매출원가에 포함하고, 비경상적인 재고자산감모손실은 별도의 비용 항목으로 구분표시하는 것이 타당하다.

예제 4 · 재고자산감모손실 및 재고자산평가손실

예제 1에서 (주)두발로가 상품에 대해 계속기록법을 사용하고 원가결정에는 이동평균법을 적용한다고
하자. 이 경우 20×1년 12월 31일 (주)두발로의 개당 단가 ₩1,170으로 계산되었다. 해당 재고자산
의 예상 판매가격은 ₩1,100으로 하락하였고, 예상 판매비용은 개당 ₩50이다. 또한 기말재고자산의
실제 수량은 20개이며, 차이가 나는 수량 5개 중에 3개는 원가성이 있다고 판단하였다.

물음)
1. (주)두발로가 20×1년 12월 31일에 해야 할 분개를 하시오.
2. 예제 1의 이동평균법에서 기말재고자산, 매출원가 및 매출총이익을 재계산하시오.

[풀이]

1. 〈재고자산감모손실 분개〉
   (차변) 재고자산감모손실 　5,850 　(대변) 재　고　자　산 　5,850

   〈재고자산평가손실 분개〉
   (차변) 재고자산평가손실 　2,400 　(대변) 재고자산평가충당금 　2,400

2. 기말재고자산 = ₩29,250 − 5,850 − 2,400 = ₩21,000
   매출원가 = ₩73,350 + 3,510(5개 중 3개만 원가성 있음) + 2,400 = ₩79,260
   재고자산감모손실 중 ₩2,340(5개 중 2개는 원가성이 없음)은 별도로 비용처리함
   매출총이익 = ₩97,500 − 79,260 = ₩18,240

정유사들, 후입선출법으로 재고자산 평가
후입선출법 폐지시 부담↑···"과세특례" 요구

GS칼텍스는 그동안 주유소 등에 휘발유와 경유 등을 팔 때 후입선출법으로 재고자산을 계산해왔다. 그러나 2011년부터 국제회계기준(IFRS) 도입으로 인해 재고자산 처리방법을 선입선출법 또는 이동평균법 등으로 변경해야 한다. 지금의 기업회계기준(K-GAAP)은 재고자산 처리방법으로 선입선출법과 후입선출법 등을 모두 인정하고 있지만, 국제회계기준은 후입선출법을 인정하지 않고 있다.

GS칼텍스는 제품, 재공품, 원재료, 상품 등을 후입선출법으로 처리하고 있다. S-Oil도 재고자산을 후입선출법으로 처리하며, 현대오일뱅크는 원재료에 대해 월간 후입선출법으로 처리하는 등 대부분의 정유사가 재고자산을 후입선출법으로 처리하고 있다. GS칼텍스 관계자는 "정유사의 경우 유가 변동이 크기 때문에 최근에 구입한 원유를 원가로 산정하는 후입선출법을 선택한 것 같다"며 "국제회계기준 도입으로 재고자산 평가 방법을 변경하면 당기순이익이 변하게 될 것"이라고 밝혔다.

일반적으로 기업들이 후입선출법으로 매출원가를 계산하게 되면, 선입선출법으로 계산했을 때보다 당기순이익이 줄어들게 된다. 물가상승으로 인해 최근에 구입한 재고자산이 과거에 구입했던 재고자산보다 더 비싸 매출원가가 더 높게 계산되기 때문이다. 이에 따라 후입선출법으로 재고자산을 처리하던 기업들이 국제회계기준으로 재고자산 평가방법을 변경하게 되면 당기순이익이 늘어나 법인세 부담이 증가하게 될 것이라는 추측이 많다. 정찬우 삼일회계법인 회계사는 "미국은 재고자산평가방법 변경으로 인한 현금지출세액 증가분을 4년간 이연하고 있다"며 "후입선출법 적용 법인이 선입선출법 등 다른 방법으로 변경시 과세특례제도를 신설할 필요가 있다"고 밝혔다.

(조세일보, 2009. 6. 8)

➲ 토론 주제

국제회계기준에서 후입선출법을 인정하지 않는 것이 타당한 결정인가? 아니면 경영자의 회계 선택을 제한하는 것인가?

☑ 연습문제

서술식 ⊘

001 재고자산의 의의에 대해 서술하시오.

002 미착품, 적송품, 시용품 및 할부판매상품의 소유권에 대해 서술하시오.

003 개별법의 의의와 장·단점에 대해 서술하시오.

004 선입선출법의 의의와 장·단점에 대해 서술하시오.

005 후입선출법의 의의와 장·단점에 대해 서술하시오.

006 평균법의 의의와 장·단점에 대해 서술하시오.

007 기말재고자산, 매출원가 및 매출총이익의 예를 들어 원가결정방법에 대해 비교하시오.

008 소매재고법과 원가율 계산에 대해 서술하시오.

009 재고자산의 저가법에 대해 서술하시오.

010 재고자산감모손실에 대해 서술하시오.

011 재고자산평가손실과 재고자산감모손실의 회계처리에 대해 비교하시오.

객관식 ✅

001 다음 중 재고자산이 아닌 것은?
① 통상적인 영업과정에 판매를 위하여 보유중인 자산
② 통상적인 영업과정에 판매를 위하여 생산중인 자산
③ 통산적인 용역제공에 사용될 원재료나 소모품
④ 통상적인 용역제공에 사용될 비품

002 다음 중 제조기업의 재고자산이 아닌 것은?
① 상품   ② 제품
③ 재공품   ④ 원재료

003 판매자 또는 위탁자의 재고자산이 아닌 것은?
① 도착지 인도조건의 미착품   ② 적송품
③ 시용품   ④ 할부판매상품

004 고가의 재고자산이나 특정 프로젝트에 적합한 원가결정방법은?
① 개별법   ② 선입선출법
③ 후입선출법   ④ 평균법

005 임의적인 조작이 어렵고 객관적이기 때문에 실무에서 많이 사용되는 원가결정방법은?
① 개별법   ② 선입선출법
③ 후입선출법   ④ 평균법

006 선입선출법에 대한 설명으로 옳지 않은 것은?
① 실물흐름과 원가흐름이 일치
② 기말재고자산이 시가나 공정가치에 근접
③ 수익-비용 대응을 적절히 이룸
④ 당기순이익이 과대 보고되는 경향

007 후입선출법에 대한 설명으로 옳지 않은 것은?

① 절세효과를 누림

② 실물흐름과 원가흐름이 불일치

③ 기말재고자산이 시가나 공정가치를 반영하지 못함

④ 이익조작이 거의 불가능

008 기말재고자산을 크기순으로 바르게 나열한 것은(큰 것에서 작은 것 순)?

① 선입선출법 > 총평균법 > 이동평균법 > 후입선출법(계속기록법 > 실지재고조사법)

② 선입선출법 > 총평균법 > 이동평균법 > 후입선출법(실지재고조사법 > 계속기록법)

③ 선입선출법 > 이동평균법 > 총평균법 > 후입선출법(계속기록법 > 실지재고조사법)

④ 선입선출법 > 이동평균법 > 총평균법 > 후입선출법(실지재고조사법 > 계속기록법)

009 매출원가를 크기순으로 바르게 나열한 것은(작은 것에서 큰 것 순)?

① 선입선출법 < 총평균법 < 이동평균법 < 후입선출법(계속기록법 < 실지재고조사법)

② 선입선출법 < 총평균법 < 이동평균법 < 후입선출법(실지재고조사법 < 계속기록법)

③ 선입선출법 < 이동평균법 < 총평균법 < 후입선출법(계속기록법 < 실지재고조사법)

④ 선입선출법 < 이동평균법 < 총평균법 < 후입선출법(실지재고조사법 < 계속기록법)

010 원가기준 판매가능액이 ₩800, 매출가격기준 판매가능액이 ₩1,600, 당기매출액이 ₩1,000일 때, 원가기준 기말재고자산은?

① 300

② 500

③ 800

④ 1,000

011 재고자산의 취득원가보다 순실현가능가치가 ₩1,000 작을 때 회계처리는?

① (차변)재고자산평가손실   1,000   (대변)재고자산   1,000

② (차변)재고자산평가손실   1,000   (대변)재고자산평가충당금   1,000

③ (차변)재고자산감모손실   1,000   (대변)재고자산   1,000

④ (차변)재고자산감모손실   1,000   (대변)재고자산평가충당금   1,000

012 11번의 회계처리 이후 순실현가능가치가 ₩2,000 회복했을 때 회계처리는?

① (차변)재고자산평가충당금   1,000   (대변)재고자산평가손실환입   1,000

② (차변)재고자산   1,000   (대변)재고자산평가손실환입   1,000

③ (차변)재고자산평가충당금   2,000   (대변)재고자산평가손실환입   2,000

④ (차변)재고자산   2,000   (대변)재고자산평가손실환입   2,000

013 재고자산의 장부상 수량보다 실제 수량이 더 적어서 금액으로 ₩1,000 차이가 발생할 때 회계
처리는?

① (차변)재고자산평가손실   1,000   (대변)재고자산   1,000

② (차변)재고자산평가손실   1,000   (대변)재고자산평가충당금   1,000

③ (차변)재고자산감모손실   1,000   (대변)재고자산   1,000

④ (차변)재고자산감모손실   1,000   (대변)재고자산평가충당금   1,000

종합문제 ✅

1 재고자산의 원가결정방법

ABC회사는 신발을 판매하는 상품매매기업이다. 20×1년 1월 상품의 매입 및 매출자료는 다음과 같다. 다음의 각 원가결정방법에 따라 ABC회사의 20×1년 1월 매출원가와 기말재고자산, 매출총이익을 구하시오. 단, 실지재고조사 결과 기말재고자산의 수량은 350개이다.

	수량	단가
기초상품(1월 1일)	100개	₩10,000
당기 상품매입(1월 10일)	500개	₩11,500
당기 매출(1월 15일)	400개	₩15,000
당기 상품매입(1월 20일)	600개	₩12,000
당기 매출(1월 25일)	450개	₩15,000

(1) 선입선출법

　① 실지재고조사법

　　㉠ 기말재고자산:
　　㉡ 매 출 원 가:
　　㉢ 매 출 총 이 익:

　② 계속기록법

　　㉠ 기말재고자산:
　　㉡ 매 출 원 가:
　　㉢ 매 출 총 이 익:

(2) 후입선출법

　① 실지재고조사법

　　㉠ 기말재고자산:
　　㉡ 매 출 원 가:
　　㉢ 매 출 총 이 익:

　② 계속기록법

　　㉠ 기말재고자산:
　　㉡ 매 출 원 가:
　　㉢ 매 출 총 이 익:

(3) 평균법

① 실지재고조사법

㉠ 기말재고자산:
㉡ 매 출 원 가:
㉢ 매출총이익:

② 계속기록법

㉠ 기말재고자산:
㉡ 매 출 원 가:
㉢ 매출총이익:

(4) 각 원가결정방법에 따른 매출원가와 기말재고자산, 매출총이익 크기를 비교하시오.

㉠ 기말재고자산:
㉡ 매 출 원 가:
㉢ 매출총이익:

2 재고자산평가손실

문제 1에서 ABC회사는 상품에 대해 계속기록법을 사용하고 원가결정에는 선입선출법을 적용한다고 하자. 이 경우 20×1년 1월 31일에 ABC회사 재고자산의 예상 판매가격 ₩9,000으로 하락하였고, 예상 판매비용은 개당 ₩500이다.

20×1년 2월말에 해당 재고자산의 예상 판매가격은 원래대로 ₩15,000으로 상승하고, 예상 판매비용은 개당 ₩500이다. 단, 20×1년 2월 동안 ABC회사의 재고자산 수량에 대한 변동은 없었다고 가정한다.

(1) 재고자산평가와 관련한 20×1년 1월 31일에 분개를 하시오.

	계정	금액		계정	금액
(차변)			(대변)		

(2) 재고자산평가와 관련한 20×1년 2월 28일에 분개를 하시오.

	계정	금액		계정	금액
(차변)			(대변)		

3 재고자산감모손실

문제 1에서 ABC회사는 상품에 대해 계속기록법을 사용하고 원가결정에는 선입선출법을 적용한다고 하자. 이 경우 20×1년 1월 31일에 ABC회사 재고자산의 예상 판매가격 ₩9,000으로 하락하였고, 예상 판매비용은 개당 ₩500이다. 또한 기말재고자산의 실제 수량은 300개이며, 차이가 나는 수량 50개 중에 35개는 원가성이 있다고 판단하였다.

(1) ABC가 20×1년 1월 31일에 해야 할 분개를 하시오.

① 재고자산감모손실 분개

	계정	금액		계정	금액
(차변)			(대변)		

② 재고자산평가손실 분개

	계정	금액		계정	금액
(차변)			(대변)		

(2) 문제 1의 계속기록법의 선입선출법에서 기말재고자산, 매출원가 및 매출총이익을 재계산하고, 별도의 비용 항목으로 표시할 금액은 얼마인지 계산하시오.

㉠ 기말재고자산:
㉡ 매 출 원 가:
㉢ 매 출 총 이 익:
㉣ 별도의 비용:

4 소매재고법

SU유통은 소매재고법을 사용하여 기말재고자산을 추정한다. 다음은 20×1년 12월중 재고자산 관련 자료를 이용하여 기말재고자산을 추정하시오.

	원가기준	매출가격기준
기초재고자산	₩1,000,000	₩1,200,000
당기매입액	3,000,000	3,800,000
당기매출액		4,300,000

① 원 가 기 준 판 매 가 능 액:
② 매출가격기준 판매가능액:
③ 원   가   율:
④ 매출가격기준 기말재고자산:
⑤ 원가기준 기말재고자산:

CHAPTER 10 ● 유형자산과 무형자산

1 유형자산

2 무형자산

"

이야기가 있는 회계 세상

유형자산과 무형자산의 차이점은 무엇일까? 계정명에서도 알 수 있듯이 보이는 자산과 보이지 않는 자산이라는 것이 가장 큰 차이점이다. 눈에 보이는 토지, 건물 등 유형자산을 자산으로 분류하는 것은 당연해 보인다. 그러나 보이지 않는 자산이라니! 쉽게 이해되지 않는다.

비틀즈(Beatles)의 멤버들은 데뷔 초 음반사와의 불합리한 계약서에 사인을 하면서 자신들이 만든 음악에 대한 저작권을 모두 음반사에 양도했다. 이후 시간이 흘러 음반사의 주식이 공개되면서 존 레논(John Lennon)과 폴 매카트니(Paul McCartney)는 비틀즈의 음악 저작권을 돌려받을 수 있는 기회가 왔다. 하지만 그들은 주저했다. 2,000만파운드(약 320억원)의 비용이 부담스러웠던 것이다. 그들이 이렇게 주저하고 있을 때 마이클 잭슨(Michael Jackson)이 5,300만파운드(약 860억원)에 비틀즈의 음악 저작권을 구입했다. 마이클 잭슨이 비틀즈 음악의 미래 수익을 비틀즈의 멤버들보다 더 높게 평가한 것이다. 아마도 마이클 잭슨이 설립한 회사, ATV뮤직퍼블리싱(ATV Music Publishing)은 비틀즈의 음악 저작권을 5,300만파운드에 매입하면서 이를 무형자산으로 회계처리했을 것이다.

무형자산은 다른 자산과 마찬가지로 경제적 효익을 창출할 잠재력을 지닌 권리이다. 무형자산으로 평가할 당시에는 그렇다는 것이다. 미래에 수익을 창출할지 비용만 부담시킬지는 마이클 잭슨의 판단이 맞을지, 아니면 존 레논과 폴 매카트니의 판단이 맞을지와 같이 미래에 가봐야 알 수 있다. 즉, 유형자산과 무형자산의 또 다른 차이점은 무형자산은 미래 불확실성이 큰 자산이라는 것이다.

1. 유형자산

1.1 유형자산의 의의

유형자산(有形資産, PP&E: property, plant and equipment)은 기업이 영업활동에 사용하기 위해서 보유하는 물리적 형태가 있는 자산으로서, 1년을 초과하여 사용할 것으로 예상되는 자산을 말한다. 이때 영업활동이란 재화의 생산과 판매, 용역의 제공, 임대 또는 관리활동 등을 포함한다.

유형자산의 유형별 분류는 다음 〈표 10−1〉과 같다.

표 10-1 유형자산의 유형별 분류

유형자산	분류
토지(land)	공장이나 사무실을 짓는 장소로 사용되며, 영구적이거나 반영구적인 진입로, 배수 및 하수시설, 조경공사 등이 포함된다.
건물(buildings)	기업의 영업활동에 사용되는 본사사옥, 공장건물, 영업소, 창고 등 다양하며, 건물뿐만 아니라 전기통신설비 등 건물부속설비가 포함된다.
기계장치(machinery)	컨베이어 등의 부속설비가 포함된다.
건설중인자산 (construction in progress)	기업이 자기사용 목적으로 건설 중인 건물을 말한다.

유형자산은 회사의 영업활동에 사용할 목적으로 보유하는 자산이라는 점에서 생산이나 판매목적으로 보유하는 재고자산과 구별되고, 장기시세차익이나 결정되지 않은 목적으로 보유하고 있는 투자자산에 속하는 '투자부동산'과 구별된다. 또한 유형자산은 물리적 형태가 있다는 점에서 무형자산과도 구별된다.

유형자산은 한 회계기간을 초과하여 사용할 것이 예상되는 자산이므로 사용기간이 한 회계기간을 초과하지 못한다면 자산으로 인식하지 않고 발생기간의 비용으로 회계처리한다. 예를 들어, 5년간 사용할 목적으로 컴퓨터를 구입하였다면 유형자산으로 분류하지만, 일시적인 테스트 후에 폐기할 목적으로 컴퓨터를 구입하였다면 구입시기에 비용으로 회계처리할 것이다.

1.2 유형자산의 인식과 측정

유형자산을 최초로 인식할 때에는 **원가**(cost)로 측정한다. 이때 원가란 자산을 취득하기 위하여 자산의 취득시점이나 건설시점에서 지급한 현금 또는 현금성자산이나 제공한 기타 대가의 공정가치를 말한다.

원가에는 다음의 3가지 요소를 포함한다.

---

① 관세 및 환급 불가능한 취득 관련 세금을 가산하고 매입할인과 리베이트 등을 차감한 구입가격
② 경영진이 의도하는 방식으로 자산을 가동하는 데 필요한 장소와 상태에 이르게 하기 위해 직접 관련되는 원가
③ 자산을 해체, 제거하거나 부지를 복구하는 데 소요될 것으로 최초에 추정되는 원가

---

(1) 취득 관련 세금. 매입할인 등

유형자산을 수입하는 과정에서 부담한 관세, 취득하는 과정에서 부담한 취득세 등 회피할 수 없는 지출은 유형자산의 취득원가에 가산하고, 할인이나 공개적인 리베이트를 받았다면 유형자산의 취득원가에서 차감한다.

(2) 필요한 장소와 상태에 이르게 하기 위해 직접 관련되는 원가

경영진의 의도하는 방식으로 자산을 가동하는 데 필요한 장소와 상태에 이르게 하는 데 '직접 관련되는 원가'인지 여부에 따라 유형자산의 원가 구성 또는 비용처리로 결정된다. 그 예는 다음과 같다.

직접 관련 원가: 유형자산의 원가 구성	비관련 원가: 비용처리
• 유형자산의 매입·건설과 직접적으로 관련되어 발생한 종업원 급여 • 설치장소 준비 원가 • 최초의 운송·취급 관련 원가 • 설치원가·조립원가 • 유형자산의 정상작동 여부에 대한 시험원가 • 전문가 수수료	• 새로운 시설의 개설 원가 • 새로운 상품과 서비스의 소개 원가(예: 광고비) • 새로운 지역이나 새로운 고객층 대상의 영업에 소요되는 원가(예: 직원교육훈련비) • 관리 및 기타 일반간접원가

한편, 유형자산 원가는 해당 자산이 경영진이 의도하는 방식으로 가동될 수 있는 장소와 상태에 이른 후에는 더 이상 인식하지 않는다. 따라서 유형자산을 사용하거나 이전하는 과정에서 발생하는 원가는 유형자산의 장부금액에 포함하지 않는다. 그 예는 다음과 같다.

① 유형자산이 경영진이 의도하는 방식으로 가동될 수 있지만 아직 사용되지 않고 있거나 완전조업도 수준에 미치지 못하는 경우에 발생하는 원가
② 초기 가동손실(유형자산과 관련된 산출물에 대한 수요의 형성과정에서 발생하는 가동손실 등)
③ 기업의 영업 전부 또는 일부를 재배치·재편성하는 과정에서 발생하는 원가

(3) 해체, 제거, 복구에 소요될 것으로 추정되는 원가

유형자산을 사용한 결과에 따라 이를 해체, 제거하거나 부지를 복구할 의무를 이행하는 데 소요되는 원가도 유형자산의 취득원가에 포함한다. 이를 부담하지 않으면 유형자산을 취득할 수 없는, 즉 회피할 수 없는 원가이기 때문이다. 예를 들어, 국가 소유의 토지에 구축물을 설치하고 일정 기간 동안 사용한 후에 토지를 원상회복해야 할 의무를 부담할 경우, 미래에 소요될 것으로 추정한 원상복구원가는 해당 자산을 취득하기 위해서는 회피할 수 없는 원가이므로 구축물의 취득원가에 포함한다.

다음 (예제 1)을 통해서 유형자산의 취득원가를 살펴보자.

예제 1 • 유형자산의 취득원가

(주)씽모터는 기계장치 1대를 취득하였고 취득과 관련된 자료는 다음과 같다.

- 총구입가격: ₩1,000,000 (취득세 ₩50,000과 매입할인 ₩10,000 미반영)
- 설치장소준비원가: ₩35,000
- 설치·조립원가: ₩20,000
- 유형자산의 매입과 직접 관련된 종업원 급여: ₩12,000
- 직원교육훈련비: ₩6,000
- 초기 가동손실: ₩5,500

물음)

기계장치의 취득원가를 계산하시오.

[풀이]

총 구 입 가 격	₩1,000,000
취 득 세	50,000
매 입 할 인	(10,000)
설 치 장 소 준 비 원 가	35,000
설 치 · 조 립 원 가	20,000
종 업 원 급 여	12,000
취 득 원 가	₩1,107,000

직원교육훈련비(₩6,000)는 유형자산 구입과 직접 관련이 없는 원가이고, 초기 가동손실(₩5,500)은 경영진의 의도와는 다르게 발생한 비용이므로 기계장치의 취득원가에 포함하지 않고 당기비용으로 인식한다.

1.3 유형자산의 후속원가

유형자산을 취득한 후 이를 사용하고 있는 기간 중에도 그 자산과 관련하여 여러 가지 원가가 발생할 수 있다. 즉, 증설, 부품 대체, 수선·유지 등에 필요한 비용이 발생할 수 있는데, 이러한 지출을 **후속원가**(subsequent costs)라 한다. 이때 발생하는 지출을 당해 자산의 취득원가에 가산할 것인가, 아니면 당기비용으로 처리할 것인가 하는 문제가 발생한다. 여기서, 유형자산의 원가를 구성하는 지출은 자본적 지출로서 자본화된다고 하고, 당기비용으로 처리하는 지출은 수익적 지출로서 비용화된다고 한다.

(1) 자본적 지출

자본적 지출(capital expenditure)이란 유형자산 취득 또는 완성 후에 이루어진 지출이 자산의 미래 경제적 효익을 실질적으로 증가시키는 지출을 말한다. 자본적 지출이 발생하면 당해 유형자산의 원가에 가산하고 내용연수 동안 감가상각한다. 일반적으로 그 지출의 효과나 성격이 다음의 조건 중 하나를 충족시키고 그 금액이 중요한 경우에 자본적 지출로 처리한다.

① 새로운 기능의 추가 또는 생산능력의 증대
② 효율성 제고(원가절감, 생산성 및 품질 향상)
③ 내용연수 연장 또는 잔존가치의 증가

유형자산의 부품이나 구성요소를 정기적으로 교체하는 경우(예: 용광로 내화벽돌의 정기적인 교체, 항공기 내부설비의 정기적인 교체) 발생하는 원가가 자산 인식기준을 충족하면 이를 유형자산의 장부금액에 포함하여 인식하고, 대체되는 부분의 장부금액은 장부에서 제거한다. 또한 유형자산의 계속 가동을 위해서 정기적인 종합검사를 하는 경우 종합검사 과정에서 발생한 원가가 자산의 인식기준을 충족하면 유형자산의 장부금액에 포함하여 인식하고, 직전 종합검사의 원가와 관련하여 유형자산으로 남아 있는 금액이 있다면 이를 장부에서 제거한다. 이러한 회계처리는 부품의 정기교체나 정기적인 종합검사가 유형자산의 미래 경제적 효익에 영향을 미친다는 관점에서 정당화된다.

(2) 수익적 지출

수익적 지출(revenue expenditure)이란 유형자산으로부터 당초 예상되었던 성능수준을 회복하거나 유지하기 위한 지출로서, 일상적인 수선·유지와 관련하여 발생하는 원가는 해당 유형자산의 장부금액에 포함하지 않고 당기비용으로 처리한다. 일상적인 수선·유지과정에서 발생하는 원가는 주로 노무비와 소모품비로 구성되며 사소한 부품원가가 포함될 수 있다.

다음 (예제 2)를 통해서 유형자산 후속원가의 회계처리에 대해 살펴보자.

예제 2 · 후속원가

다음은 유형자산의 후속원가와 관련하여 당기 중에 발생한 거래이다.

1. 건물의 정기적인 종합검사를 실시하였으며, 이를 위해 ₩100,000을 현금 지급하였다. 해당 종합검사는 자산의 인식조건을 충족한다.
2. 건물의 일상적인 수선·유지와 관련하여 ₩6,000을 현금 지급하였다.
3. 기계장치의 생산능력을 증대하기 위하여 일부 부품을 교체하였으며, 이를 위해 ₩70,000을 현금 지급하였다. 해당 부품 교체는 자산의 인식조건을 충족한다.
4. 기계장치의 일상적인 부품 교체와 관련하여 ₩1,000에 해당하는 기존 소모품을 사용하였다.

물음)

각 거래에 대해 분개하시오.

[풀이]

1.	(차변)	건	물	100,000	(대변)	현		금	100,000
2.	(차변)	수 선 유 지 비		6,000	(대변)	현		금	6,000
3.	(차변)	기 계 장 치		70,000	(대변)	현		금	70,000
4.	(차변)	소 모 품 비		1,000	(대변)	소	모	품	1,000

정기적인 종합검사와 생산능력을 증대시키는 것은 자본적 지출에 해당하므로 해당 자산의 취득원가에 가산한다. 일상적인 수선·유지는 수익적 지출에 해당하므로 당기비용처리한다. 소모품의 사용은 소모품비로 당기비용처리한다.

1.4 감가상각

(1) 감가상각의 의의

토지를 제외한 모든 유형자산은 시간의 경과나 사용에 따라 일정기간 후에는 그 효용가치가 소멸되어 미래 경제적 효익이 점점 감소할 것이다. 미래 경제적 효익의 감소 요인으로는 물리적 마모와 기능적 진부화가 있다. 물리적 마모란 유형자산의 시간의 경과나 사용에 따라 자산이 마모하거나 화재와 같은 우발적 사고 등으로 인해 파괴되는 경우를 말한다.

기능적 진부화란 비록 물리적 상태는 양호하다 할지라도 기술의 혁신 혹은 개선된 대체품이 나타남에 따라 현존하는 유형자산의 경제적 혹은 기능적 가치가 감소되는 경우를 말한다. 또한 환경의 변화 등으로 유형자산의 사용가치가 감소되는 부적합도 기능적 진부화에 해당된다. 기능이 개선된 신형 컴퓨터가 출시되어 기존의 구형 컴퓨터를 대체하는 경우가 좋은 예이다.

위에서 언급한 것처럼 유형자산의 미래 경제적 효익의 감소 원인은 다양하고 복합적이다. 그리고 실제로 유형자산의 미래 경제적 효익이 감소된 부분을 정확하게 파악하여 그 금액만큼 비용으로 처리하는 것이 가장 합리적일 것이다. 그러나 실제 사용하는 유형자산이 당기에 얼마나 사용되어 미래 경제적 효익이 얼마나 감소되었는지 객관적으로 정확히 평가하는 것은 매우 어려운 일이며 실익도 크지 않다.

따라서 유형자산의 미래 경제적 효익의 감소분을 재무제표에 반영하기 위하여 유형자산으로 인식한 원가를 합리적이고 체계적인 방법으로 배분하는데, 이를 **감가상각**

(depreciation)이라고 한다. 즉, 감가상각은 **원가의 배분과정**(cost allocation)이지 자산의 평가과정(asset valuation)이 아니다.

(2) 감가상각의 결정요소

감가상각비를 계산하기 위해서는 다음의 요소가 필요하다.

① 잔존가치
② 감가상각대상금액
③ 내용연수
④ 감가상각방법

① 잔존가치

잔존가치(residual value)란 자산의 내용연수가 종료되는 시점에서 해당 자산의 예상처분가액에서 예상처분비용을 차감한 금액이다. 잔존가치는 자산의 취득시점에 추정되는 금액이며, 해당 자산의 취득원가 중에서 총 비용화될 금액을 결정하기 때문에 신뢰성 있는 추정이 필요하다.

② 감가상각대상금액

감가상각대상금액(depreciable amount)이란 자산의 취득원가에서 잔존가치를 차감한 금액으로 미래의 기간에 자산의 취득원가 중에서 총 비용화될 금액이다.

③ 내용연수

내용연수(useful life)란 일반적으로 자산의 예상사용기간을 말하는데, 자산의 예상사용기간 또는 자산의 활용으로 획득할 수 있는 예상생산량(사용량) 등의 단위로 표시한다. 유형자산의 내용연수를 결정할 때 물리적 마모와 기능적 진부화를 모두 고려하여 물리적 내용연수와 기능적 내용연수 중에서 보다 짧은 기간으로 추정한다.

(3) 감가상각방법

감가상각방법을 선택할 때는 자산의 미래 경제적 효익이 소비되는 형태를 반영한

합리적인 방법을 고려하여야 한다. 유형자산의 감가상각방법으로 정액법, 체감잔액법(예: 정률법, 연수합계법), 생산량비례법 등이 있다. 정액법은 내용연수 동안에 동일한 감가상각비를 인식하는 방법이고, 체감잔액법은 내용연수 초기에 더 많은 감가상각비를 인식하다가 내용연수가 경과되면서 점차 감가상각비를 적게 인식하는 방법이다. 한편, 생산량비례법은 당해 유형자산을 이용하여 생산량에 따라 감가상각비를 변동시키는 방법이다.

〈그림 10−1〉에서 보는 바와 같이 어떤 감가상각방법이든 유형자산 장부금액을 취득시의 취득원가로부터 계속 감소시켜 내용연수 완료시에 잔존가치로 남게 된다. 다만, 감가상각방법에 따라 그 감소 추이가 달라질 뿐이다.

═ 그림 10-1 **유형자산의 감가상각 개념**

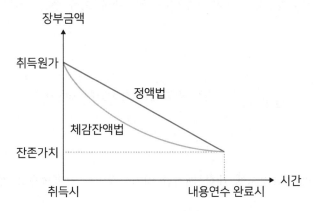

새로 취득한 유형자산에 대한 감가상각방법은 기존의 동종 또는 유사한 유형자산에 대한 감가상각방법과 일관성(consistency)있게 적용해야 한다. 한 번 정해진 방법은 계속 적용해야 하지만 매 회계연도 말에 재검토하여 자산에 내재된 미래 경제적 효익이 예상되는 소비형태나 경제상황에 중요한 변동이 있다면 이를 반영하기 위하여 새로운 감가상각방법으로 변경할 수 있다.

감가상각은 자산이 **사용가능하게 된** 때부터 시작한다. 즉, 경영진이 의도하는 방식으로 자산을 가동하는 데 필요한 장소와 상태에 이른 때부터 시작한다. 따라서 건설중인자산은 아직 사용가능한 상태에 이르지 않았기 때문에 감가상각을 하지 않으며, 건설중인자산이 건물이나 구축물로 대체되어 건물이나 구축물이 사용가능하게 된 시점부터 감가상각을 시작한다.

다음의 (예 1)을 통해 여러 감가상각방법을 상호 비교해 보자.

예 1 · 유형자산의 감가상각

(주)씽모터는 20×1년 1월 초에 현금 ₩100,000을 지급하고 기계 1대를 구입하여 제품생산에 사용하기 시작하였다. 기계의 사용가능 내용연수는 5년, 사용가능시간은 15,000시간, 잔존가치는 ₩10,000으로 추정되었다. 기계의 실제 사용시간은 20×1년부터 20×5년까지 2,100시간, 3,300시간, 2,400시간, 3,900시간, 3,300시간이다.

① 정액법

정액법(straight-line method)은 유형자산의 내용연수에 걸쳐 매기간 동일한 금액을 감가상각하는 방법으로서 건물과 같이 시간의 경과에 따라 자산의 미래 경제적 효익이 일정하게 감소되는 경우에 적합한 방법이다. 정액법에 의한 연간 감가상각비 계산식은 다음과 같다.

$$감가상각비 = \frac{감가상각대상금액(취득원가 - 잔존가치)}{내용연수}$$

(주)씽모터의 기계장치에 대한 매기간 감가상각비를 정액법으로 계산하면 다음과 같다.

⎯ 정액법에 의한 감가상각

연 도	계산과정	감가상각비	감가상각누계액	기말장부금액
20×1	(₩100,000-10,000) ÷ 5년	₩18,000	₩18,000	₩82,000
20×2	(₩100,000-10,000) ÷ 5년	18,000	36,000	64,000
20×3	(₩100,000-10,000) ÷ 5년	18,000	54,000	46,000
20×4	(₩100,000-10,000) ÷ 5년	18,000	72,000	28,000
20×5	(₩100,000-10,000) ÷ 5년	18,000	90,000	10,000
합 계		₩90,000		

② 체감잔액법

체감잔액법(diminishing balance method) 또는 **가속상각법**(accelerated depreciation method)은 자산의 내용연수 동안 초기에 가장 많이 상각하고 시간이 지날수록 적게 상각하는 방법이다. 초기에는 유형자산의 생산능률이 높지만 사용시간이 경과할수록 그 능률이 저하되는 기계장치나 설비자산의 경우에 체감잔액법을 사용하는 것이 수익과 비용의 대응이라는 관점에서 더 적정할 것이다.

체감잔액법에는 **정률법**(fixed percentage method), **연수합계법**(sum−of−the−years' digits method) 등이 있다.

정률법에 의한 연간 감가상각비 계산식은 다음과 같다.

$$\text{감가상각비} = \text{기초장부금액} \times \text{감가상각률}^*$$

$$* \text{ 감가상각률} = 1 - \sqrt[n]{\frac{\text{잔존가치}}{\text{취득원가}}} \quad (n: \text{내용연수})$$

(주)씽모터의 기계장치에 대한 매기간 감가상각비를 정률법으로 계산하면 다음과 같다. 정률법에 의한 감가상각률이 40%라고 가정하자.

− 정률법에 의한 감가상각

연 도	계산과정	감가상각비	감가상각누계액	기말장부금액
20×1	₩100,000 × 0.4	₩40,000	₩40,000	₩60,000
20×2	(₩100,000-40,000) × 0.4	24,000	64,000	36,000
20×3	(₩100,000-64,000) × 0.4	14,400	78,400	21,600
20×4	(₩100,000-78,400) × 0.4	8,640	87,040	12,960
20×5	₩12,960-10,000❶	2,960	90,000	10,000
합 계		₩90,000		

❶ 20×5년도 감가상각비는 잔존가치인 ₩10,000이 되도록 금액을 계산한다.

연수합계법에 의한 연간 감가상각비 계산식은 다음과 같다.

감가상각비 = 감가상각대상금액(취득원가 – 잔존가치) × 감가상각률*

$$* \ 감가상각률 = \frac{잔여내용연수}{내용연수 \ 합계}$$

(주)씽모터의 기계장치에 대한 매기간 감가상각비를 연수합계법으로 계산하면 다음과 같다.

－ **연수합계법에 의한 감가상각**

연 도	계산과정	감가상각비	감가상각누계액	기말장부금액
20×1	(₩100,000-10,000) × 5/15	₩30,000	₩30,000	₩70,000
20×2	(₩100,000-10,000) × 4/15	24,000	54,000	46,000
20×3	(₩100,000-10,000) × 3/15	18,000	72,000	28,000
20×4	(₩100,000-10,000) × 2/15	12,000	84,000	16,000
20×5	(₩100,000-10,000) × 1/15	6,000	90,000	10,000
합 계		₩90,000		

③ 생산량비례법

생산량비례법(units-of-production method)은 내용연수를 기준으로 감가상각하지 않고 생산량 또는 사용량에 비례하여 감가상각비를 계산하는 방법이다. 천연자원이나 광물자원의 경우에는 그 가치가 채굴량에 비례하여 감소되므로, 추정 총생산량이나 추정 총사용가능량에 대한 당기 실제 생산량 또는 당기 실제 사용량 비율을 기준으로 감가상각비를 계산한다. 생산량비례법의 연간 감가상각비 계산식은 다음과 같다.

감가상각비 = 감가상각대상금액(취득원가 – 잔존가치) × 감가상각률*

$$* \ 감가상각률 = \frac{당기 \ 실제 \ 사용량}{추정된 \ 총사용가능량}$$

(주)씽모터의 기계장치에 대한 매기간 감가상각비를 생산량비례법으로 계산하면 다음과 같다.

‒ **생산량비례법에 의한 감가상각**

연 도	계산과정	감가상각비	감가상각누계액	기말장부금액
20×1	(₩100,000-10,000) × (2,100 / 15,000)	₩12,600	₩12,600	₩87,400
20×2	(₩100,000-10,000) × (3,300 / 15,000)	19,800	32,400	67,600
20×3	(₩100,000-10,000) × (2,400 / 15,000)	14,400	46,800	53,200
20×4	(₩100,000-10,000) × (3,900 / 15,000)	23,400	70,200	29,800
20×5	(₩100,000-10,000) × (3,300 / 15,000)	19,800	90,000	10,000
합 계		₩90,000		

(4) 감가상각비 회계처리

감가상각의 회계처리는 다음과 같이 차변에는 감가상각비(depreciation expense)를 당기비용으로 인식하고, 대변에는 유형자산의 차감계정인 감가상각누계액(accumulated depreciation)을 기록한다. 감가상각누계액은 유형자산의 취득시점부터 당해연도 말까지 감가상각비를 누적한 금액을 보여주는 계정이다. 감가상각누계액 계정을 사용함으로써 재무상태표에 유형자산의 취득원가와 감가상각누계액, 그리고 취득원가에서 감가상각누계액을 차감한 장부금액을 모두 나타낼 수 있게 된다.

〈감가상각비 회계처리시〉

(차변)　감 가 상 각 비　　　×××　　(대변)　감가상각누계액　　　×××

(예 1)에서 연수합계법에 따라 계산된 감가상각비를 연도별로 회계처리하면 다음 〈표 10-2〉와 같다.

─ 표 10-2 연수합계법의 감가상각 회계처리

<20×1.12.31>		
(차변) 감 가 상 각 비 30,000	(대변) 감가상각누계액	30,000
<20×2.12.31>		
(차변) 감 가 상 각 비 24,000	(대변) 감가상각누계액	24,000
<20×3.12.31>		
(차변) 감 가 상 각 비 18,000	(대변) 감가상각누계액	18,000
<20×4.12.31>		
(차변) 감 가 상 각 비 12,000	(대변) 감가상각누계액	12,000
<20×5.12.31>		
(차변) 감 가 상 각 비 6,000	(대변) 감가상각누계액	6,000

연수합계법을 사용하는 경우, 연도별 재무제표에 다음 〈표 10-3〉과 같이 표시된다.

─ 표 10-3 연수합계법에 따른 재무제표 표시

재무제표	20×1	20×2	20×3	20×4	20×5
[손익계산서] 당기총제조원가: 감가상각비	₩30,000	₩24,000	₩18,000	₩12,000	₩6,000
[재무상태표] 기계 감가상각누계액 장부금액	₩100,000 (30,000) ₩70,000	₩100,000 (54,000) ₩46,000	₩100,000 (72,000) ₩28,000	₩100,000 (84,000) ₩16,000	₩100,000 (90,000) ₩10,000

1.5 유형자산의 손상과 재평가

유형자산을 취득한 후에 원가모형이나 재평가모형 중에서 어느 한 방법을 선택하여 평가하여야 한다. 원가모형(cost model)은 취득원가를 그대로 유지하면서 감가상각을 통해 비용화하는 방법이다. 재평가모형(revaluation model)은 공정가치로 재평가한 후 감가상각을 통해 비용화하는 방법이다.

유형자산에 대해 재평가모형을 선택하는 경우에 재평가는 보고기간 말에 자산의 장부금액이 공정가치와 중요하게 차이가 나지 않도록 주기적으로 수행하여야 한다. 기업이 재평가모형을 선택하는 경우에는 개별 자산이 아닌 해당 분류의 자산 전체에 대하여 재평가모형을 적용하여 해당 자산이 포함되는 유형자산 분류 전체를 동시에 재평가해야 한다. 이는 유형자산별로 선택적 재평가를 하거나 서로 다른 기준일의 평가금액이 혼재된 재무보고를 하는 것을 방지하기 위한 것이다.

유형자산에 대해 원가모형이나 재평가모형을 선택하는 것과 상관없이 매 보고기간 말마다 자산손상과 관련된 징후가 있는지 검토하여야 한다.

(1) 유형자산의 손상

자산손상은 경제적이고 물리적인 사건·사고와 같은 외부환경 변화로 인해 자산의 가치가 감소한 부분을 말한다. 자산손상의 징후가 있는 경우에는 해당 자산의 **회수가능액**(recoverable amount)을 추정하여 회수가능액과 장부금액 간에 차이를 즉시 장부에 반영해야 한다. 차변에 **손상차손**(impairment loss)을 당기비용으로 인식하고, 대변에 자산차감계정으로 **손상차손누계액**을 인식한다.

〈손상차손 회계처리시〉

   (차변)   손 상 차 손   ×××   (대변)   손상차손누계액   ×××

회수가능액은 자산의 **순공정가치**(net fair value)와 **사용가치**(value in use) 중에서 큰 금액이다. 순공정가치는 공정가치에서 해당 자산을 처분할 경우의 처분부대원가를 차감한 금액을 말한다. 사용가치는 자산이 미래에 창출할 것으로 기대되는 미래현금흐름의 현재가치를 말한다.

손상차손을 인식한 후 감가상각비는 원래의 취득원가나 수정전의 장부금액이 아니라 수정후의 장부금액, 즉 회수가능액을 기준으로 새롭게 계산해야 한다.

- 손상차손 = 장부금액 − 회수가능액
- 회수가능액 = max(순공정가치*, 사용가치**)
  - * 자산의 공정가치에서 처분부대원가를 차감한 금액
  - ** 자산이 미래에 창출할 것으로 기대되는 미래현금흐름의 현재가치

차기 이후에 손상차손을 인식한 유형자산의 가치가 다시 회복되어 새로 계산된 회수가능액이 손상차손을 인식한 후의 장부금액을 초과하는 경우에는 그 차이를 대변에 손상차손환입(reversal of impairment loss)이라는 당기수익으로 인식하고, 차변에 손상차손누계액을 인식하여 장부금액을 상향조정한다. 다만 상향조정되는 장부금액은 과거기간에 손상차손을 인식하지 않았더라면 현재 기록되었을 장부금액을 초과할 수 없다. 즉, 손상차손누계액의 범위 내에서만 환입할 수 있다.

〈손상차손 환입시〉

   (차변)　손상차손누계액　　　　　×××　　(대변)　손 상 차 손 환 입　　　×××

다음의 (예제 3)을 통하여 손상차손과 관련된 회계처리를 살펴보자.

예제 3 • 손상차손의 회계처리

(주)씽모터가 소유하고 있는 토지의 장부금액은 ₩1,000,000이며, 원가모형을 적용한다. 20×1년 말에 부동산 시세의 급격한 하락으로 해당 토지의 회수가능액이 ₩600,000으로 평가되었다. 그 다음해인 20×2년 말에 부동산 시세가 반등하여 이 토지의 회수가능액이 ₩1,200,000으로 평가되었다.

물음)

토지의 20×1년과 20×2년 말에 분개를 하시오.

[풀이]

〈20×1. 12. 31.〉

(차변) 토 지 손 상 차 손　　　400,000❶　　(대변) 토지손상차손누계액　　　400,000

    ❶ ₩1,000,000 − 600,000 = ₩400,000

〈20×2. 12. 31.〉

(차변) 토지손상차손누계액　　　400,000❷　　(대변) 토 지 손 상 차 손 환 입　　400,000

    ❷ min(₩1,000,000 − 600,000 = ₩400,000, ₩1,200,000 − 600,000 = ₩600,000)

연도별 재무제표에 토지 관련 계정은 다음 〈표 10−4〉와 같이 표시된다.

□ **표 10-4** 토지의 손상차손 관련 재무제표 표시

재무제표	20×1	20×2
[손익계산서]		
당기손익:		
토지손상차손	₩400,000	
토지손상차손환입		₩400,000
[재무상태표]		
토지	₩1,000,000	₩1,000,000
토지손상차손누계액	(400,000)	0
장부금액	₩600,000	₩1,000,000

(2) 유형자산의 재평가모형

앞서 설명한 것처럼, 한국채택국제회계기준에서는 유형자산의 측정방법으로 **원가모형**(cost model)과 **재평가모형**(revaluation model) 중 한 가지 방법을 선택하도록 규정하고 있다. 재평가모형을 적용한 경우에는 **재평가금액**(revalued amount)을 장부금액으로 한다.

재평가로 인하여 자산의 장부금액이 증가되는 경우에 그 증가액은 기타포괄손익(재평가이익)으로 인식하고 **재평가잉여금**(revaluation surplus)의 과목으로 자본에 가산한다. 그러나 동일한 자산에 대하여 이전에 당기비용으로 인식한 재평가감소액(재평가손실)이 있다면 그 금액을 한도로 재평가증가액만큼 당기수익으로 인식한다.

반대로, 재평가로 인하여 자산의 장부금액이 감소되는 경우에 그 감소액은 당기비용(재평가손실)으로 인식한다. 그러나 그 자산에 대한 재평가잉여금의 잔액이 있다면 그 금액을 한도로 재평가감소액을 기타포괄손익으로 인식한다. 재평가감소액을 기타포괄손익으로 인식하는 경우 재평가잉여금의 과목으로 자본에 누계한 금액을 감소시킨다.

예를 들어, 토지에 대해서 재평가모형을 적용할 경우 보고기간 말에 다음과 같이 회계처리한다.

① (공정가치 > 취득원가)인 경우

(차변) 토　　　　　지　　　×××　　(대변) 재 평 가 이 익　　　×××
　　　　　　　　　　　　　　　　　　　　　(기 타 포 괄 손 익)
　　　　　　　　　　　　　　　　　　　　　재 평 가 이 익 ❶　　×××
　　　　　　　　　　　　　　　　　　　　　(당 기 손 익)

❶ 토지에 대하여 이전에 당기비용으로 인식한 재평가손실이 있는 경우 그 금액을 우선적으로 회계처리한다.

② (공정가치 < 취득원가)인 경우

(차변)	재 평 가 손 실	×××	(대변)	토　　　　지	×××
	(당 기 손 익)				
	재 평 가 잉 여 금 ❷				
	(기 타 포 괄 손 익)				

❷ 토지에 대하여 기타포괄손익누계액에 재평가잉여금의 잔액이 있는 경우 그 금액을 우선적으로 회계처리한다.

　　재평가모형을 적용하는 유형자산을 제거하는 시점에 기타포괄손익누계액에 남아 있는 재평가잉여금을 당기손익으로 **재분류되는 것을 금지**한다. 단, 기업의 선택에 따라 재평가잉여금을 이익잉여금으로 대체되는 것은 허용된다.

　　다음의 (예제 4)를 이용하여 재평가모형과 관련된 회계처리를 살펴보자.

예제 4 • 재평가모형의 회계처리

(주)씽모터가 소유하고 있는 토지의 장부금액은 ₩1,000,000이며, 재평가모형을 적용한다. 20×1년 말에 토지의 공정가치가 ₩900,000으로 평가되었다. 그 다음해인 20×2년 말에 토지의 공정가치가 ₩1,050,000으로 평가되었다.

물음)

토지의 20×1년과 20×2년 말에 분개를 하시오.

[풀이]

〈20×1. 12. 31.〉

(차변)	재 평 가 손 실	100,000❶	(대변)	토　　　　지	100,000
	(당 기 손 익)				

　　❶ ₩1,000,000 - 900,000 = ₩100,000

〈20×2. 12. 31.〉

(차변)	토　　　　지	150,000❷	(대변)	재 평 가 이 익	100,000
				(당 기 손 익)	
				재 평 가 이 익	50,000
				(기 타 포 괄 손 익)	

　　❷ ₩1,050,000 - 900,000 = ₩150,000, 이 중에서 20×1년에 당기손익으로 인식한 재평가손실 ₩100,000은 당기손익으로 우선적으로 인식한다.

연도별 재무제표에 토지 관련 계정은 다음 〈표 10-5〉와 같이 표시된다.

≡ 표 10-5 토지의 재평가 관련 재무제표 표시

재무제표	20×1	20×2
[손익계산서] 당기손익: 재평가손실 재평가이익 기타포괄손익: 재평가이익	₩100,000	₩100,000 ₩50,000
[재무상태표] 자산: 토지 (장부금액) 자본: 재평가잉여금	₩900,000	₩1,050,000 ₩50,000

1.6 유형자산의 제거

유형자산의 장부금액은 해당 자산을 처분하는 때와 사용이나 처분을 통하여 미래 경제적 효익이 기대되지 않을 때 제거한다. 먼저 제거 시점까지의 감가상각비를 계상하고, 이 회계처리까지 반영한 취득원가와 감가상각누계액을 전부 장부에서 제거해야 한다. 취득원가에서 감가상각누계액을 차감한 장부금액과 처분금액 간에 차이를 **유형자산 처분손익**(gain or loss on disposal of PP&E)으로 손익계산서에 당기손익으로 보고한다.

다음의 (예제 5)를 통해서 감가상각대상 유형자산을 제거하는 회계처리를 살펴보자.

예제 5 · 감가상각대상 유형자산의 처분

(주)씽모터스는 20×1년 1월 1일 취득하여 사용하던 기계장치(취득원가 ₩100,000, 정액법상각, 잔존가치 ₩10,000, 내용연수 5년)를 20×2년 10월 1일에 현금 ₩50,000을 받고 처분하였다.

물음)
기계장치의 취득시부터 처분시까지 분개하시오.

[풀이]

⟨20×1. 1. 1. 취득시⟩

차변) 기 계 장 치   100,000   대변) 현   금   100,000

⟨20×1. 12. 31. 결산시⟩

(차변) 감 가 상 각 비   18,000❶   (대변) 감 가 상 각 누 계 액   18,000

　　　❶ (₩100,000 - 10,000) ÷ 5년 = ₩18,000

⟨20×2. 10. 1. 처분시⟩

(차변) 감 가 상 각 비   13,500❷   (대변) 감 가 상 각 누 계 액   13,500

　　　❷ (₩100,000 - 10,000) ÷ 5년 × (9/12개월) = ₩13,500

(차변) 현   금   50,000   (대변) 기 계 장 치   100,000

　　　감 가 상 각 누 계 액   31,500❸

　　　유 형 자 산 처 분 손 실   18,500❹

　　　❸ ₩18,000 + 13,500 = ₩31,500

　　　❹ ₩50,000 - (100,000 - 31,500) = (-)₩18,500

다음의 (예제 6)을 통해서 재평가모형을 선택한 유형자산을 제거하는 회계처리를 살펴보자.

예제 6 • 토지의 재평가와 처분

씽모터스는 20×1년 중에 토지를 ₩200,000에 취득하였으며, 재평가모형을 적용하기로 했다.

물음)

1. 20×1년 말 현재 토지의 공정가치가 ₩220,000이라고 할 때 20×1년 말 토지 재평가와 관련하여 해야 할 분개를 하시오.

2. 20×2년 말 현재 토지의 공정가치가 각각 ₩230,000, ₩213,000 및 ₩195,000이라고 할 때 20×2년 말 토지 재평가와 관련하여 해야 할 분개를 하시오.

3. (물음 2)와 관계없이 20×1년 말에 공정가치가 ₩220,000인 토지를 20×2년 초에 ₩221,000에 처분할 경우 해야 할 분개를 하시오.

[풀이]

1. 〈20×1년 말 결산시〉

    (차변) 토　　　　지　　20,000❶　　(대변) 재 평 가 이 익　　20,000
                                      (기 타 포 괄 손 익)

      ❶ ₩220,000 - 200,000 = ₩20,000

2. 〈20×2년 말 결산시〉

  ① 공정가치가 ₩230,000인 경우

    (차변) 토　　　　지　　10,000❷　　(대변) 재 평 가 이 익　　10,000
                                        (기 타 포 괄 손 익)

      ❷ ₩230,000 - 220,000 = ₩10,000

  ② 공정가치가 ₩213,000인 경우

    (차변) 재 평 가 잉 여 금　　7,000❸　　(대변) 토　　　　지　　7,000
    (기 타 포 괄 손 익)

      ❸ ₩213,000 - 220,000 = (-)₩7,000

  ③ 공정가치가 ₩195,000인 경우

    (차변) 재 평 가 잉 여 금　　20,000　　(대변) 토　　　　지　　25,000
    (기 타 포 괄 손 익)
    　　　 재 평 가 손 실　　5,000❹
    　　　(당 기 손 익)

      ❹ ₩195,000 - 220,000 = (-)₩25,000
        ₩25,000 감소 중 전기이월 재평가잉여금 ₩20,000을 우선 감소시키고 초과액은 당기비용(재평가손실)으로 인식

3. 〈20×2년 초 처분시〉

    (차변) 현　　　　금　　221,000　　(대변) 토　　　　지　　220,000
                                      　　　 유형자산처분이익　　1,000

  기타포괄손익누계액에 남아 있는 재평가잉여금은 당기손익으로 재분류되지 않는다. 단, 이익잉여금으로 대체할 수 있다. 만약 토지 처분시 재평가잉여금을 이익잉여금으로 대체할 경우에 다음과 같이 회계처리한다.

    (차변) 재 평 가 잉 여 금　　20,000　　(대변) 이 익 잉 여 금　　20,000

2. 무형자산

2.1 무형자산의 의의

무형자산(無形資産, intangible assets)은 물리적 실체는 없지만 식별가능한 비화폐성자산을 말한다. 기업은 경제적 자원을 사용하거나 부채를 부담하여 과학적·기술적 지식, 새로운 공정이나 시스템의 설계와 실행, 라이선스, 지적재산권, 시장에 대한 지식과 상표(브랜드명 및 출판표제 포함) 등의 무형자원을 취득, 개발, 유지하거나 개선한다. 이러한 예로는 컴퓨터 소프트웨어, 특허권, 저작권, 영화필름, 고객목록, 모기지관리용역권, 어업권, 수입할당량, 프랜차이즈, 고객이나 공급자와의 관계, 고객충성도, 시장점유율과 판매권 등이 있다.

무형자산으로 정의되기 위해서 (1) 식별가능성 (2) 자원에 대한 통제 및 (3) 미래 경제적 효익의 존재라는 세 가지 조건을 충족해야 한다. 자산의 일반적 정의인 '과거 사건의 결과로 기업이 통제하고 있고 미래 경제적 효익이 유입될 것으로 기대되는 자원'[1]에 추가하여 물리적 실체가 없는 자산이므로 식별가능성을 무형자산의 정의에 포함시킨 것이다.

(1) 식별가능성

식별가능성(identifiability)이란 자산이 다음 중 하나에 해당하는 경우를 말한다.

① 자산이 분리가능하다.
② 자산이 계약상 권리 또는 기타 법적 권리로부터 발생한다.

우선 자산이 분리가능하다는 것은 기업의 의도와는 무관하게 기업에서 분리하거나 분할할 수 있고, 개별적으로 또는 관련된 계약, 식별가능한 자산이나 부채와 함께 매각, 이전, 라이선스, 임대, 교환할 수 있다는 것을 말한다. 예를 들어, 기업이 보유하는 특정 자산을 다른 기업에게 매각하거나 교환할 수 있다면, 해당 자산은 분리가능하다.

---

1 개념체계의 개정으로 자산의 정의는 '과거사건의 결과로 기업이 통제하는 현재의 경제적 자원'이다. 따라서 이전 자산의 정의 중에'미래 경제적 효익'은 제외되어 있다.

자산이 계약상 권리 또는 기타 법적 권리로부터 발생한다는 것은 그러한 권리가 이전가능한지 여부 또는 기업이나 기타 권리와 의무에서 분리가능한지 여부는 고려하지 않는다는 것을 의미한다. 예를 들어, 회사가 계약을 통해서 독점적 권리가 발생한 경우에 해당 독점적 권리를 타인에게 매각 등 분리가능하지 않더라도 계약상 권리로부터 발생한 것이므로 식별가능성을 충족한다.

(2) 통제

통제(control)란 기업이 기초가 되는 자원에서 유입되는 미래 경제적 효익을 확보할 수 있고 그 효익에 대한 제3자의 접근을 제한할 수 있는 능력을 말한다. 무형자산의 미래 경제적 효익에 대한 통제능력은 일반적으로 법원에서 강제할 수 있는 법적 권리에서 나오지만, 법적 집행가능성이 통제의 필요조건은 아니다.

시장에 대한 지식이나 기술적 지식도 저작권, 계약상의 제약이나 법에 의한 종업원의 기밀유지의무 등과 같이 법적 권리에 의해 보호된다면, 기업은 그러한 지식으로부터 얻을 수 있는 미래 경제적 효익을 통제하고 있는 것이다.

그러나 기업이 숙련된 종업원을 보유하고 있고, 숙련된 기술을 계속 이용할 수 있을 것으로 기대하더라도 종업원의 이직 등으로 종업원으로부터 발생하는 미래 경제적 효익에 대해서 충분한 통제를 가지고 있지 않으므로 무형자산의 정의를 충족하지 못한다. 마찬가지로 기업은 특정 경영능력이나 기술적 재능을 사용하여 미래 경제적 효익을 확보할 수 있고, 고객구성이나 시장점유율에 근거하여 고객관계나 고객충성도를 잘 유지함으로써 미래 경제적 효익을 창출할 것이라고 기대할 수 있다. 그러나 그러한 경영능력이나 고객충성도 등을 지속할 수 있는 법적 권리나 그것을 통제할 방법이 없다면 그로부터 창출될 미래 경제적 효익에 대해서 기업이 충분한 통제를 가지고 있지 않으므로, 무형자산의 정의를 충족하지 못한다.

(3) 미래 경제적 효익

무형자산의 **미래 경제적 효익**(future economic benefits)은 제품의 매출, 용역수익, 원가절감 또는 자산의 사용에 따른 기타 효익의 형태로 발생할 수 있다. 예를 들면, 제조과정에서 지적재산을 사용하면 미래 수익을 증가시키기 보다는 미래 제조원가를 감소시킬 수 있다.

2.2 무형자산의 인식 및 측정

무형자산을 최초로 인식할 때에는 원가(cost)로 측정한다. 이때 원가란 자산을 취득하기 위하여 자산의 취득시점이나 건설시점에서 지급한 현금 또는 현금성자산이나 제공한 기타 대가의 공정가치를 말하여, 이는 유형자산의 취득원가와 동일하다.

무형자산의 최초인식에 대해서 개별 취득과 내부적으로 창출한 경우 두 가지로 구분해서 살펴보자.

(1) 개별 취득

개별 취득하는 무형자산의 취득원가는 유형자산의 취득원가 결정방식과 거의 동일하다. 즉, 구입가격(매입할인과 리베이트를 차감하고, 수입관세와 환급받을 수 없는 제세금 포함)과 자산을 의도한 목적에 사용할 수 있도록 준비하는 데 직접 관련되는 원가로 구성된다.

취득원가에 포함되는 직접 관련원가와 취득원가에서 제외되는 지출의 예는 다음과 같다. 취득원가에서 제외되는 지출은 발생기간에 당기비용으로 처리한다.

직접 관련원가: 무형자산의 원가 구성	비관련 원가: 비용처리
• 무형자산을 사용가능한 상태로 만드는 데 직접적으로 관련되어 발생하는 종업원 급여 • 무형자산을 사용가능한 상태로 만드는 데 직접적으로 발생하는 전문가 수수료 • 무형자산이 적절하게 기능을 발휘하는지 검사하는 데 발생하는 원가	• 새로운 제품이나 용역의 홍보원가(예: 광고 및 판매촉진활동 원가 포함) • 새로운 지역이나 새로운 고객층 대상으로 사업을 수행하는 데에서 발생하는 원가(예: 교육훈련비 포함) • 관리 및 기타 일반간접원가

한편, 무형자산 취득원가의 인식은 그 자산을 경영자가 의도하는 방식으로 운용될 수 있는 상태에 이르면 중지한다. 따라서 무형자산을 사용하거나 재배치하는 데 발생하는 원가는 무형자산의 장부금액에 포함되지 않는다. 그 예는 다음과 같다.

① 경영자가 의도하는 방식으로 운용될 수 있으나 아직 사용하지 않고 있는 기간에 발생한 원가
② 자산의 산출물에 대한 수요가 확립되기 전까지 발생하는 손실과 같은 초기 영업손실

다음 (예제 7)을 통하여 무형자산의 개별취득에 대해 살펴보자.

예제 7 • 무형자산의 개별취득

(주)한걸음은 배달서비스에 필요한 소프트웨어를 취득하였으며, 다음과 같은 비용이 발생하였다.

- 총구입가격   ₩1,000,000
- 매입할인   100,000
- 소프트웨어 구입에 필요한 전문가 수수료   20,000
- 소프트웨어의 기능 검사비용   15,000
- 소프트웨어 교육훈련비   35,000
- 소프트웨어 오작동으로 인한 초기 영업손실   150,000

물음)

소프트웨어의 취득원가를 계산하시오.

[풀이]

소프트웨어 취득원가 = ₩1,000,000 − 100,000 + 20,000 + 15,000 = ₩935,000
소프트웨어 교육훈련비는 취득과 비관련 원가로 당기비용으로 처리한다.
소프트웨어 오작동으로 인한 초기 영업손실은 소프트웨어를 사용하면서 발생하는 원가이기 때문에 무형자산 장부금액에 포함되지 않는다.

(2) 내부적으로 창출한 무형자산(개발비)

내부적으로 창출한 무형자산이 인식기준을 충족하는지를 평가하는 것은 다음의 이유 때문에 용이하지 않다.

① 기대 미래 경제적 효익을 창출할 식별가능한 자산이 있는지와 시점을 파악하기 어렵다.
② 자산의 원가를 신뢰성 있게 결정하는 것이 어렵다.

따라서 내부적으로 창출한 무형자산이 인식기준을 충족하는지를 평가하기 위하여 무형자산의 창출과정을 '연구단계'와 '개발단계'로 구분한다. 한국채택국제회계기준에서 연구와 개발을 다음 〈표 10−6〉과 같이 정의한다.

표 10-6 연구와 개발의 정의

구분	정의
연구	새로운 과학적, 기술적 지식이나 이해를 얻기 위해 수행하는 독창적이고 계획적인 탐구활동
개발	상업적인 생산이나 사용 전에 연구결과나 관련 지식을 새롭거나 현저히 개량된 재료, 장치, 제품, 공정, 시스템이나 용역의 생산을 위한 계획이나 설계에 적용하는 활동

연구(또는 내부 프로젝트의 연구단계)에서 발생하는 지출은 무형자산이 아닌 발생시점에 비용으로 인식한다. 개발단계는 연구단계보다 훨씬 더 진전되어 있는 상태이기 때문에 무형자산을 식별할 수 있으며, 그 무형자산이 미래 경제적 효익을 창출할 것임을 제시할 수 있는 경우에 무형자산을 인식한다. 한국채택국제회계기준에서는 다음 사항을 모두 제시하는 경우에만 개발활동(또는 내부 프로젝트의 개발단계)에서 무형자산을 인식한다.

① 무형자산을 사용하거나 판매하기 위해 그 자산을 완성할 수 있는 기술적 실현가능성
② 무형자산을 완성하여 사용하거나 판매하려는 기업의 의도
③ 무형자산을 사용하거나 판매할 수 있는 기업의 능력
④ 무형자산이 미래 경제적 효익을 창출하는 방법(그 중에서도 특히 무형자산의 산출물이나 무형자산 자체를 거래하는 시장이 존재함을 제시할 수 있거나 또는 무형자산을 내부적으로 사용할 것이라면 그 유용성을 제시할 수 있다.)
⑤ 무형자산의 개발을 완료하고 그것을 판매하거나 사용하는 데 필요한 기술적, 재정적 자원 등의 입수가능성
⑥ 개발과정에서 발생한 무형자산 관련 지출을 신뢰성 있게 측정할 수 있는 기업의 능력

한국채택국제회계기준에서 제시한 연구활동과 개발활동의 예는 다음과 같다. 단, 연구단계와 개발단계를 구분할 수 없는 경우에는 발생한 지출을 모두 **연구단계에서 발생**한 것으로 본다. 연구개발 활동과 관련된 특정 지출이 무형자산의 인식기준을 충족하지 못하여 이를 비용으로 인식하였다면, 이후 무형자산의 인식기준을 충족하더라도 과거에 비용으로 인식했던 금액을 무형자산의 원가로 인식할 수 없다.

연구활동	개발활동
• 새로운 지식을 얻고자 하는 활동 • 연구결과나 기타 지식을 탐색, 평가, 최종 선택, 응용하는 활동 • 재료, 장치, 제품, 공정, 시스템이나 용역에 대한 여러 가지 대체안을 탐색하는 활동 • 새롭거나 개선된 재료, 장치, 제품, 공정, 시스템이나 용역에 대한 여러 가지 대체안을 제안, 설계, 평가, 최종 선택하는 활동	• 생산이나 사용 전의 시제품과 모형을 설계, 제작, 시험하는 활동 • 새로운 기술과 관련된 공구, 지그(jigs), 주형(moulds), 금형(dies) 등을 설계하는 활동 • 상업적 생산 목적으로 실현가능한 경제적 규모(유형자산)가 아닌 시험공장을 설계, 건설, 가동하는 활동 • 신규 또는 개선된 재료, 장치, 제품, 공정, 시스템이나 용역에 대하여 최종적으로 선정된 안을 설계, 제작, 시험하는 활동

내부적으로 창출한 무형자산의 취득원가에 포함되는 항목과 무형자산의 인식조건을 충족하지 못하여 발생시점의 비용으로 인식하는 항목을 요약하면 다음과 같다.

내부창출 무형자산의 취득원가에 포함	내부창출 무형자산의 취득원가에서 제외: 비용처리
• 무형자산의 창출에 사용되었거나 소비된 재료원가, 용역원가 등 • 무형자산의 창출을 위하여 발생한 종업원 급여 • 법적 권리를 등록하기 위한 수수료 • 무형자산의 창출에 사용된 특허권과 라이선스의 상각비 • 무형자산의 내부 창출에 직접 관련된 차입원가	• 판매비, 관리비 및 기타 일반 간접 지출(다만, 자산을 의도한 용도로 사용할 수 있도록 준비하는 데 직접 관련된 경우는 제외한다.) • 자산이 계획된 성과를 달성하기 전에 발생한 명백한 비효율로 인한 손실과 초기 영업손실 • 자산을 운용하는 직원의 교육훈련과 관련된 지출

다음 (예제 8)을 통하여 내부적으로 창출한 무형자산에 대한 회계처리를 살펴보자.

예제 8 • 내부적으로 창출한 무형자산

다음은 (주)삼바이오가 새로운 백신 개발을 위하여 수행한 프로젝트와 관련하여 당기(20×1.1.1~6.30)에 발생한 지출 내역이다. 개발단계에서 발생한 비용은 무형자산의 인식조건을 모두 충족한다. 연구단계와 개발단계를 구분할 수 없는 연구원 급여 ₩200,000과 원재료 투입액 ₩100,000은 포함되어 있지 않다. 단, 연구원 급여는 현금 지출하였다.

지출내역	연구단계에서 발생	개발단계에서 발생
급여	₩300,000	₩600,000
원재료	150,000	300,000
라이선스 상각비	40,000	80,000
계	₩490,000	₩980,000

물음)

(주)삼바이오의 연구단계와 개발단계에서 발생한 지출을 분개하시오.

[풀이]

〈연구비 인식〉

(차변) 연　구　비	790,000❶	(대변) 현　　　　금	500,000
		원　　재　　료	250,000
		상　각　누　계　액	40,000

〈개발비 인식〉

(차변) 개　발　비	980,000	(대변) 현　　　　금	600,000
		원　　재　　료	300,000
		상　각　누　계　액	80,000

❶ 연구단계와 개발단계를 구분할 수 없는 비용은 연구단계에서 발생한 것으로 보고 회계처리한다.

2.3 무형자산의 상각

(1) 내용연수

유형자산을 감가상각(depreciation)하는 것처럼, 무형자산도 상각(amortization)을 통해서 비용화한다. 다만, 내용연수가 유한한(finite) 무형자산만 상각하고, **내용연수가 비한정인(indefinite) 무형자산은 상각을 하지 않는다.** 이때 비한정은 무한(infinite)을 의미하는 것이 아니라, 모든 관련요소를 분석한 결과 내용연수를 결정할 수 없다는 것을 의미한다. 따라서 내용연수가 비한정인 무형자산(예를 들어, 사업결합시 발생하는 영업권)은 상각하지 않고 최소한 매 회계연도마다 또는 손상이 발생했다고 판단할 만한 징후가 있는 경우에 손상검사를 통해 손상차손 회계처리한다.

무형자산의 내용연수를 결정하기 위해서 다음과 같은 요인을 포함하여 종합적으로 고려한다.

① 기업이 예상하는 자산의 사용방식과 자산이 다른 경영진에 의하여 효율적으로 관리될 수 있는지 여부
② 자산의 일반적인 제품수명주기와 유사한 방식으로 사용되는 자산들의 내용연수 추정치에 관한 공개된 정보
③ 기술적, 공학적, 상업적 또는 기타 유형의 진부화
④ 자산이 운용되는 산업의 안정성과 자산으로부터 산출되는 제품이나 용역의 시장수요 변화
⑤ 기존 또는 잠재적인 경쟁자의 예상 전략
⑥ 예상되는 미래 경제적 효익의 획득에 필요한 자산 유지비용의 수준과 그 수준의 비용을 부담할 수 있는 능력과 의도
⑦ 자산의 통제가능 기간과 자산사용에 대한 법적 또는 이와 유사한 제한(예: 관련된 리스의 만기일)
⑧ 자산의 내용연수가 다른 자산의 내용연수에 의해 결정되는지의 여부

(2) 무형자산의 상각 회계처리

무형자산의 상각은 유형자산의 감가상각과 유사하다. 내용연수가 유한한 무형자산의 상각대상금액은 내용연수 동안 체계적인 방법으로 배분한다. 상각대상금액이란 취득원가에서 잔존가치를 차감한 금액을 말하는데, 내용연수가 유한한 무형자산의 잔존가치는 다음 중 하나에 해당하는 경우를 제외하고는 영($₩0$)으로 본다.

① 내용연수 종료시점에 제3자가 자산을 구입하기로 한 약정이 있다.
② 무형자산의 활성시장[2]이 있고 다음을 모두 충족한다.
  ㉠ 잔존가치를 그 활성시장에 기초하여 결정할 수 있다.
  ㉡ 그러한 활성시장이 내용연수 종료 시점에 존재할 가능성이 높다.

무형자산의 상각방법은 자산의 경제적 효익이 소비되는 형태를 반영하여 정액법, 체감잔액법, 생산량비례법 중에서 선택하고, 예상되는 그 소비형태가 변하지 않는다면 매 회

---

2 활성시장이란 지속적으로 가격결정 정보를 제공하기에 충분할 정도의 빈도와 규모로 자산이나 부채를 거래하는 시장을 말한다.(K-IFRS 제1113호)

계기간에 일관성(consistency) 있게 적용한다. 다만, 소비되는 형태를 신뢰성 있게 결정할 수 없는 경우에는 정액법을 사용한다. 차변에 **무형자산상각비**(amortisation expense)를 당기 비용으로 인식한다. 대변에는 무형자산의 차감계정인 **상각누계액**(accumulated amortisation)을 기록한다.

〈무형자산 상각 회계처리시〉

(차변)　무형자산상각비　　　×××　　(대변)　상 각 누 계 액　　　×××

무형자산의 상각은 자산이 **사용가능한 때부터**(즉, 자산이 경영자가 의도하는 방식으로 운영할 수 있는 위치와 상태에 이르렀을 때부터) 시작하고, 매각예정으로 분류되거나 재무상태표에서 제거되는 때 중지한다.

다음 (예제 9)를 통하여 내부적으로 창출한 무형자산의 상각에 대한 회계처리를 살펴보자.

예제 9 · 무형자산의 상각

예제 8에 이어서, (주)삼바이오는 20×1년 7월 1일에 새로운 백신 개발을 완료하고 개발단계에서 지출한 ₩980,000에 대해 5년에 걸쳐 정액법으로 상각하기로 하였다. 해당 백신 개발과 관련하여 제3자가 이를 구입하기로 약정하거나 관련 활성시장은 없다.

물음)

20×1년 12월말 결산일에 필요한 수정분개를 하시오.

[풀이]

〈20×1. 12. 31.〉

(차변)　무 형 자 산 상 각 비　　98,000❶　　(대변)　상 각 누 계 액　　　98,000

　　　　❶ ₩980,000 ÷ 5년 × (6/12개월) = ₩98,000

2.4 무형자산의 손상과 재평가

내용연수가 비한정인 무형자산뿐만 아니라 상각하는 무형자산에 대해서도 손상이 발생했다고 판단할 만한 징후가 있는 경우에 손상검사를 통해 '손상차손(impairment loss)' 회계처리한다. 즉, 내용연수가 유한한 무형자산에 대해서는 매 회계연도마다 손상검사를 제외한다.

무형자산도 유형자산과 마찬가지로 **원가모형**(cost model)과 **재평가모형**(revaluation model) 중 한 가지 방법을 선택할 수 있다. 재평가모형을 적용하는 경우 재평가 목적상 공정가치는 활성시장을 기초로 하여 측정한다. 보고기간 말에 자산의 장부금액이 공정가치와 중요하게 차이가 나지 않도록 주기적으로 재평가를 실시한다. 재평가모형을 적용하는 경우에 다음 사항을 허용하지 않는다.

① 이전에 자산으로 인식하지 않은 무형자산의 재평가
② 원가가 아닌 금액으로 무형자산을 최초로 인식

무형자산의 손상과 재평가 관련 회계처리는 유형자산 회계처리에 준하여 처리한다.

2.5 무형자산의 제거

무형자산은 처분하는 때와 사용이나 처분으로부터 미래 경제적 효익이 기대되지 않을 때 재무상태표에서 제거한다. 순매각금액(처분비용 차감 후의 매각대금)과 장부금액의 차이는 **무형자산처분손익**(gain or loss on disposal of intangible assets)으로 회계처리하며, 당기손익으로 인식한다. 또한 회계기간 중에 무형자산을 처분하는 경우 처분 시점까지 상각비를 우선 인식한 후에 처분 관련 회계처리를 한다.

다음 (예제 10)을 통하여 무형자산의 처분에 대한 회계처리를 살펴보자.

예제 10 • 무형자산의 처분

예제 9에 이어서, (주)삼바이오는 20×2년 4월 1일에 백신 기술을 (주)셀제약에 ₩1,000,000 현금을 받고 매각하였다.

물음)

무형자산 처분과 관련한 분개를 하시오.

[풀이]

⟨20×2. 4. 1.⟩

(차변)	무 형 자 산 상 각 비	49,000❶	(대변)	상 각 누 계 액	49,000
(차변)	현　　　　　금	1,000,000	(대변)	개 　 발 　 비	980,000
	상 각 누 계 액	147,000❷		무 형 자 산 처 분 이 익	167,000❸

❶ ₩980,000 ÷ 5년 × (3/12개월) = ₩49,000

❷ 20×1년도와 20×2년도 무형자산상각비 각각 ₩98,000과 ₩49,000의 합계

❸ ₩1,000,000 − (980,000 − 147,000) = ₩167,000

⚫ Issue & Talk ◢

개발비 자산화 비중 높은 제약·바이오 상장사 10곳 우선 감리···"결과에 따라 확대"

　금융당국이 제약·바이오 업계의 개발비(R&D) 무형자산화 현황에 대해 감리에 착수한다. 지나치게 많은 개발비를 자산으로 처리하고 있다는 지적을 받은 셀트리온과 차바이오텍 등 제약·바이오 상장사 10곳을 우선 점검한다. 금융감독원은 12일 '2018년 회계감리업무' 운영계획을 발표했다. 박권추 금감원 전문심의위원은 "10곳을 감리대상으로 선정해 제약·바이오 업계의 개발비 자산화 처리를 점검할 것"이라며 "(개발비의 지나친 자산화가) 일반화되어 있다면 감리 대상을 확대할 것"이라고 밝혔다.

　개발비 논란은 코스닥 상장사 차바이오텍이 지난달 감사의견 한정을 담은 감사보고서를 내면서 최고조에 달했다. 개발비 처리 방향에 대해 외부감사를 맡은 삼정회계법인과 회사 사이 이견으로 부적정 감사의견을 내놨고, 차바이오텍은 관리종목에 편입되며 주가가 반토막났다.

　금융당국은 일부 제약 바이오 기업의 개발비 자산화가 지나치다는 입장을 밝혔다. 실제로 지난해 기준 셀트리온과 삼성바이오에피스, 신라젠, 차바이오텍 등 주요 바이오 업체 4곳의 개발비 중 비용으로 처리한 비중은 40.8%에 불과하다. 차바이오텍이 25.2%로 가장 낮았고, 셀트리온 역시 25.6%로 비슷했다. 반면 기술 특례 상장업체인 신라젠은 개발비 전액을, 삼성바이오에피스는 51.1%를 비용으로 처리했다.

　당국은 △개발비 자산화 비중이 높은 바이오 기업 △개발과정 중 자산처리 시점이 빠른 기업 △사업화 실패 시 손실 반영이 소홀한 기업 등을 우선 감리하고 개발비 자산화 정도에 따라 범위를 확대할 예정이다.

(머니투데이 2018년 4월 12일)

⊃ 토론 주제

　금융당국이 제약·바이오기업의 개발비 자산화 비중으로 우선 감리 대상을 정한다는 방침에 동의하는가? 아니면 동의하지 않는가?

☑ 연습문제

서술식 ✅

001 유형자산의 의의에 대해 서술하시오.

002 유형자산의 취득원가에 포함되는 3가지 요소에 대해 서술하시오.

003 자본적 지출과 수익적 지출에 대해 서술하시오.

004 감가상각의 의의에 대해 서술하시오.

005 감가상각의 4가지 요소에 대해 서술하시오.

006 정액법, 체감잔액법 및 생산량비례법에 대해 비교하시오.

007 유형자산의 손상에 대해 서술하시오.

008 원가모형(cost model)과 재평가모형(revaluation model)에 대해 비교하시오.

009 무형자산의 정의에 대해 서술하시오.

010 내부적으로 창출한 무형자산의 연구단계와 개발단계에 대해 서술하시오.

011 무형자산의 상각에 대해 서술하시오.

객관식 ✅

001 영구적이거나 반영구적인 진입로, 배수 및 하수시설, 조경공사 등은 어떤 유형자산으로 분류되는가?

① 토지 ② 건물
③ 기계장치 ④ 건설중인자산

002 유형자산의 취득원가를 구성하는 직접 관련 원가는?

① 새로운 시설의 개설 원가 ② 광고비
③ 직원교육훈련비 ④ 전문가 수수료

003 자본적 지출로 처리하기 위한 조건이 아닌 것은?

① 효율성 제고
② 당초 예상되었던 성능수준의 회복 또는 유지
③ 새로운 기능의 추가 또는 생산능력의 증대
④ 내용연수 연장 또는 잔존가치의 증가

004 감가상각비를 계산하기 위한 요소가 아닌 것은?

① 공정가치 ② 잔존가치
③ 감가상각대상금액 ④ 내용연수

005 감가상각방법 중 체감잔액법으로 묶은 것은?

① 정액법, 정률법 ② 정액법, 생산량비례법
③ 정률법, 연수합계법 ④ 연수합계법, 생산량비례법

006 건물과 같이 시간의 경과에 따라 자산의 미래 경제적 효익이 일정하게 감소되는 경우 적합한 감가상각방법은?

① 정액법 ② 생산량비례법
③ 정률법 ④ 연수합계법

007 천연자원이나 광물자원에 적합한 감가상각방법은?

① 정액법   ② 생산량비례법

③ 정률법   ④ 연수합계법

008 건물에 대해 감가상각비 ₩1,000을 인식할 때 회계처리는?

① (차변)감가상각비	1,000	(대변)감가상각누계액	1,000
② (차변)감가상각비	1,000	(대변)건물	1,000
③ (차변)감가상각누계액	1,000	(대변)감가상각비	1,000
④ (차변)건물	1,000	(대변)감가상각비	1,000

009 건물에 대해 손상차손 ₩1,000을 인식할 때 회계처리는?

① (차변)손상차손	1,000	(대변)손상차손누계액	1,000
② (차변)손상차손	1,000	(대변)건물	1,000
③ (차변)손상차손누계액	1,000	(대변)손상차손	1,000
④ (차변)건물	1,000	(대변)손상차손	1,000

010 토지에 대해 재평가이익 ₩1,000을 인식할 때 회계처리는?

① (차변)재평가이익	1,000	(대변)토지	1,000
② (차변)재평가잉여금	1,000	(대변)토지	1,000
③ (차변)토지	1,000	(대변)재평가이익	1,000
④ (차변)토지	1,000	(대변)재평가잉여금	1,000

011 장부금액이 ₩1,000인 토지를 ₩1,500에 현금을 받고 처분했을 때 회계처리는?

① (차변)현금	1,500	(대변)토지	1,500
② (차변)현금	1,500	(대변)토지	1,000
		유형자산처분이익	500
③ (차변)토지	1,500	(대변)현금	1,500
④ (차변)토지	1,000	(대변)현금	1,500
유형자산처분이익	500		

012 무형자산 정의에 포함되는 조건이 아닌 것은?

① 식별가능성 ② 자원에 대한 통제

③ 실현가능성 ④ 미래 경제적 효익의 존재

013 개발활동에서 무형자산의 인식하기 위한 충족 요건이 아닌 것은?

① 무형자산을 사용하거나 판매하기 위해 그 자산을 완성할 수 있는 기술적 실현가능성

② 예상되는 미래 경제적 효익의 획득에 필요한 자산 유지비용의 수준과 그 수준의 비용을 부담할 수 있는 능력과 의도

③ 무형자산을 완성하여 사용하거나 판매하려는 기업의 의도

④ 무형자산의 개발을 완료하고 그것을 판매하거나 사용하는 데 필요한 기술적, 재정적 자원 등의 입수가능성

014 내부적으로 창출한 무형자산의 개발활동이 아닌 것은?

① 새로운 기술과 관련된 공구, 지그, 주형, 금형 등을 설계하는 활동

② 시험공장을 설계, 건설, 가동하는 활동

③ 새로운 지식을 얻고자 하는 활동

④ 신규 또는 개선된 재료, 장치, 제품, 공정, 시스템이나 용역에 대하여 최종적으로 선정된 안을 설계, 제작, 시험하는 활동

015 내부적으로 창출한 무형자산의 취득원가에 포함되지 않는 것은?

① 무형자산의 창출을 위하여 발생한 종업원 급여

② 무형자산의 창출에 사용된 특허권과 라이선스의 상각비

③ 무형자산이 계획된 성과를 달성하기 전에 발생한 명백한 비효율로 인한 손실

④ 무형자산의 내부 창출에 직접 관련된 차입원가

016 무형자산의 내용연수를 결정하기 위해서 고려해야 될 요인이 아닌 것은?

① 기술적, 공학적, 상업적 또는 기타 유형의 진부화

② 무형자산을 사용하거나 판매할 수 있는 기업의 능력

③ 자산의 통제가능 기간과 자산사용에 대한 법적 또는 이와 유사한 제한

④ 자산의 내용연수가 다른 자산의 내용연수에 의해 결정되는지의 여부

종합문제 ✅

1 유형자산의 취득, 감가상각 및 처분

20×1년 1월 1일 A회사는 기계장치 1대를 취득하였고 취득과 관련한 자료는 다음과 같다. 기계의 사용가능 내용연수는 5년, 잔존가치는 ₩30,000으로 추정되었다. 단, 모든 지출은 현금 지급하였다.

- 총구입가격: ₩2,500,000(관세 ₩100,000과 매입할인 ₩250,000 미반영)
- 매입과 직접적 관련된 종업원 급여: ₩100,000
- 새로운 시설의 개설 원가: ₩200,000
- 설치장소 준비 원가: ₩50,000
- 최초의 운송·취급 관련 원가: ₩80,000
- 전문가 수수료: ₩150,000
- 관리 및 기타 일반간접원가: ₩30,000

(1) 기계장치의 취득원가를 계산하고, 취득시에 분개를 하시오.

내 역	금 액
합 계	

	계정	금액		계정	금액
(차변)			(대변)		

(2) 기계장치의 20×1년 12월 31일 감가상각에 대한 분개를 하시오.

	계정	금액		계정	금액
(차변)			(대변)		

(3) 20×2년 초에 기계의 효율성 제고를 위한 지출 ₩180,000과 일상적인 수선·유지를 위한 지출 ₩90,000이 발생하였다. 이를 고려하여 기계장치의 20×2년 12월 31일 감가상각에 대한 분개를 하시오. 단, 내용연수와 잔존가치는 동일하다.

	계정	금액		계정	금액
(차변)			(대변)		

(4) 20×3년 4월 1일에 해당 기계를 ₩1,500,000에 현금을 받고 거래처에 처분하였다. 처분시에 분개를 하시오.

	계정	금액		계정	금액
(차변)			(대변)		

2 감가상각방법

20×1년 1월 1일 A회사는 기계장치 1대를 ₩250,000 현금 지급하고 취득하여 제품생산에 사용하기 시작하였다. 기계의 사용가능 내용연수는 5년, 사용가능시간은 21,000시간, 잔존가치는 ₩40,000으로 추정되었다. 기계의 실제 사용시간은 20×1년부터 20×5년까지 4,400시간, 4,300시간, 4,200시간, 4,100시간, 4,000시간이다.

기계장치에 대한 매기간 감가상각비를 정액법, 정률법(감가상각률을 30%로 가정), 연수합계법 및 생산량비례법으로 계산하고, 이를 연도별 재무제표에 표시하시오.

(1) 정액법

연 도	계산과정	감가상각비	감가상각누계액	기말장부금액
20×1				
20×2				
20×3				
20×4				
20×5				
합 계				

재무제표	20×1	20×2	20×3	20×4	20×5
[손익계산서] 당기총제조원가: 감가상각비					
[재무상태표] 기계 감가상각누계액 장부금액	(_____)	(_____)	(_____)	(_____)	(_____)

(2) 정률법(감가상각률을 30%로 가정)

연 도	계산과정	감가상각비	감가상각누계액	기말장부금액
20×1				
20×2				
20×3				
20×4				
20×5				
합 계				

재무제표	20×1	20×2	20×3	20×4	20×5
[손익계산서] 당기총제조원가: 감가상각비					
[재무상태표] 기계 감가상각누계액 장부금액	( )	( )	( )	( )	( )

(3) 연수합계법

연 도	계산과정	감가상각비	감가상각누계액	기말장부금액
20×1				
20×2				
20×3				
20×4				
20×5				
합 계				

재무제표	20×1	20×2	20×3	20×4	20×5
[손익계산서] 당기총제조원가: 감가상각비					
[재무상태표] 기계 감가상각누계액 장부금액	( )	( )	( )	( )	( )

(4) 생산량비례법

연 도	계산과정	감가상각비	감가상각누계액	기말장부금액
20×1				
20×2				
20×3				
20×4				
20×5				
합 계				

재무제표	20×1	20×2	20×3	20×4	20×5
[손익계산서] 당기총제조원가: 감가상각비					
[재무상태표] 기계 감가상각누계액 장부금액	(＿＿＿)	(＿＿＿)	(＿＿＿)	(＿＿＿)	(＿＿＿)

3 유형자산의 손상차손

A회사가 소유하고 있는 토지의 장부금액은 ₩5,000,000이며, 원가모형을 적용한다. 20×1년 말에 글로벌 경제위기로 부동산 시세가 급격히 하락하여 토지의 공정가치는 ₩4,000,000이고 처분부대원가는 ₩400,000으로 예상되었다. 또한 미래현금흐름의 현재가치는 ₩4,200,000 으로 예상된다. 그 다음해인 20×2년 말에는 글로벌 경제가 회복되어 토지의 회수가능가액이 ₩5,100,000으로 평가되었다. 토지의 20×1년과 20×2년 말에 분개를 하시오.

(1) 20×1.12.31

	계정	금액		계정	금액
(차변)			(대변)		

(2) 20×2.12.31

	계정	금액		계정	금액
(차변)			(대변)		

4 유형자산의 재평가

A회사는 20×1년 1월 1일에 토지를 ₩5,000,000에 현금을 지급하고 취득하였으며, 재평가모형을 적용하기로 했다. 20×1년과 20×2년 말에 공정가치가 각각 ₩4,800,000과 ₩5,500,000이었다. 20×3년 3월 31일에 해당 토지를 ₩5,300,000에 현금을 받고 거래처에 처분하였다. 각 일자에 분개를 하시오. 단, 처분시 재평가잉여금을 이익잉여금으로 대체한다.

(1) 20×1.1.1

(차변)	계정	금액	(대변)	계정	금액

(2) 20×1.12.31

(차변)	계정	금액	(대변)	계정	금액

(3) 20×2.12.31

(차변)	계정	금액	(대변)	계정	금액

(4) 20×3.3.31

(차변)	계정	금액	(대변)	계정	금액

5 내부적으로 창출한 무형자산의 취득, 상각 및 처분

A회사가 새로운 치료제 개발을 위하여 수행한 프로젝트와 관련하여 당기(20×1.1.1~12.31)에 발생한 지출 내역은 다음과 같다. 개발단계에서 발생한 비용은 무형자산의 인식요건을 모두 충족한다. 연구단계와 개발단계를 구분할 수 없는 연구원 급여 ₩100,000과 등록수수료 ₩150,000은 포함되어 있지 않다. 단, 연구원 급여와 등록수수료는 현금 지출하였다.

지출내역	연구단계에서 발생	개발단계에서 발생
연 구 원 급 여	₩150,000	₩250,000
등 록 수 수 료	120,000	170,000
원 재 료	70,000	50,000
라 이 선 스 상 각 비	40,000	80,000
계	₩380,000	₩550,000

(1) A회사의 연구단계와 개발단계에서 발생한 지출을 분개하시오.

① 연구비 인식

	계정	금액		계정	금액
(차변)			(대변)		

② 개발비 인식

	계정	금액		계정	금액
(차변)			(대변)		

(2) A회사가 20×2년 1월 1일에 새로운 치료제 개발을 완료하고 이를 5년에 걸쳐 정액법으로 상각하기로 하였다. 20×2년 12월말 결산일에 해당 무형자산 상각에 대한 분개를 하시오. 단, 해당 치료제 개발과 관련하여 제3자가 이를 구입하기로 약정하거나 관련 활성시장은 없다고 가정한다.

	계정	금액		계정	금액
(차변)			(대변)		

(3) A회사는 20×3년 10월 1일에 치료제 기술을 B제약회사에 ₩400,000 현금을 받고 매각하였다. 해당 무형자산 처분과 관련하여 분개를 하시오.

	계정	금액		계정	금액
(차변)			(대변)		

"

이야기가 있는 회계 세상

　자본을 자기자본이라고 하고 부채를 타인자본이라고 한다. 자기자본으로만 자본조달한 기업이 있다면 비용으로 인정받을 수 있는 이자비용이 없기 때문에 절세효과를 누릴 수 없다. 반대로 타인자본으로만 자본조달한 기업이 있다면 절세효과를 누릴 수는 있지만 의무적으로 부담해야 하는 이자비용과 만기에 원금상환이 부담스러울 것이다.

　대우그룹은 김우중 전 회장이 1967년에 자본금 500만원으로 시작한 회사이다. 1998년 IMF 외환위기 직전에는 현재 초일류 기업인 삼성을 제치고 현대에 이어 재계 순위 2위까지 올랐다. 하지만 지금은 자동차는 GM에, 조선은 현대중공업에 인수되는 등 자회사들이 뿔뿔이 흩어져 명맥을 유지하고 있다. 재계 순위 2위까지 오른 기업이 순식간에 나락으로 빠지게 된 발단은 김우중 전 회장의 슬로건이었던 "세계경영"으로부터 시작되었다. "세계경영"은 대우그룹을 41개 계열사와 396개 해외법인을 거느린 공룡기업으로 만들었다. 이렇게 몸집을 키울 수 있었던 것은 김우중 전 회장의 공격적인 차입매수(일명, LBO: leveraged buy-out) 때문이었다. 사업을 확장하기 위해 무리한 M&A를 추진하면서 M&A의 대상이 된 기업을 담보로 은행으로부터 돈을 빌려 M&A 자금을 마련하는 방식을 사용하였다. 그 결과 자기자본 대비 부채비율은 400%가 넘어섰고, IMF 외환위기를 맞으면서 유동성 위기에 몰린 것이다. 우리나라 대기업, 특히 재벌기업에게는 대마불사(大馬不死)라는 말이 자주 적용되지만 대우그룹에게는 그렇지 못했다.

　부채로 자금조달을 하는 경우 이자비용이라는 고정비를 만든다. 고정비가 많을수록 영업이익이 변하는 비율보다 이자비용 차감 후 영업이익(당기순이익으로 가정함)이 변하는 비율을 더 크게 만든다. 이것이 레버리지 효과(leverage effect)다. 즉, 영업이익이 증가하는 상황에서는 당기순이익이 더 큰 비율로 상승하기 때문에 투자자들에게 환상을 심어준다. 하지만 그 반대로 영업이익이 감소하는 상황에서는 당기순이익이 더 큰 비율이 감소하기 때문에 투자자들은 레버리지 효과의 현실을 직시하게 된다.

1. 화폐의 시간가치

1.1 화폐의 시간가치의 의의

1년 후에 ₩1을 받을 수 있는 채권이 있다면 지금 현재 얼마를 투자해야 할까? 아마도 ₩1보다 적은 금액을 투자할 것이다. 즉, 현재의 ₩1과 미래의 ₩1의 가치는 다르다. "현재 ₩1을 받겠냐? 아니면 1년 후에 ₩1을 받겠냐?"라고 묻는다면, 누구나 현재 ₩1을 받겠다고 대답할 것이다. 현재의 ₩1이 1년 후의 ₩1보다 가치가 더 크기 때문이다. 화폐의 시간가치(time value of money)는 시간에 따라 화폐의 가치가 달라지는 것을 말하며, 일반적으로 동일한 금액일 때 현재가치가 미래가치보다 크다. 그 이유는 이자(interest) 때문이다. 은행에 1년 만기 정기예금을 가입하면 1년 후에 원금과 정해진 이자를 함께 받는 것과 같은 개념이다.

1.2 현재가치와 미래가치의 의의

1년 후의 ₩1은 현재 얼마와 동일할까? 반대로 현재의 ₩1은 1년 후의 얼마와 동일할까? 1년 후의 ₩1과 동일한 현재의 그 얼마를 ₩1의 현재가치(present value)라고 한다. 또한 현재의 ₩1과 동일한 1년 후의 그 얼마를 ₩1의 미래가치(future value)라고 한다. 현재가치를 계산하려면 미래의 모든 현금흐름을 현재시점의 가치로 할인(discount)해야 한다. 또한 미래가치를 계산하려면 현재 또는 특정시점의 모든 현금흐름을 미래의 일정시점까지 누적(accumulate)해야 한다. 현재가치와 미래가치는 다음 세 가지 요인에 의해 결정된다.

① 현금 유입·유출의 금액
② 현금 유입·유출의 시점
③ 할인율(discount rate): 투자자가 요구하는 수익률이나 이자율, 보통 최저필수수익률[1]이 사용된다.

---

1 최저필수수익률(required minimum rate of return)이란 어떤 투자로부터 바라고 있는 최소한의 수익률을 말한다.

1.3 현재가치와 미래가치의 계산

다음 (예제 1)을 통해서 현재가치와 미래가치를 어떻게 계산하는지 살펴보자.

예제 1 • 현재가치와 미래가치

만기에 ₩10,000의 목돈을 받을 수 있는 투자가 있고, 연간 10%의 수익을 기대한다고 가정한다.

물음)

1. 만기가 1년이라면 현재 얼마를 투자해야 하는가?
2. 만기가 2년이라면 현재 얼마를 투자해야 하는가?

[풀이]

1.	투 자 액(현재가치)	₩9,091
	+ 기대수익(₩9,091 × 10%)	909
	= 1년 후 현금유입액(미래가치)	₩10,000

즉, 현재 ₩9,091을 투자하면 이에 대한 10% 수익인 ₩909을 더해 1년 후에 ₩10,000의 목돈을 받을 수 있다. 따라서 ₩9,091은 1년 후 ₩10,000의 현재가치이고, 1년 후 ₩10,000을 현재 ₩9,091의 미래가치라고 한다.

2.	투 자 액(현재가치)	₩8,264
	+ 1년째 기대수익(₩8,264 × 10%)	827
	= 1년 후 총 투자액(=1년 후 미래가치)	₩9,091
	+ 2년째 기대수익(₩9,091 × 10%)	909
	= 2년 후 현금유입액(=2년 후 미래가치)	₩10,000

즉, 현재 ₩8,264을 투자하면 이에 대한 10% 수익인 ₩827을 더해 1년 후에 총 투자액 또는 1년 후의 미래가치는 ₩9,091이 된다. 다시 이에 대한 10% 수익인 ₩909을 더해 2년 후에 ₩10,000의 목돈을 받을 수 있다. 따라서 ₩8,264은 2년 후 ₩10,000의 현재가치이고, 2년 후 ₩10,000을 현재 ₩8,264의 미래가치라고 한다.

1.4 현재가치표

앞서 살펴본 것처럼, 미래 현금흐름의 현재가치를 직접 계산할 수도 있지만 금액이 크거나 먼 미래에 대한 현재가치를 계산하려면 매우 복잡하고 번거로울 것이다. 이것을 해결할 수 있는 방법이 **현재가치표**를 이용하여 미래 현금흐름의 현재가치를 계산하는 것이다.

(1) 단일금액의 현재가치표

단일금액의 현재가치는 미래 ₩1을 n기간에 이자율 r로 할인한 현재가치를 환산한 표로서 다음과 같이 계산된다. 즉, 단일금액 ₩1의 현재가치란 미래의 목돈 ₩1이 현재의 얼마와 동일한 금액인지를 나타내는 계수이다.

$$\text{단일금액 ₩1의 현재가치} = \frac{₩1}{(1+r)^n}$$

$$(r = \text{이자율}, \ n = \text{기간})$$

단일금액 ₩1의 현재가치를 도식화하면 다음 〈그림 11-1〉과 같다.

≒ 그림 11-1 **단일금액 ₩1의 현재가치**

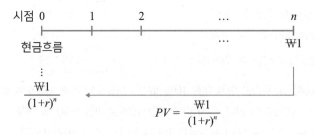

다음 (예제 2)를 통해서 단일금액의 현재가치표를 이용하여 현재가치를 어떻게 계산하는지 살펴보자.

예제 2 • 단일금액의 현재가치

만기에 ₩10,000의 목돈을 받을 수 있는 투자가 있고 연간 10%의 수익을 기대한다고 가정한다. 단, 단일금액의 현재가치표를 이용하여 계산한다.

물음)

1. 만기가 1년 이라면 현재 얼마를 투자해야 하는가?
2. 만기가 2년 이라면 현재 얼마를 투자해야 하는가?

[풀이]

1.　　1년 후 현금유입액(미래가치)　　　　　　　　　　₩10,000

　　× 단일금액 ₩1의 현재가치(1기간, 10%)　　　　　0.9091

　　= 투 자 액(현재가치)　　　　　　　　　　　　　₩9,091

즉, 1년 후에 ₩10,000의 목돈을 받으려면 현재 ₩9,091을 투자하면 된다. 1년 후에 받게 되는 목돈 ₩10,000에 1기간과 이자율 10%에 해당하는 단일금액 ₩1의 현재가치 계수인 0.9091을 곱하면 현재가치 ₩9,091이 계산된다. 결국 예제 1과 같이 ₩10,000을 1기간에 10% 이자율로 할인할 값과 같게 된다.

2.　　2년 후 현금유입액(미래가치)　　　　　　　　　　₩10,000

　　× 단일금액 ₩1의 현재가치(2기간, 10%)　　　　　0.8264

　　= 투 자 액(현재가치)　　　　　　　　　　　　　₩8,264

즉, 2년 후에 ₩10,000의 목돈을 받으려면 현재 ₩8,264를 투자하면 된다. 2년 후에 받게 되는 목돈 ₩10,000에 2기간과 이자율 10%에 해당하는 단일금액 ₩1의 현재가치 계수인 0.8264를 곱하면 현재가치 ₩8,264이 계산된다. 결국 예제 1과 같이 ₩10,000을 2기간에 10% 이자율로 할인할 값과 같게 된다.

(2) 연금의 현재가치표

연금(annuity)이란 매년 동일한 금액이 유입되는 현금흐름을 말한다. 연금의 현재가치는 n기간 동안 미래 ₩1을 n기간에 이자율 r로 할인한 현재가치의 합계를 환산한 표로서 다음과 같이 계산된다. 즉, 연금 ₩1의 현재가치란 미래의 연금 ₩1이 현재의 얼마와 동일한 금액인지를 나타내는 계수이다.

$$연금\ ₩1의\ 현재가치 = \sum \frac{₩1}{(1+r)^n}$$

$$(r = 이자율,\ n = 기간)$$

연금 ₩1의 현재가치를 도식화하면 다음 〈그림 11-2〉와 같다.

= 그림 11-2 **연금 ₩1의 현재가치**

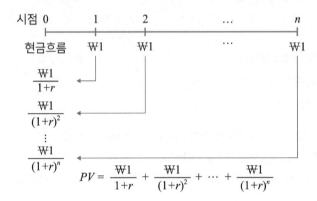

다음 〈예제 3〉을 통해서 연금의 현재가치표를 이용하여 현재가치를 어떻게 계산하는지 살펴보자.

예제 3 · 2년 후 연금의 현재가치

첫 해의 말부터 시작해서 매년 말 ₩10,000의 연금을 2년간 받는다고 가정하자.

물음)

연간 할인율이 10%라면 연금의 현재가치는 얼마인가? 단, 연금의 현재가치표와 단일금액의 현재가치표를 이용하여 계산한다.

[풀이]

〈연금의 현재가치표 이용〉

2년 동안 현금유입액(미래가치)	₩10,000
× 정상연금 ₩1의 현재가치(2기간, 10%)	1.7355
= 연금의 현재가치	₩17,355

〈단일금액의 현재가치표 이용〉

₩10,000 × 0.9091	₩9,091
+ ₩10,000 × 0.8264	₩8,264
= 연금의 현재가치	₩17,355

즉, 2년 동안 ₩10,000의 연금의 현재가치를 계산할 때 연금의 현재가치 계수를 이용하면 ₩17,355으로 계산된다. 연금의 현재가치 계수가 단일금액 현재가치 계수의 합계이기 때문에 단일금액의 현재가치표를 이용하여도 ₩17,355으로 동일한 금액이 계산된다는 것을 알 수 있다.

2. 사채

2.1 사채의 의의

사채(社債, bonds)는 기업이 장기적으로 거액의 자금을 조달하기 위해서 일반 대중을 대상으로 발행하는 유가증권이다. 일반 대중을 대상으로 자금을 조달하는 방식은 주식발행과 동일하다. 그러나 사채의 권면에 액면금액, 표시이자율, 이자지급일, 상환일 및 상환방법 등이 기재되어 있으며, 발행회사(채무자)는 사채의 권면에 기재되어 있는 조건에 따라 채권자에게 이자 및 원금을 지급해야 한다는 점은 주식과 다른 점이다. 차입금과의 차이점은 차입금은 특정인이나 금융기관으로부터 자금을 차입하는 경우에 발생하지만, 사채는 공개적으로 다수의 일반 대중으로부터 자금을 조달한다는 점이다.

2.2 사채의 발행금액

사채의 발행금액은 표시이자(액면금액 × 표시이자율)와 원금(액면금액)에 대한 미래현금흐름을 사채발행일 현재 **시장이자율**(market interest rate)로 할인한 것이다. 이때 시장이자율이란 투자자 입장에서는 시장에서 투자하여 실제 얻을 수 있으리라 기대하는 최소필수수익률이며, 사채의 발행회사 입장에서는 실질적으로 부담하게 되는 이자율이 되기 때문에 이를 **유효이자율**(effective interest rate) 또는 실질이자율이라고 한다. 사채의 발행금액은 다음과 같다.

$$사채의\ 발행금액 = \sum \frac{I}{(1+r)^n} + \frac{P}{(1+r)^n}$$

$$= 이자 \times (r,\ n,\ 정상연금현가계수) + 원금 \times (r,\ n,\ 단일금액현가계수)$$

$(I = 표시이자,\ P = 원금,\ r = 이자율,\ n = 기간)$

사채의 발행금액을 도식화하면 다음 〈그림 11-3〉과 같다.

≡ 그림 11-3 **사채의 발행금액**

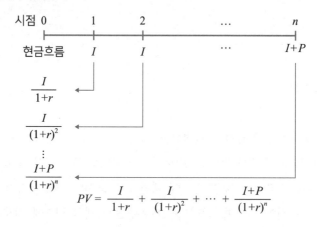

사채의 발행금액이 액면발행인지, 할인발행인지, 아니면 할증발행인지 여부는 시장이자율과 사채권면에 표시되어 있는 **표시이자율**(stated interest rate) 또는 **액면이자율**(coupon interest rate)의 관계에 따라 다음과 같이 결정된다.

표시이자율 = 시장이자율 → 액면발행

표시이자율 < 시장이자율 → 할인발행

표시이자율 > 시장이자율 → 할증발행

표시이자율과 시장이자율의 관계에 따른 사채의 발행금액을 도식화하면 다음 〈그림 11-4〉와 같다.

ᄀ 그림 11-4 **사채의 발행**

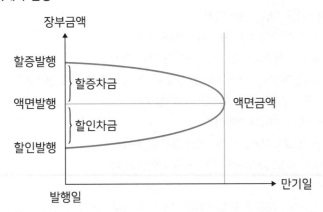

사채를 발행할 때 금융기관수수료 등 사채발행비가 발생한다. 사채발행비는 사채의 발행금액에서 차감된다. 즉, 사채를 발행해서 받게 되는 실제 현금수취액은 사채의 발행금액에서 사채발행비를 차감한 금액이다. 따라서 사채발행비를 사채의 발행금액에 포함하면 그렇게 하지 않을 때보다 유효이자율은 높아진다.

다음 (예제 4)를 통해서 사채의 발행금액을 계산하여 액면발행인지, 할인발행인지, 아니면 할증발행인지 여부를 살펴보자.

예제 4 • 사채의 발행금액

(주)두발로는 20×1년 1월 1일에 액면금액 ₩1,000,000(표시이자율 연 5%, 이자지급일 매년 12월 31일, 만기일 20×3년 12월 31일)의 사채를 발행하였다.

물음)
시장이자율이 3%, 5%, 7%일 때, 각각의 경우에 사채의 발행금액을 계산하시오.

[풀이]
1. 시장이자율이 3%인 경우 사채의 발행금액(할증발행)

    = 이자의 현재가치 + 원금의 현재가치

    = ₩50,000 ×2.8286(3기간, 3%, 정상연금현가계수)

      +1,000,000 × 0.9151(3기간, 3%, 단일금액현가계수)

    = ₩1,056,530

2. 시장이자율이 5%인 경우 사채의 발행금액(액면발행)

　　= 이자의 현재가치 + 원금의 현재가치

　　= ₩50,000 × 2.7232(3기간, 5%, 정상연금현가계수)

　　　+1,000,000 × 0.8638(3기간, 5%, 단일금액현가계수)

　　≒ ₩1,000,000(현가계수의 단수 차이로 인하여 정확히 ₩1,000,000은 아님)

3. 시장이자율이 7%인 경우 사채의 발행금액(할인발행)

　　= 이자의 현재가치 + 원금의 현재가치

　　= ₩50,000 × 2.6243(3기간, 7%, 정상연금현가계수)

　　　+1,000,000 × 0.8163(3기간, 7%, 단일금액현가계수)

　　= ₩947,515

즉, 표시이자율이 5%이기 때문에 유효이자율이 3%인 경우에 사채가 할증발행되고, 유효이자율이 5% 인 경우에 사채가 액면발행된다. 그리고 유효이자율이 표시이자율보다 높은 7%인 경우에는 사채가 할 인발행된다는 것을 알 수 있다.

2.3 사채발행시의 회계처리

　　사채는 액면발행, 할인발행 및 할증발행 조건으로 발행될 수 있으며 각 경우의 회 계처리는 다음과 같다.

```
<액면발행시>
(차변)   현        금      ×××    (대변)   사        채      ×××

<할인발행시>
(차변)   현        금      ×××    (대변)   사        채      ×××
         사채할인발행차금      ×××

<할증발행시>
(차변)   현        금      ×××    (대변)   사        채      ×××
                                         사채할증발행차금      ×××
```

　　사채할인발행차금은 사채에서 차감하는 평가계정이며 발행 당시 발행금액인 장부금 액은 액면금액보다 작다. 사채할증발행차금은 사채에 가산하는 평가계정이며 발행 당시 발행금액인 장부금액은 액면금액보다 크다.

다음 (예제 5)를 통하여 사채 발행시 회계처리를 살펴보자.

예제 5 • 사채의 발행금액 계산 및 발행시 회계처리

(주)두발로는 20×1년 1월 1일에 액면금액 ₩1,000,000(표시이자율 연 5%, 이자지급일 매년 12월 31일, 만기일 20×3년 12월 31일)의 사채를 발행하였다.

물음)

다음의 각 경우로 구분하여 사채의 발행금액을 계산하고, (주)두발로가 발행시 해야 할 분개를 하시오.

1. 유효이자율이 5%인 경우
2. 유효이자율이 7%인 경우
3. 유효이자율이 3%인 경우

[풀이]

1. 유효이자율이 5%인 경우(액면발행)

   사채의 발행금액

   = 이자지급액의 현재가치 + 원금상환액의 현재가치

   = ₩50,000 × 2.7232(3기간, 5%, 정상연금현가계수)

   　+1,000,000 × 0.8638(3기간, 5%, 단일현금현가계수)

   ≒ ₩1,000,000(현가계수의 단수 차이로 인하여 정확히 ₩1,000,000은 아님)

   〈20×1. 1. 1. 발행시〉

   (차변)　현　　　　금　　1,000,000　　(대변)　사　　　　채　　1,000,000

   참고로 사채를 취득한 투자자의 회계처리(AC 금융자산으로 분류)는 다음과 같다.

   〈투자자의 회계처리〉

   (차변)　A C 금 융 자 산　　1,000,000　　(대변)　현　　　　금　　1,000,000

2. 유효이자율이 7%인 경우

   사채의 발행금액

   = 이자지급액의 현재가치 + 원금상환액의 현재가치

   = ₩50,000 × 2.6243(3기간, 7%, 정상연금현가계수)

   　+1,000,000 × 0.8163(3기간, 7%, 단일현금현가계수)

   = ₩947,515

   〈20×1. 1. 1. 발행시〉

   (차변)　현　　　　금　　947,515　　(대변)　사　　　　채　　1,000,000

   　　　　사채할인발행차금　　52,485

참고로 사채를 취득한 투자자의 회계처리(AC 금융자산으로 분류)는 다음과 같다.

〈투자자의 회계처리〉

(차변)　　Ａ Ｃ 금 융 자 산　　　947,515　　（대변）　현　　　　　금　　　947,515

3. 유효이자율이 3%인 경우

사채의 발행금액

= 이자지급액의 현재가치 + 원금상환액의 현재가치

= ₩50,000 ×2.8286(3기간, 3%, 정상연금현가계수)

+1,000,000 × 0.9151(3기간, 3%, 단일현금현가계수)

= ₩1,056,530

〈20×1. 1. 1. 발행시〉

(차변)　현　　　　　금　　1,056,530　　（대변）　사　　　　　채　　1,000,000
　　　　　　　　　　　　　　　　　　　　　　　　사채할증발행차금　　　56,530

참고로 사채를 취득한 투자자의 회계처리(AC 금융자산으로 분류)는 다음과 같다.

〈투자자의 회계처리〉

(차변)　　Ａ Ｃ 금 융 자 산　　1,056,530　　（대변）　현　　　　　금　　1,056,530

　　(예제 5)를 통해서 확인한 것처럼, 사채는 원금(액면금액)에서 사채할인발행차금을 차감하거나 사채할증발행차금을 더해서 장부금액을 회계처리하는 데 반해서, AC금융자산은 장부금액을 그대로 회계처리한다. 이렇게 회계처리 방식이 다른 이유는 사채 원금에 대한 중요성에 있다. 사채를 원금 대비하여 얼마나 할인하여 발행하였는지, 또는 얼마나 할증되어 발행하였는지가 재무제표이용자들에게는 중요한 정보이기 때문이다.

　　사채발행시 유효이자율이 5%, 7%, 3%인 경우 재무제표에 각각 표시하면 다음 〈표 11-1〉과 같다.

표 11-1　사채발행 관련 재무제표 표시

재무제표	5%(액면발행)	7%(할인발행)	3%(할증발행)
[재무상태표] 부채: 사채(원금)	₩1,000,000	₩1,000,000	₩1,000,000
사채할인발행차금		(52,485)	
사채할증발행차금	_____	_____	56,530
장부금액	₩1,000,000	₩947,515	₩1,056,530

2.4 사채이자비용의 계산

(예제 5)를 이용해 사채를 액면발행, 할인발행 및 할증발행한 경우에 각각 얼마의 이자비용을 부담하는지 알아보자. 먼저 액면발행한 경우에는 발행금액과 액면금액이 동일하기 때문에 3년 동안 매년 말에 ₩50,000씩 총 ₩150,000의 이자비용을 부담한다.

할인발행한 경우에 3년 동안 매년 말에 ₩50,000씩 총 ₩150,000의 이자비용을 부담하는 것은 액면발행한 경우와 동일하다. 그러나 ₩947,515에 사채를 발행해서 만기인 3년 말에 원금인 ₩1,000,000을 상환한다. 따라서 그 차액인 ₩52,485를 더 지급하는 셈이 된다. 이때 ₩52,485도 사채 기간 동안 인식해야 할 이자비용에 포함한다.

할증발행한 경우에도 마찬가지로 3년 동안 매년 말에 ₩50,000씩 총 ₩150,000의 이자비용을 부담한다. 그러나 ₩1,056,530에 사채를 발행해서 만기인 3년 말에 원금인 ₩1,000,000을 상환한다. 따라서 그 차액인 ₩56,530을 덜 지급하는 셈이 된다. 이때 ₩56,530은 사채 기간 동안 인식해야 할 이자비용의 차감액이다.

(예제 5)에서 액면발행, 할인발행 및 할증발행한 사채의 이자비용을 정리하면 다음과 같다.

> 액면발행한 사채의 이자비용 총액 = ₩50,000 × 3 = ₩150,000
> 할인발행한 사채의 이자비용 총액 = ₩50,000 × 3 + 52,485 = ₩202,485
> 할증발행한 사채의 이자비용 총액 = ₩50,000 × 3 − 56,530 = ₩93,470

그렇다면 연도별로 인식할 이자비용은 어떻게 계산하는가? 다음과 같이 **유효이자율법**을 적용한다. 사채를 액면발행한 경우에는 유효이자율법에 따라 계산한 이자비용과 표시이자가 동일하기 때문에 추가적인 조정사항이 없다. 그러나 사채를 할인발행하거나 할증발행한 경우에는 유효이자율법에 따라 계산한 이자비용과 표시이자가 다르기 때문에 그 차이만큼을 **사채할인발행차금** 또는 **사채할증발행차금**으로 다음과 같이 조정한다.

> 이자비용 = 사채의 기초장부금액 × 유효이자율
> 사채 장부금액 조정액 = 이자비용 − 표시이자

사채를 액면발행, 할인발행 및 할증발행한 경우 이자비용을 인식하는 회계처리는 다음과 같다.

<액면발행시 이자비용 인식>

(차변)   이 자 비 용   ×××   (대변)   현   금   ×××

<할인발행시 이자비용 인식>

(차변)   이 자 비 용   ×××   (대변)   현   금   ×××
                                            사채할인발행차금   ×××

<할증발행시 이자비용 인식>

(차변)   이 자 비 용   ×××   (대변)   현   금   ×××
        사채할증발행차금   ×××

다음 (예제 6)을 통해서 유효이자율법을 이용하여 매년의 이자비용 산출과 회계처리에 대해 살펴보자.

예제 6 • 사채이자비용의 인식

(주)두발로는 20×1년 1월 1일에 액면금액 ₩1,000,000(표시이자율 연 5%, 이자지급일 매년 12월 31일, 만기일 20×3년 12월 31일)의 사채를 발행하였다.

물음)

다음의 각 경우로 구분하여 (주)두발로가 해야 할 연도별 사채이자비용 인식 분개와 만기상환 분개를 하시오.

1. 유효이자율이 5%인 경우
2. 유효이자율이 7%인 경우
3. 유효이자율이 3%인 경우

[풀이]

1. 유효이자율이 5%인 경우

   사채의 발행금액 = ₩1,000,00(예제 5의 풀이 참조)

   액면발행이기 때문에 사채할인(할증)발행차금은 발생하지 않는다. 따라서 매년 인식하는 이자비용은 동일하며, 표시이자와 일치한다.

⟨매년 12. 31.⟩
(차변) 이 자 비 용　　50,000　(대변) 현　　　　금　　50,000
⟨상환시⟩
(차변) 사　　　채　1,000,000　(대변) 현　　　　금　1,000,000

2. 유효이자율이 7%인 경우

사채의 발행금액 = ₩947,515(예제 5의 풀이 참조)

사채할인발행차금 = ₩1,000,000(액면금액) − 947,515(발행금액) = ₩52,485

유효이자율법을 이용한 사채의 장부금액 조정표를 작성하면 다음과 같다.

사채의 장부금액 조정표

일자	유효이자 (사채 장부금액 × 7%)	표시이자 (사채 액면금액 × 5%)	사채할인발행차금상각 (유효이자 − 표시이자)	사채의 장부금액
20×1. 1. 1.				₩947,515
20×1. 12. 31.	₩66,326	₩50,000	₩16,326	963,841
20×2. 12. 31.	67,469	50,000	17,469	981,310
20×3. 12. 31.	68,690❶	50,000	18,690	1,000,000
합　계	₩202,485	₩150,000	₩52,485	

❶ ₩981,310 × 7% = ₩68,692이나 만기일에 사채의 장부금액을 액면금액과 일치시켜야 하기 때문에 단수 차이 조정

⟨20×1. 12. 31.⟩
(차변) 이 자 비 용　　66,326　(대변) 현　　　　금　　50,000
　　　　　　　　　　　　　　　　　　사채할인발행차금　　16,326

⟨20×2. 12. 31.⟩
(차변) 이 자 비 용　　67,469　(대변) 현　　　　금　　50,000
　　　　　　　　　　　　　　　　　　사채할인발행차금　　17,469

⟨20×3. 12. 31.⟩
(차변) 이 자 비 용　　68,690　(대변) 현　　　　금　　50,000
　　　　　　　　　　　　　　　　　　사채할인발행차금　　18,690
(차변) 사　　　채　1,000,000　(대변) 현　　　　금　1,000,000

3. 유효이자율이 3%인 경우

사채의 발행금액 = ₩1,056,530(예제 5의 풀이 참조)

사채할증발행차금 = ₩1,056,530(발행금액) − 1,000,000(액면금액) = ₩56,530

유효이자율법을 이용한 사채의 장부금액 조정표를 작성하면 다음과 같다.

사채의 장부금액 조정표

일자	유효이자 (사채 장부금액 × 3%)	표시이자 (사채 액면금액 × 5%)	사채할증발행차금상각 (표시이자 − 유효이자)	사채의 장부금액
20×1. 1. 1.				₩1,056,530
20×1. 12. 31.	₩31,696	₩50,000	₩18,304	1,038,226
20×2. 12. 31.	31,147	50,000	18,853	1,019,373
20×3. 12. 31.	30,627❶	50,000	19,373	1,000,000
합 계	₩93,470	₩150,000	₩56,530	

❶ ₩1,019,373 × 3% = ₩30,581이나 만기일에 사채의 장부금액을 액면금액과 일치시켜야 하기 때문에 단수차이 조정

〈20×1. 12. 31.〉

(차변)	이 자 비 용	31,696	(대변)	현　　　금	50,000
	사채할증발행차금	18,304			

〈20×2. 12. 31.〉

(차변)	이 자 비 용	31,147	(대변)	현　　　금	50,000
	사채할증발행차금	18,853			

〈20×3. 12. 31.〉

(차변)	이 자 비 용	30,627	(대변)	현　　　금	50,000
	사채할증발행차금	19,373			
(차변)	사　　　채	1,000,000	(대변)	현　　　금	1,000,000

채권자 입장에서 회계처리를 살펴보면 다음과 같다.

1. 유효이자율이 5%인 경우

〈이자수익 인식분개. 매년 12. 31. 동일〉

(차변)	현　　　금	50,000	(대변)	이 자 수 익	50,000

〈20×3. 12. 31.〉

(차변)	현　　　금	1,000,000	(대변)	A C 금 융 자 산	1,000,000

2. 유효이자율이 7%인 경우

〈20×1. 12. 31.〉

(차변)	현　　　금	50,000	(대변)	이 자 수 익	66,326
	A C 금 융 자 산	16,326			

〈20×2. 12. 31.〉

(차변)	현　　　금	50,000	(대변)	이 자 수 익	67,469
	A C 금 융 자 산	17,469			

⟨20×3. 12. 31.⟩

(차변)	현 금	50,000	(대변)	이 자 수 익	68,690
	A C 금 융 자 산	18,690			
(차변)	현 금	1,000,000	(대변)	A C 금 융 자 산	1,000,000

3. 유효이자율이 3%인 경우

⟨20×1. 12. 31.⟩

(차변)	현 금	50,000	(대변)	이 자 수 익	31,696
				A C 금 융 자 산	18,304

⟨20×2. 12. 31.⟩

(차변)	현 금	50,000	(대변)	이 자 수 익	31,147
				A C 금 융 자 산	18,853

⟨20×3. 12. 31.⟩

(차변)	현 금	50,000	(대변)	이 자 수 익	30,627
				A C 금 융 자 산	19,373
(차변)	현 금	1,000,000	(대변)	A C 금 융 자 산	1,000,000

2.5 사채의 조기상환

사채를 만기일 이전에 조기상환하는 경우에는 사채의 장부금액과 상환금액에 차이가 발생하기 때문에 **사채상환손익**(gain or loss on extinguishment of bonds)을 당기손익에 반영한다. 이때 사채의 장부금액은 조기상환일에 유효이자율법을 이용해 이자비용을 인식한 후의 금액이다. 사채의 조기상환에 대한 회계처리는 다음과 같다.

<사채상환손실 인식(장부금액 < 상환금액)>

(차변)	사 채	×××	(대변)	현 금 (상 환 금 액)	×××
	사채할증발행차금	×××		사채할인발행차금	×××
	사 채 상 환 손 실	×××			

<사채상환이익 인식(장부금액 > 상환금액)>

(차변)	사 채	×××	(대변)	현 금 (상 환 금 액)	×××
	사채할증발행차금	×××		사채할인발행차금	×××
				사 채 상 환 이 익	×××

다음 (예제 7)을 통해서 사채의 조기상환의 회계처리에 대해 살펴보자.

예제 7 • 사채의 조기상환

예제 6에서 20×1년 12월 31일에 사채를 ₩1,020,000에 조기상환하였다고 가정하자.

물음)

다음의 각 경우로 구분하여 (주)두발로가 조기상환일에 분개를 하시오.

1. 유효이자율이 5%인 경우
2. 유효이자율이 7%인 경우
3. 유효이자율이 3%인 경우

[풀이]

1. 유효이자율이 5%인 경우

    20×1.12.31 사채의 장부금액 = ₩1,000,000

    사채상환손실 = ₩1,000,000 − ₩1,020,000 = (−)₩20,000

    〈이자비용 인식〉

    (차변) 이 자 비 용   50,000   (대변) 현   금   50,000

    〈사채의 조기상환〉

    (차변) 사   채   1,000,000   (대변) 현   금   1,020,000
    　　　 사 채 상 환 손 실   20,000

2. 유효이자율이 7%인 경우

    20×1.12.31 사채의 장부금액 = ₩963,841

    사채상환손실 = ₩963,841 − ₩1,020,000 = (−)₩56,159

    〈이자비용 인식〉

    (차변) 이 자 비 용   66,326   (대변) 현   금   50,000
    　　　　　　　　　　　　　　　　　　　　　 사채할인발행차금   16,326

    〈사채의 조기상환〉

    (차변) 사   채   1,000,000   (대변) 현   금   1,020,000
    　　　 사 채 상 환 손 실   56,159   　　　 사채할인발행차금   36,159

3. 유효이자율이 3%인 경우

    20×1.12.31 사채의 장부금액 = ₩1,038,226

    사채상환이익 = ₩1,038,226 − ₩1,020,000 = ₩18,226

〈이자비용 인식〉

(차변)	이 자 비 용	31,696	(대변)	현　　　　금	50,000
	사채할증발행차금	18,304			

〈사채의 조기상환〉

(차변)	사　　　　채	1,000,000	(대변)	현　　　　금	1,020,000
	사채할증발행차금	38,226		사 채 상 환 이 익	18,226

채권자 입장에서 회계처리를 살펴보면 다음과 같다.

1. 유효이자율이 5%인 경우

〈이자수익 인식〉

(차변)	현　　　　금	50,000	(대변)	이 자 수 익	50,000

〈사채의 조기상환〉

(차변)	현　　　　금	1,020,000	(대변)	A C 금 융 자 산	1,000,000
				금융자산처분이익	20,000

2. 유효이자율이 7%인 경우

〈이자수익 인식〉

(차변)	현　　　　금	50,000	(대변)	이 자 수 익	66,326
	A C 금 융 자 산	16,326			

〈사채의 조기상환〉

(차변)	현　　　　금	1,020,000	(대변)	A C 금 융 자 산	963,841
				금융자산처분이익	56,159

3. 유효이자율이 3%인 경우

〈이자수익 인식〉

(차변)	현　　　　금	50,000	(대변)	이 자 수 익	31,696
				A C 금 융 자 산	18,304

〈사채의 조기상환〉

(차변)	현　　　　금	1,020,000	(대변)	A C 금 융 자 산	1,038,226
	금융자산처분손실	18,226			

3. 기타의 비유동부채

3.1 장기차입금

장기차입금(long-term borrowings)이란 금융기관이나 다른 기업 등으로부터 현금을 빌리고 1년 이후에 갚기로 한 채무이다. 차입기간이 1년 이내인 단기차입금은 유동부채로, 1년을 초과하는 장기차입금은 비유동부채로 분류한다. 한편, 장기차입금 중 결산일 현재 상환일이 1년 이내에 도래하는 금액은 **유동성장기차입금**으로 대체하고, 유동부채로 분류한다.

장기차입금과 관련된 회계처리는 다음과 같다.

〈장기차입금의 차입〉

　(차변) 현　　　　　금　　　×××　　(대변)　장 기 차 입 금　　　×××

〈이자비용의 인식〉

　(차변) 이 자 비 용　　　×××　　(대변)　현금(미지급비용)　　　×××

〈장기차입금의 유동성 대체〉

　(차변) 장 기 차 입 금　　　×××　　(대변)　유동성장기차입금　　　×××

〈유동성장기차입금의 상환〉

　(차변) 유동성장기차입금　　　×××　　(대변)　현　　　　　금　　　×××

다음 (예제 8)을 통해서 장기차입금의 회계처리에 대해 살펴보자.

예제 8 · 장기차입금의 회계처리

(주)두발로는 20×1년 10월 1일에 ₩1,000,000(연이자율 12%, 이자지급일 매년 9월 30일, 만기일 20×3년 9월 30일)을 거래처로부터 차입하였다. 단, (주)두발로의 결산일은 12월 31일이다.

물음)
차입일, 결산일, 이자지급일 및 상환일에 (주)두발로가 해야 할 분개를 하시오.

[풀이]

〈20×1. 10. 1. 차입시〉

(차변)　현　　　　　금　　　1,000,000　　　(대변)　장 기 차 입 금　　　1,000,000

〈20×1.12.31. 결산시〉

(차변)　이 자 비 용　　　30,000❶　　　(대변)　미 지 급 비 용　　　30,000
　　　　　❶ ₩1,000,000 × 12% × (3/12개월) = ₩30,000

〈20×2. 9. 30. 이자지급시〉

(차변)　미 지 급 비 용　　　30,000　　　(대변)　현　　　　　금　　　120,000
　　　　　이 자 비 용　　　90,000❷
　　　　　❷ ₩1,000,000 × 12% × (9/12개월) = ₩90,000

〈20×2. 12. 31. 결산시〉

(차변)　이 자 비 용　　　30,000　　　(대변)　미 지 급 비 용　　　30,000
(차변)　장 기 차 입 금　　1,000,000　　　(대변)　유동성장기차입금❸　　1,000,000
　　　　　❸ 장기차입금의 상환일이 1년 이내로 도래하였기 때문에 유동성장기차입금으로 대체함

〈20×3. 9. 30. 상환시〉

(차변)　미 지 급 비 용　　　30,000　　　(대변)　현　　　　　금　　　120,000
　　　　　이 자 비 용　　　90,000
(차변)　유동성장기차입금　　1,000,000　　　(대변)　현　　　　　금　　　1,000,000

3.2 장기매입채무

장기매입채무(long−term trade payables)는 1년 이후에 지급기일이 도래하는 장기외상매입금과 장기지급어음을 말한다.

장기외상매입금은 일반적으로 지급기일에 지급해야 하는 이자비용까지 액면금액에 포함되어 있는 무이자부채권인 경우가 많다. 이때 액면금액을 유효이자율로 할인한 현재가치를 장부금액으로 평가하여 재무상태표에 순액을 부채로 보고한다. 액면금액과 장부금액의 차이는 **현재가치할인차금**으로 계상한 후에 이를 유효이자율법으로 상각한다.

장기지급어음은 어음의 액면금액 이외에 이자를 별도로 지급해야 하는 이자부어음과 별도의 이자지급의무가 없는 무이자부어음으로 구분된다. 무이자부어음의 경우 무이자부 장기외상매입금과 마찬가지로 유효이자율로 할인한 현재가치를 장부금액으로 평가

하여 재무상태표에 순액을 보고한다. 마찬가지로 액면금액과 장부금액의 차이는 현재가치할인차금으로 계상한 후에 이를 유효이자율법으로 상각한다.

한편, 이자부어음의 경우 표시이자율과 유효이자율이 현저히 다른 경우에는 유효이자율로 현재가치를 계산하여 평가하고, 사채의 유효이자율법을 적용하여 회계처리한다.

다음 (예제 9)를 통해서 장기외상매입금의 회계처리에 대해 살펴보자.

예제 9 • 장기외상매입금의 회계처리

(주)두발로는 20×1년 1월 1일에 판매를 위한 오토바이를 구입하면서 구입대금 ₩1,000,000을 2년 후인 20×2년 12월 31일에 지급하기로 하였다. (주)두발로의 구입일 당시에 유효이자율은 5%이고, 별도의 이자는 지급하지 않는다. (주)두발로의 결산일은 12월 31일이다.

물음)

오토바이 구입일, 결산일, 대금지급일에 (주)두발로가 해야 할 회계처리를 하시오. 단, (주)두발로는 실지재고조사법을 사용하며, 유동성대체는 생략한다.

[풀이]

장기외상매입금의 현재가치

= ₩1,000,000 × 0.9070(2기간, 5%, 단일현금현가계수)

= ₩907,000

〈20×1. 1. 1. 구입시〉

(차변)	매 입	907,000	(대변)	장 기 외 상 매 입 금	1,000,000
	현재가치할인차금	93,000			

〈20×1.12.31. 결산시〉

(차변)	이 자 비 용	45,350**❶**	(대변)	현재가치할인차금	45,350

❶ ₩907,000 × 5% = ₩45,350

〈20×2. 12.31. 대금지급시〉

(차변)	이 자 비 용	47,650**❷**	(대변)	현재가치할인차금	47,650

❷ (₩907,000 + 45.350) × 5% = ₩47,618이나 장기외상매입금 원금인 ₩1,000,000을 만들기 위해 ₩47,650으로 단수 조정함

(차변)	장 기 외 상 매 입 금	1,000,000	(대변)	현 금	1,000,000

4. 충당부채와 우발부채

4.1 충당부채

충당부채(provision 또는 estimated liabilities)는 지출의 시기와 금액이 확실한 사채와 달리 지출하는 시기와 금액이 불확실한 부채를 말한다. 충당부채는 다음의 요건을 모두 충족해야 인식가능하다.

① 과거사건의 결과로 현재의무(법적의무나 의제의무)가 존재한다.
② 해당 의무를 이행하기 위하여 경제적 효익이 있는 자원을 유출할 가능성이 높다.
③ 해당 의무를 이행하기 위하여 필요한 금액을 신뢰성 있게 추정(estimate)할 수 있다.

충당부채는 명시적 또는 묵시적 조항에 따른 계약, 법률 등 법적 효력에 의하여 발생하는 법적의무(legal obligations)뿐만 아니라 다음 조건을 충족하는 의제의무(constructive obligations)도 포함한다.

① 과거의 실무관행, 발표된 경영방침, 구체적이고 유효한 약속 등으로 기업이 특정 책임을 부담할 것이라고 상대방에게 표명함
② 위 ①의 결과로 기업이 해당 책임을 이행할 것이라는 정당한 기대를 상대방이 갖도록 함

충당부채를 인식하는 근거로는 '수익-비용 대응의 원칙(matching principle)'을 들 수 있다. 대표적인 충당부채인 제품보증충당부채를 예를 들어 보자. 제조업을 하는 어떤 기업이 제품을 판매하면서 소비자에게 일정기간 동안 무상의 품질보증 서비스를 제공하기로 약속하였다고 가정하자. 이 기업은 언제, 누구에게, 어느 금액의 품질보증 서비스를 제공할지 정확히 알 수 없다. 그러나 미래에 소비자에게 품질보증 서비스를 제공할 가능성이 높고 금액을 신뢰성 있게 추정할 수 있다면, 기업은 현재 시점에서 미래의 품질보증 서비스와 관련된 의무를 충당부채로 인식하여야 한다. 즉, 품질보증 서비스를 실제로 제공할 때 비용을 인식하는 것이 아니라, 품질보증 서비스 의무의 원인이 되는 수익인식 시점에서 충당부채를 인식해야 한다. 이때 차변에는 제품보증비를 당기비용으로 인식하

고, 대변에는 제품보증충당부채를 부채의 증가로 기록한다. 이후에 실제 품질보증 서비스를 제공하는 시점에 이미 인식한 충당부채를 감소시키면서 대변에 현금이나 원재료 등을 감소시킨다.

보고기간 말마다 충당부채의 잔액을 검토하고, 보고기간 말 현재 최선의 추정치를 반영하여 조정한다. 의무를 이행하기 위하여 경제적 효익이 있는 자원을 유출할 가능성이 높지 않게 된 경우에는 관련 충당부채를 환입한다. 최선의 추정치는 보고기간 말에 의무를 이행하거나 제3자에게 이전하는 경우에 합리적으로 지급하여야 하는 금액이다.

제품보증충당부채와 관련한 회계처리는 다음과 같다.

<제품보증충당부채 설정시>
(차변)   제 품 보 증 비   ×××   (대변)   제품보증충당부채   ×××

<제품보증 서비스 제공시>
(차변)   제품보증충당부채   ×××   (대변)   현   금   ×××
                                                원 재 료   등   ×××

다음 (예제 10)을 통해서 충당부채의 회계처리를 살펴보자.

예제 10 • 충당부채의 회계처리

(주)씽모터는 20×1년에 처음으로 판매하는 오토바이에 대해 2년간 무상 수리서비스를 제공해주기로 결정하였다. (주)씽모터는 오토바이 한 대당 ₩100의 제품보증비가 발생할 것으로 추정하였다. (주)씽모터는 20×1년도에 오토바이 총 10,000대를 판매하였고, 제품보증 이행에 인건비 등 ₩250,000의 현금을 지급하였다. 20×2년도에는 오토바이 총 12,000대를 판매하였고, 제품보증 이행에 인건비 등 ₩1,100,000의 현금을 지급하였다.

물음)
20×1년과 20×2년에 (주)씽모터가 해야 할 제품보증과 관련한 분개를 하시오.

[풀이]
〈20×1년〉
기중 (차변)   제 품 보 증 비   250,000   (대변)   현   금   250,000

기말 　(차변)　 제 품 보 증 비　 750,000❶　 (대변)　 제품보증충당부채　 750,000

   ❶ 20×1년 인식할 총 제품보증비 = ₩100(대당 제품보증비)× 10,000대 = ₩1,000,000

      기말에 인식할 제품보증비 = ₩1,000,000 −250,000(기 인식한 제품보증비) = ₩750,000

〈20×2년〉

기중 　(차변)　 제품보증충당부채　 750,000　 (대변)　 현　　　　　 금　 1,100,000

               제 품 보 증 비　 350,000

기말 　(차변)　 제 품 보 증 비　 850,000❷　　　　　 제품보증충당부채　 850,000

   ❷ 20×2년 인식할 총 제품보증비 = ₩100(대당 제품보증비)× 12,000대 = ₩1,200,000

      기말에 인식할 제품보증비 = ₩1,200,000 −350,000(기 인식한 제품보증비) = ₩850,000

연도별 재무제표에 제품보증 관련 계정은 다음 〈표 11−2〉와 같이 표시된다.

표 11-2　제품보증 관련 재무제표 표시

재무제표	20×1	20×2
[손익계산서] 당기손익: 제품보증비	₩1,000,000	₩1,200,000
[재무상태표] 부채: 제품보증충당부채	₩750,000	₩850,000

4.2 우발부채

우발부채(contingent liabilities)는 충당부채와 그 성격이 유사하지만 부채의 인식조건을 충족하지 못하여 재무상태표에 부채로 인식할 수 없다. 우발부채는 다음의 요건 중 어느 하나에 해당하는 의무이다.

① 과거사건에 의하여 발생하였으나, 기업이 전적으로 통제할 수 없는 하나 이상의 불확실한 미래 사건의 발생 여부에 의하여서만 그 존재가 확인되는 잠재적 의무

② 과거사건에 의하여 발생하였으나 다음 ㉠ 또는 ㉡의 경우에 해당하여 인식하지 않는 현재의무

  ㉠ 당해 의무를 이행하기 위하여 경제적 효익이 내재된 자원이 유출될 가능성이 높지 않은 경우

  ㉡ 당해 의무를 이행하여야 할 금액을 신뢰성 있게 측정(measure)할 수 없는 경우

잠재적 의무(possible obligation)는 기업이 통제할 수 없는 미래의 특정 사건의 발생 여부에 따라 그 존재를 확인할 수 있는 불확실한 의무로서 재무제표에 부채로 인식할 수 없다. 또한 현재의무이더라도 기업의 자원이 유출될 가능성이 높지 않거나, 그 금액을 신뢰성 있게 측정할 수 없다면 재무제표에 부채로 인식할 수 없다. 따라서 우발부채는 재무제표의 부채로 인식하지 않고 주석에 공시한다.

다음 〈표 11-3〉은 한국채택국제회계기준에서 충당부채와 우발부채의 차이를 정리한 내용이다.

표 11-3 충당부채와 우발부채의 비교

정의	자원 유출이 필요할 가능성이 높은 현재 의무가 존재한다.	자원 유출이 필요할 수는 있지만, 그렇지 않을 가능성이 높은 잠재적 의무 또는 현재 의무가 존재한다.	자원 유출 가능성이 희박한 (remote) 잠재적 의무 또는 현재의무가 존재한다.
재무제표 표시 여부	충당부채 인식	충당부채 인식하지 않음	충당부채 인식하지 않음
주석 공시 여부	충당부채에 대한 공시	우발부채에 대한 공시	공시할 의무 없음

재무상태표에 부채로 인식하기 위해서는 미래 자원의 유출가능성이 높고,[2] 금액을 신뢰성 있게 추정할 수 있어야 한다. 그러나 우발부채는 이러한 조건을 충족하지 못하기 때문에 주석으로 공시하며, 자원의 유출가능성이 희박한 경우에는 주석 공시도 필요하지 않다. 예를 들어, 기업이 소송이 진행 중인 경우에 패소가능성이 높고 패소하는 경우 얼마의 금액을 배상해야 할지 신뢰성 있게 추정할 수 있다면, 이를 충당부채로 인식하여 재무제표에 표시한다. 그러나 패소가능성은 높지만 금액을 신뢰성 있게 측정할 수 없는 경우나 소송의 결과가 기업이 통제할 수 없는 추가적인 증거를 포함한 미래사건의 발생 여부에 달려 있는 경우라면, 우발부채로 재무제표에 표시하지 않고 주석에 이러한 내용을 공시한다. 만약 패소가능성이 희박하다면 주석에 공시할 의무는 없다.

우발부채는 처음에 예상하지 못한 상황에 따라 변할 수 있으므로, 경제적 효익이 있는 자원의 유출 가능성이 높아졌는지를 판단하기 위하여 우발부채를 지속적으로 평가

---

2 개념체계의 개정으로 부채의 정의는 '과거사건의 결과로 기업이 경제적 자원을 이전해야 하는 현재의무'이다. 따라서 이전 부채의 정의 중에 '미래 자원의 유출가능성'은 제외되어 있다.

한다. 과거에 우발부채로 처리하였더라도 미래 경제적 효익의 유출 가능성이 높아진 경우에는 그러한 가능성의 변화가 생긴 기간의 재무제표에 충당부채로 인식한다.

4.3 우발자산

우발자산(contingent assets)은 과거사건으로 생겼으나, 기업이 전적으로 통제할 수 없는 하나 이상의 불확실한 미래 사건의 발생 여부로만 그 존재 유무를 확인할 수 있는 잠재적 자산을 말한다. 우발자산은 미래에 전혀 실현되지 않을 수도 있는 수익을 인식하는 결과를 가져올 수 있기 때문에 재무제표에 자산으로 인식하지 않는다. 그러나 수익의 실현이 거의 확실(virtually certain)하다면 관련 자산은 우발자산이 아니므로 해당 자산을 재무제표에 인식하는 것이 타당하다.

관련 상황의 변화가 적절하게 재무제표에 반영될 수 있도록 우발자산을 지속적으로 평가한다. 상황 변화로 경제적 효익의 유입이 거의 확실하게 되는 경우에는 그러한 상황 변화가 일어난 기간의 재무제표에 그 자산과 관련 이익을 인식한다. 경제적 효익의 유입 가능성이 높아진 경우에는 우발자산을 주석에 공시한다.

● Issue & Talk ●

대우건설 분식회계 제재 후폭풍···건설사들 연말 회계처리 '전전긍긍'

주요 건설사들이 연말 회계처리를 놓고 고심에 빠졌다. 대우건설이 지난 9월 분식회계로 제재를 받은 이후 대우건설과 공동 프로젝트를 했던 건설사는 물론이고 다른 건설사들도 무더기로 정정공시를 해야 할 처지에 놓였기 때문이다.

17일 건설업계에 따르면 대우건설이 금융위원회 산하 증권선물위원회로부터 회계처리를 위반했다고 지적받은 프로젝트파이낸싱(PF) 사업에는 모두 15개 건설사가 공동으로 참여한 것으로 파악됐다. 인천 숭의 복합단지개발사업에 현대건설, 포스코건설, 태영, 한진중공업 등 5곳(대우건설 제외)이 참여했고 광교파워센터 프로젝트에는 LIG건설, 코오롱건설, 롯데건설, 두산건설 등 10곳이 대우건설과 손을 잡았다. 이들 건설사 상당수는 대우건설과 같은 방식으로 회계처리를 한 것으로 전해졌다.

회계업계에서는 다른 회사들이 대우건설과 같은 혐의를 받지 않기 위해서는 과거 사업보고서를 정정해야 한다는 지적이 나오고 있다. 업계 관계자는 "회계처리 위반으로 판명된 부분에 대해 정정하지 않으면 원칙적으로 외부감사인(회계법인)은 '의견거절' 등 비적정 의견을 줘야 한다"며 "실제 일부 건설사는 사업보고서 정정을 요구하는 회계법인과 마찰을 빚고 있는 것으로 안다"고 전했다.

금융당국은 대우건설이 인천 숭의, 광교파워센터 사업장과 관련해 2012~2013년 계약해지 가능성이 있는 데도 우발부채를 재무제표에 명시하지 않았고 PF 보증채무약정 위험도 반영하지 않았다고 지적했다. 이들 사업이 무산된 2014년 이후 사업보고서에 확정된 위험을 반영할 것이 아니라 사업 무산 가능성이 인지되는 즉시 재무제표에 예상위험을 명시했어야 한다는 게 금융당국의 설명이다. 대우건설은 총 10개 사업장에서 3,896억원 규모의 분식회계를 한 혐의로 과징금 20억원 등 중징계를 받았다.

이에 따라 대우건설 외 15개 건설사들은 금융당국의 지적대로 2012~2013년에 작성한 사업보고서에 위험을 반영한 정정공시를 해야 회계처리 위반상태에서 벗어날 수 있다. 아울러 프로젝트에 참여하지 않은 다른 건설사들도 PF사업장 등에서 대우건설과 비슷한 방식으로 회계처리를 했다면 원칙적으로는 모두 사업보고서를 고쳐야 한다는 지적이 나온다.

(한국경제 2015년 12월 17일)

⊃ **토론 주제**

대우건설이 계약해지 가능성이 있는 사업에 대한 우발부채를 주석에 공시하지 않았다. 이것이 투자자에게 어떤 영향을 미칠 수 있는가?

☑ 연습문제

서술식 ⊘

001 화폐의 시간가치에 대해 서술하시오.

002 현재가치와 미래가치에 대해 서술하시오.

003 표시이자율과 시장이자율의 관계를 이용해 사채의 액면발행, 할인발행 및 할증발행에 대해 서술하시오.

004 사채를 액면발행, 할인발행 및 할증발행한 경우에 각각 얼마의 이자비용을 부담하는지에 대해 서술하시오.

005 AC금융자산은 장부금액을 그대로 회계처리하는 반면에 사채는 원금(액면금액)에서 사채할인발행차금을 차감하거나 사채할증발행차금을 더해서 장부금액을 회계처리하는 이유에 대해서 서술하시오.

006 장부금액과 상환금액을 비교하여 사채상환손익에 대해 서술하시오.

007 장기차입금의 의의 및 회계처리에 대해 서술하시오.

008 장기매입채무의 의의 및 회계처리에 대해 서술하시오.

009 충당부채의 인식 요건에 대해 서술하시오.

010 충당부채를 인식하는 근거에 대해 서술하시오.

011 우발부채의 인식 요건에 대해 서술하시오.

012 우발자산의 정의와 자산 인식 요건에 대해 서술하시오.

객관식 ✅

001 액면발행한 사채의 유효이자와 표시이자 모두 ₩1,000을 현금 지급했을 때 회계처리는?

① (차변)이자비용   1,000   (대변)현금   1,000
② (차변)사채   1,000   (대변)현금   1,000
③ (차변)현금   1,000   (대변)이자비용   1,000
④ (차변)현금   1,000   (대변)사채   1,000

002 할인발행한 사채의 유효이자가 ₩1,500이고 표시이자가 ₩1,000을 현금 지급했을 때 회계처리는?

① (차변)이자비용   1,500   (대변)현금   1,500
② (차변)사채   1,500   (대변)현금   1,500
③ (차변)이자비용   1,500   (대변)현금   1,000
                                                     (대변)사채할인발행차금   500
④ (차변)사채   1,000   (대변)현금   1,000
                                                     (대변)사채할인발행차금   500

003 할증발행한 사채의 유효이자가 ₩700이고 표시이자가 ₩1,000을 현금 지급했을 때 회계처리는?

① (차변)이자비용   700   (대변)현금   700
② (차변)사채   700   (대변)현금   700
③ (차변)이자비용   700   (대변)현금   1,000
     사채할증발행차금   300
④ (차변)사채   700   (대변)현금   1,000
     사채할증발행차금   300

004 액면금액이 ₩1,000이고 장부금액이 ₩900인 할인발행한 사채를 조기상환을 위해 ₩1,200
에 현금 지급했을 때 회계처리는?

① (차변)사채　　　　　　　　1,000　　(대변)현금　　　　　　　　1,200
　　　 사채상환손실　　　　　　200

② (차변)사채　　　　　　　　1,000　　(대변)현금　　　　　　　　1,200
　　　 사채상환손실　　　　　　300　　　　　 사채할인발행차금　　100

③ (차변)현금　　　　　　　　1,200　　(대변)사채　　　　　　　　1,000
　　　　　　　　　　　　　　　　　　　　　　 사채상환이익　　　　200

④ (차변)현금　　　　　　　　1,200　　(대변)사채　　　　　　　　1,000
　　　 사채할인발행차금　　　　100　　　　　 사채상환이익　　　　300

005 액면금액이 ₩1,000이고 장부금액이 ₩1,100인 할증행한 사채를 조기상환을 위해 ₩900에
현금 지급했을 때 회계처리는?

① (차변)사채　　　　　　　　1,000　　(대변)현금　　　　　　　　900
　　　　　　　　　　　　　　　　　　　　　　 사채상환이익　　　　100

② (차변)사채　　　　　　　　1,000　　(대변)현금　　　　　　　　900
　　　 사채할증발행차금　　　　100　　　　　 사채상환이익　　　　200

③ (차변)현금　　　　　　　　900　　　(대변)사채　　　　　　　　1,000
　　　 사채상환손실　　　　　　100

④ (차변)현금　　　　　　　　900　　　(대변)사채　　　　　　　　1,000
　　　 사채상환손실　　　　　　200　　　　　 사채할증발행차금　　100

006 충당부채를 인식하는 요건이 아닌 것은?

① 지출의 시기와 금액이 확실하다.

② 과거사건의 결과로 현재의무(법적의무나 의제의무)가 존재한다.

③ 해당 의무를 이행하기 위하여 경제적 효익이 있는 자원을 유출할 가능성이 높다.

④ 해당 의무를 이행하기 위하여 필요한 금액을 신뢰성 있게 추정(estimate)할 수 있다.

007 충당부채를 인식하는 근거는?

① 현금기준　　　　　　　　　　　② 보수주의

③ 실현주의　　　　　　　　　　　④ 수익-비용 대응 원칙

008 품질보증 서비스 제공을 위한 제품보증충당부채 ₩1,000을 인식하는 회계처리는?

① (차변)제품보증충당부채   1,000   (대변)현금   1,000

② (차변)제품보증비   1,000   (대변)현금   1,000

③ (차변)제품보증비   1,000   (대변)제품보증충당부채   1,000

④ (차변)현금   1,000   (대변)제품보증충당부채   1,000

009 우발부채를 인식하는 요건이 아닌 것은?

① 과거사건에 의하여 발생하였으나, 기업이 전적으로 통제할 수 없는 하나 이상의 불확실한 미래사건의 발생 여부에 의하여서만 그 존재가 확인되는 잠재적 의무

② 당해 의무를 이행하기 위하여 경제적 효익이 내재된 자원이 유출될 가능성이 높지 않은 경우

③ 당해 의무를 이행하여야 할 금액을 신뢰성 있게 측정(measure)할 수 없는 경우

④ 당해 의무를 이행하기 위하여 경제적 효익이 내재된 자원이 유출될 가능성이 희박한(remote)한 경우

010 우발자산에 대한 설명으로 옳지 않은 것은?

① 우발자산 재무제표에 자산으로 인식하지 않는다.

② 경제적 효익의 유입 가능성이 높아진 경우에는 관련 자산은 재무제표에 인식한다.

③ 수익의 실현이 거의 확실(virtually certain)하다면 관련 자산은 재무제표에 인식한다.

④ 관련 상황의 변화가 적절하게 재무제표에 반영될 수 있도록 지속적으로 평가한다.

종합문제 ✓

1 사채의 발행 및 조기상환

A회사는 20×1년 1월 1일에 액면금액 ₩1,000,000(표시이자율 연 5%, 이자지급일 매년 12월 31일, 만기일 20×5년 12월 31일)의 사채를 발행하였다.

(1) 유효이자율이 5%인 경우 사채 발행시, 이자지급일 및 만기일에 분개를 하시오.

① 20×1.1.1

	계정	금액		계정	금액
(차변)			(대변)		

② 20×1.12.31

	계정	금액		계정	금액
(차변)			(대변)		

③ 20×2.12.31

	계정	금액		계정	금액
(차변)			(대변)		

④ 20×3.12.31

	계정	금액		계정	금액
(차변)			(대변)		

⑤ 20×4.12.31

	계정	금액		계정	금액
(차변)			(대변)		

⑥ 20×5.12.31

	계정	금액		계정	금액
(차변)			(대변)		

만약, 20×1년 12월 31일에 ₩1,050,000 현금 지급하고 사채를 조기상환한 경우 분개를 하시오.

⑦

(차변)	계정	금액	(대변)	계정	금액

(2) 유효이자율이 7%인 경우 사채 장부금액 조정표를 작성한 후에 사채 발행시, 이지지급일 및 만기일에 분개를 하시오.

사채의 장부금액 조정표

일 자	유효이자 (사채 장부금액 × 7%)	표시이자 (사채 액면금액 × 5%)	사채할인발행차금상각 (유효이자 – 표시이자)	사채의 장부금액
20×1. 1. 1.				
20×1. 12. 31.				
20×2. 12. 31.				
20×3. 12. 31.				
20×4. 12. 31.				
20×5. 12. 31.				
합 계				

① 20×1.1.1

(차변)	계정	금액	(대변)	계정	금액

② 20×1.12.31

(차변)	계정	금액	(대변)	계정	금액

③ 20×2.12.31

(차변)	계정	금액	(대변)	계정	금액

④ 20×3.12.31

(차변)	계정	금액	(대변)	계정	금액

⑤ 20×4.12.31

	계정	금액		계정	금액
(차변)			(대변)		

⑥ 20×5.12.31

	계정	금액		계정	금액
(차변)			(대변)		

만약, 20×1년 12월 31일에 ₩1,050,000 현금 지급하고 사채를 조기상환한 경우 분개를 하시오.

⑦

	계정	금액		계정	금액
(차변)			(대변)		

(3) 유효이자율이 3%인 경우 사채 장부금액 조정표를 작성한 후에 사채 발행시, 이지지급일 및 만기일에 분개를 하시오.

사채의 장부금액 조정표

일 자	유효이자 (사채 장부금액 × 3%)	표시이자 (사채 액면금액 × 5%)	사채할증발행차금상각 (표시이자 - 유효이자)	사채의 장부금액
20×1. 1. 1.				
20×1. 12. 31.				
20×2. 12. 31.				
20×3. 12. 31.				
20×4. 12. 31.				
20×5. 12. 31.				
합 계				

① 20×1.1.1

	계정	금액		계정	금액
(차변)			(대변)		

② 20×1.12.31

	계정	금액		계정	금액
(차변)			(대변)		

③ 20×2.12.31

	계정	금액		계정	금액
(차변)			(대변)		

④ 20×3.12.31

	계정	금액		계정	금액
(차변)			(대변)		

⑤ 20×4.12.31

	계정	금액		계정	금액
(차변)			(대변)		

⑥ 20×5.12.31

	계정	금액		계정	금액
(차변)			(대변)		

만약, 20×1년 12월 31일에 ₩1,050,000 현금 지급하고 사채를 조기상환한 경우 분개를 하시오.

⑦

	계정	금액		계정	금액
(차변)			(대변)		

(4) 사채발행시 유효이자율이 5%, 7%, 3%인 경우 재무제표에 각각 표시하시오.

재무제표	5%	7%	3%
[재무상태표] 부채: 사채(원금) 사채할인발행차금 사채할증발행차금 장부금액			

2 장기차입금

결산일이 12월 31일인 A회사는 20×1년 4월 1일에 ₩500,000(연이자율 10%, 이자지급일 매년 3월 31일, 만기일 20×3년 3월 31일)을 거래처로부터 차입하였다. 차입일, 결산일, 이자지급일 및 상환일에 해야 할 분개를 하시오.

① 20×1년 4월 1일(차입일)

	계정	금액		계정	금액
(차변)			(대변)		

② 20×1년 12월 31일(결산일)

	계정	금액		계정	금액
(차변)			(대변)		

③ 20×2년 3월 31일(이자지급일)

	계정	금액		계정	금액
(차변)			(대변)		

④ 20×2년 12월 31일(결산일)

	계정	금액		계정	금액
(차변)			(대변)		

⑤ 20×3년 3월 31일(상환일)

	계정	금액		계정	금액
(차변)			(대변)		

3 장기매입채무

결산일은 12월 31일인 A회사는 20×1년 1월 1일에 상품을 구입하면서 구입대금 ₩800,000
을 2년 후인 20×2년 12월 31일에 지급하기로 하였다. 구입일 당시 A회사의 유효이자율은
7%이고, 별도의 이자는 지급하지 않는다.

(1) 장기외상매입금의 현재가치를 계산하시오.

(2) 상품 구입일, 결산일, 대금지급일에 A회사가 해야 할 회계처리를 하시오. 단, A회사
는 실지재고조사법을 사용하며, 유동성대체는 생략한다.

① 20×1년 1월 1일(상품 구입일)

	계정	금액		계정	금액
(차변)			(대변)		

② 20×1년 12월 31일(결산일)

	계정	금액		계정	금액
(차변)			(대변)		

③ 20×2년 12월 31일(대금지급일)

	계정	금액		계정	금액
(차변)			(대변)		

4 제품보증충당부채

A회사는 판매하는 제품에 대해 지속적으로 2년간 무상 수리서비스를 제공하고 있다. 20×1년 초의 제품보증충당부채 금액은 ₩100,000이다. A회사는 제품 한 대당 ₩150의 제품보증비가 발생할 것으로 추정하고 있다. A회사는 20×1년도에 총 2,000개 제품을 판매하였고, 제품보증 이행에 인건비 등 ₩180,000의 현금을 지급하였다. 20×2년도에는 총 2,400개 제품을 판매하였고, 제품보증 이행에 인건비 등 ₩270,000의 현금을 지급하였다.

(1) 20×1년과 20×2년에 제품보증과 관련한 분개를 하시오.

① 20×1.기중

(차변)	계정	금액	(대변)	계정	금액

② 20×1.12.31

(차변)	계정	금액	(대변)	계정	금액

③ 20×2.기중

(차변)	계정	금액	(대변)	계정	금액

④ 20×2.12.31

(차변)	계정	금액	(대변)	계정	금액

(2) 20×1년과 20×2년 말에 제품보증 관련 계정을 재무제표에 표시하시오.

재무제표	20×1	20×2
[손익계산서] 당기손익: 제품보증비		
[재무상태표] 부채: 제품보증충당부채		

CHAPTER 12 ● **자본**

"

이야기가 있는 회계 세상

12장에서는 다양한 주식의 종류를 다룬다. 대표적으로 보통주와 우선주가 있고, 우선주 중에서도 참가적 우선주, 누적적 우선주, 전환우선주, 상환우선주 등이 있다. 그런데 상환 우선주를 자본으로 분류하느냐, 아니면 부채로 분류하느냐가 기준서마다 차이가 있다.

국제회계기준에서는 '확정되었거나 결제 가능한 미래의 시점에 확정되었거나 결정 가 능한 금액을 발행자가 보유자에게 의무적으로 상환해야하는 우선주나 보유자가 발행자에 게 특정일이나 그 후에 확정되었거나 결정 가능한 금액으로 상환해줄 것을 청구할 수 있 는 권리가 있는 우선주는 금융부채이다'라고 규정하고 있다. 즉, 상환우선주를 부채로 분 류해야 한다.

우리나라 상법에서는 상환우선주 발행을 주식의 발행 절차와 동일하게 규정하고 있다. 또한 일반기업회계기준 역시 상환우선주를 발행시에 주식의 발행과 동일하게 회계처리하 도록 규정하고 있다. 즉, 상환우선주를 자본으로 분류해야 한다.

한 나라 안에서 어느 회계기준을 적용하느냐에 따라 동일한 금융상품을 부채로 분류하 기도 하고 자본으로 분류하기도 하는 것은 쉽게 이해되지 않는다. 그러나 일반기업회계기 준은 법적 형식을 중요시한 결과이고, 국제회계기준은 법적 형식보다는 '계약상의 의무를 부담'한다는 경제적 실질을 중요시한 결과라고 하면 이해될까?

1. 자본

1.1 자본의 의의

자본(資本, equity)은 주식시장에서 주식을 발행하여 주주로부터 조달된 자금이다. 채권시장에서 사채를 발행하여 채권자들로부터 조달된 자금은 재무상태표의 **부채**(負債, liabilities)에 표시되고, 주주로부터 조달된 자금은 자본에 표시되는 것이다. 주식과 사채모두 자금을 조달하기 위해서 발행된 유가증권이라는 점에서 유사하나 다음 〈표 12-1〉과 같이 몇 가지 차이점이 있다.

- **표 12-1 주식과 사채의 차이점**

구 분	주 식	사 채
상환의무	상환의무 없음	상환의무 있음
이자지급의무	이자지급의무 없음 단, 이익수준을 고려해 배당금 지급할 수 있으나 의무는 아님	이자지급의무 있음
경영참여 여부	의결권을 통해 경영에 직·간접적 참여가능	경영에 참여할 수 없음
청산시	잔여재산에 대한 분배청구권	주주에 우선하여 채무변제권

일반적으로 부채는 상환의무가 있기 때문에 **타인자본**(debt capital)이라 하고, 자본은 상환의무가 없기 때문에 **자기자본**(equity capital) 또는 **소유주지분**(owners' equity)이라고 한다. 또한 자산에서 부채를 차감한 후라는 의미에서 **잔여지분**(residual equity) 또는 **순자산**(net assets)이라고 한다.

1.2 자본의 구성

자본은 자본금, 자본잉여금, 자본조정, 이익잉여금 및 기타포괄손익누계액으로 분류할 수 있다. 자본금, 자본잉여금 및 자본조정은 소유주의 납입 등 자본거래를 통해서 발생한 계정들을 반영한다. 이익잉여금과 기타포괄손익누계액은 매출과 평가손익 등 영업거래를 통해서 발생한 계정들을 반영한다. 한국채택국제회계기준에서는 재무상태표에 표시되는 자본으로 자본금과 적립금만 언급하고 있다(6장의 2.2 재무상태표에 표시되는 항목 참조). 따라서 이 같은 분류방법은 일반기업회계기준에 따른 것이다.

표 12-2 자본의 분류

분류	세부계정
자본금	보통주자본금, 우선주자본금
자본잉여금	주식발행초과금, 감자차익, 자기주식처분이익 등
자본조정	자기주식, 감자차손, 자기주식처분손실, 주식할인발행차금, 미교부주식배당금 등
기타포괄손익누계액	FVOCI금융자산평가손익, 재평가잉여금 등
이익잉여금	법정적립금, 임의적립금, 미처분이익잉여금(또는 미처리결손금)

2. 자본금

2.1 자본금의 의의

자본금(capital stock)이란 상법에서 규정하는 법정자본금으로서 주당 액면금액(par value)에 발행주식(issued shares) 수를 곱한 것이다.

이사회가 발행할 수 있는 자본의 한도액을 정관에서 규정하고 있는데 이를 수권자본금(authorized capital stock)이라고 한다. 신주발행의 결정은 주주의 이해관계에 중요한 영향을 미치는 사항이기 때문에 주주총회를 통해서 이루어져야 할 것이다. 그러나 주주총회를 소집하고 개최하는 데 상당한 시간이 걸리기 때문에 신속하게 신주발행을 결정하기 위해서 주주총회는 정관에 '발행할 수 있는 주식의 총수'만을 규정하고, 이 범위 내에서 이사회가 신주의 발행을 결정할 수 있도록 하고 있다.

2.2 주식의 종류

(1) 보통주

보통주(common stock)란 이익배당 및 잔여재산분배에 있어서 기업의 표준이 되는 주식이다. 보통주 주주는 배당의 형태로 이익을 분배받을 권리가 있다. 또한 신주를 우선적으로 인수할 수 있는 권리가 있으며, 회사가 청산할 때 잔여재산을 분배받을 권리가 있다.

보통주의 주주는 자신의 지분율만큼 주주총회에서 의결권을 행사할 수 있다. 주주총회는 주식회사의 최고의 의결기관이며, 주주총회의 의결사항은 일반적으로 임원의 선임·해임, 임원의 보수, 재무제표의 승인 등이다.

(2) 우선주

우선주(preferred stock)는 이익배당 및 잔여재산분배에 있어서 보통주보다 우선하는 권리를 갖는 주식을 말한다. 보통주보다 우선하여 분배를 받는 대신에 보통주에 있는 의결권은 주어지지 않는다. 우선주는 약정된 권리에 따라 다음과 같이 구분된다.

① **참가적 우선주**(participating preferred stock): 보통주에 지급되는 배당률이 우선주 배당률을 초과하는 경우 그 초과분에 대해서 보통주와 동일한 배당률이 되도록 추가배당에 참가할 수 있는 권리가 부여된 우선주이다. 이러한 권리가 부여되어 있지 않으면 비참가적 우선주이다.

② **누적적 우선주**(cumulative preferred stock): 손실 등의 사유로 배당금을 약정된 우선주 배당금을 지급하지 못하는 경우에 소급하여 누적적으로 배당을 받을 수 있는 권리가 부여된 우선주이다. 이러한 권리가 부여되어 있지 않으면 비누적적 우선주이다.

③ **전환우선주**(convertible preferred stock): 일정 요건을 충족하면 보통주로 전환할 수 있는 권리가 부여된 우선주이다.

④ **상환우선주**(redeemable preferred stock): 일정 요건을 충족하면 우선주의 발행회사가 우선주를 상환할 수 있는 권리가 있거나 우선주 주주가 발행회사에 우선주의 상환을 청구할 수 있는 권리가 부여된 우선주이다. 만약 발행회사가 특정 시점에 의무적으로 상환해야 하는 계약상의 의무를 부담하거나 주주가 상환을 청구할 수 있는 권리가 부여된 상환우선주의 경우에는 그 경제적 실질이 부채와 동일하기 때문에 한국채택국제회계기준에서는 자본이 아니라 부채항목으로 보고하도록 규정하고 있다.

2.3 주식의 발행

기업은 필요한 자금을 조달하기 위해서 주식을 발행한다. 이때 주식의 발행금액과 액면금액간의 관계에 따라 액면발행인지, 할증발행인지, 아니면 할인발행인지 여부가 다음과 같이 결정된다.

액면금액	=	발행금액	→	액면발행
액면금액	<	발행금액	→	할증발행
액면금액	>	발행금액	→	할인발행

① **액면발행**(issue at par): 액면금액과 동일하게 발행하는 경우를 말한다. 발행금액이 액면금액과 동일하기 때문에 발행금액을 자본금으로 대변에 회계처리한다.

② **할증발행**(issue at a premium): 발행금액이 액면금액보다 높은 경우를 말한다. 액면금액은 자본금으로, 초과하는 금액(발행금액−액면금액)은 **주식발행초과금**(paid−in capital in excess of par value)으로 대변에 회계처리한다.

③ **할인발행**(issue at a discount): 발행금액이 액면금액보다 낮은 경우를 말한다. 이때도 마찬가지로 액면금액은 자본금으로 대변에 회계처리하고, 할인액(액면금액−발행금액)은 **주식할인발행차금**(discount on stock)은 차변에 회계처리한다. 기존에 주식발행초과금이 있는 경우에는 주식발행초과금을 먼저 상계하고 나머지 금액에 대해서 주식할인발행차금을 회계처리한다. 그리고 주식을 발행할 때 발생하는 금융기관수수료 등 주식발행비는 주식의 발행금액에서 차감한다.

주식의 액면발행, 할증발행 및 할인발행시 발행회사의 회계처리는 다음과 같다.

```
<액면발행의 경우>
 (차변)  현        금    ×××   (대변)  자   본   금    ×××
<할증발행의 경우>
 (차변)  현        금    ×××   (대변)  자   본   금    ×××
                                     주 식 발 행 초 과 금   ×××
                                     ( 자 본 잉 여 금 )

<할인발행의 경우>
 (차변)  현        금    ×××   (대변)  자   본   금    ×××
        주식할인발행차금      ×××
        ( 자 본 조 정 )
```

다음 (예제 1)을 통해서 주식 발행의 회계처리에 대해 살펴보자.

예제 1 • 주식의 발행

(주)한걸음은 주당 액면금액이 ₩5,000인 보통주 200주를 발행하였다.

물음)

1. 1주당 발행금액이 ₩5,000인 경우 분개하시오.
2. 1주당 발행금액이 ₩6,000인 경우 분개하시오.
3. 1주당 발행금액이 ₩4,000인 경우 분개하시오.
4. (물음 2)에서 주식발행비 ₩20,000이 발생하여 현금을 지급하였다고 가정하고 다시 답하시오.

[풀이]

1. 발행금액이 ₩5,000인 경우

   (차변) 현　　　　　금　 1,000,000　　　(대변)　보 통 주 자 본 금　 1,000,000

2. 발행금액이 ₩6,000인 경우

   (차변) 현　　　　　금　 1,200,000　　　(대변)　보 통 주 자 본 금　 1,000,000
   　　　　　　　　　　　　　　　　　　　　　　주 식 발 행 초 과 금　　 200,000

3. 발행금액이 ₩4,000인 경우

   (차변) 현　　　　　금　　 800,000　　　(대변)　자　　　본　　　금　 1,000,000
   　　　　주식할인발행차금❶　 200,000

   　　　　❶ 기존에 주식발행초과금이 있다면 주식할인발행차금을 먼저 상계한다.

4. 발행금액이 ₩6,000이고 주식발행비 ₩20,000 현금을 지급한 경우

   (차변) 현　　　　　금　 1,200,000　　　(대변)　자　　　본　　　금　 1,000,000
   　　　　　　　　　　　　　　　　　　　　　　주 식 발 행 초 과 금　　 200,000

   (차변) 주 식 발 행 초 과 금　　 20,000　　　(대변)　현　　　　　금　　　 20,000

   두 개의 회계처리를 합치면 다음과 같다.

   (차변) 현　　　　　금　 1,180,000　　　(대변)　자　　　본　　　금　 1,000,000
   　　　　　　　　　　　　　　　　　　　　　　주 식 발 행 초 과 금　　 180,000

2.4 자본금의 증가와 감소

(1) 자본금의 증가

기업이 자기자본을 조달할 때 주식을 발행하는데 이를 증자라고 한다. 증자에는 실질적 증자와 형식적 증자가 있다.

① 실질적 증자: 유상증자라고도 하며, 주주가 현금 또는 현물을 출자함으로써 실질적으로 기업의 순자산과 자본이 동시에 증가한다.

② 형식적 증자: 무상증자라고도 하며, 주주에게 신주를 무상으로 발행하기 때문에 순자산의 증가는 수반되지 않는다. 자본잉여금 또는 이익잉여금(이익준비금 등의 법정적립금)이 자본전입되면서 자본금은 증가하지만 자본총액에는 변화가 없다. 대변에 자본금을 회계처리하면서 자본이 증가하지만, 차변에 자본잉여금 또는 이익잉여금을 회계처리하면서 동일한 금액의 자본이 감소하기 때문이다. 형식적 증자(주식발행초과금의 자본전입 가정)시 발행회사의 회계처리는 다음과 같다.

〈주식발행초과금의 자본전입시〉

  (차변)   주식발행초과금   ×××   (대변) 자   본   금   ×××

다음 (예제 2)를 통해서 형식적 증자의 회계처리에 대해 살펴보자.

예제 2 • 형식적 증자

(주)한걸음은 주주총회의 결의에 따라 주식발행초과금 중 ₩50,000을 자본전입하면서 액면금액 ₩5,000인 보통주 10주를 발행하였다.

물음)

자본전입과 관련하여 (주)한걸음이 해야 할 분개를 하시오.

[풀이]

(차변)   주 식 발 행 초 과 금   50,000**❶**   (대변)   보 통 주 자 본 금   50,000
❶ ₩5,000× 10주 = ₩50,000

(2) 자본의 감소

기업이 이미 발행된 주식을 소각하기 위해서 자본금을 감소시키는 경우가 있는데 이를 감자라고 한다. 증자와 마찬가지로 감자에도 실질적 감자와 형식적 감자가 있다.

① 실질적 감자: 유상감자라고도 하며, 주주에게 일정 금액을 지급하여 주식을 소각함으로써 실질적으로 기업의 순자산과 자본이 동시에 감소한다. 실질적 감자를 하면서 주주에게 지급되는 금액이 자본금 감소액보다 작은 경우에 그 차이를 감자차익으로 대변에 회계처리한다. 반대로 주주에게 지급되는 금액이 자본금 감소액보다 큰 경우에는 그 차이를 감자차손으로 차변에 회계처리한다. 이때 기존에 감자차익의 잔액이 있으면 이를 먼저 상계한다. 실질적 감자시 회계처리는 다음과 같다.

〈실질적 감자시〉

(차변)	자 본 금	×××	(대변)	현 금	×××
	감 자 차 손	×××		감 자 차 익	×××
	(자본금＜현금)			(자본금＞현금)	

다음 (예제 3)을 통해서 실질적 감자의 회계처리에 대해 살펴보자.

예제 3 · 실질적 감자

(주)한걸음은 주주총회의 결의에 따라 액면금액 ￦5,000인 보통주 10주를 주당 ￦6,000에 매입소각하였다.

물음)

주식소각과 관련하여 (주)한걸음이 해야 할 분개를 하시오.

[풀이]

(차변)	보 통 주 자 본 금	50,000	(대변)	현 금	60,000
	감 자 차 손	10,000[❶]			

❶ (￦6,000× 10주) − (￦5,000× 10주) = ￦10,000

이때 감자차익 잔액이 있으면 이를 먼저 상계하고, 부족한 금액을 감자차손으로 회계처리한다.

② 형식적 감자: **무상감자**라고도 하며, 주주에게 주식소각의 대가를 지급하지 않기 때문에 순자산의 감소는 수반되지 않는다. 이익잉여금이 부(−)의 상태인 결손금의 잔액을 영(₩0)으로 만들기 위해 대변에 이익잉여금(미처리결손금)을 회계처리하면서 차변에 동일한 금액의 자본금을 회계처리하기 때문에 자본총액에는 변화가 없다. 이를 **결손보전**이라고 한다. 형식적 감자의 회계처리는 다음과 같다.

〈형식적 감자시〉

(차변) 자 본 금 ××× (대변) 미 처 리 결 손 금 ×××
감 자 차 익 ×××

다음 (예제 4)를 통해서 형식적 감자의 회계처리에 대해 살펴보자.

예제 4 • 형식적 감자

(주)한걸음은 주주총회의 결의에 따라 누적된 결손금 ₩800,000을 보전하기 위하여 보통주 2주당 1주의 비율로 감소시켰다. 감자전 (주)한걸음의 발행주식수는 400주이며, 주당 액면금액은 ₩5,000이다.

물음)
결손보전과 관련하여 (주)한걸음이 해야 할 분개를 하시오.

[풀이]

(차변) 보 통 주 자 본 금 1,000,000❶ (대변) 미 처 리 결 손 금 800,000
감 자 차 익 200,000

❶ (400주×1/2) × ₩5,000 = ₩1,000,000

3. 이익잉여금

이익잉여금(retained earnings)이란 영업을 통한 이익창출활동에 의해 획득된 이익으로서 기업 밖으로 배당되거나 자본금이나 자본잉여금으로 대체되지 않고 기업내부에 유보되어 누적된 당기순손익을 말한다. 이익잉여금의 증·감의 요인은 다음 〈표 12-3〉과 같다.

표 12-3 이익잉여금의 증가와 감소

감소(차변)	증가(대변)
• 당기순손실	• 당기순이익
• 배당	
• 전기오류수정손실	• 전기오류수정이익
• 회계정책변경누적효과(손실)	• 회계정책변경누적효과(이익)
• 주식할인발행차금상각 등	• 결손금 보전에 따른 이입액 등

3.1 당기순이익·손실

당기순이익 또는 손실은 손익계산서의 최종 금액(bottom line)이며, 이익잉여금을 증·감시키는 요인이다. 만약 기업이 설립이후 기업 외부로 배당(현금배당)하거나 이익잉여금을 자본금이나 자본잉여금으로 대체한 거래(주식배당)가 없다고 가정하면 기말이익잉여금은 다음과 같이 결정된다.

기초이익잉여금 + 당기순이익 또는 손실 = 기말이익잉여금

3.2 배당

기업은 이익잉여금을 재원으로 하여 주주들에게 배당을 하게 된다. 만약 기업이 설립이후에 주주들에게 배당한 거래가 있다고 가정하면 (단, 배당 이외의 다른 처분은 없었다고 가정함) 기말이익잉여금은 다음과 같이 결정된다.

기초이익잉여금 + 당기순이익 또는 손실 − 배당금 = 기말이익잉여금

배당에는 현금배당과 주식배당이 있다. 현금배당(cash dividend)은 배당을 현금으로

지급하는 것이고 **주식배당**(stock dividend)은 배당을 주식으로 지급하는 것을 말한다. 현금배당의 경우에는 주주들에게 직접 현금을 지급하기 때문에 실질적으로 기업의 자산과 자본이 동시에 감소한다. 주식배당의 경우에는 주주들에게 직접 현금 등을 지급하는 것이 아니기 때문에 자본총액에는 변화가 없다. 다만, 차변에 이익잉여금을 회계처리하고 대변에 동일한 금액의 자본금 등을 회계처리하기 때문에 자본 내에서의 변동이 있을 뿐이다.

　배당결의일과 배당금 지급일이 다른 것이 일반적이기 때문에 배당결의일에 차변에 이익잉여금을 회계처리하고 대변에 현금배당은 **미지급배당금**(유동부채)을, 그리고 주식배당은 **미교부주식배당금**(자본조정)을 회계처리한다. 배당금 지급일에 차변에 미지급배당금과 미교부주식배당금을 상계하는 회계처리를 하고 대변에 현금배당은 현금을, 그리고 주식배당은 자본금을 회계처리한다.

　한편, 주식배당의 회계처리에는 액면법과 시가법이 있다. **액면법**(par value method)은 주식의 액면금액만큼의 이익잉여금을 자본금에 대체시키는 방법이다. **시가법**(market value method)은 주식의 공정가치만큼의 이익잉여금을 자본금과 주식발행초과금에 대체시키는 방법이다. 한국채택국제회계기준은 주식배당을 액면금액으로 회계처리해야 하는지 아니면 시가로 해야 하는지에 대한 규정이 없다. 우리나라는 상법에 따라 주식배당을 액면법으로 회계처리한다.

　현금배당과 주식배당의 회계처리는 다음과 같다.

<결산일>
분개 없음

<배당결의일(주주총회 결의일)>
(차변)　　미처분이익잉여금　　×××　　(대변)　미지급배당금　　×××
　　　　　　　　　　　　　　　　　　　　　　(유 동 부 채)
　　　　　　　　　　　　　　　　　　　　　　미교부주식배당금　　×××
　　　　　　　　　　　　　　　　　　　　　　(자 본 조 정)

<배당금 지급일>
(차변)　　미지급배당금　　×××　　(대변)　현　　　　　금　　×××
　　　　　미교부주식배당금　　×××　　　　　자　본　금　　×××
　　　　　　　　　　　　　　　　　　　　　　주식발행초과금❶　　×××
　❶ 시가법 적용시에 시가와 액면금액의 차이를 주식발행초과금으로 회계처리함

다음 (예제 5)를 통해서 현금배당과 주식배당의 회계처리에 대해 살펴보자.

예제 5 · 현금배당과 주식배당의 회계처리

(주)한걸음은 20×2년의 결산을 통해 당기 말 배당가능금액이 ₩200,000으로 확인되었다. 20×2년 12월 31일 현재 액면금액 ₩5,000, 시가 ₩6,000인 보통주 320주가 발행·유통되고 있다. 20×2년 12월 31일 현재를 기준일로 하여 10%의 배당을 선언하였고, 이 중에 5%는 주식으로 배당하기로 이사회 결의하였다. 20×3년 2월 10일 주주총회 결의에서도 이를 추인하고 동일 금액의 배당지급을 선언하였다. 배당금 지급일은 20×3년 4월 1일이다.

물음)

1. 주식배당에 액면법을 적용하여 배당과 관련하여 배당기준일, 배당결의일 및 배당금지급일에 분개하시오.
2. 주식배당에 시가법을 적용하여 배당과 관련하여 배당기준일, 배당결의일 및 배당금지급일에 분개하시오.

[풀이]

1. 주식배당에 액면법 적용시

   〈20×2. 12. 31. 배당기준일〉
   분개 없음
   〈20×3. 2. 10. 배당결의일〉

(차변)	미처분이익잉여금	160,000[1]	(대변)	미 지 급 배 당 금	80,000[2]
				미교부주식배당금	80,000

   [1] ₩5,000 × 320주× 10% = ₩160,000
   [2] ₩5,000 × 320주× 5% = ₩80,000

   〈20×3. 4. 1. 배당지급일〉

(차변)	미 지 급 배 당 금	80,000	(대변)	현 금	80,000
	미교부주식배당금	80,000		자 본 금	80,000

2. 주식배당에 시가법 적용시

   〈20×2. 12. 31. 배당기준일〉
   분개 없음
   〈20×3. 2. 10. 배당결의일〉

(차변)	미처분이익잉여금	176,000	(대변)	미 지 급 배 당 금	80,000
				미교부주식배당금	96,000[1]

   [1] ₩6,000 × 320주× 5% = ₩96,000

〈20×3. 4. 1. 배당지급일〉

(차변)	미 지 급 배 당 금	80,000	(대변)	현　　　　　 금	80,000
	미교부주식배당금	96,000		자　 본　 금	80,000
				주 식 발 행 초 과 금	16,000❷

❷ (₩6,000 − 5,000) × 320주× 5% = ₩16,000

3.3 이익잉여금의 처분

기업은 처분가능한 이익잉여금을 재원으로 하여 법정적립금과 임의적립금에 적립하고, 주식할인발행차금 등을 상각하며, 현금배당 등을 할 수 있게 된다.

배당과 주식할인발행차금 등의 상각은 이익잉여금 자체를 감소시키는 처분이다. 그러나 법정적립금과 임의적립금의 적립은 이익잉여금 안에서 세부 계정을 옮기는 처분이며, 이익잉여금 자체가 감소되는 처분은 아니다. 즉, 법정적립금과 임의적립금을 적립하였다고 하여서 이익잉여금 총액이 변하지 않으며, 이익잉여금을 재원으로 하는 배당을 제한한다는 의미로 해석할 수 있다.

법정적립금(legal reserves)은 재무구조 강화를 위하여 법에서 강제로 규정함에 따라 이루어지는 적립금이다. 대표적으로 **이익준비금**이 있으며, 이것은 상법에 의하여 '매 결산기마다 금전에 의한 이익배당(현금배당)의 10% 이상에 해당하는 금액을, 자본금의 50%에 달할 때까지 이익준비금으로 적립'해야 한다. 법정적립금은 그것의 사용 역시 제한되며, 이익준비금은 자본전입 및 자본의 결손보전에만 사용할 수 있다.

임의적립금(voluntary reserves)은 주주총회 결의 혹은 정관 규정에 의하여 이루어지는 적립금이다. 대표적으로 감채기금적립금, 배당평균적립금 등이 있다. 임의적립금을 설정하는 이유가 기업의 소기의 목적을 달성할 때까지 배당을 제한하여 기업자원(현금)의 유출을 막기 위한 것이기 때문에 원래의 적립목적이 달성되면 미처분이익잉여금으로 다시 되돌려지고, 이것을 임의적립금의 '이입'이라고 한다. 이익잉여금의 처분과 임의적립금의 이입과 관련된 회계처리는 다음과 같다.

```
<이익잉여금의 처분>
(차변)   미처분이익잉여금      ×××    (대변)   법 정 적 립 금      ×××
                                            임 의 적 립 금      ×××
                                            주식할인발행차금 등   ×××
                                            미 지 급 배 당 금    ×××
<임의적립금의 이입>
(차변)   임 의 적 립 금        ×××    (대변)   미처분이익잉여금     ×××
```

다음 (예제 6)을 통해서 현금배당과 주식배당의 회계처리에 대해 살펴보자.

예제 6 • 이익잉여금의 처분

(주)한걸음의 20×2년 12월 31일 재무상태표의 일부분이다.

이익잉여금

이익준비금	₩10,000
감채기금적립금	40,000
미처분이익잉여금	100,000
	₩150,000

(주)한걸음의 20×2년도 재무제표에 대한 결산승인은 20×3년 2월 10일에 주주총회에서 이루어졌으며, 그 내용은 다음과 같다.

감채기금적립금 이입	₩40,000
배당평균적립금 적립	20,000
주식할인발행차금 상계	5,000
현금배당	80,000
이익준비금	8,000*

* 현금배당의 10%에 해당하는 금액

물음)

1. (주)한걸음이 20×3년 2월 10일에 해야 할 이익잉여금 처분에 대한 분개를 하시오.
2. 1번 분개를 반영한 후에 이익준비금, 임의적립금 및 미처분이익잉여금의 잔액을 계산하시오.

[풀이]

1.

〈임의적립금 이입〉

(차변)	감채적립금	40,000	(대변)	미처분이익잉여금	40,000

〈이익잉여금 처분〉

(차변)	미처분이익잉여금	113,000	(대변)	배당평균적립금	20,000
				주식할인발행차금	5,000
				미지급배당금	80,000
				이익준비금	8,000

2. 이익준비금 = ₩10,000 + 8,000 = ₩18,000

임의적립금 = ₩40,000 - 40,000 + 20,000 = ₩20,000

미처분이익잉여금 = ₩100,000 + 40,000 - 113,000 = ₩27,000

참고로 이익잉여금 처분 분개를 반영한 후의 이익잉여금은 다음과 같다.

이익잉여금

이익준비금	₩18,000
배당평균적립금	20,000
미처분이익잉여금	27,000
	₩65,000

4. 자본조정

자본조정(capital adjustment)이란 자본거래에 해당하나 최종 납입된 자본으로 볼 수 없는 임시적 항목이거나 다른 자본항목으로 최종 대체되는 과정 중에서 자본금이나 자본잉여금으로 분류할 수 없는 항목을 말한다. 자본조정의 대표적인 항목으로 자기주식, 자기주식처분손실, 주식할인발행차금, 감자차손, 미교부주식배당금 등이 있다.

4.1 자기주식

자기주식(treasury stock)이란 기업이 이미 발행하여 유통되고 있는 주식을 소각하거나 일시적으로 보유하기 위해 매입하였다가 재매각한다. 상장기업은 주가의 안정적 유지를 위하여 자기주식을 취득하거나 적대적 인수합병의 방어 차원에서 대주주 지분율을 높이기 위하여 자기주식을 취득하기도 한다. 회사가 자기주식을 자유롭게 취득할 수 있게 되면 주가조작에 악용하거나, 자본충실을 저해할 수 있다. 따라서 위와 같은 이유가 있을 때 특별요건을 갖출 경우에만 제한적으로 자기주식 취득이 허용된다.[1]

자기주식은 타회사가 발행한 주식처럼 자산으로 분류하지 않고 **자본조정, 즉 자본의 차감항목**으로 분류한다. 자기주식의 회계처리방법으로는 **원가법**(cost method)과 **액면법**(par value method)이 있으나, 우리나라에서는 보편적으로 원가법을 사용한다. 이 방법에서는 자기주식을 취득할 때 취득원가로 기록하고 나중에 재매각하는 경우 그 처분가액과 취득원가와 비교하여 그 차액을 자기주식처분이익(자본잉여금)이나 자기주식처분손실(자본조정)로 회계처리한다. 이때 자기주식처분손실은 기존에 자기주식처분이익 잔액이 없거나 부족한 금액에 대해서 회계처리한다. 자기주식과 관련된 회계처리는 다음과 같다.

<자기주식 취득시>

(차변)　자　기　주　식　　×××　　(대변)　현　　　　　금　　×××

<자기주식 처분시(처분가액 > 취득원가)>

(차변)　현　　　　　금　　×××　　(대변)　자　기　주　식　　×××
　　　　　　　　　　　　　　　　　　　　자기주식처분이익　　×××

<자기주식 처분시(처분가액 < 취득원가)>

(차변)　현　　　　　금　　×××　　(대변)　자　기　주　식　　×××
　　　　자기주식처분이익　　×××❶
　　　　자기주식처분손실　　×××
　　　　❶ 기존에 남아 있는 자기주식처분이익을 먼저 회계처리한다.

<자기주식 소각시(액면금액 < 취득원가)>

(차변)　자　　본　　금　　×××　　(대변)　자　기　주　식　　×××
　　　　감　자　차　손　　×××

---

1 상법에서 자기주식 취득을 허용하는 경우는 다음과 같다.
　① 회사의 합병 또는 다른 회사의 영업전부의 양수로 인한 경우
　② 회사의 권리를 실행함에 있어 그 목적을 달성하기 위하여 필요한 경우
　③ 단주의 처리를 위하여 필요한 경우
　④ 주주가 주식매수청구권을 행사한 경우

다음 (예제 7)을 통해서 자기주식의 회계처리에 대해 살펴보자.

예제 7 • 자기주식의 회계처리

(주)한걸음은 보통주식(액면금액 ₩5,000)중 10주를 주당 ₩6,000원에 취득하였다. 이 중 5주를 ₩7,000에 매각한 후 3주를 다시 ₩4,000에 매각하였으며, 나머지 2주는 소각하였다.

물음)

자기주식의 취득, 매각 및 소각(상법상 자본금 감소 규정을 따름)시에 (주)한걸음이 해야 할 분개를 하시오.

[풀이]

〈자기주식 취득시〉

(차변) 자 기 주 식   60,000❶   (대변) 현   금   60,000
　　　❶ ₩6,000 × 10주 = ₩60,000

〈5주 매각시〉

(차변) 현   금   35,000❷   (대변) 자 기 주 식   30,000
　　　　　　　　　　　　　　　　　　　　자기주식처분이익   5,000❸

　　　❷ ₩7,000 × 5주 = ₩35,000

　　　❸ (₩7,000 × 5주) − (₩6,000 × 5주) = ₩5,000

〈3주 매각시〉

(차변) 현   금   12,000❹   (대변) 자 기 주 식   18,000
　　　자기주식처분이익   5,000❺
　　　자기주식처분손실   1,000❻
　　　❹ ₩4,000 × 3주 = ₩12,000

　　　❺ (₩4,000 × 3주) − (₩6,000 × 3주) = (−)₩6,000. 기존의 자기주식처분이익 ₩5,000을 먼저 상
　　　　계하고, 나머지 ₩1,000을 자기주식처분손실로 회계처리함.

〈2주 소각시〉

(차변) 자 본 금   10,000   (대변) 자 기 주 식   12,000
　　　감 자 차 손   2,000❻
　　　❻ (₩5,000 × 2주) − (₩6,000 × 2주) = (−)₩2,000

5. 기타포괄손익누계액

기타포괄손익누계액(accumulated other comprehensive income)은 포괄손익계산서 상에 표시되는 기타포괄손익(other comprehensive income)의 누적액이며, 자본에서 별도로 표시되는 자본항목이다. 기말의 기타포괄손익누계액은 다음과 같이 결정된다.

- 포괄손익계산서
  당기순손익 ± 기타포괄손익 = 당기총포괄손익
- 재무상태표
  기초 기타포괄손익누계액 ± 기타포괄손익 = 기말 기타포괄손익누계액

유형자산에 대해 재평가모형을 선택했을 때 발생하는 재평가이익이나 금융자산 중에서 FVOCI금융자산의 금융자산평가손익이 기타포괄손익에 포함된다. 당기손익과 기타포괄손익을 구분하는 이유는 기타포괄손익 항목은 대부분 가까운 미래에 실현될 가능성이 낮은 손익이기 때문에 단기간 내에 실현될 가능성이 높은 당기순이익과 구분하기 위한 것이다.

6. 자본변동표

자본변동표(statement of changes in equity)는 한 회계기간 동안 발생한 자본의 변동을 표시하는 재무제표로서 자본을 구성하고 있는 자본금, 자본잉여금, 자본조정, 기타포괄손익 및 이익잉여금의 변동에 대한 포괄적인 정보를 제공한다. 자본변동표는 재무상태표에 표시되어 있는 자본의 기초잔액과 기말잔액의 내용을 모두 제시함으로써 재무상태표와 연결할 수 있고, 당기순손익과 기타포괄손익은 포괄손익계산서와 연결되며, 유상증자와 배당금 등은 현금흐름표에 나타난 정보와 연결되어 있어 정보이용자들이 보다 명확하게 재무제표간의 연계성을 파악할 수 있게 한다. 자본변동표의 양식은 다음과 같다.

자본변동표

회사명: ×××　　　　제×기 20××년 ×월 ×일부터 20××년 ×월 ×일까지　　　　(단위: 원)

구 분	자본금	자본잉여금	자본조정	기타포괄손익누계액	이익잉여금	총 계
20××.×.×.(보고금액)	×××	×××	×××	×××	×××	×××
회계정책변경누적효과					(×××)	(×××)
전기오류수정					(×××)	(×××)
수정후 이익잉여금					×××	×××
연차배당					(×××)	(×××)
처분후 이익잉여금					×××	×××
중간배당					(×××)	(×××)
유상증자	×××	×××				×××
당기순이익					×××	×××
자기주식 취득			(×××)			(×××)
FVOCI금융자산평가손익				×××		×××
재평가이익				×××		×××
20××.×.×.	×××	×××	×××	×××	×××	×××

7. 주당이익

주당이익(EPS: earnings per share)은 1주당의 이익이 얼마인지를 의미하며, 기업의 투자수준을 반영한 수익성 측정치이다. 다음과 같이 당기순이익에서 우선주배당금을 차감한 금액을 가중평균한 유통보통주식수로 나눈 값이다.

$$주당이익 = \frac{당기순이익 - 우선주배당금}{가중평균유통보통주식수}$$

당기순이익에서 우선주배당금을 차감하는 이유는 주당이익의 성격이 당기순이익 중에서 보통주 1주에 귀속될 이익이어야 하기 때문에 당기순이익 중 우선주 주주에게 배당할 금액을 차감하는 것이다.

가중평균한 유통보통주식수를 사용하는 이유는 기업의 유통보통주식수가 시점에 따라서 변동되기 때문이다. 자기주식은 취득한 시점에 유통보통주식수에서 차감하고 매각한 시점에 다시 가산한다. 유상증자는 유상증자 시점에 유통보통주식수에 가산하고, 무상증자는 기초시점부터 유통보통주식수에 가산한다. 무상증자, 주식배당 등 자본금의 변동 없이 주식 수만 변동되는 경우에는 기초시점부터 유통보통주식수에 가산한다.

다음 (예제 8)을 통해서 주당이익에 대해 살펴보자.

예제 8 · 주당이익 계산

(주)한걸음은 20×2년 1월 1일 발행·유통보통주식수는 200주이다. 4월 1일에 120주 유상증자를 실시하였다. 7월 1일에 자기주식을 10주 취득하였다. (주)한걸음의 20×2년도 당기순이익은 ₩50,000이고, 우선주배당금은 ₩10,000이다.

물음)
(주)한걸음은 20×2년도의 주당이익을 계산하시오. 단, 소수점 첫째 자리에서 반올림한다.

[풀이]
- 가중평균 유통보통주식수 = 200주 + 120주 × (9/12개월)❶ – 10주 × (6/12개월)❷
  = 285주

  ❶ 4월 1일에 유상증자를 실시하였기 때문에 이 날부터 9개월을 가산함

  ❷ 7월 1일에 자기주식을 취득했기 때문에 이 날부터 6개월을 가산함

- 주당이익 = (₩50,000(당기순이익) – 10,000(우선주배당금))/285주
  = ₩140

● Issue & Talk

IFRS17 도입 코앞, 보험업법 개정…코코본드 발행 검토

　보험사 부채를 원가 대신 시가로 평가하는 새 국제회계기준(IFRS17)의 2023년 도입에 맞춰 보험업 법규 개정 작업이 추진된다. 보험회사 자본확충 지원을 위해 보험업법에 조건부자본증권 발행 근거·요건 마련 등을 검토할 예정이다. 30일 금융위원회는 '보험 자본건전성 선진화 추진단' 제6차 회의를 열고 2023년 IFRS17 시행을 위한 보험업법 개정안을 마련하고 내년 상반기 국회에 제출할 예정이라고 밝혔다.

　이를 위해 '보험 자본건전성 선진화 추진단' 아래 'IFRS 17 법규개정 추진단'을 신설하고 금융위, 금감원, 보험개발원, 생·손보협회, 보험회사 등으로 구성된 4개 실무작업반을 운영하기로 했다. 법 개정은 보험부채 시가평가와 발생주의 기반 수익·비용을 인식하는 IFRS17의 내용을 반영해 보험업법 법규 내 정의를 새롭게 하거나 세부기준을 변경할 예정이다. 또 IFRS17 시행을 지원하기 위한 다양한 자금조달 수단을 통한 자본확충, 공동재보험 등 부채조정수단의 활성화 방안 등이 들어갈 방침이다. 금융위에 따르면 법규개정 실무작업반은 ▷IFRS17에 부합하는 보험감독회계기준 마련 ▷위험기준 경영실태평가 개선 ▷경영공시체계 개선 ▷조건부자본증권 발행근거 등 마련 검토 ▷책임준비금 검증체계 강화 등을 주요 사안으로 검토한다.

　이 가운데 조건부자본증권은 고금리 확정이율계약의 비중이 높은 보험사의 타격을 막기 위함이다. 이는 일명 코코본드(CoCo bond: contingent convertible bond, 조건부자본증권)로 평상시에는 채권이지만 발행업체가 위기를 맞으면 주식으로 강제 전환되거나 상각된다는 조건이 붙는 회사채다. 국제 금융 규제인 바젤3 기준에서 자기자본으로 인정된다. 금융위는 보험사의 자본확충 지원을 위해 보험업법 개정안에 코코본드의 발행근거·요건 마련을 검토할 예정이다.

(헤럴드경제 2020년 11월 30일)

● 토론 주제

　코코본드는 국제회계기준과 일반기업회계기준에서 자본으로 분류해야 하나? 아니면 부채로 분류해야 하나?

☑ 연습문제

서술식 ⊘

001 자본과 사채의 공통점과 차이점에 대해 서술하시오.

002 자본의 구성에 대해 서술하시오.

003 자본금의 종류에 대해 서술하시오.

004 주식의 액면발행, 할증발행 및 할인발행의 회계처리에 대해 서술하시오.

005 실질적 증자와 형식적 증자에 대해 서술하시오.

006 실질적 감자와 형식적 감자의 회계처리에 대해 서술하시오.

007 이익잉여금이 증·감하는 요인에 대해 서술하시오.

008 주식배당의 회계처리를 액면법과 시가법으로 구분하여 서술하시오.

009 자기주식에 대해 서술하시오.

010 기타포괄손익누계액에 대해 서술하시오.

011 자본변동표에 대해 서술하시오.

012 주당이익에 대해 서술하시오.

객관식 ✓

001 주식과 사채에 대해 설명으로 옳지 않은 것은?

	주식	사채
①	상환의무가 없음	상환의무가 있음
②	이자지급의무가 없음	이자지급의무가 있음
③	경영에 참여할 수 없음	경영에 직·간접적 참여가능
④	잔여재산에 대한 분배청구권	주주에 우선하여 채무변제권

002 자본잉여금 계정이 아닌 것은?
① 주식발행초과금　　　　　　② 감자차익
③ 자기주식처분이익　　　　　④ 재평가잉여금

003 자본조정 계정이 아닌 것은?
① FVOCI금융자산평가손실　　② 감자차손
③ 자기주식처분손실　　　　　④ 미교부주식배당금

004 이익잉여금 계정이 아닌 것은?
① 법정적립금　　　　　　　　② 자기주식
③ 미처리결손금　　　　　　　④ 임의적립금

005 주주총회 의결사항이 아닌 것은?
① 신주발행　　　　　　　　　② 임원의 보수
③ 재무제표의 승인　　　　　④ 임원의 선임·해임

006 국제회계기준상으로 자본이 아닌 우선주는?
① 참가적 우선주　　　　　　② 누적적 우선주
③ 전환우선주　　　　　　　　④ 상환우선주

007 액면금액이 ₩5,000인 보통주 1주를 ₩6,000에 발행했을 때 회계처리는?

① (차변)보통주자본금   5,000   (대변)현금   6,000
    주식발행초과금   1,000

② (차변)보통주자본금   5,000   (대변)현금   6,000
    주식할인발행차금   1,000

③ (차변)현금   6,000   (대변)보통주자본금   5,000
              주식발행초과금   1,000

④ (차변)현금   6,000   (대변)보통주자본금   5,000
              주식할인발행차금   1,000

008 액면금액이 ₩5,000인 보통주 1주를 ₩4,000에 발행했을 때 회계처리는? (단, 기존에 주식발행초과금은 없다고 가정함)

① (차변)보통주자본금   5,000   (대변)현금   4,000
              주식발행초과금   1,000

② (차변)보통주자본금   5,000   (대변)현금   4,000
              주식할인발행차금   1,000

③ (차변)현금   4,000   (대변)보통주자본금   5,000
    주식발행초과금   1,000

④ (차변)현금   4,000   (대변)보통주자본금   5,000
    주식할인발행차금   1,000

009 주식발행초과금 ₩5,000을 자본전입하여 액면금액 ₩5,000인 보통주 1주를 발행할 때 회계처리는?

① (차변)주식발행초과금   5,000   (대변)보통주자본금   5,000

② (차변)주식발행초과금   5,000   (대변)현금   5,000

③ (차변)보통주자본금   5,000   (대변)주식발행초과금   5,000

④ (차변)현금   5,000   (대변)주식발행초과금   5,000

010 액면금액 ₩5,000인 보통주 1주를 ₩6,000에 매입소각했을 때 회계처리는? (단, 기존에 감자차익은 없다고 가정함)

① (차변)현금   6,000   (대변)보통주자본금   5,000
                    감자차익   1,000

② (차변)현금   6,000   (대변)보통주자본금   5,000
                    감자차손   1,000

③ (차변)보통주자본금   5,000   (대변)현금   6,000
    감자차익   1,000

④ (차변)보통주자본금   5,000   (대변)현금   6,000
    감자차손   1,000

011 누적된 미처리결손금 ₩4,000을 보전하기 위하여 보통주 2주를 1주로 감소시켰다. 발행주식수는 2주이며, 주당 액면금액은 ₩5,000일 때 회계처리는?

① (차변)미처리결손금   4,000   (대변)보통주자본금   5,000
    감자차익   1,000

② (차변)미처리결손금   4,000   (대변)보통주자본금   5,000
    감자차손   1,000

③ (차변)보통주자본금   5,000   (대변)미처리결손금   4,000
                    감자차익   1,000

④ (차변)보통주자본금   5,000   (대변)미처리결손금   4,000
                    감자차손   1,000

012 주식배당 ₩1,000을 주주총회에서 결의할 때 회계처리는?

① (차변)미지급배당금   1,000   (대변)배당금   1,000
② (차변)미교부주식배당금   1,000   (대변)배당금   1,000
③ (차변)배당금   1,000   (대변)미지급배당금   1,000
④ (차변)배당금   1,000   (대변)미교부주식배당   1,000

013 감채적립금 ₩1,000을 미처분이익잉여금으로 이입할 때 회계처리는?

①	(차변)감채적립금	1,000	(대변)미처분이익잉여금	1,000
②	(차변)감채적립금	1,000	(대변)현금	1,000
③	(차변)미처분이익잉여금	1,000	(대변)감채적립금	1,000
④	(차변)현금	1,000	(대변)감채적립금	1,000

014 감채적립금 ₩1,000을 미처분이익잉여금에서 적립할 때 회계처리는?

①	(차변)감채적립금	1,000	(대변)미처분이익잉여금	1,000
②	(차변)감채적립금	1,000	(대변)현금	1,000
③	(차변)미처분이익잉여금	1,000	(대변)감채적립금	1,000
④	(차변)현금	1,000	(대변)감채적립금	1,000

종합문제 ✅

A회사의 20×1년 12월 31일의 자본 내역은 다음과 같다.

자본금
- 보통주자본금: ₩1,000,000(액면금액 ₩5,000, 200주)
- 우선주자본금: ₩500,000(액면금액 ₩5,000, 100주, 배당률 6%)

자본잉여금
- 주식발행초과금: ₩200,000

자본조정: ₩0

기타포괄손익누계액
- FVOCI금융자산평가이익(지분상품): ₩20,000

이익잉여금
- 감채적립금: ₩50,000
- 미처분이익잉여금: ₩100,000

A회사의 20×2년도 자본과 관련하여 발생한 거래는 다음과 같다. 20×2년도 A회사의 당기순이익은 ₩75,000이다.

---

① 20×2년 2월 15일에 주주총회에서 20×1년 12월 31일 기준일로 하여 보통주 주당 ₩200의 배당을 결의하고, 현금 지급하였다. 우선주는 배당률에 따라 현금 지급하였다. 상법에 따라 이익준비금 ₩7,000을 적립하였다.
　또한 감채적립금 ₩50,000을 이입하고, 배당평균적립금 ₩30,000을 적립하기로 결의하였다.
② 20×2년 4월 1일에 이사회 결의에 따라 주식발행초과금 중 ₩100,000을 자본전입하여 액면금액 ₩5,000인 보통주 20주를 발행하였다.
③ 20×2년 7월 1일에 자기주식(보통주) 10주를 주당 ₩7,000에 현금 지급하고 취득하였다.
④ 20×2년 10월 1일에 자기주식 10주 중에서 6주를 ₩6,000에 매각하였다. 또한 4주를 소각하였다.
⑤ 20×2년 말 FVOCI금융자산의 장부금액은 ₩120,000이고, 공정가치는 ₩110,000이다.

---

1 자본항목의 회계처리

A회사의 20×2년도 자본과 관련하여 발생한 거래를 분개하시오.

①
	계정	금액		계정	금액
(차변)			(대변)		

②
	계정	금액		계정	금액
(차변)			(대변)		

③
	계정	금액		계정	금액
(차변)			(대변)		

④
	계정	금액		계정	금액
(차변)			(대변)		
(차변)	계정	금액	(대변)	계정	금액

⑤
	계정	금액		계정	금액
(차변)			(대변)		

2 **자본항목의 잔액**

위의 1에서 자본과 관련한 거래를 분개한 후에 20×2년 12월 31일에 각 자본항목의 잔액을
계산하시오.

자본금
  • 보통주자본금:
  • 우선주자본금:
자본잉여금
  • 주식발행초과금:
자본조정:
  • 자기주식처분손실:
  • 감자차손:
기타포괄손익누계액
  • FVOCI금융자산평가이익(지분상품):
이익잉여금
  • 이익준비금:
  • 배당평균적립금:
  • 미처분이익잉여금:

3 자본변동표

위의 2에서 계산한 자본항목의 잔액을 이용하여 20×2년 12월 31일의 A회사의 자본변동표를 작성하시오.

자본변동표

A회사	20×2년 1월 1일부터 20×2년 12월 31일까지					(단위: 원)
구 분	자본금	자본잉여금	자본조정	기타포괄손익누계액	이익잉여금	총 계
20×2.1.1.(보고금액)	1,500,000	200,000	0	20,000	150,000	1,870,000
배당						
무상증자						
자기주식 취득						
자기주식 처분						
자기주식처분손실						
자기주식 소각						
감자차손						
FVOCI금융자산평가손익						
당기순이익						
20×2.12.31.						

4 주당이익

A회사의 20×2년도 주당이익을 계산하시오.

(1) 가중평균 유통보통주식수

(2) 주당이익(단, 소수점 첫째 자리에서 반올림할 것)

Part 3

회계정보의 활용

CHAPTER 13 ● 현금흐름표

1 현금흐름표의 의의

2 활동별 현금흐름

3 현금흐름의 보고

4 현금흐름표의 작성

"

이야기가 있는 회계 세상

재무상태표, 포괄손익계산서 및 자본변동표는 발생기준(accrual basis)의 재무제표이고 현금흐름표만이 유일하게 현금기준(cash basis)의 재무제표이다. 4장에서 언급한 것처럼 산업이 발전하면서 이윤의 개념은 현금기준인 '현금수입-현금지출'에서 발생기준인 '수익-비용'으로 전환되었다. 그런데 왜 다시 현금흐름표를 요구하게 되었을까?

1973년에 설립된 미국회계기준원(FASB: Financial Accounting Standard Board)이 현금흐름표에 대해 관심을 두지 않다가 1987년에 현금흐름표 기준서(SFAS No. 95 statement of cash flows)를 제정하면서 기업들은 재무제표에 현금흐름표를 포함시켰다. 현금흐름표의 중요성을 되찾게 된 발단은 1987년 10월 19일에 미국 역사에서 두 번째의 주가 대폭락(일명 검은 월요일)이었다. 이 사건으로 이익의 수준(level)보다 이익의 질(quality)을 강조하게 된 것이다. 즉, 현금과 동떨어진 이익이 아닌 현금을 동반한 이익이 좋은 이익이라는 것을 깨닫게 되었다. 또한 당기순이익에서 영업활동 현금흐름을 차감한 발생액(accrual amount)에 대한 회의론, 즉 발생액을 경영자가 마음대로 조정할 수 있는 이익으로 인식하게 된 것이다.

EBITDA(earnings before interest, taxes, depreciation and amortisation, 이자, 세금, 감가상각비, 무형자산상각비 차감전 이익)는 영업활동 현금흐름과 가장 유사한 이익으로 현금흐름표가 공시되기 전에 기업가치를 평가할 때 사용하던 측정치이다. 다시 말하면, 현금흐름표가 공시되기 이전부터 당기순이익이 아닌 영업활동 현금흐름과 가장 가까운 이익을 찾으려고 노력하였다.

1. 현금흐름표의 의의

앞서 언급한 것처럼 재무상태표, 포괄손익계산서 및 자본변동표는 발생기준(accrual basis)의 재무제표이고 현금흐름표만이 유일하게 현금기준(cash basis)의 재무제표이다. 정보이용자 입장에서는 발생기준의 수익과 비용에 대한 정보도 필요하지만 현금기준의 수입과 지출에 대한 정보 역시 기업을 평가하는 데 매우 중요한 정보이다. 현금흐름표 (statement of cash flows)는 정보이용자들의 이러한 정보욕구를 충족시키기 위해서 작성하는 재무제표로서 한 회계기간 동안 현금의 유입과 유출에 대한 정보를 제공한다. 특히 현금흐름표는 기업의 영업활동, 투자활동 및 재무활동과 관련된 현금흐름의 유입과 유출에 대한 정보를 구분하여 제공한다. 현금흐름표는 재무상태표에 표시되어 있는 현금및현금성자산의 기초잔액과 기말잔액 내용을 모두 제시함으로써 재무상태표와 연결할 수 있고, 간접법에 의한 현금흐름표의 경우에 현금유출이 없는 비용 및 현금유입이 없는 수익 등은 포괄손익계산서와 연결되며, 재무활동 현금흐름에서 유상증자와 배당금 등은 자본변동표에 나타난 정보와 연결되어 있어 정보이용자들이 보다 명확하게 재무제표간의 연계성을 파악할 수 있게 한다.

2. 활동별 현금흐름

2.1 영업활동 현금흐름

영업활동 현금흐름(cash flows from operating activities)은 주로 기업의 주요 수익창출 활동에서 발생한다. 따라서 영업활동 현금흐름은 일반적으로 당기순손익의 결정에 영향을 미치는 거래나 그 밖의 사건의 결과로 발생한다. 한국채택국제회계기준에서 제시한 영업활동 현금유입과 유출의 예는 다음과 같다.

영업활동 현금유입	영업활동 현금유출
• 재화의 판매와 용역 제공에 따른 현금유입 • 로열티, 수수료, 중개료 및 기타수익에 따른 현금유입 • 법인세의 환급. 다만 재무활동과 투자활동에 명백히 관련되는 것은 제외한다. • 단기매매목적으로 보유하는 계약에서 발생하는 현금유입	• 재화와 용역의 구입에 따른 현금유출 • 종업원과 관련하여 직·간접으로 발생하는 현금유출 • 법인세의 납부. 다만 재무활동과 투자활동에 명백히 관련되는 것은 제외한다. • 단기매매목적으로 보유하는 계약에서 발생하는 현금유출

기업은 단기매매목적으로 유가증권이나 대출채권을 보유할 수 있으며, 이때 유가증권이나 대출채권은 판매를 목적으로 취득한 재고자산과 유사하다. 따라서 단기매매목적으로 보유하는 유가증권의 취득과 판매에 따른 현금흐름은 영업활동으로 분류한다.

2.2 투자활동 현금흐름

투자활동 현금흐름(cash flows from investing activities)은 미래수익과 미래현금흐름을 창출할 자원의 확보를 위하여 지출된 정도를 나타내기 때문에 현금흐름을 별도로 구분 표시하는 것이 중요하다. 재무상태표에 자산으로 인식되는 지출만이 투자활동으로 분류하기에 적합하다. 한국채택국제회계기준에서 제시한 투자활동 현금유입과 유출의 예는 다음과 같다.

투자활동 현금유입	투자활동 현금유출
• 유형자산, 무형자산 및 기타 장기성 자산의 처분에 따른 현금유입 • 다른 기업의 지분상품이나 채무상품의 처분에 따른 현금유입(현금성자산으로 간주되는 상품이나 단기매매목적으로 보유하는 상품의 처분에 따른 유입액은 제외) • 제3자에 대한 선급금 및 대여금의 회수에 따른 현금유입	• 유형자산, 무형자산 및 기타 장기성 자산의 취득에 따른 현금유출 • 다른 기업의 지분상품이나 채무상품의 취득에 따른 현금유출(현금성자산으로 간주되는 상품이나 단기매매목적으로 보유하는 상품의 취득에 따른 유출액은 제외) • 세3자에 대한 선급금 및 대여금의 지급에 따른 현금유출

2.3 재무활동 현금흐름

재무활동 현금흐름(cash flows from financing activities)은 미래현금흐름에 대한 자본 제공자의 청구권을 예측하는 데 유용하기 때문에 현금흐름을 별도로 구분 표시하는 것 이 중요하다. 한국채택국제회계기준에서 제시한 재무활동 현금유입과 유출의 예는 다음 과 같다.

재무활동 현금유입	재무활동 현금유출
• 주식이나 기타 지분상품의 발행에 따른 현금유입 • 담보·무담보부사채 및 어음의 발행과 기타 장·단기차입에 따른 현금 유입	• 주식의 취득이나 상환에 따른 소유주에 대한 현금유출 • 차입금의 상환에 따른 현금유출

일반기업회계기준에서는 이자지급, 이자수취 및 배당금수취를 영업활동 현금흐름으 로 분류하고, 배당금 지급을 재무활동 현금흐름으로 분류하도록 규정하고 있다.

한국채택국제회계기준에서는 이자지급, 이자수취 및 배당금수취는 당기순손익의 결 정에 영향을 미치므로 영업활동 현금흐름으로 분류할 수 있다. 대체적인 방법으로 이자 지급, 이자수취 및 배당금수취를 재무자원의 획득에 필요한 원가나 투자자산에 대한 수 익으로 볼 수 있는 경우에는 각각 재무활동 현금흐름이나 투자활동 현금흐름으로 분류 할 수도 있다. 배당금의 지급은 재무자원을 획득하는 원가이므로 재무활동 현금흐름으로 분류할 수 있다. 대체적인 방법으로 재무제표이용자가 영업활동 현금흐름에서 배당금을 지급할 수 있는 기업의 능력을 판단하는 데 도움을 주기 위하여 영업활동 현금흐름의 구성요소로 분류할 수도 있다.

3. 현금흐름의 보고

3.1 영업활동 현금흐름의 보고

영업활동 현금흐름은 직접법과 간접법 중 하나의 방법으로 보고한다.

(1) 직접법

직접법(direct method)은 총현금유입과 총현금유출을 주요 항목별로 구분하여 표시하는 방법이다. 한국채택국제회계기준에서는 영업활동 현금흐름을 보고하는 경우에 직접법을 사용할 것을 권장한다. 직접법을 적용하여 표시한 현금흐름은 간접법에 의한 현금흐름에서는 파악할 수 없는 정보를 제공하며, 미래현금흐름을 추정하는 데 보다 유용한 정보를 제공하기 때문이다. 직접법을 적용하는 경우 총현금유입과 총현금유출의 주요 항목별 정보는 다음을 통해 얻을 수 있다.

① 회계기록
② 매출, 매출원가 및 그 밖의 포괄손익계산서 항목에 다음 항목을 조정
　㉠ 회계기간 동안 발생한 재고자산과 영업활동에 관련된 채권·채무의 변동
　㉡ 기타 비현금항목
　㉢ 투자활동 현금흐름이나 재무활동 현금흐름으로 분류되는 기타 항목

(2) 간접법

간접법(indirect method)은 당기순손익에 현금을 수반하지 않는 거래, 과거 또는 미래의 영업활동 현금유입이나 현금유출의 이연 또는 발생, 투자활동 현금흐름이나 재무활동 현금흐름과 관련된 손익항목의 영향을 조정하여 표시하는 방법이다. 간접법을 적용하는 경우 영업활동 순현금흐름은 당기순손익에 다음 항목들의 영향을 조정하여 결정한다.

① 회계기간 동안 발생한 재고자산과 영업활동에 관련된 채권·채무의 변동
② 감가상각비, 충당부채와 같은 비현금항목
③ 투자활동 현금흐름이나 재무활동 현금흐름으로 분류되는 기타 모든 항목

이때 당기순손익에서 감가상각비 등 현금지출이 없는 비용은 더하고, 유형자산처분이익 등 현금수입이 없는 수익은 차감한다. 또한 당기순손익에서 영업활동에 관련된 채권의 증가는 차감하고 감소는 더한다. 채권의 증가는 현금회수가 감소한 것이고, 채권의 감소는 현금회수가 증가한 개념이다. 반대로 당기순손익에서 영업활동에 관련된 채무의 증가는 더하고 감소는 차감한다. 채무의 증가는 현금상환이 감소한 것이고, 채무의 감소는 현금상환이 증가한 개념이다.

대부분의 기업들은 간접법에 따라 영업활동 현금흐름을 보고한다. 발생주의 회계시스템상에서 쉽게 영업활동 현금흐름을 파악할 수 있기 때문이다.

3.2 투자활동과 재무활동 현금흐름의 보고

다음의 순증감액으로 현금흐름을 보고하는 경우를 제외하고는 투자활동과 재무활동에서 발생하는 총현금유입과 총현금유출은 주요 항목별로 구분하여 총액으로 표시한다. 다음의 내용은 영업활동 현금흐름을 순증감액으로 보고하는 경우에도 포함된다.

① 현금흐름이 기업의 활동이 아닌 고객의 활동을 반영하는 경우로서 고객을 대리함에 따라 발생하는 현금유입과 현금유출(예: 부동산 소유주를 대신하여 회수한 임대료와 소유주에게 지급한 임대료)
② 회전율이 높고 금액이 크며 만기가 짧은 항목과 관련된 현금유입과 현금유출(예: 기타 단기차입금)

3.3 현금흐름표의 양식

한국채택국제회계기준에서 예시한 현금흐름표 양식을 직접법과 간접법에 의한 현금흐름표로 구분하여 제시하면 다음 〈표 13-1〉과 같다.

표 13-1 현금흐름표의 양식

직접법에 의한 현금흐름표		간접법에 의한 현금흐름표	
제×기 20××년 ×월 ×일부터 20××년 ×월 ×일까지		제×기 20××년 ×월 ×일부터 20××년 ×월 ×일까지	
회사명: ×××	(단위: 원)	회사명: ×××	(단위: 원)
영업활동 현금흐름		영업활동 현금흐름	
고객으로부터 유입된 현금	×××	법인세비용차감전순이익	×××
공급자와 종업원에 대한 현금유출	(×××)	가감: 감가상각비 등	×××
영업으로부터 창출된 현금	×××	매출채권증가 등	×××
이자지급	(×××)	이자지급	(×××)
법인세의 납부	(×××)	법인세의 납부	(×××)
영업활동 순현금흐름	×××	영업활동 순현금흐름	×××
투자활동 현금흐름		투자활동 현금흐름	
유형자산의 취득	(×××)	유형자산의 취득	(×××)
설비의 처분	×××	설비의 처분	×××
이자수취	×××	이자수취	×××
배당금수취	×××	배당금수취	×××
···	×××	···	×××
투자활동 순현금흐름	×××	투자활동 순현금흐름	×××
재무활동 현금흐름		재무활동 현금흐름	
유상증자	×××	유상증자	×××
장기차입금	×××	장기차입금	×××
배당금 지급	(×××)	배당금 지급	(×××)
···	×××	···	×××
재무활동 순현금흐름	×××	재무활동 순현금흐름	×××
현금및현금성자산의 순증가	×××	현금및현금성자산의 순증가	×××
기초 현금및현금성자산	×××	기초 현금및현금성자산	×××
기말 현금및현금성자산	×××	기말 현금및현금성자산	×××

4. 현금흐름표의 작성

다음 (예 1)을 통해서 직접법과 간접법에 의한 현금흐름표를 작성해 보자. 단, 이자수취와 이자지급은 영업활동 현금흐름으로 분류하고 배당금 지급은 재무활동 현금흐름으로 분류한다.

예 1 • 현금흐름표의 작성

(주)두발로의 비교재무상태표와 (포괄)손익계산서 및 현금흐름표 작성을 위한 추가 자료는 다음과 같다.

재무상태표

(주)두발로   (단위: 원)

과목	기초	기말	증감
현금및현금성자산	100,000	160,000	60,000
매출채권	320,000	400,000	80,000
재고자산	220,000	200,000	(20,000)
장기대여금	40,000	0	(40,000)
비품	500,000	600,000	100,000
감가상각누계액	(250,000)	(280,000)	(30,000)
자산총액	930,000	1,080,000	150,000
매입채무	150,000	180,000	30,000
미지급급여	20,000	10,000	(10,000)
미지급이자	15,000	22,000	7,000
장기차입금	200,000	160,000	(40,000)
부채총액	385,000	372,000	(13,000)
자본금	500,000	550,000	50,000
이익잉여금	45,000	158,000	113,000
자본총액	545,000	708,000	163,000
부채 및 자본총액	930,000	1,080,000	150,000

(포괄)손익계산서

(주)두발로   (단위: 원)

매출액	800,000
매출원가	(450,000)
매출총이익	350,000
종업원급여	(65,000)
판매비및관리비	(90,000)
감가상각비	(40,000)
이자수익	10,000
유형자산처분이익	25,000
이자비용	(30,000)
법인세비용	(17,000)
당기순이익	143,000

<추가사항>
① 비품을 ₩200,000에 현금을 지급하고 취득하였다.
② 취득원가 ₩100,000, 감가상각누계액 ₩10,000의 비품을 ₩115,000에 현금을 받고 처분하였다.
③ 현금배당 ₩30,000을 주주총회에서 결의하고 지급하였다.
④ 장기대여금 ₩40,000은 모두 현금으로 회수하였다.
⑤ 장기차입금은 ₩100,000을 상환하고, ₩60,000을 새로 차입하였다.
⑥ 액면금액 ₩5,000인 보통주 10주를 발행하였다.

(1) 직접법에 의한 영업활동 현금흐름

직접법에 의한 영업활동 현금흐름을 산출하면 다음과 같다.

영업활동 현금흐름		
고객으로부터 유입된 현금	₩720,000❶	
공급자에 대한 현금유출	(400,000)❷	
종업원에 대한 현금유출	(75,000)❸	
판매비및관리비 현금유출	(90,000)❹	
영업으로부터 창출된 현금	155,000	
이자수취	10,000❺	
이자지급	(23,000)❻	
법인세의 납부	(17,000)❼	
영업활동 순현금흐름		₩125,000

항목별 현금유입 또는 현금유출을 산출하기 위해서는 관련 재무상태표 계정의 기초금액과 기말금액, 그리고 관련 손익계산서 계정을 통해 산출한다. 예를 들어, 고객으로부터 유입된 현금을 계산하기 위해서 (매출 현금수취액 = 기초매출채권 + 당기매출 – 기말매출채권)의 식을 이용한다. 즉, 다음 식을 통해서 현금유입액 또는 현금유출액을 산출한다.

> 현금유입액 또는 현금유출액 = 기초재무상태표금액 + 관련 손익금액 – 기말재무상태표금액

❶ 고객으로부터 유입된 현금 = ₩320,000(기초매출채권) + 800,000(당기매출액) – 400,000(기말매출채권) = ₩720,000

❷ 공급자에 대한 현금유출을 알기 위해서는 재고자산과 매출원가를 통해 당기매입액을 먼저 산출해야 한다.
  • 당기매입액 = ₩450,000(매출원가) + 200,000(기말재고자산) – 220,000(기초재고자산) = ₩430,000

- 당기매입액과 매입채무를 통해 공급자에 대한 현금유출, 즉 매입채무 중 현금지출액을 산출한다.
- 공급자에 대한 현금유출 = ₩150,000(기초매입채무) + 430,000(당기매입액) – 180,000(기말매입채무) = ₩400,000

❸ 종업원에 대한 현금유출 = ₩20,000(기초미지급급여) + 65,000(종업원급여) – 10,000(기말미지급급여) = ₩75,000

❹ 판매비및관리비 현금유출 = ₩0(기초미지급비용) + 90,000(판매비및관리비) – 0(기말미지급비용) = ₩90,000

❺ 이자수취 = ₩0(기초미수이자) + 10,000(이자수익) – 0(기말미수이자) = ₩10,000

❻ 이자지급 = ₩15,000(기초미지급이자) + 30,000(이자비용) – 22,000(기말미지급이자) = ₩23,000

❼ 법인세의 납부 = ₩0(기초미지급법인세) + 17,000(법인세비용) – 0(기말미지급법인세) = ₩17,000

(2) 간접법에 의한 영업활동 현금흐름

간접법에 의한 영업활동 현금흐름을 산출하면 다음과 같다.

영업활동 현금흐름	
법인세비용차감전순이익	₩160,000
가감: 감가상각비	40,000❶
이자비용	30,000❶
유형자산처분이익	(25,000)❷
이자수익	(10,000)❷
매출채권증가	(80,000)❸
재고자산감소	20,000❸
매입채무증가	30,000❹
미지급급여감소	(10,000)❹
이자수취	10,000❺
이자지급	(23,000)❻
법인세의 납부	(17,000)❼
영업활동 순현금흐름	₩125,000

현금유출이 없는 비용을 가산하고 현금유입이 없는 수익을 차감하는 이유는 현금유출과 현금유입에 상관이 없는 비용과 수익이기 때문이다.

영업활동과 관련된 자산과 부채의 증감을 가감하는 이유는 발생기준의 수익과 비용을 현금기준의 수익과 비용으로 전환하기 위해서이다. 예를 들어, 발생기준의 당기매출액은 ₩800,000이고, 여기에 매출채권의 증가로 ₩80,000을 차감하면 ₩720,000이다. 직접법에 의한 영업활동 현금흐름에서 '고객으로부터 유입된 현금'과 동일한 금액으로 전환된 것이다. 발생기준의 매출원가는 (−)₩450,000이고, 여기에 재고자산의 감소로 ₩20,000과 매입채무의 증가로 ₩30,000을 모두 가산하면 (−)₩400,000이다. 직접법에 의한 영업활동 현금흐름에서 '공급자에 대한 현금유출'과 동일한 금액으로 전환된 것을 볼 수 있다.

❶ 현금유출이 없는 비용을 가산함. 이자비용은 '현금유출이 없는 비용' 개념보다는 나중에 현금 이자지급 금액을 차감하기 위해서 손익계산서상의 금액을 먼저 가산한다.

❷ 현금유입이 없는 수익을 차감함. 유형자산처분이익과 이자수익은 '현금유입이 없는 수익' 개념보다는 나중에 유형자산처분으로 인한 현금수취 금액과 현금 이자수취 금액을 가산하기 위해서 손익계산서상의 금액을 먼저 차감한다.

❸ 자산의 증가는 현금의 감소를 의미하기 때문에 차감하고, 자산의 감소는 현금의 증가를 의미하기 때문에 가산한다.

❹ 부채의 증가는 현금의 증가를 의미하기 때문에 가산하고, 부채의 감소는 현금의 감소를 의미하기 때문에 차감한다.

❺, ❻ 및 ❼ 직접법에 의한 영업활동 현금흐름 참조

(3) 투자활동 현금흐름

투자활동 현금흐름을 산출하면 다음과 같다.

투자활동 현금흐름		
장기대여금의 회수	₩40,000❶	
비품의 처분	115,000❷	
비품의 취득	(200,000)❸	
투자활동 순현금흐름		(₩45,000)

투자활동의 현금유입(자산의 처분)과 현금유출(자산의 취득)은 추가사항을 통해 확인한다.

❶ 장기대여금의 회수 = ₩40,000(기초장기대여금) + 0(당기증가액) − 0(기말장기대여금) = ₩40,000(추가사항에서 확인됨)

❷ 비품의 처분 = ₩100,000(취득원가) − ₩10,000(감가상각누계액) + ₩25,000(유형자산처분이익) = ₩115,000 (추가사항에서 확인됨)

❸ 비품을 ₩200,000에 현금을 지급하고 취득하였다.

(4) 재무활동 현금흐름

재무활동 현금흐름을 산출하면 다음과 같다.

재무활동 현금흐름		
유상증자	₩50,000❶	
장기차입금의 차입	60,000❷	
장기차입금의 상환	(100,000)❷	
배당금 지급	(30,000)❸	
재무활동 순현금흐름		(₩20,000)

재무활동의 현금유입(유상증자 등)과 현금유출(배당금 지급 등)은 추가사항을 통해 확인한다.

❶ 유상증자 = ₩550,000(기말자본금) + 0(당기감소액) − ₩500,000(기초자본금) = ₩50,000(추가사항에서 확인됨)

❷ 장기차입금의 차입 = ₩160,000(기말장기차입금) + 100,000(당기상환액) − ₩200,000(기초장기차입금) = ₩60,000(추가사항에서 확인됨)

❸ 배당금 지급 = ₩0(기초미지급배당금) + 30,000(당기배당금) − 0(기말미지급배당금) = ₩30,000(추가사항에서 확인됨)

(5) 직접법과 간접법에 의한 현금흐름표 비교

직접법과 간접법에 의한 현금흐름표를 비교하면 다음 〈표 13−2〉와 같다. 보는 바와 같이 두 방법에서 영업활동 현금흐름의 작성만 차이가 나고, 투자활동과 재무활동 현금흐름의 작성은 동일하다.

표 13-2 직접법과 간접법에 의한 현금흐름표 비교

직접법에 의한 현금흐름표		간접법에 의한 현금흐름표	
(주)두발로	(단위: 원)	(주)두발로	(단위: 원)
영업활동 현금흐름		영업활동 현금흐름	
고객으로부터 유입된 현금 720,000		법인세비용차감전순이익 160,000	
공급자에 대한 현금유출 (400,000)		가감: 감가상각비 40,000	
종업원에 대한 현금유출 (75,000)		이자비용 30,000	
판매비및관리비 현금유출 (90,000)		유형자산처분이익 (25,000)	
영업으로부터 창출된 현금 155,000		이자수익 (10,000)	
		매출채권증가 (80,000)	
		재고자산감소 20,000	
		매입채무증가 30,000	
		미지급급여감소 (10,000)	
이자수취 10,000		이자수취 10,000	
이자지급 (23,000)		이자지급 (23,000)	
법인세의 납부 (17,000)		법인세의 납부 (17,000)	
영업활동 순현금흐름	125,000	영업활동 순현금흐름	125,000
투자활동 현금흐름		투자활동 현금흐름	
장기대여금의 회수 40,000		장기대여금의 회수 40,000	
비품의 처분 115,000		비품의 처분 115,000	
비품의 취득 (200,000)		비품의 취득 (200,000)	
투자활동 순현금흐름	(45,000)	투자활동 순현금흐름	(45,000)
재무활동 현금흐름		재무활동 현금흐름	
유상증자 50,000		유상증자 50,000	
장기차입금의 차입 60,000		장기차입금의 차입 60,000	
장기차입금의 상환 (100,000)		장기차입금의 상환 (100,000)	
배당금 지급 (30,000)		배당금 지급 (30,000)	
재무활동 순현금흐름	(20,000)	재무활동 순현금흐름	(20,000)
현금및현금성자산의 순증가	60,000	현금및현금성자산의 순증가	60,000
기초 현금및현금성자산	100,000	기초 현금및현금성자산	100,000
기말 현금및현금성자산	160,000	기말 현금및현금성자산	160,000

AI·메타버스·구독 투자 앞둔 SKT, 곳간 따져보니

SKT는 통신 회사의 체질을 개선하고 지속가능성을 높이기 위해 비통신 사업에 적극 나서고 있습니다. 최근 미국 라스베이거스에서 열린 세계 최대 IT·가전전시회 CES 2022에서도 이러한 투자 기조를 명확히 했습니다. SKT는 SK스퀘어, SK하이닉스와 함께 데이터센터용 AI 반도체 SAPEON(사피온)의 글로벌 시장 진출을 추진합니다. 3사의 공동 투자를 통해 미국법인 'SAPEON Inc.'를 설립하고 글로벌 AI 반도체 시장을 공략할 계획입니다. SKT는 AI비서와 메타버스를 결합한 '아이버스'도 제시했습니다. 앞서 선보인 메타버스 플랫폼 '이프랜드'를 통해 메타버스 사업은 이미 시작했습니다. SKT는 지난해부터 구독 서비스 'T우주'를 출시하며 구독 서비스 사업에도 본격적으로 뛰어들었습니다. 쿠팡과 네이버 등 이커머스 선두주자들은 월 사용료를 받고 할인·적립·빠른배송 등의 서비스를 제공하는 구독 서비스를 이미 선보였죠. SKT는 아마존 무료배송과 구글클라우드 등의 혜택을 담은 T우주로 맞불을 놨습니다. 회사는 서비스 출시 당시 당장의 수익보다 고객 확보가 먼저라는 입장을 보였습니다. 이처럼 신사업 분야에 대한 지속적인 투자가 이뤄지려면 회사의 곳간이 뒤를 받쳐줘야겠죠.

하지만 SKT의 현금 보유량과 유입 규모를 보면 회사의 투자 기조를 이어갈 수 있을지 고개를 갸우뚱하게 하게 됩니다. 지난해 3분기 기준 SKT의 현금및현금성자산(이하 별도기준)은 2,268억 원입니다. 여기에 단기금융상품(3,490억원)까지 더하면 5,758억원입니다. 이 수치만 보면 자금력이 충분해 보이지만 과거와의 추이를 살펴보죠. 2020년 3분기의 9,722억원에 비해 약 40% 감소한 수치입니다. 같은 기간 영업활동으로 인한 현금흐름(영업 현금흐름)의 플러스(+) 규모도 줄었습니다. 3조 5,225억원에서 2조 7,537억원으로 감소했죠. SKT는 꾸준히 현금이 유입되기는 했지만 그 규모가 줄어들었습니다. 해당 기간 SKT의 매출과 영업이익 추이를 보면 상승세를 이어갔습니다. SKT의 별도 기준 실적이 집계되는 MNO(이동통신)부문의 지난해 3분기 매출은 3조 274억 원, 영업이익은 4,000억원입니다. 전년 동기 대비 각각 2.9%, 21.9% 늘었습니다.

기업의 실질현금창출능력을 나타내는 에비타(EBITDA, 상각전영업이익)는 1조 539억원으로 최근 1년간 1조원 초반대를 꾸준히 유지했습니다. 물론 이러한 현금창출능력의 지속 여부는 미지수입니다. 정부는 SKT·KT·LG유플러스를 압박해 선택약정할인율을 20%에서 25%로 상향했습니다. 이에 통신사들은 매출에 직격탄을 맞았습니다. 향후에는 5G 고도화에 대한 투자가 이어져야 하고 아직 규모가 크진 않지만 지속적으로 늘어나고 있는 자급제폰·알뜰폰 유심요금제 고객도 SKT에게는 매출 감소 요인으로 작용할 수 있습니다.

(BOLTER 2022년 1월 11일)

⊃ 토론 주제

SKT의 신사업진출이 영업활동 현금흐름에 긍정적인 영향을 미칠 것인가, 아니면 부정적 영향을 미칠 것인가?

☑ 연습문제

서술식 ✓

001 현금흐름표의 의의에 대해 서술하시오.

002 영업활동 현금흐름에서 현금유입과 유출에 대해 서술하시오.

003 투자활동 현금흐름에서 현금유입과 유출에 대해 서술하시오.

004 재무활동 현금흐름에서 현금유입과 유출에 대해 서술하시오.

005 직접법에 의한 영업활동 현금흐름의 보고에 대해 서술하시오.

006 간접법에 의한 영업활동 현금흐름의 보고에 대해 서술하시오.

007 투자활동과 재무활동 현금흐름의 보고에 대해 서술하시오.

008 직접법과 간접법에 의한 현금흐름표 양식을 비교하여 서술하시오.

객관식 ✅

001 다음 중 발생기준의 재무제표가 아닌 것은?

① 재무상태표   ② 포괄손익계산서

③ 자본변동표   ④ 현금흐름표

002 현금흐름표와 자본변동표 간에 연계된 회계정보는?

① 현금및현금성자산   ② 유상증자

③ 매출   ④ 장기차입금

003 현금흐름표(간접법)와 포괄손익계산서 간에 연계된 회계정보는?

① 유형자산   ② 배당금

③ 현금유출이 없는 비용   ④ 공급자에 대한 현금유출

004 현금흐름표와 재무상태표 간에 연계된 회계정보는?

① 현금및현금성자산   ② 매출원가

③ 고객으로부터 유입된 현금   ④ 공급자에 대한 현금유출

005 영업활동 현금유입의 항목이 아닌 것은?

① 로열티, 수수료, 중개료 및 기타수익에 따른 현금유입

② 법인세 환급

③ 주식이나 기타 지분상품의 발행에 따른 현금유입

④ 단기매매목적으로 보유하는 계약에서 발생하는 현금유입

006 투자활동 현금유출의 항목이 아닌 것은?

① 차입금의 상환에 따른 현금유출

② 유형자산, 무형자산 및 기타 장기성 자산의 취득에 따른 현금유출

③ 다른 기업의 지분상품이나 채무상품의 취득에 따른 현금유출

④ 제3자에 대한 선급금 및 대여금의 지급에 따른 현금유출

007 직접법에 의한 영업활동 현금흐름에 나타나는 항목이 아닌 것은?

① 고객으로부터 유입된 현금　　　② 이자지급

③ 감가상각비　　　　　　　　　　④ 법인세의 납부

008 간접법에 의한 영업활동 현금흐름에 나타나는 항목이 아닌 것은?

① 유형자산처분이익　　　　　　　② 이자수익

③ 감가상각비　　　　　　　　　　④ 공급자와 종업원에 대한 현금유출

009 기초매출채권 ₩1,000, 기말매출채권 ₩1,200, 당기매출액 ₩4,500일 때, 고객으로부터 유입된 현금은?

① 2,300　　　　　　　　　　　　② 4,300

③ 4,700　　　　　　　　　　　　④ 6,700

010 기초재고자산 ₩1,000, 기말재고자산 ₩900, 매출원가 ₩5,000, 기초매입채무 ₩2,000, 기말매입채무 ₩2,500일 때, 공급자에 대한 현금유출은?

① 4,400　　　　　　　　　　　　② 4,600

③ 5,400　　　　　　　　　　　　④ 5,600

011 기초미지급급여 ₩1,000, 당기종업원급여 ₩2,500, 기말미지급급여 ₩0일 때, 종업원에 대한 현금유출은?

① 1,000　　　　　　　　　　　　② 1,500

③ 2,500　　　　　　　　　　　　④ 3,500

종합문제 ✅

A회사의 비교재무상태표와 (포괄)손익계산서 및 현금흐름표 작성을 위한 추가 자료는 다음과 같다. 단, 이자수취와 이자지급은 영업활동 현금흐름으로 분류하고 배당급 지급은 재무활동 현금흐름으로 분류한다.

재무상태표

과목	기초	기말	증감
A회사			(단위: 원)
현금및현금성자산	50,000	60,000	10,000
매출채권	120,000	110,000	(10,000)
미수이자	20,000	22,000	2,000
재고자산	100,000	130,000	30,000
장기대여금	70,000	95,000	25,000
비품	250,000	300,000	50,000
감가상각누계액	(90,000)	(100,000)	(10,000)
자산총액	520,000	617,000	97,000
매입채무	80,000	65,000	(15,000)
미지급급여	15,000	25,000	10,000
미지급법인세	10,000	0	(10,000)
장기차입금	180,000	200,000	20,000
부채총액	285,000	290,000	5,000
자본금	200,000	250,000	50,000
이익잉여금	35,000	77,000	42,000
자본총액	235,000	327,000	92,000
부채 및 자본총액	520,000	617,000	97,000

(포괄)손익계산서

A회사	(단위: 원)
매출액	500,000
매출원가	300,000
매출총이익	200,000
종업원급여	(45,000)
판매비및관리비	(50,000)
감가상각비	(20,000)
이자수익	39,000
유형자산처분이익	16,000
이자비용	(54,000)
법인세비용	(36,000)
당기순이익	50,000

〈추가사항〉

① 비품을 ₩100,000에 현금을 지급하고 취득하였다.

② 취득원가 ₩50,000, 감가상각누계액 ₩10,000의 비품을 ₩56,000에 현금을 받고 처분하였다.

③ 현금배당 ₩8,000을 주주총회에서 결의하고 지급하였다.

④ 장기대여금 ₩50,000을 새로 대여하고, ₩25,000을 현금으로 회수하였다.

⑤ 장기차입금은 ₩100,000을 상환하고, ₩120,000을 새로 차입하였다.

⑥ 액면금액 ₩5,000인 보통주 10주를 발행하였다.

1 **직접법에 의한 영업활동 현금흐름**
A회사의 직접법에 의한 영업활동 현금흐름을 보고하시오.

영업활동 현금흐름

고객으로부터 유입된 현금

공급자에 대한 현금유출

종업원에 대한 현금유출

판매비및관리비 현금유출

영업으로부터 창출된 현금

이자수취

이자지급

법인세의 납부

영업활동 순현금흐름

2 **간접법에 의한 영업활동 현금흐름**
A회사의 간접법의 의한 영업활동 현금흐름을 보고하시오.

영업활동 현금흐름

법인세비용차감전순이익

가감: 감가상각비

이자비용

유형자산처분이익

이자수익

매출채권감소

재고자산증가

매입채무감소

미지급급여증가

이자수취

이자지급

법인세의 납부

영업활동 순현금흐름

3 **투자활동 현금흐름**

A회사의 투자활동 현금흐름을 보고하시오.

투자활동 현금흐름

장기대여금의 회수

비품의 처분

장기대여금의 대여

비품의 취득   _____

투자활동 순현금흐름   ═══════════════

4 **재무활동 현금흐름**

A회사의 재무활동 현금흐름을 보고하시오.

재무활동 현금흐름

유상증자

장기차입금의 차입

장기차입금의 상환

배당금 지급   _____

재무활동 순현금흐름   ═══════════════

5 직접법과 간접법에 의한 현금흐름표 작성

A회사의 직접법과 간접법에 의한 현금흐름표를 보고하시오.

직접법에 의한 현금흐름표	간접법에 의한 현금흐름표
A회사　　　　　　　　　　　(단위 : 원)	A회사　　　　　　　　　　　(단위 : 원)
영업활동 현금흐름	영업활동 현금흐름
고객으로부터 유입된 현금	법인세비용차감전순이익
공급자에 대한 현금유출	가감: 감가상각비
종업원에 대한 현금유출	이자비용
판매비및관리비 현금유출　　＿＿＿＿	유형자산처분이익
영업으로부터 창출된 현금	이자수익
	매출채권감소
	재고자산증가
	매입채무감소
	미지급급여증가
이자수취	이자수취
이자지급	이자지급
법인세의 납부　　　　　　　＿＿＿＿	법인세의 납부　　　　　　　＿＿＿＿
영업활동 순현금흐름	영업활동 순현금흐름
투자활동 현금흐름	투자활동 현금흐름
장기대여금의 회수	장기대여금의 회수
비품의 처분	비품의 처분
장기대여금의 대여	장기대여금의 대여
비품의 취득　　　　　　　　＿＿＿＿	비품의 취득　　　　　　　　＿＿＿＿
투자활동 순현금흐름	투자활동 순현금흐름
재무활동 현금흐름	재무활동 현금흐름
유상증자	유상증자
장기차입금의 차입	장기차입금의 차입
장기차입금의 상환	장기차입금의 상환
배당금 지급　　　　　　　　＿＿＿＿	배당금 지급　　　　　　　　＿＿＿＿
재무활동 순현금흐름　　　　＿＿＿＿	재무활동 순현금흐름　　　　＿＿＿＿
현금및현금성자산의 순증가	현금및현금성자산의 순증가
기초 현금및현금성자산	기초 현금및현금성자산
기말 현금및현금성자산　　　＿＿＿＿	기말 현금및현금성자산　　　＿＿＿＿

CHAPTER 14 ◯ **재무제표분석**

1 재무제표분석의 방법

2 재무비율분석

"

이야기가 있는 회계 세상

　재무제표의 분석을 위한 재무비율은 수익성, 활동성, 안전성 등 다양하다. 여러 가지의 분석결과를 보면서 중요성에 대한 가중치나 종합적인 판단이 쉽지 않다. 나일론 스타킹으로 유명한 듀퐁(DuPont)기업이 '듀퐁 공식(DuPont equation)'을 개발하면서 재무제표분석은 한 단계 진화되었다.

　제1차 세계대전이 한창이던 1910년대 중반에 미국 화학회사인 듀퐁은 군수물자 보급으로 많은 돈을 벌게 되었고 그 이후에 사업을 다각화하기 시작하였다. 당시 사장이던 피에르 듀퐁(Pierre DuPont)은 여러 사업부문에 대한 투자 여부를 단순히 수익성만으로 결정하는 것에 의구심을 가졌다. 그는 수익성뿐만 아니라 다른 재무적 특성을 함께 고려해야 한다고 생각했다. 이렇게 해서 '듀퐁 공식'이 만들어졌다. 듀퐁 공식은 단순한 '당기순이익/자본(ROE: return on equity)'이라는 수익성 비율을 '당기순이익/매출(profit margin) × 매출/자산(asset turnover) × 자산/자본(equity multiplier)'으로 분리함으로써 '수익성 × 활동성 × 안전성' 비율을 동시에 관찰할 수 있다. 그야말로 '누구나 할 수 있지만 아무나 할 수 없는(Anyone can do it, but not everyone can do that)' 새로운 재무제표분석 기법을 개발하였다.

　이 장에서는 다양한 재무재표분석 기법을 다룬다. 그러나 가장 경계해야 할 것은 어느 하나의 재무비율이 좋다고 해서 다른 재무비율을 간과해서는 안 된다. 피에르 듀퐁(Pierre DuPont)이 하나의 재무비율에서 여러 가지 재무적 특성을 꿰뚫어 보려고 했던 것처럼 넓은 시야가 필요하다.

1. 재무제표분석의 방법

1.1 재무제표분석의 의의

재무제표분석(financial statement analysis)은 기업의 재무제표를 통해서 수익성, 활동성, 안전성 등을 분석·평가하여 이해관계자들의 의사결정에 도움이 되는 유용한 정보를 제공하는 것이다. 재무제표분석의 특징은 다음과 같다.

(1) 재무제표분석은 재무비율을 중심으로 이루어지고 두 가지 이상의 회계수치를 이용해서 재무비율이 산출된다.

(2) 재무제표분석은 비교대상이 필요하다. 즉, 산출된 재무비율의 장·단점을 파악하기 위해서는 해당기업의 과거 재무비율이나 산업평균 등과 비교하여야 한다.

(3) 재무제표분석은 주로 재무제표의 수치를 이용하지만 주가나 경제적지표 등 재무제표 이외의 정보도 추가적으로 이용된다.

(4) 재무제표분석은 어느 한 분석에서 정보를 얻는 것보다는 다양한 분석과 종합적인 판단을 통해서 더 유용한 정보를 얻을 수 있다.

일반적으로 재무제표분석의 방법에는 추세분석, 구성비율분석 및 재무비율분석으로 이루어진다.

1.2 추세분석

추세분석(trend analysis)은 일정 기간 동안 재무제표 항목 변화의 크기와 방향을 분석하는 기법이다. 추세분석의 특징은 다음과 같다.

(1) 과거의 추세를 분석하여 미래기간의 변동을 예측하는 데 유용하다.

(2) 매출액증가율, 당기순이익증가율 등 손익계산서 항목의 추세를 분석하는 데 주로 이용된다. 재무상태표 항목에 추세분석을 적용하기 어려운 이유는 매출액이 지속적으로 증가하더라도 공장의 가동률이 100%가 되기 전에서 새로운 공장을 짓지 않기 때문이다.

(3) 추세분석을 위한 적절한 기간의 선정이 중요하다. 기간이 너무 길면 더 이상 유효하지 않은 기간이 포함될 수도 있고, 반대로 너무 짧으면 유효한 기간이 빠져 있을 수 있다. 또한 경제적 상황이 급격하게 변하거나 기업이 추진하는 사업의 성격이 변화한 경

우에는 그 기간은 **빼고** 분석하는 것이 바람직하다. 따라서 실무에서는 5년 내외의 기간을 선정하여 분석하는 것이 일반적이지만 최근에는 변화의 속도를 반영하여 추세분석기간이 짧아지고 있다.

추세분석을 위한 변화율은 다음과 같이 계산한다.

$$
변화율 = \frac{비교연도금액 - 기준연도금액}{기준연도금액} \times 100
$$

다음 (예 1)에서 (주)두발로의 자료를 통해서 추세분석을 살펴보자. 단, 기준연도는 20×1년이다.

예 1 · (주)두발로의 매출액과 당기순이익 자료

과목	20×1년	20×2년	20×3년	20×4년	20×5년
매출액	₩800,000	₩840,000	₩900,000	₩880,000	₩960,000
당기순이익	143,000	110,000	150,000	155,000	140,000

20×2년도 매출액 변화율 = (₩840,000 − 800,000)/ 800,000 = 5%

20×2년도 당기순이익 변화율 = (₩110,000 − 143,000)/ 143,000 = (−)23%

같은 방식으로 이후 연도의 변화율을 산출하여 추세분석에 반영하면 다음 〈표 14−1〉과 같다.

표 14-1 추세분석

과목	20×1년	20×2년	20×3년	20×4년	20×5년
매출액	100%	105%	113%	110%	120%
당기순이익	100	77	105	108	98

(주)두발로의 추세분석을 통해서 가장 뚜렷하게 파악할 수 있는 것은 매출액의 지속적인 상승에도 불구하고 당기순이익은 변동성이 심하다는 것이다. 여기서 비용 점검에 대한 필요성을 파악할 수 있다.

1.3 구성비율분석

구성비율분석(component ratio analysis)은 재무제표를 구성하고 있는 각 재무제표 항목의 상대적인 크기를 분석하는 것이다. 이때 재무상태표에서는 자산 총액이 기준이 되고, 포괄손익계산서에서는 매출액이 기준이 된다. 이렇게 표시된 재무제표를 **공통형 재무제표**(common size financial statements)라고 한다. 구성비율분석의 특징은 다음과 같다.

(1) 각 항목의 비중을 비교하기가 수월해진다. 예를 들어, 비용 내 어느 항목의 비중이 큰지 여부를 비교하여 감축시킬 비용의 순위를 정할 수 있다.

(2) 기업간 또는 기업내 기간별 비교가 수월해진다. 예를 들어, 동일한 항목에 대해 기간별 비중의 변화를 살펴보고 크게 증가한 항목이나 감소한 항목의 원인을 분석해 볼 수 있다.

유의할 점은 기준이 되는 자산이나 매출액이 기업간 또는 기업내 기간별로 다르기 때문에 비중이 커도 금액은 작을 수 있으며, 그 반대일 수도 있다는 것이다.

구성비율분석을 위한 비율은 다음과 같이 계산한다.

$$구성비율 = \frac{각\ 자산\ 항목\ 또는\ 손익\ 항목}{자산\ 또는\ 매출액} \times 100$$

다음 (예 2)에서 (주)두발로의 재무제표 자료를 통해서 구성비율분석을 살펴보자.

예 2 ● (주)두발로의 재무제표

재무상태표

(주)두발로 (단위: 원)

과목	20×1년	20×2년
현금및현금성자산	100,000	160,000
매출채권	320,000	400,000
재고자산	220,000	200,000
장기대여금	40,000	0
비품	500,000	600,000
감가상각누계액	(250,000)	(280,000)
자산총액	930,000	1,080,000
매입채무	150,000	180,000
미지급급여	20,000	10,000
미지급이자	15,000	22,000
장기차입금	200,000	160,000
부채총액	385,000	372,000
자본금	500,000	550,000
이익잉여금	45,000	158,000
자본총액	545,000	708,000
부채 및 자본총액	930,000	1,080,000

(포괄)손익계산서

(주)두발로 (단위: 원)

과목	20×1년	20×2년
매출액	800,000	840,000
매출원가	(450,000)	(460,000)
매출총이익	350,000	380,000
종업원급여	(65,000)	(72,000)
판매비및관리비	(90,000)	(136,000)
감가상각비	(40,000)	(40,000)
이자수익	10,000	0
유형자산처분이익	25,000	25,000
이자비용	(30,000)	(27,000)
법인세비용	(17,000)	(20,000)
당기순이익	143,000	110,000

20×1년도 현금및현금성자산 구성비율 = ₩100,000/ 930,000 = 11%

20×1년도 매출원가 구성비율 = ₩450,000/ 800,000 = 56%

같은 방식으로 각 항목의 구성비율을 산출하여 정리하면 다음 〈표 14-2〉와 같다.

⸚ **표 14-2 구성비율분석**

공통형 재무상태표

(주)두발로 (단위: %)

과목	20×1년	20×2년
현금및현금성자산	11	15
매출채권	34	37
재고자산	24	18
장기대여금	4	0
비품	54	56
감가상각누계액	(27)	(26)
자산총액	100	100
매입채무	16	16
미지급급여	2	1
미지급이자	2	2
장기차입금	21	15
부채총액	41	34
자본금	54	51
이익잉여금	5	15
자본총액	59	66
부채 및 자본총액	100	100

공통형 (포괄)손익계산서

(주)두발로 (단위: %)

과목	20×1년	20×2년
매출액	100	100
매출원가	(56)	(55)
매출총이익	44	45
종업원급여	(8)	(9)
판매비및관리비	(11)	(16)
감가상각비	(5)	(5)
이자수익	1	0
유형자산처분이익	3	3
이자비용	(4)	(3)
법인세비용	(2)	(2)
당기순이익	18	13

(주)두발로의 구성비율분석을 통해서 가장 뚜렷하게 파악할 수 있는 것은 공통형 재무상태표에서 20×1년도에 비해 20×2년도에 부채가 감소하고 자본이 증가한 것이다. 부채가 감소한 것은 장기차입금의 감소가 가장 큰 원인이며, 자본이 증가한 것은 이익잉여금의 증가를 원인으로 볼 수 있다. 공통형 (포괄)손익계산서에서 20×1년도에 비해 20×2년도에 당기순이익 비율이 감소했으며 그 원인으로 판매비및관리비 비율이 크게 증가한 것을 알 수 있다. 여기서 판매비및관리비 점검에 대한 필요성을 파악할 수 있다.

2. 재무비율분석

재무비율분석(ratio analysis)은 재무제표 항목 간의 관계에 대해 비율을 통해서 분석하는 것이다. 어떤 재무비율이 의미를 갖기 위해서는 재무제표 항목 간에 중요한 상관관계가 존재해야 한다. 만약 서로 상관관계가 없는 항목들을 가지고 비율을 계산하였다면 그 수치는 아무런 정보도 제공하지 못한다.

재무비율분석은 절대적 분석보다는 기준이 되는 비율과 상대적으로 비교하면서 유용한 정보를 제공한다. 예를 들어, 기준이 되는 비율로 동종 산업 평균을 사용하면 해당 기업이 산업 내에서 어느 정도의 위치에 있는가를 알 수 있다. 해당 기업이 구체적으로 어디에서 우열을 나타내는지 판단하기 위해서는 동종 산업 평균보다는 경쟁기업의 비율을 사용하는 것이 더 유용한 정보를 제공한다.

재무비율분석은 주로 수익성, 활동성, 안전성 및 성장성 비율로 이루진다. 여기서 중요한 것은 재무비율을 구성하는 분자와 분모를 유량(flow, 즉 포괄손익계산서 및 현금흐름표 항목) 또는 저량(stock, 즉 재무상태표 항목)으로 일치시켜야 한다는 점이다. 이것이 일치하지 않을 때에는 일반적으로 저량을 유량으로 전환하여 일치시킨다. 저량을 유량으로 전환하는 방법은 기초금액과 기말금액의 평균값을 사용하는 것이다.

(예 2)에서 (주)두발로의 재무제표 자료를 통해서 재무비율분석을 살펴보자.

2.1 수익성비율

수익성비율은 기업의 성과를 나타내는 재무비율이며, 주로 매출액순이익률, 자기자본순이익률 및 주가이익비율이 사용된다.

(1) 매출액순이익률

매출액순이익률(ROS: return on sales)은 매출액 ₩1에 대한 당기순이익이 얼마인지를 나타내는 지표이다. 유형자산처분손익 등과 같은 비경상적인 항목을 제거한 후에 이익을 사용하기 위해 당기순이익 대신 영업이익을 사용하기도 한다. 매출액순이익률은 다음과 같이 계산한다.

$$\text{매출액순이익률} = \frac{\text{당기순이익}}{\text{순매출액}} \times 100$$

(주)두발로의 20×1년과 20×2년 매출액순이익률을 계산하면 다음 〈표 14-3〉과 같다.

☰ 표 14-3 매출액순이익률

재무비율	20×1년	20×2년
매출액순이익률	$\dfrac{₩143,000}{₩800,000} \times 100 = 18\%$	$\dfrac{₩110,000}{₩840,000} \times 100 = 13\%$

(주)두발로의 20×1년도의 매출액순이익률은 18%인 데 반해 20×2년도의 매출액순이익률은 13%로 감소하였다. 매출액은 증가하였으나 당기순이익이 감소한 이유(비용증가 등)를 찾아 수익성을 개선해야 할 것이다.

(2) 자기자본순이익률

자기자본순이익률(ROE: return on equity)은 자기자본이 얼마의 수익창출에 이용되고 있는지를 나타내는 지표이다. 보통주 소유자들에 의하여 출자된 자본만을 분모에 사용하는 경우에는 분자에 당기순이익에서 우선주배당금을 차감한 값을 사용한다. 자기자본순이익률은 다음과 같이 계산한다.

$$자기자본순이익률 = \frac{당기순이익}{평균자기자본} \times 100$$

(주)두발로의 20×2년 자기자본순이익률을 계산하면 다음 〈표 14-4〉와 같다.

표 14-4 자기자본순이익률

재무비율	20×2년
자기자본순이익률	$\dfrac{₩110,000}{(₩545,000 + 708,000)/2} \times 100 = 18\%$

(주)두발로의 20×2년 자기자본순이익률은 18%이며, 자기자본 ₩100을 투자하여 ₩18의 성과를 냈다는 것을 의미한다.

(3) 주가이익비율

주가이익비율(PER: price earnings ratio)은 1주당 순이익에 비해서 주가가 몇 배로 형성되어 있는지를 나타내는 지표이다. 일반적으로 주가이익비율이 낮은 기업의 주가가 향후 상승할 가능성이 높다고 판단한다. 그러나 투자자들이 해당 기업의 미래 성장가능성을 낮게 평가하여 주가이익비율이 낮을 수도 있다. 주가이익비율은 다음과 같이 계산한다.

$$주가이익비율 = \frac{주당주식시가}{주당이익}$$

만약 (주)두발로의 20×2년 주당이익이 ₩1,000이고, 20×2년 말 주가가 ₩14,000이라면, 주가이익비율은 다음 〈표 14-5〉와 같다. 1주당 순이익에 비해서 주가가 14배로 형성되어 있다는 의미이다.

― 표 14-5 주가이익비율

재무비율	20×2년
주가이익비율	$\dfrac{₩14,000}{₩1,000}$ = 14배

2.2 활동성비율

활동성비율은 기업이 자산을 얼마나 효율적으로 활용하고 있는지를 나타내는 재무비율이며, 주로 매출채권회전율, 재고자산회전율 및 총자산회전율이 사용된다.

(1) 매출채권회전율

매출채권회전율(account receivable turnover)은 당기 중에 몇 번이나 매출을 하고 매출채권을 회수하였는지, 즉 매출채권을 현금화하는 속도를 나타내는 지표이다. 365일을 매출채권회전율로 나누면 매출채권의 평균회수기간을 나타내며, 다음과 같이 계산한다.

$$매출채권회전율 = \frac{순매출액}{평균매출채권}$$

$$매출채권평균회수기간 = \frac{365일}{매출채권회전율}$$

(주)두발로의 20×2년 매출채권회전율과 매출채권평균회수기간을 계산하면 다음 〈표 14-6〉과 같다.

― 표 14-6 매출채권회전율과 매출채권회수기간

재무비율	20×2년
매출채권회전율	$\dfrac{₩840,000}{(₩320,000 + 400,000)/2}$ = 2.33회
매출채권평균회수기간	$\dfrac{365일}{2.33회}$ = 157일

(주)두발로의 20×2년 매출채권회전율은 2.33회이며, 매출채권의 평균회수기간은 157일이다. 평균회수기간이 짧을수록 매출채권을 현금화하는 속도가 빠르다는 것이므로, 만약 (주)두발로의 신용기간의 정책이 90일이라면 매출채권을 효율적으로 회수하지 못했다고 판단할 수 있다.

(2) 재고자산회전율

재고자산회전율(inventory turnover)은 당기 중에 몇 번이나 재고자산을 매입 또는 생산하여 판매를 하였는지, 즉 재고재산이 판매되기까지의 처리속도를 나타내는 지표이다. 365일을 재고자산회전율로 나누면 재고자산의 평균회전기간을 나타내며, 다음과 같이 계산한다.

$$재고자산회전율 = \frac{매출원가}{평균재고자산}$$

$$재고자산평균회전기간 = \frac{365일}{재고자산회전율}$$

(주)두발로의 20×2년 재고자산회전율과 재고자산평균회전기간을 계산하면 다음 〈표 14-7〉과 같다.

표 14-7 재고자산회전율과 재고자산평균회전기간

재무비율	20×2년
재고자산회전율	$\frac{₩460,000}{(₩220,000 + 200,000)/2} = 2.19회$
재고자산평균회전기간	$\frac{365일}{2.19회} = 167일$

(주)두발로의 20×2년 재고자산회전율은 2.19회이며, 재고자산의 평균회전기간은 167일이다. 평균회전기간이 짧을수록 재고자산이 판매되기까지의 처리속도가 빠르다는 것을 의미한다. 재고자산평균회전기간은 해당 기업이 어떤 제품 또는 상품을 판매하는지

에 따라 매우 다양하다.

(3) 총자산회전율

총자산회전율(asset turnover)은 총자산이 수익을 창출하는 데 얼마나 효율적으로 이용되었는지를 나타내는 지표이며, 다음과 같이 계산한다.

$$총자산회전율 = \frac{순매출액}{평균총자산}$$

(주)두발로의 20×2년 총자산회전율을 계산하면 다음 〈표 14-8〉과 같다.

━ 표 14-8 총자산회전율

재무비율	20×2년
총자산회전율	$\dfrac{₩840,000}{(₩930,000 + 1,080,000)/2} = 0.84회$

(주)두발로의 20×2년 총자산회전율은 0.84회이다. 일반적으로 총자산회전율 1회를 총자산의 효율적 활용기준으로 판단한다면 (주)두발로는 총자산을 수익창출에 효율적으로 활용하지 못한다는 것을 의미한다.

2.3 안전성비율

안전성비율은 기업이 채무에 대한 원금과 이자를 원만하게 상환할 수 있는 능력을 나타내는 재무비율이며, 단기채무 상환능력을 나타내는 유동비율 및 당좌비율과, 장기채무 상환능력을 나타내는 부채비율 및 이자보상비율을 사용한다.

(1) 유동비율

유동비율(current ratio)은 단기채무 상환에 충당할 수 있는 유동자산이 얼마나 되는지를 나타내는 지표이다. 유동비율이 높을수록 단기채무 상환능력이 충분하다고 평가할 수 있으며, 일반적으로 유동비율이 100% 이상이면 보통으로, 200% 이상이면 안전하다고 평가한다. 유동비율은 다음과 같이 계산한다.

$$\text{유동비율} = \frac{\text{유동자산}}{\text{유동부채}} \times 100$$

(주)두발로의 20×1년과 20×2년 유동비율을 계산하면 다음 〈표 14-9〉와 같다.

표 14-9 유동비율

재무비율	20×1년	20×2년
유동비율	$\frac{\text{₩640,000}}{\text{₩185,000}} \times 100 = 346\%$	$\frac{\text{₩760,000}}{\text{₩212,000}} \times 100 = 358\%$

(주)두발로의 20×1년과 20×2년 유동비율은 각각 346%와 358%로 매우 안전하다는 것을 의미한다. 또한 20×1년에 비해 20×2년 유동비율이 증가한 이유는 현금및현금성자산과 매출채권이 늘어났기 때문이다.

(2) 당좌비율

당좌비율(quick ratio)은 유동자산 중에서 재고자산을 뺀 당좌자산을 유동부채로 나눈 비율로써 유동비율보다 더 엄격한 단기채무 상환능력을 나타내는 지표이다. 당좌비율을 사용하는 이유는 재고자산 중에서도 장기간 판매되지 않아서 단기적으로 현금화하는데 문제가 있을 수도 있기 때문이다. 당좌비율은 다음과 같이 계산한다.

$$\text{당좌비율} = \frac{\text{당좌자산}}{\text{유동부채}} \times 100 = \frac{\text{유동자산} - \text{재고자산}}{\text{유동부채}} \times 100$$

(주)두발로의 20×1년과 20×2년 당좌비율을 계산하면 다음 〈표 14-10〉과 같다.

— **표 14-10 당좌비율**

재무비율	20×1년	20×2년
당좌비율	$\dfrac{420{,}000}{185{,}000} \times 100 = 227\%$	$\dfrac{560{,}000}{212{,}000} \times 100 = 264\%$

(주)두발로의 20×1년과 20×2년 당좌비율은 각각 227%와 264%로 매우 양호하다는 것을 의미한다. 또한 20×1년에 비해 20×2년 당좌비율이 증가한 이유는 유동비율과 마찬가지로 현금및현금성자산과 매출채권이 늘어났기 때문이다.

(3) 부채비율

부채비율(debt-to-equity ratio)은 자기자본 대비 부채가 얼마나 큰지를 나타내는 지표로서, 기업의 장기채무 상환능력을 나타내는 지표이다. 또한 부채비율이 높을수록 채권자가 원금과 이자를 받지 못할 가능성이 커지기 때문에 채권자 입장에서 재무위험의 지표로 사용된다. 부채비율은 다음과 같이 계산한다.

$$\text{부채비율} = \frac{\text{부채}}{\text{자기자본}} \times 100$$

(주)두발로의 20×1년과 20×2년 부채비율을 계산하면 다음 〈표 14-11〉과 같다.

— **표 14-11 부채비율**

재무비율	20×1년	20×2년
부채비율	$\dfrac{385{,}000}{545{,}000} \times 100 = 71\%$	$\dfrac{372{,}000}{708{,}000} \times 100 = 53\%$

(주)두발로의 20×1년과 20×2년 부채비율은 각각 71%와 53%로 장기채무 상환능력이 매우 양호하다는 것을 의미한다. 특히 20×2년의 부채비율은 53%로 재무위험이 매우 낮다고 평가할 수 있다.

(4) 이자보상비율

이자보상비율(interest coverage ratio)은 이자비용과 법인세비용을 차감하기 전 순이익 (EBIT: earnings before interest and tax)을 이자비용으로 나눈 비율로서, 이자비용을 지불할 만큼의 충분한 이익을 창출하고 있는지를 나타내는 지표이다. 영업이익이 높더라도 이자 보상비율이 낮다면 이자도 지불하지 못할 정도의 재무위험이 매우 높다는 것을 의미한 다. 이자보상비율은 다음과 같이 계산한다.

$$이자보상비율 = \frac{이자비용\ 및\ 법인세비용차감\ 전\ 순이익(EBIT)}{이자비용}$$

(주)두발로의 20×1년과 20×2년 이자보상비율을 계산하면 다음 〈표 14−12〉와 같다.

표 14-12　이자보상비율

재무비율	20×1년	20×2년
이자보상비율	$\dfrac{₩190,000}{₩30,000} = 6.33$	$\dfrac{₩157,000}{₩27,000} = 5.81$

(주)두발로의 20×1년과 20×2년 이자보상비율은 각각 6.33과 5.81로 이자를 지불 할 만큼의 충분한 이익을 창출한다는 것을 의미한다.

11장에서 언급한 것처럼, 이자비용은 고정비이기 때문에 이자비용이 없을 때보다 이 자비용이 있을 때 이자비용 차감 후 영업이익(당기순이익으로 가정함) 변화율이 영업이익 변 화율보다 더 커지는데, 이것을 **레버리지 효과**(leverage effect)라고 한다. 다음 〈표 14−13〉 의 예를 들어 설명해 보면, 이자비용이 없는 경우와 이자비용이 있는 경우 모두 영업이 익은 10% 증가한다. 그러나 이자비용이 없는 경우에 당기순이익은 10% 증가하지만 이 자비용이 있는 경우에는 20% 증가한다는 것을 알 수 있다. 영업이익이 감소하는 경우에 는 그 반대의 효과를 미치게 된다.

— 표 14-13 레버리지 효과

과목	이자비용이 없는 경우		이자비용이 있는 경우	
	20×1년	20×2년	20×1년	20×2년
영업이익	₩200,000	₩220,000	₩200,000	₩220,000
이자비용	0	0	100,000	100,000
이자비용 차감후 영업이익	₩200,000	₩220,000	₩100,000	₩120,000

2.4 성장성비율

성장성비율은 기업이 얼마나 빠르게 성장하고 있는가를 나타내는 재무비율이다. 총자산증가율, 당기순이익증가율 등이 있으나 일반적으로 **매출액증가율**(sales growth rate)을 기업의 성장성을 나타내는 지표로 사용한다. 매출액증가율은 다음과 같이 계산하다.

$$\text{매출액증가율} = \frac{\text{당기매출액} - \text{전기매출액}}{\text{전기매출액}} \times 100$$

(주)두발로의 20×2년 매출액증가율을 계산하면 다음 〈표 14-14〉와 같다.

— 표 14-14 매출액증가율

재무비율	20×2년
매출액증가율	$\dfrac{₩840,000 - 800,000}{₩800,000} \times 100 = 5\%$

(주)두발로의 20×2년 매출액증가율은 5%이다. 매출액이 빠르게 성장하는지는 동종 산업의 평균매출액증가율이나 경쟁기업의 매출액증가율과 비교해야 알 수 있다.

2.5 배당비율

배당비율이 수익성, 활동성, 안전성 및 성장성 못지않게 중요한 이유는 최종적으로 주주에게 얼마의 몫을 지급하는가를 나타내는 재무비율이기 때문이다. 일반적으로 배당성향과 배당수익률을 사용한다.

(1) 배당성향

배당성향(payout ratio)은 당기순이익 중에서 총배당액으로 얼마나 사용했는지를 나타내는 지표이다. 기업 입장에서는 적정한 배당성향을 유지하는 것이 중요하다. 배당성향이 높으면 경영자가 미래 수익창출을 확신한다는 것과 반면에 뚜렷한 투자계획이 없다는 신호로도 볼 수 있다. 배당성향이 낮으면 경영자의 미래에 대한 불확실성을 반영한다는 것과 반면에 명확한 투자계획이 있다는 신호로 받아들여지기도 한다. 배당성향은 다음과 같이 계산한다.

$$\text{배당성향} = \frac{\text{총배당액}}{\text{당기순이익}} \times 100$$

(주)두발로의 20×2년 배당성향을 계산하면 다음 〈표 14−15〉와 같다. 단, 20×2년 현금배당은 ₩30,000으로 가정한다.

≡ **표 14-15 배당성향**

재무비율	20×2년
배당성향	$\dfrac{₩30,000}{₩110,000} \times 100 = 27\%$

(주)두발로의 20×2년 배당성향은 27%이다. 우리나라 상장기업의 배당성향이 20~30% 수준이므로 평균정도라고 볼 수 있다.

(2) 배당수익률

배당수익률(dividend yield)은 주식에 투자하여 얼마의 투자수익, 즉 얼마의 배당을 받았는지를 나타내는 지표이다. 배당성향은 다음과 같이 계산한다.

$$배당수익률 = \frac{주당배당액}{주당주식가격} \times 100$$

(주)두발로의 20×2년 배당수익률을 계산하면 다음 〈표 14−16〉과 같다. 단, 20×2년 1주당 배당액은 ₩273이고, 20×2년 말 주가는 ₩14,000으로 가정한다. (주)두발로의 20×2년 배당수익률은 2%이다.

─ 표 14-16 배당수익률

재무비율	20×2년
배당수익률	$\dfrac{₩273}{₩14,000} \times 100 = 2\%$

3. 재무제표분석의 한계점

재무제표분석은 재무제표의 유용한 정보를 정보이용자들에게 제공한다는 긍정적인 측면이 있지만 다음과 같은 한계점이 있기 때문에 유의하여야 한다.

우선 재무제표 자체가 과거자료를 기초로 작성한 것이기 때문에 재무제표분석도 과거자료를 기초로 만들어진 재무비율이다. 따라서 기업의 미래 수익창출능력을 예측하는데 한계가 있다.

두 번째는 재무제표분석을 통해 산출한 재무비율을 유용하게 사용하기 위해서는 동종 산업 평균값이나 경쟁기업의 재무비율과 비교해서 의미 있는 정보를 도출해야 한다. 그러나 기업 간에 회계처리방법이 다르다면 재무비율을 직접적으로 비교하는 것이 의미 없을 수도 있다.

세 번째는 한 기업의 재무비율을 기간별로 비교할 때 비교되는 두 기간 사이의 영업여건의 변화를 고려해야 한다. 만약 경제상황이 크게 변하였거나 기업 자체의 사업부문 등의 변화가 있었다면 이러한 상황을 고려하여 비교하여야 한다. 또한 재무제표 자체에 물가변동의 효과가 반영되어 있지 않기 때문에 이러한 점도 고려하여야 한다.

마지막으로 재무비율을 동종 산업의 평균이나 경쟁기업과 상대적으로 비교할 뿐이지 절대적인 명확한 지침은 없다. 따라서 비교대상이 누구냐에 따라서 분석결과가 완전히 달라질 수 있다는 점은 재무제표분석의 한계점이다.

재무비율을 정리하면 다음 〈표 14−17〉과 같다.

표 14-17 주요 재무비율

재무비율	계산식	의미
1. 수익성비율		
(1) 매출액순이익률	$\dfrac{\text{당기순이익}}{\text{순매출액}} \times 100$	매출액 ₩1에 대한 당기순이익이 얼마인지를 나타내는 지표
(2) 자기자본순이익률	$\dfrac{\text{당기순이익}}{\text{평균자기자본}} \times 100$	자기자본이 얼마의 수익창출에 이용되고 있는지를 나타내는 지표
(3) 주가이익비율	$\dfrac{\text{주당주식시가}}{\text{주당이익}}$	1주당 순이익에 비해서 주가가 몇 배로 형성되어 있는지를 나타내는 지표
2. 활동성비율		
(1) 매출채권회전율	$\dfrac{\text{순매출액}}{\text{평균매출채권}}$	매출채권을 현금화하는 속도를 나타내는 지표
매출채권평균회수기간	$\dfrac{365\text{일}}{\text{매출채권회전율}}$	
(2) 재고자산회전율	$\dfrac{\text{매출원가}}{\text{평균재고자산}}$	재고재산이 판매되기까지의 처리속도를 나타내는 지표
재고자산평균회전기간	$\dfrac{365\text{일}}{\text{재고자산회전율}}$	
(3) 총자산회전율	$\dfrac{\text{순매출액}}{\text{평균총자산}}$	총자산이 수익을 창출하는 데 얼마나 효율적으로 이용되었는지를 나타내는 지표
3. 안전성비율		
(1) 유동비율	$\dfrac{\text{유동자산}}{\text{유동부채}} \times 100$	단기채무 상환에 충당할 수 있는 유동자산이 얼마나 되는지를 나타내는 지표
(2) 당좌비율	$\dfrac{\text{당좌자산}}{\text{유동부채}} \times 100$	유동비율보다 더 엄격한 단기채무 상환능력을 나타내는 지표
(3) 부채비율	$\dfrac{\text{부채}}{\text{자기자본}} \times 100$	장기채무 상환능력을 나타내는 지표
(4) 이자보상비율	$\dfrac{EBIT}{\text{이자비용}}$	이자비용을 지불할 만큼의 충분한 이익을 창출하고 있는지를 나타내는 지표
4. 성장성비율		
(1) 매출액증가율	$\dfrac{\text{당기매출액} - \text{전기매출액}}{\text{전기매출액}} \times 100$	매출액이 얼마나 빠르게 성장하는지를 나타내는 지표
5. 배당비율		
(1) 배당성향	$\dfrac{\text{총배당액}}{\text{당기순이익}} \times 100$	당기순이익 중에서 총배당액으로 얼마나 사용했는지를 나타내는 지표
(2) 배당수익률	$\dfrac{\text{주당배당액}}{\text{주당주식가격}} \times 100$	주식에 투자하여 얼마의 배당을 받았는지를 나타내는 지표

● Issue & Talk

재무제표 분석해보니…'부도·회생절차' 45개 기업 공통점

지난 9월 말 투자자들은 '패닉'에 빠졌다. 매출 6조원대 30대 그룹인 웅진그룹이 돌연 법정관리를 신청했던 때문이다. 무리한 차입과 계열사 지원, 업황 부진 등 악재가 겹쳐 부채비율이 급증했던 것이 원인이었다. 웅진은 30대 재벌그룹 가운데 부채총액 증가율이 가장 높았다. 웅진의 차입금은 2009년 1조 5,000억원에서 작년 말 4조 3,000억원으로 186.7%나 급증했고 부채총액도 2년 새 84.7% 늘었다. 재무구조가 악화일로를 걷고 있었다는 뜻이다. 실물불황의 파고가 증시를 덮친 지는 이미 오래다. 올 들어 5월 풍림산업, 8월 금강제강, 9월 SSCP 등 건실하다고 평가받았던 기업들도 줄줄이 부도철퇴를 맞았다. 전문가들은 "우량기업처럼 보여도 부채비율 등 신용지표를 꼼꼼히 살펴봐야 하는 이유"라고 지적한다.

머니투데이가 한국거래소에 의뢰해 최근 3년 동안 부도·회생절차개시를 신청한 상장기업 45개사(코스피18·코스닥27)를 분석한 결과, 이들 기업은 부채규모, 이자지급능력, 원금상환능력 등에서 이상징후가 포착된 것으로 나타났다. 45개사 가운데 62.2%는 부채비율·차입금의존도가 업종평균보다 높고 51.1%는 영업으로 벌어들인 현금이 투자자금을 충당하지 못했던 것으로 조사됐다.

업종평균 보다 부채비율이 높았던 28곳은 이전 재무제표상에서도 이상징후가 곳곳에서 발견됐다. 예컨대, 풍림산업, 벽산건설, 미성포리테크, 중앙디자인, 미주제강, SSCP 등은 최근 3년 간 부채비율이 업종평균을 2배 이상 웃돌았다. 이들 기업은 이자를 제때 낼 능력도 없었다. 93.3%는 영업을 해 벌어들인 돈으로 이자도 내지 못했던 것으로 조사됐다. 동양건설, 씨모텍, 웅진홀딩스 등은 영업실적이 나쁘지 않았지만 계열사의 우발채무 부담과 경영진의 횡령·배임 등에 발목을 잡혔던 경우다. 한계상황에 내몰린 기업들은 '차입금/EBITA'(이자·세금·감가상각비 차감 전 이익)도 매우 취약했다. 이 지표는 영업활동에서 벌어들인 돈으로 빚을 얼마나 감당할 수 있는지를 보여준다. 통상 그 비율이 6배 이상이면 빚을 갚을 능력이 취약하다고 보는데 분석대상 기업들은 최고 225배를 기록했던 것으로 나타났다. 거래소 관계자는 "부도 등 신청기업의 90% 이상이 다수의 재무지표에서 위험신호가 발견됐다"며 "특히 부도 발생 전 차입금/EBITA 비율은 3년 연속 매우 위험수준을 보였다"고 지적했다.

(머니투데이 2012년 11월 19일)

⊃ 토론 주제

'부채비율'과 '차입금/EBITA'의 차이점은 무엇인가?

☑ 연습문제

서술식 ✅

001 재무제표분석의 의의 및 특징에 대해 서술하시오.

002 추세분석의 의의 및 특징에 대해 서술하시오.

003 구성비율분석의 의의 및 특징에 대해 서술하시오.

004 재무비율분석의 의의 및 특징에 대해 서술하시오.

005 수익성의 재무비율에 대해 서술하시오.

006 활동성의 재무비율에 대해 서술하시오.

007 안전성의 재무비율에 대해 서술하시오.

008 성장성의 재무비율에 대해 서술하시오.

009 배당 관련 재무비율에 대해 서술하시오.

010 재무제표분석의 한계점에 대해 서술하시오.

객관식 ✅

001 재무제표분석의 특징이 아닌 것은?
① 재무제표분석은 비교대상이 필요하다.
② 두 가지 이상의 회계수치를 이용해서 재무비율이 산출된다.
③ 주가나 경제적지표 등 재무제표 이외의 정보를 이용할 수 없다.
④ 다양한 분석과 종합적인 판단을 통해서 더 유용한 정보를 얻을 수 있다.

002 재무제표분석의 분석방법이 아닌 것은?
① 재무비율분석　　　　　　　　② 구성비율분석
③ 추세분석　　　　　　　　　　④ 비재무분석

003 수익성비율을 나타내는 재무비율이 아닌 것은?
① 매출액순이익률　　　　　　　② 배당수익률
③ 주가이익비율　　　　　　　　④ 총자산순이익률

004 활동성비율을 나타내는 재무비율이 아닌 것은?
① 매출채권회전율　　　　　　　② 재고자산회전율
③ 배당성향　　　　　　　　　　④ 총자산회전율

005 안전성비율을 나타내는 재무비율이 아닌 것은?
① 매출채권 평균회수기간　　　　② 당좌비율
③ 부채비율　　　　　　　　　　④ 이자보상비율

006 주식에 투자하여 얼마의 배당을 받았는지를 나타내는 재무비율은?
① 주가수익비율　　　　　　　　② 이자보상비율
③ 매출액순이익률　　　　　　　④ 배당수익률

007 재무제표분석의 한계점이 아닌 것은?

① 기업의 미래 수익창출능력을 예측하는 데 한계가 있다.

② 기업간에 회계처리방법이 다르다면 재무비율을 직접적으로 비교하는 것이 의미 있다.

③ 물가변동의 효과가 반영되어 있지 않다.

④ 비교대상이 누구냐에 따라서 분석결과가 달라질 수 있다.

재무상태표

종합문제 ✓

A회사의 비교재무상태표와 (포괄)손익계산서는 다음과 같다.

재무상태표

A회사 (단위: 원)

과목	20×1년	20×2년
현금및현금성자산	50,000	60,000
매출채권	120,000	110,000
미수이자	20,000	22,000
재고자산	100,000	130,000
장기대여금	70,000	95,000
비품	250,000	300,000
감가상각누계액	(90,000)	(100,000)
자산총액	520,000	617,000
매입채무	₩80,000	₩65,000
미지급급여	15,000	25,000
미지급법인세	10,000	0
장기차입금	180,000	200,000
부채총액	285,000	290,000
자본금	200,000	250,000
이익잉여금	35,000	77,000
자본총액	235,000	327,000
부채 및 자본총액	520,000	617,000

(포괄)손익계산서

A회사 (단위: 원)

과목	20×1년	20×2년
매출액	500,000	580,000
매출원가	(300,000)	(360,000)
매출총이익	200,000	220,000
종업원급여	(45,000)	(53,000)
판매비및관리비	(50,000)	(60,000)
감가상각비	(20,000)	(22,000)
이자수익	39,000	40,000
유형자산처분이익	16,000	5,000
이자비용	(54,000)	(60,000)
법인세비용	(36,000)	(30,000)
당기순이익	50,000	40,000

〈추가사항〉

① 20×2년 중에 현금배당 ₩8,000을 주주총회에서 결의하고 지급하였다.

② 20×2년 1월 1일에 액면금액 ₩5,000인 보통주 10주를 발행하였다.

③ 20×2년도 A회사의 주당이익은 ₩800이다.

④ 20×2년 말 A회사의 1주당 주가는 ₩8,000이다.

1 **추세분석**

A회사의 연도별 매출액과 당기순이익은 다음과 같다. 기준연도를 20×1년으로 하여 매출액과 당기순이익에 대해 추세분석을 하시오.

과목	20×1년	20×2년	20×3년	20×4년	20×5년
매출액	₩500,000	₩580,000	₩600,000	₩610,000	₩660,000
당기순이익	50,000	40,000	80,000	72,000	44,000

과목	20×1년	20×2년	20×3년	20×4년	20×5년
매출액	100%				
당기순이익	100%				

2 구성비율분석

A회사의 재무제표를 이용하여 공통형 재무상태표와 공통형 (포괄)손익계산서를 작성하시오.

공통형 재무상태표

A회사 (단위: %)

과목	20×1년	20×2년
현금및현금성자산		
매출채권		
미수이자		
재고자산		
장기대여금		
비품		
감가상각누계액		
자산총액	100	100
매입채무		
미지급급여		
미지급법인세		
장기차입금		
부채총액		
자본금		
이익잉여금		
자본총액		
부채 및 자본총액	100	100

(포괄)손익계산서

A회사 (단위: %)

과목	20×1년	20×2년
매출액	100	100
매출원가		
매출총이익		
종업원급여		
판매비및관리비		
감가상각비		
이자수익		
유형자산처분이익		
이자비용		
법인세비용		
당기순이익		

3 재무비율분석

A회사의 재무제표와 추가사항을 이용하여 다음의 재무비율을 계산하시오. 단, 회색으로 칠한 부분은 자료 부족으로 계산할 필요 없다.

재무비율	20×1년	20×2년
(1) 매출액순이익률		
(2) 자기자본순이익률		
(3) 주가이익비율		
(4) 매출채권회전율		
(5) 매출채권평균회수기간		
(6) 재고자산회전율		
(7) 재고자산평균회전기간		
(8) 총자산회전율		
(9) 유동비율		
(10) 당좌비율		
(11) 부채비율		
(12) 이자보상비율		
(13) 매출액증가율		
(14) 배당성향		
(15) 배당수익률		

memo

가치계산표

| 목돈의 미래가치(원리금) | | | | | | | | | |

$$F_n = (1+r)^n$$

기간	1%	2%	3%	4%	5%	6%	7%	8%	9%	10%
1	1.0100	1.0200	1.0300	1.0400	1.0500	1.0600	1.0700	1.0800	1.0900	1.1000
2	1.0201	1.0404	1.0609	1.0816	1.1025	1.1236	1.1449	1.1664	1.1881	1.2100
3	1.0303	1.0612	1.0927	1.1249	1.1576	1.1910	1.2250	1.2597	1.2950	1.3310
4	1.0406	1.0824	1.1255	1.1699	1.2155	1.2625	1.3108	1.3605	1.4116	1.4641
5	1.0510	1.1041	1.1593	1.2167	1.2763	1.3382	1.4026	1.4693	1.5386	1.6105
6	1.0615	1.1262	1.1941	1.2653	1.3401	1.4185	1.5007	1.5869	1.6771	1.7716
7	1.0721	1.1487	1.2299	1.3159	1.4071	1.5036	1.6058	1.7138	1.8280	1.9487
8	1.0829	1.1717	1.2668	1.3686	1.4775	1.5938	1.7182	1.8509	1.9926	2.1436
9	1.0937	1.1951	1.3048	1.4233	1.5513	1.6895	1.8385	1.9990	2.1719	2.3579
10	1.1046	1.2190	1.3439	1.4802	1.6289	1.7908	1.9672	2.1589	2.3674	2.5937
11	1.1157	1.2434	1.3842	1.5395	1.7103	1.8983	2.1049	2.3316	2.5804	2.8531
12	1.1268	1.2682	1.4258	1.6010	1.7959	2.0122	2.2522	2.5182	2.8127	3.1384
13	1.1381	1.2936	1.4785	1.6651	1.8856	2.1329	2.4098	2.7196	3.0658	3.4523
14	1.1495	1.3195	1.5126	1.7317	1.9799	2.2609	2.5785	2.9372	3.3417	3.7975
15	1.1610	1.3459	1.5580	1.8009	2.0789	2.3966	2.7590	3.1722	3.6425	4.1772
16	1.1726	1.3728	1.6047	1.8730	2.1829	2.5404	2.9522	3.4259	3.9703	4.5950
17	1.1843	1.4002	1.6528	1.9479	2.2920	2.6928	3.1588	3.7000	4.3276	5.0545
18	1.1961	1.4282	1.7024	2.0258	2.4066	2.8543	3.3799	3.9960	7.7171	5.5599
19	1.2081	1.4568	1.7535	2.1068	2.5270	3.0256	3.6165	4.3157	5.1417	6.1159
20	1.2202	1.4859	1.8061	2.1911	2.6533	3.2701	3.8697	4.6610	5.6044	6.7275
21	1.2324	1.5157	1.8603	2.2788	2.7860	3.3996	4.1406	5.0388	6.1088	7.4002
22	1.2447	1.5460	1.9161	2.3699	2.9253	3.6035	4.4304	5.4365	6.6586	8.1403
23	1.2572	1.5769	1.9736	2.4647	3.0715	3.8197	4.7405	5.8715	7.2579	8.9543
24	1.2697	1.6084	2.0328	2.5633	3.2251	4.0489	5.0724	6.3412	7.9111	9.8497
25	1.2824	1.6406	2.0938	2.6658	3.3864	4.2919	5.4274	6.8485	8.6231	10.835
26	1.2953	1.6734	2.1566	2.7725	3.5557	4.5494	5.8074	7.3964	9.3992	11.918
27	1.3082	1.7069	2.2213	2.8834	3.7335	4.8223	6.2139	7.9881	10.245	13.110
28	1.3213	1.7410	2.2879	2.9987	3.9201	5.117	6.6488	8.6271	11.167	14.421
29	1.3345	1.7758	2.3566	3.1187	4.1161	5.4184	7.1143	9.3173	12.172	15.863
30	1.3478	1.8114	2.4273	3.2434	4.3219	5.7435	7.6123	10.063	13.268	17.449
40	1.4889	2.2080	3.2620	4.8010	7.0400	10.286	14.974	21.725	31.409	45.259
50	1.6446	2.6916	4.3839	7.1067	11.467	18.420	29.457	46.902	74.358	117.39
60	1.8167	3.2810	5.8916	10.520	18.679	32.988	57.946	101.26	176.03	304.48

기간	12%	14%	15%	16%	18%	20%	24%	28%	32%	36%
1	1.1200	1.1400	1.1500	1.1600	1.1800	1.2000	1.2400	1.2800	1.3200	1.3600
2	1.2544	1.2996	1.3225	1.3456	1.3924	1.4400	1.5376	1.6384	1.7424	1.8496
3	1.4049	1.4815	1.5029	1.5609	1.6430	1.7280	1.9066	2.0972	2.3000	2.5155
4	1.5735	1.6890	1.7490	1.8106	1.9388	2.0736	2.3642	2.6844	3.0360	3.4210
5	1.7623	1.9254	2.0114	2.1003	2.2878	2.4883	2.9316	3.4360	4.0075	4.6526
6	1.9738	2.1950	2.3131	2.4364	2.6996	2.9860	3.6352	4.3980	5.2899	6.3275
7	2.2107	2.5023	2.6600	2.8262	3.1855	3.5832	4.5077	5.6295	6.9826	8.6054
8	2.4760	2.8526	3.0590	3.2784	3.7589	4.2998	5.5895	7.2058	9.2170	11.703
9	2.7731	3.2519	3.5179	3.8030	4.4355	5.1598	6.9310	9.2234	12.166	15.917
10	3.1058	3.7072	4.0456	4.4114	5.2388	6.1917	8.5944	11.806	16.060	21.647
11	3.4785	4.2262	4.6524	5.1173	6.1759	7.4301	10.657	15.112	21.199	29.439
12	3.8960	4.8179	5.3503	5.9360	7.2876	8.9161	13.215	19.343	27.983	40.037
13	4.3635	5.4924	6.1528	6.8858	8.5994	10.699	16.386	24.759	36.937	54.451
14	4.8871	6.2613	7.0757	7.9875	10.147	12.839	20.319	31.691	48.757	74.053
15	5.4736	7.1379	8.1371	9.2655	11.974	15.407	25.196	40.565	64.359	100.71
16	6.1304	8.1372	9.3576	10.748	14.129	18.488	31.243	51.923	84.954	136.97
17	6.8660	9.2765	10.761	12.468	16.672	22.186	38.741	66.461	112.14	186.28
18	7.6900	10.575	12.375	14.463	19.673	26.623	48.039	85.071	148.02	253.34
19	8.6128	12.056	14.232	16.777	23.214	31.948	59.568	108.89	195.39	344.54
20	9.6463	13.743	16.367	19.461	27.393	38.338	73.864	139.38	257.92	468.57
21	10.804	15.668	18.822	22.574	32.324	46.005	91.592	178.41	340.45	637.26
22	12.100	17.861	21.645	26.186	38.142	55.206	113.57	228.36	449.39	866.67
23	13.552	20.362	24.891	30.376	45.008	66.247	140.83	292.30	593.20	1178.7
24	15.179	23.212	28.625	35.236	53.109	79.497	174.63	374.14	783.02	1603.0
25	17.000	26.462	32.919	40.874	62.669	95.396	216.54	478.90	1033.6	2180.1
26	19.040	30.167	37.857	47.414	73.949	114.48	268.51	613.00	1364.3	2964.9
27	21.325	34.390	43.535	55.000	82.260	137.37	332.95	784.64	1800.9	4032.3
28	23.884	39.204	50.066	63.800	102.97	164.84	412.86	1004.3	2377.2	5483.9
29	26.750	44.693	57.575	74.009	121.50	197.81	511.95	1285.6	3137.9	7458.1
30	29.960	50.950	66.212	85.850	143.37	237.38	634.82	1645.5	4142.1	10143.
40	93.051	188.88	267.86	378.72	750.38	1469.8	5455.9	19427.	66521.	*
50	289.00	700.23	1083.7	1670.7	3927.4	9100.4	46890.	*	*	*
60	897.60	2595.9	4384.0	7370.2	20555.	56348.	*	*	*	*

$* \ F_n > 99,999.$

목돈의 현재가치

$$P = \frac{1}{(1+r)^n}$$

기간	1%	2%	3%	4%	5%	6%	7%	8%	9%	10%
1	.9901	.9804	.9709	.9615	.9524	.9434	.9346	.9259	.9174	.9091
2	.9803	.9612	.9426	.9246	.9070	.8900	.8734	.8573	.8417	.8264
3	.9706	.9423	.9151	.8890	.8638	.8396	.8163	.7938	.7722	.7513
4	.9610	.9238	.8885	.8548	.8227	.7921	.7629	.7350	.7084	.6830
5	.9515	.9057	.8626	.8219	.7835	.7473	.7130	.6806	.6499	.6209
6	.9420	.8880	.8375	.7903	.7462	.7050	.6663	.6302	.5963	.5645
7	.9327	.8706	.8131	.7599	.7107	.6651	.6227	.5835	.5470	.5132
8	.9235	.8535	.7894	.7307	.6768	.6274	.5820	.5403	.5019	.4665
9	.9143	.8368	.7664	.7026	.6446	.5919	.5439	.5002	.4604	.4241
10	.9053	.8203	.7441	.6756	.6139	.5584	.5083	.4632	.4224	.3855
11	.8963	.8043	.7224	.6496	.5847	.5268	.4751	.4289	.3875	.3505
12	.8874	.7885	.7014	.6246	.5568	.4970	.4440	.3971	.3555	.3186
13	.8787	.7730	.6810	.6006	.5303	.4688	.4150	.3677	.3262	.2897
14	.8700	.7579	.6611	.5775	.5051	.4423	.3878	.3405	.2992	.2633
15	.8613	.7430	.6419	.5553	.4810	.4173	.3624	.3152	.2745	.2394
16	.8528	.7284	.6232	.5339	.4581	.3936	.3387	.2919	.2519	.2176
17	.8444	.7142	.6050	.5134	.4363	.3714	.3166	.2703	.2311	.1978
18	.8360	.7002	.5874	.4936	.4155	.3503	.2959	.2502	.2120	.1799
19	.8277	.6864	.5703	.4746	.3957	.3305	.2765	.2317	.1945	.1635
20	.8195	.6730	.5537	.4564	.3769	.3118	.2584	.2145	.1784	.1486
21	.8114	.6598	.5375	.4388	.3589	.2942	.2415	.1987	.1637	.1351
22	.8034	.6468	.5219	.4220	.3418	.2775	.2257	.1839	.1502	.1228
23	.7954	.6324	.5067	.4057	.3256	.2618	.2109	.1703	.1378	.1117
24	.7876	.6217	.4919	.3901	.3100	.2470	.1971	.1577	.1264	.1015
25	.7798	.6095	.4776	.3751	.2953	.2330	.1842	.1460	.1160	.0923
26	.7720	.5976	.4637	.3604	.2812	.2198	.1722	.1352	.1064	.0839
27	.7644	.5859	.4502	.3468	.2678	.2074	.1609	.1252	.0976	.0763
28	.7568	.5744	.4371	.3335	.2551	.1956	.1504	.1159	.0895	.0693
29	.7493	.5631	.4243	.3207	.2429	.1846	.1406	.1073	.0822	.0630
30	.7419	.5521	.4120	.3083	.2314	.1741	.1314	.0994	.0754	.0573
35	.7059	.5000	.3554	.2534	.1813	.1301	.0937	.0676	.0490	.0356
40	.6717	.4529	.3066	.2083	.1420	.0972	.0668	.0460	.0318	.0221
45	.6391	.4102	.2644	.1712	.1113	.0727	.0476	.0313	.0207	.0137
50	.6080	.3715	.2281	.1407	.0872	.0543	.0339	.0213	.0134	.0085
55	.5785	.3365	.1968	.1157	.0683	.0406	.0242	.0145	.0087	.0053

기간	12%	14%	15%	16%	18%	20%	24%	28%	32%	36%
1	.8929	.8772	.8696	.8621	.8475	.8333	.8065	.7813	.7576	.7353
2	.7972	.7695	.7561	.7432	.7182	.6944	.6504	.6104	.5739	.5407
3	.7118	.6750	.6575	.6407	.6086	.5787	.5245	.4768	.4348	.3975
4	.6355	.5921	.5718	.5523	.5158	.4823	.4230	.3725	.3294	.2923
5	.5674	.5194	.4972	.4761	.4371	.4019	.3411	.2910	.2495	.2149
6	.5066	.4556	.4323	.4104	.3704	.3349	.2751	.2274	.1890	.1580
7	.4523	.3996	.3759	.3538	.3139	.2791	.2218	.1776	.1432	.1162
8	.4039	.3506	.3269	.3050	.2660	.2326	.1789	.1388	.1085	.0854
9	.3606	.3075	.2843	.2630	.2255	.1938	.1443	.1084	.0822	.0628
10	.3220	.2697	.2472	.2267	.1911	.1615	.1164	.0847	.0623	.0462
11	.2875	.2366	.2149	.1954	.1619	.1346	.0938	.0662	.0472	.0340
12	.2567	.2076	.1869	.1685	.1372	.1122	.0757	.0517	.0357	.0250
13	.2292	.1821	.1625	.1452	.1163	.0935	.0610	.0404	.0271	.0184
14	.2046	.1597	.1413	.1252	.0985	.0779	.0492	.0316	.0205	.0135
15	.1827	.1401	.1229	.1079	.0835	.0649	.0397	.0247	.0155	.0099
16	.1631	.1229	.1069	.0980	.0708	.0541	.0320	.0193	.0118	.0073
17	.1456	.1078	.0929	.0802	.0600	.0451	.0258	.0150	.0089	.0054
18	.1300	.0946	.0808	.0691	.0508	.0376	.0208	.0118	.0068	.0039
19	.1161	.0829	.0703	.0596	.0431	.0313	.0168	.0092	.0051	.0029
20	.1037	.0728	.0611	.0514	.0365	.0261	.0135	.0072	.0039	.0021
21	.0926	.0638	.0531	.0443	.0309	.0217	.0109	.0056	.0029	.0016
22	.0826	.0560	.0462	.0382	.0262	.0181	.0088	.0044	.0022	.0012
23	.0738	.0491	.0402	.0329	.0222	.0151	.0071	.0034	.0017	.0008
24	.0659	.0431	.0349	.0284	.0188	.0126	.0057	.0027	.0013	.0006
25	.0588	.0378	.0304	.0245	.0160	.0105	.0046	.0021	.0010	.0005
26	.0525	.0331	.0264	.0211	.0135	.0087	.0037	.0016	.0007	.0003
27	.0469	.0291	.0230	.0182	.0115	.0073	.0030	.0013	.0006	.0002
28	.0419	.0255	.0200	.0157	.0097	.0061	.0024	.0010	.0004	.0002
29	.0374	.0224	.0174	.0135	.0082	.0051	.0020	.0008	.0003	.0001
30	.0334	.0196	.0151	.0116	.0070	.0042	.0016	.0006	.0002	.0001
35	.0189	.0102	.0075	.0055	.0030	.0017	.0005	.0002	.0001	*
40	.0107	.0053	.0037	.0026	.0013	.0007	.0002	.0001	*	*
45	.0061	.0027	.0019	.0013	.0006	.0003	.0001	*	*	*
50	.0035	.0014	.0009	.0006	.0003	.0001	*	*	*	*
55	.0020	.0007	.0005	.0003	.0001	*	*	*	*	*

* $P < 0.001$

정상연금의 미래가치

$$FA_n = \sum_{t=1}^{n}(1+r)^{n-t} = \frac{(1+r)^n - 1}{r}$$

기간	1%	2%	3%	4%	5%	6%	7%	8%	9%	10%
1	1.0000	1.0000	1.0000	1.0000	1.0000	1.0000	1.0000	1.0000	1.0000	1.0000
2	2.0100	2.0200	2.0300	2.0400	2.0500	2.0600	2.0700	2.0800	2.0900	2.1000
3	3.0301	3.0604	3.0909	3.1216	3.1525	3.1836	3.2149	3.2464	3.2781	3.3100
4	4.0604	4.1216	4.1836	4.2465	4.3101	4.3746	4.4399	4.5061	4.5731	4.6410
5	5.1010	5.2040	5.3091	5.4163	5.5256	5.6371	5.7507	5.8666	5.9847	6.1051
6	6.1520	6.3081	6.4684	6.6330	6.8019	6.9753	7.1533	7.3359	7.5233	7.7156
7	7.2135	7.4343	7.6625	7.8983	8.1420	8.3938	8.6540	8.9228	9.2004	9.4872
8	8.2857	8.5830	8.8923	9.2142	9.5491	9.8975	10.260	10.637	11.028	11.436
9	9.3685	9.7546	10.159	10.583	11.027	11.491	11.978	12.488	13.021	13.579
10	10.462	10.950	11.464	12.006	12.578	13.181	13.816	14.487	15.193	15.937
11	11.567	12.169	12.808	13.486	14.207	14.972	15.784	16.645	17.560	18.531
12	12.683	13.412	14.192	15.026	15.917	16.870	17.888	18.977	20.141	21.384
13	13.809	14.680	15.618	16.627	17.713	18.882	20.141	21.495	22.953	24.523
14	14.947	15.974	17.086	18.292	19.599	21.015	22.550	24.215	26.019	27.975
15	16.097	17.293	18.599	20.024	21.579	23.276	25.129	27.152	29.361	31.772
16	17.258	18.639	20.157	21.825	23.657	25.673	27.888	30.324	33.003	35.950
17	18.430	20.012	21.762	23.698	25.840	28.213	30.840	33.750	36.974	40.545
18	19.615	21.412	23.414	25.645	28.132	30.906	33.999	37.450	41.301	45.599
19	20.811	22.841	25.117	27.671	30.539	33.760	37.379	41.446	46.018	51.159
20	22.019	24.297	26.870	29.778	33.066	36.786	40.995	45.762	51.160	57.275
21	23.239	25.783	28.676	31.969	35.719	39.993	44.865	50.423	56.765	64.002
22	24.472	27.299	30.537	34.248	38.505	43.392	49.006	55.457	62.873	71.403
23	25.716	28.845	32.453	36.619	41.430	46.996	53.436	60.893	69.532	79.543
24	26.973	30.422	34.426	39.083	44.502	50.816	58.177	60.765	76.790	88.497
25	28.243	32.030	36.459	41.646	47.727	54.865	63.249	73.106	84.701	98.347
26	29.526	33.671	38.553	44.312	51.113	59.156	68.676	79.954	93.324	109.18
27	30.821	35.344	40.710	47.084	54.669	63.706	74.484	87.351	102.72	121.10
28	32.129	37.051	42.931	49.968	58.403	68.528	80.698	95.339	112.97	134.21
29	33.450	38.792	45.219	52.966	62.323	73.640	87.347	103.97	124.14	148.63
30	34.785	40.568	47.575	56.085	66.439	79.058	94.461	113.28	136.31	164.49
40	48.886	60.402	75.401	95.026	120.80	154.76	199.64	259.06	337.88	442.59
50	64.463	84.579	112.80	152.67	209.35	290.34	406.53	573.77	815.08	1163.9
60	81.670	114.05	163.05	237.99	353.58	533.13	813.52	1253.2	1944.8	3034.8

기간	12%	14%	15%	16%	18%	20%	24%	28%	32%	36%
1	1.0000	1.0000	1.0000	1.0000	1.0000	1.0000	1.0000	1.0000	1.0000	1.0000
2	2.1200	2.1400	2.1500	2.1600	2.1800	2.2000	2.2400	2.2800	2.3200	2.3600
3	3.3744	3.4396	3.4725	3.5056	3.5724	3.6400	3.7776	3.9184	4.0624	4.2096
4	4.7793	4.9211	4.9934	5.0665	5.2154	5.3680	5.6842	6.0156	6.3624	6.7251
5	6.3528	6.6101	6.7424	6.8771	7.1542	7.4416	8.0484	8.6999	9.3983	10.146
6	8.1152	8.5355	8.7537	8.9775	9.4420	9.9299	10.980	12.136	13.406	14.799
7	10.089	10.730	11.067	11.414	12.142	12.916	14.615	16.534	18.696	21.126
8	12.300	13.233	13.727	14.240	15.327	16.499	19.123	22.163	25.678	29.732
9	14.776	16.085	16.786	17.519	19.086	20.799	24.712	29.369	34.895	41.435
10	17.549	19.337	20.304	21.321	23.521	25.959	31.643	38.593	47.062	57.352
11	20.655	23.045	24.349	25.733	28.755	32.150	40.238	50.398	63.122	78.998
12	24.133	27.271	29.002	30.850	34.931	39.581	50.895	65.510	84.320	108.44
13	28.029	32.089	34.352	36.786	42.219	48.497	64.110	84.853	112.30	148.47
14	32.393	37.581	40.505	43.672	50.818	59.196	80.496	109.61	149.24	202.93
15	37.280	43.842	47.580	51.660	60.965	72.035	100.82	141.30	198.00	276.98
16	42.753	50.980	55.717	60.925	72.939	87.442	126.01	181.87	262.36	377.69
17	48.884	59.118	65.075	71.673	87.068	105.93	157.25	233.79	347.31	514.66
18	55.750	68.394	75.836	84.141	103.74	128.12	195.99	300.25	459.45	700.94
19	63.440	78.969	88.212	98.603	123.41	154.74	244.03	385.32	607.47	954.28
20	72.052	91.025	102.44	115.38	146.63	186.69	303.60	494.21	802.86	1298.8
21	81.699	104.77	118.81	134.84	174.02	225.03	377.46	633.59	1060.8	1767.4
22	92.503	120.44	137.63	157.41	206.34	271.03	469.06	812.00	1401.2	2404.7
23	104.60	138.30	159.28	183.60	244.49	326.24	582.63	1040.4	1850.6	3271.3
24	118.16	158.66	184.17	213.98	289.49	392.48	723.46	1332.7	2443.8	4450.0
25	133.33	181.87	212.79	249.21	342.60	471.98	898.09	1706.8	3226.8	6053.0
26	150.33	208.33	245.71	290.09	405.27	567.38	1114.6	2185.7	4260.4	8233.1
27	169.37	238.50	283.57	337.50	479.22	681.85	1383.1	2798.7	5624.8	11198.0
28	190.70	272.89	327.10	392.50	566.48	819.22	1716.1	3583.3	7425.7	15230.3
29	214.58	312.09	377.17	456.30	669.45	984.07	2129.0	4587.7	9802.9	20714.2
30	241.33	356.79	434.75	530.31	790.95	1181.9	2640.9	5873.2	12941.	28172.3
40	767.09	1342.0	1779.1	2360.8	4163.2	7343.9	22729.	69377.	*	*
50	2400.0	4994.5	7217.7	10436.	21813.	45497.	*	*	*	*
60	7471.6	18535.	29220.	46058.	*	*	*	*	*	*

* $FA_n > 999,999$.

정상연금의 현재가치

$$PA_n = \sum_{t=1}^{n} \frac{1}{(1+r)^t} = \frac{1 - \dfrac{1}{(1+r)^n}}{r} = \frac{1}{r} - \frac{1}{r(1+r)^n}$$

기간	1%	2%	3%	4%	5%	6%	7%	8%	9%
1	0.9901	0.9804	0.9709	0.9615	0.9524	0.9434	0.9346	0.9259	0.9174
2	1.9704	1.9416	1.9165	1.8861	1.8594	1.8334	1.8080	1.7833	1.7591
3	2.9410	2.8839	2.8286	2.7751	2.7232	2.6730	2.6243	2.5771	2.5313
4	3.9020	3.8077	3.7171	3.6299	3.5460	3.4651	3.3872	3.3121	3.2397
5	4.8534	4.7135	4.5797	4.4518	4.3295	4.2124	4.1002	3.9927	3.8897
6	5.7955	5.6014	5.4172	5.2421	5.0757	4.9173	4.7665	4.6229	4.4859
7	6.7282	6.4720	6.2303	6.0021	5.7864	5.5824	5.3893	5.2064	5.0330
8	7.6517	7.3255	7.0197	6.7327	6.4632	6.2098	5.9713	5.7466	5.5348
9	8.5660	8.1622	7.7861	7.4353	7.1078	6.8017	6.5152	6.2469	5.9952
10	9.4713	8.9826	8.5302	8.1109	7.7217	7.3601	7.0236	6.7101	6.4177
11	10.3676	9.7868	9.2526	8.7605	8.3064	7.8869	7.4987	7.1390	6.8052
12	11.2551	10.5753	9.9540	9.3851	8.8633	8.3838	7.9427	7.5361	7.1607
13	12.1337	11.3484	10.6350	9.9856	9.3936	8.8527	8.3577	7.9038	7.4869
14	13.0037	12.1062	11.2961	10.5631	9.8986	9.2950	8.7455	8.2442	7.7862
15	13.8651	12.8493	11.9379	11.1184	10.3797	9.7122	9.1079	8.5595	8.0607
16	14.7179	13.5777	12.5611	11.6523	10.8378	10.1059	9.4466	8.8514	8.3126
17	15.5623	14.2919	13.1661	12.1657	11.2741	10.4773	9.7632	9.1216	8.5436
18	16.3983	14.9920	13.7535	12.6593	11.6896	10.8276	10.0591	9.3719	8.7556
19	17.2260	15.6785	14.3238	13.1339	12.0853	11.1581	10.3356	9.6036	8.9501
20	18.0456	16.3514	14.8775	13.5903	12.4622	11.4699	10.5940	9.8181	9.1285
21	18.8570	17.0112	15.4150	14.0292	12.8212	11.7641	10.8355	10.0168	9.2922
22	19.6604	17.6580	15.9369	14.4511	13.1630	12.0416	11.0612	10.2007	9.4424
23	20.4558	18.2922	16.4436	14.8568	13.4886	12.3034	11.2722	10.3711	9.5802
24	21.2434	18.9139	16.9355	15.2470	13.7986	12.5504	11.4693	10.5288	9.7066
25	22.0232	19.5235	17.4131	15.6221	14.0939	12.7834	11.6536	10.6748	9.8266
26	22.7952	20.1210	17.8768	15.9828	14.3752	13.0032	11.8258	10.8100	9.9290
27	23.5596	20.7069	18.3270	16.3296	14.6430	13.2105	11.9867	10.9352	10.0266
28	24.3164	21.2813	18.7641	16.6631	14.8981	13.4062	12.1371	11.0511	10.1161
29	25.0658	21.8444	19.1885	16.9837	15.1411	13.5907	12.2777	11.1584	10.1983
30	25.8077	22.3965	19.6004	17.2920	15.3725	13.7648	12.4090	11.2578	10.2737
35	29.4086	24.9986	21.4872	18.6646	16.3742	14.4982	12.9477	11.6546	10.5668
40	32.8347	27.3555	23.1148	19.7928	17.1591	15.0463	13.3317	11.9246	10.7574
45	36.0945	29.4902	24.5187	20.7200	17.7741	15.4558	13.6055	12.1084	10.8812
50	39.1961	31.4236	25.7298	21.4822	18.2559	15.7619	13.8007	12.2335	10.9617
55	42.1472	33.1748	26.7744	22.1086	18.6335	15.9905	13.9399	12.3186	11.0140

기간	10%	12%	14%	15%	16%	18%	20%	24%	28%	32%
1	0.9091	0.8929	0.8772	0.8696	0.8621	0.8475	0.8333	0.8065	0.7813	0.7576
2	1.7355	1.6901	1.6467	1.6257	1.6052	1.5656	1.5278	1.4568	1.3916	1.3315
3	2.4869	2.4018	2.3216	2.2832	2.2459	2.1743	2.1065	1.9813	1.8684	1.7663
4	3.1699	3.0373	2.9137	2.8550	2.7982	2.6901	2.5887	2.4043	2.2410	2.0957
5	3.7908	3.6048	3.4331	3.3522	3.2743	3.1272	2.9906	2.7454	2.5320	2.3452
6	4.3553	4.1114	3.8887	3.7845	3.6847	3.4976	3.3255	3.0205	2.7594	2.5342
7	4.8684	4.5638	4.2883	4.1604	4.0386	3.8115	3.6046	3.2423	2.9370	2.6775
8	5.3349	4.9676	4.6389	4.4873	4.3436	4.0776	3.8372	3.4212	3.0758	2.7860
9	5.7590	5.3282	4.9464	4.7716	4.6065	4.3030	4.0310	3.5655	3.1842	2.8681
10	6.1446	5.6502	5.2161	5.0188	4.8332	4.4941	4.1925	3.6819	3.2689	2.9304
11	6.4951	5.9377	5.4527	5.2337	5.0286	4.6560	4.3271	3.7757	3.3351	2.9776
12	6.8137	6.1944	5.6603	5.4206	5.1971	4.7932	4.4392	3.8514	3.3868	3.0133
13	7.1034	6.4235	5.8424	5.5831	5.3423	4.9095	4.5327	3.9124	3.4272	3.0404
14	7.3667	6.6282	6.0021	5.7245	5.4675	5.0081	4.6106	3.9616	3.4587	3.0609
15	7.6061	6.8109	6.1422	5.8474	5.5755	5.0916	4.6755	4.0013	3.4834	3.0764
16	7.8237	6.9740	6.2651	5.9542	5.6685	5.1624	4.7296	4.0333	3.5026	3.0882
17	8.0216	7.1196	6.3729	6.0472	5.7487	5.2223	4.7746	4.0591	3.5177	3.0971
18	8.2014	7.2497	6.4674	6.1280	5.8178	5.2732	4.8122	4.0799	3.5294	3.1039
19	8.3649	7.3658	6.5504	6.1982	5.8775	5.3162	4.8435	4.0967	3.5386	3.1090
20	8.5136	7.4694	6.6231	6.2593	5.9288	5.3527	4.8696	4.1103	3.5458	3.1129
21	8.6487	7.5620	6.6870	6.3125	5.9731	5.3837	4.8913	4.1212	3.5514	3.1158
22	8.7715	7.6446	6.7429	6.3587	6.0113	5.4099	4.9094	4.1300	3.5558	3.1180
23	8.8832	7.7184	6.7921	6.3988	6.0442	5.4321	4.9245	4.1371	3.5592	3.1197
24	8.9847	7.7843	6.8351	6.4338	6.0726	5.4509	4.9371	4.1428	3.5619	3.1210
25	9.0770	7.8431	6.8729	6.4641	6.0971	5.4669	4.9476	4.1474	3.5640	3.1220
26	9.1609	7.8957	6.9061	6.4906	6.1182	5.4804	4.9563	4.1511	3.5656	3.1227
27	9.2372	7.9426	6.9352	6.5135	6.1364	5.4919	4.9636	4.1542	3.5669	3.1233
28	9.3066	7.9844	6.9607	6.5335	6.1520	5.5016	4.9697	4.1566	3.5679	3.1237
29	9.3696	8.0218	6.9830	6.5509	6.1656	5.5098	4.9747	4.1585	3.5687	3.1240
30	9.4269	8.0552	7.0027	6.5660	6.1772	5.5168	4.9789	4.1601	3.5693	3.1242
35	9.6442	8.1755	7.0700	6.6166	6.2153	5.5386	4.9915	4.1644	3.5708	3.1248
40	9.7791	8.2438	7.1050	6.6418	6.2335	5.5482	4.9966	4.1659	3.5712	3.1250
45	9.8628	8.2825	7.1232	6.6543	6.2421	5.5523	4.9986	4.1664	3.5714	3.1250
50	9.9148	8.3045	7.1327	6.6605	6.2463	5.5541	4.9995	4.1666	3.5714	3.1250
55	9.9471	8.3170	7.1376	6.6636	6.2482	5.5549	4.9998	4.1666	3.5714	3.2150

한국채택국제회계기준과 국제회계기준 목록 비교

한국채택국제회계기준	국제회계기준	
재무보고를 위한 개념체계		Conceptual Framework for Financial Reporting
제1101호 한국채택국제회계기준의 최초채택	IFRS 1	First-time Adoption of International Financial Reporting Standards
제1102호 주식기준보상	IFRS 2	Share-based Payment
제1103호 사업결합	IFRS 3	Business Combinations
제1104호 보험계약	IFRS 4	Insurance Contracts
제1105호 매각예정비유동자산과 중단영업	IFRS 5	Non-current Assets Held for Sale and Discontinued Operations
제1106호 광물자원의 탐사와 평가	IFRS 6	Exploration for and Evaluation of Mineral Resources
제1107호 금융상품: 공시	IFRS 7	Financial Instruments : Disclosures
제1108호 영업부문	IFRS 8	Operating Segments
제1109호 금융상품	IFRS 9	Financial Instruments
제1110호 연결재무제표	IFRS 10	Consolidated Financial Statements
제1111호 공동약정	IFRS 11	Joint Arrangements
제1112호 타 기업에 대한 지분의 공시	IFRS 12	Disclosure of Interests in Other Entities
제1113호 공정가치 측정	IFRS 13	Fair Value Measurement
제1114호 규제이연계정	IFRS 14	Regulatory Deferral Accounts
제1115호 고객과의 계약에서 생기는 수익	IFRS 15	Revenue from Contracts with Customers
제1116호 리스	IFRS 16	Leases
제1001호 재무제표 표시	IAS 1	Presentation of Financial Statements
제1002호 재고자산	IAS 2	Inventories
제1007호 현금흐름표	IAS 7	Statement of Cash Flows

한국채택국제회계기준	국제회계기준	
제1008호 회계정책, 회계추정의 변경 및 오류	IAS 8	Accounting Policies, Changes in Accounting Estimates and Errors
제1010호 보고기간후사건	IAS 10	Events after the Reporting Period
제1012호 법인세	IAS 12	Income Taxes
제1016호 유형자산	IAS 16	Property, Plant and Equipment
제1019호 종업원급여	IAS 19	Employee Benefits
제1020호 정부보조금의 회계처리와 정부지원의 공시	IAS 20	Accounting for Government Grants and Disclosure of Government Assistance
제1021호 환율변동효과	IAS 21	The Effects of Changes in Foreign Exchange Rates
제1023호 차입원가	IAS 23	Borrowing Costs
제1024호 특수관계자공시	IAS 24	Related Party Disclosures
제1026호 퇴직급여제도에 의한 회계처리와 보고	IAS 26	Accounting and Reporting by Retirement Benefit Plans
제1027호 별도재무제표	IAS 27	Separate Financial Statements
제1028호 관계기업과 공동기업에 대한 투자	IAS 28	Investments in Associates and Joint Ventures
제1029호 초인플레이션 경제에서의 재무보고	IAS 29	Financial Reporting in Hyperinflationary Economies
제1032호 금융상품: 표시	IAS 32	Financial Instruments: Presentation
제1033호 주당이익	IAS 33	Earnings per Share
제1034호 중간재무보고	IAS 34	Interim Financial Reporting
제1036호 자산손상	IAS 36	Impairment of Assets
제1037호 충당부채, 우발부채, 우발자산	IAS 37	Provisions Contingent Liabilities and Contingent Assets
제1038호 무형자산	IAS 38	Intangible Assets

한국채택국제회계기준	국제회계기준	
제1039호 금융상품: 인식과 측정	IAS 39	Financial Instruments: Recognition and Measurement
제1040호 투자부동산	IAS 40	Investment Property
제1041호 농림어업	IAS 41	Agriculture
제2101호 사후처리 및 복구관련 충당부채의 변경	IFRIC 1	Changes in Existing Decommissioning, Restoration and Similar Liabilities
제2102호 조합원 지분과 유사 지분	IFRIC 2	Members' Shares in Co-operative Entities and Similar Instruments
제2105호 사후처리, 복구 및 환경정화를 위한 기금의 지분에 대한 권리	IFRIC 5	Rights to Interests arising from Decommissioning, Restoration and Environmental Rehabilitation Funds
제2106호 특정 시장에 참여함에 따라 발생하는 부채: 폐전기·전자제품	IFRIC 6	Liabilities arising from Participating in a Specific Market-Waste Electrical and Electronic Equipment
제2107호 기업회계기준서 제1029호 '초인플레이션 경제에서의 재무보고'에서의 재작성 방법의 적용	IFRIC 7	Applying the Restatement Approach under IAS 29 Financial Reporting in Hyperinflationary Economies
제2110호 중간재무보고와 손상	IFRIC 10	Interim Financial Reporting and Impairment
제2112호 민간투자사업	IFRIC 12	Service Concession Arrangements
제2114호 기업회계기준서 제1019호: 확정급여 자산한도, 최소적립요건 및 그 상호작용	IFRIC 14	IAS 19 - The Limit on a Defined Benefit Asset, Minimum Funding Requirements and their Interaction
제2116호 해외사업장순투자의 위험회피	IFRIC 16	Hedges of a Net Investment in a Foreign Operation
제2117호 소유주에 대한 비현금자산의 분배	IFRIC 17	Distributions of Non-cash Assets to Owners
제2119호 지분상품에 의한 금융부채의 소멸	IFRIC 19	Extinguishing Financial Liabilities with Equity Instruments
제2120호 노천광산 생산단계의 박토원가	IFRIC 20	Stripping Costs in the Production Phase of a Surface Mine
제2121호 부담금	IFRIC 21	Levies

한국채택국제회계기준	국제회계기준	
제2122호 외화 거래와 선지급·선수취 대가	IFRIC 22	Foreign Currency Transactions and Advance Consideration
제2123호 법인세 처리의 불확실성	IFRIC 23	Uncertainty over Income Tax Treatments
	SIC-7	Introduction of the Euro
제2010호 정부지원: 영업활동과 특정한 관련이 없는 경우	SIC-10	Government Assistance - No Specific Relation to Operating Activities
제2025호 법인세: 기업이나 주주의 납세지위 변동	SIC-25	Income Taxes—Changes in the Tax Status of an Entity or its Shareholders
제2029호 민간투자사업: 공시	SIC-29	Service Concession Arrangements: Disclosures
제2032호 무형자산: 웹 사이트 원가	SIC 32	Intangible Assets - Web Site Costs

찾아보기

김용식

경영학박사, 서강대학교
한국공인회계사
세무사
미국공인회계사

現, 한성대학교 교수
    한성대학교 미래경영연구원장
    정부 및 서울시청 각 부처 회계직 공무원 인사위원
    한국회계정보학회 부회장
    한국회계정책학회 부회장
    한국관리회계학회 이사
前, Clark University(미국 매사추세츠 주) 방문교수
    Deloitte 안진회계법인
    서울시청 재무과
    중부지방국세청 국세심사위원
    금융감독원 감독기관 경영평가위원
    식품의약품안전처 산하기관 경영평가위원

K-IFRS 회계원리

초판발행	2022년 2월 22일
중판발행	2024년 3월 15일
지은이	김용식
펴낸이	안종만·안상준
편 집	전채린
기획/마케팅	오치웅
표지디자인	이학영
제 작	고철민·조영환

펴낸곳   **(주) 박영사**
서울특별시 금천구 가산디지털2로 53, 210호(가산동, 한라시그마밸리)
등록 1959. 3. 11. 제300-1959-1호(倫)

전 화	02)733-6771
f a x	02)736-4818
e-mail	pys@pybook.co.kr
homepage	www.pybook.co.kr
ISBN	979-11-303-1521-8 93320

정 가   32,000원